Alfred Bassermann

Dantes Spuren in Italien

Alfred Bassermann

Dantes Spuren in Italien

ISBN/EAN: 9783744762793

Hergestellt in Europa, USA, Kanada, Australien, Japan

Cover: Foto ©ninafisch / pixelio.de

Weitere Bücher finden Sie auf **www.hansebooks.com**

DANTES SPUREN

IN

ITALIEN.

WANDERUNGEN UND UNTERSUCHUNGEN

VON

ALFRED BASSERMANN.

MIT EINER KARTE VON ITALIEN UND SIEBENUNDSECHZIG BILDERTAFELN.

MÜNCHEN.
VERLAG VON R. OLDENBOURG.
1899.

Inhalts-Verzeichniß.

Vorwort.

Das Buch beabsichtigt eine Darstellung Dessen zu geben, was Natur und Kunst Italiens an Beziehungen zu Dante aufweist. Natur und Kunst sind die beiden Hauptlebensquellen der Divina Commedia; von der Natur und der Kunst, die sich in Dantes Augen spiegelte, erkennen wir heute noch deutlich die Bilder in seiner Dichtung wieder; und die Nachweisung und Untersuchung dieser Spuren läßt uns in das Schaffen des Dichters einen Einblick gewinnen, der uns den Menschen und sein Werk wesentlich vertrauter machen und näher rücken muß.

Die Aufgabe, die ich mir gestellt hatte, erforderte in erster Linie eigene Anschauung, und so habe ich auf mehrjährigen Reisen «auf Dantes Fußstapfen» Italien durchstreist, um die Stätten aufzusuchen, deren Dante in seinem Gedichte mit einer Wendung gedenkt, für die durch den Augenschein eine Aufklärung oder eine auch nur controlirende Bestätigung zu erwarten war, und um die Bildwerke kennen zu lernen, die mit Dante, als ihn beeinflussend oder von ihm beeinflußt, durch die Tradition in Verbindung gebracht werden oder doch wenigstens durch Behandlung eines der Divina Commedia verwandten Stoffes zur Veranschaulichung des Vorstellungskreises beizutragen geeignet waren, aus dem Dantes Dichtung herausgewachsen ist, und an dessen Erweiterung und Ausgestaltung sie ihrerseits wieder so hervorragenden Antheil gehabt hat.

Um dem Leser das Geschaute zu vermitteln, schien mir bei den Landschaftsbildern das schildernde Wort zu genügen*), und ich habe mich in dieser Hinsicht darauf beschränkt, eine Karte von Italien beizufügen, die nach meinen Angaben die besprochenen Oertlichkeiten nebst den hauptsächlichsten für Dantes Zeiten in Betracht kommenden Straßen-Zügen zur Anschauung bringt. Für die Kunstwerke dagegen hielt ich die Unterstützung durch die bildliche Darstellung für ein Bedürfniß, dem ich nach Kräften Rechnung tragen wollte. Bei der Auswahl der Abbildungen glaubte ich neben den großen Weltgerichtsbildern besonders die Miniaturen der Dante-Codices berücksichtigen zu sollen, die, schwerer zugänglich als die Bilder der Kirchen und Gallerien, doch ganz besonders geeignet sind, den Zusammenhang Dantes mit der Kunst in's Licht zu setzen. Zur klareren Demonstration von Aehnlichkeiten des Stils, der künstlerischen

*) Zur Zeit ist bei Hoepli in Mailand eine von Corrado Ricci besorgte illustrirte Prachtausgabe der Divina Commedia im Erscheinen begriffen, die in sorgfältiger Auswahl und Ausführung die Abbildungen der von Dante erwähnten Oertlichkeiten bringen wird.

Auffaffung etc. fchien es mir angezeigt, auch einige nicht in den Vorftellungskreis der Divina Commedia gehörige Bilder mitaufzunehmen. Wo für die Abbildungen fremde Reproductionen benutzt find, ift in dem angefchloffenen Verzeichniffe die Quelle jeweils ausdrücklich angegeben. Im Uebrigen habe ich die Aufnahmen felbft befchafft. Die Verfchiedenheit der localen und perfönlichen Bedingungen, denen ihr Zuftandekommen unterworfen fein mußte, ift der Grund, daß fie an einer gewiffen Ungleichmäßigkeit leiden, die Keinem weniger verborgen geblieben ift als dem Sammler felbft. Gleichwohl glaubte ich auch minder vollkommene Abbildungen nicht ausfcheiden zu follen, wo fie trotz ihrer Mängel zur Veranfchaulichung tauglich blieben.

An diefe Inventarifirung fchloffen fich dann Unterfuchungen darüber, in wie weit fich eine Beziehung zu Dante thatfächlich nachweifen laffe und was fich daraus für unfere Kenntniß des Werkes und der Perfon des Dichters ergebe. Und gleichfam von felbft gruppirte fich der Stoff um gewiffe geographifche Centren, die als folche im Laufe der Arbeit mehr und mehr hervortraten, während die Kunftwerke, für deren Beurtheilung doch immer wieder die gleichen Gefichtspunkte zur Anwendung zu kommen hatten, für fich die Zufammenfaffung in einen einzigen Abfchnitt forderten.

Dantes inniges Verhältniß zur Natur und Kunft feines Heimathlandes ift in feiner Dichtung fo fcharf ausgeprägt, daß es von jeher Beachtung finden mußte, und fo befitzen wir in alten und neuen Commentaren und Lebensgefchichten des Dichters, in Monographien über einzelne Städte und Landfchaften und Kunftwerke (wobei fich freilich zuweilen eine gewiffe localpatriotifche Befangenheit fühlbar macht), in Litteratur- und Kunftgefchichten und Biographien einzelner Künftler (hier wohl das Tieffte in Robert Vifchers Signorelli), in den auf Dante bezüglichen Sammelwerken und Zeitfchriften über die beiden Themen eine Fülle zum Theil fehr werthvoller Bemerkungen und Abfchnitte. Scartazzinis beide Commentare fowie feine fonftigen Werke bieten auch hier in ihrem unermeßlichen Wiffensfchatz ein vorzügliches Hülfsmittel, und ich geftehe gerne, daß felbft da, wo ich den Altmeifter bekämpfen mußte, mir vielfach fein reiches Arfenal die Waffen geliefert hat. Im Bereich von Toscana ift des ehrwürdigen Repetti Dizionario geografico fisico storico für die Dante-Topographie eine unerfchöpfliche Fundgrube. Auch Troyas beide Bücher vom Veltro zeugen an manchen Stellen von lebendiger Anfchauung Dante'fcher Oertlichkeiten, und foweit er darauf baut, verdienen feine Ausführungen mehr Beachtung, als ihnen heute zugeftanden zu werden pflegt. Ganz Italien, Natur und Kunft, umfaßt Ampères Voyage Dantesque, ein liebenswürdiges, geiftreiches Buch, das ebenfo eine lebhafte Empfindung für die Schönheiten der Dichtung wie ein offenes Auge für die Schönheiten Italiens verräth. Aber immerhin ift es doch nur eine leichte Skizze, und von wenigen Ausnahmen abgefehen folgt die Fahrt der großen Heerftraße, fodaß eine ganze Reihe der wichtigften von Dante erwähnten Punkte zur Seite liegen bleibt. Lorias Werk, L'Italia nella Divina Commedia, gehört kaum hierher. Er legt das Hauptgewicht darauf, hiftorifche Notizen über die Oertlichkeiten zufammenzuftellen, während er die eigentlich topographifche Seite nur ganz knapp und offenbar meist nicht auf Grund eigener Anschauung behandelt. Nur mit der Kunst beschäftigt sich Volkmanns Schrift über die bildlichen Darstellungen zu Dantes Divina Commedia, eine gewissenhafte Arbeit, die namentlich für Sichtung und Gruppirung des gewaltigen Stoffes Werthvolles geleistet hat und auch Dem zum Ausgangspunkte dienen kann, der, wie ich, weiterhin zu wesentlich abweichenden Resultaten gelangt. Im Einzelnen findet sich der Nachweis der benutzten Quellen in den Anmerkungen. Doch bemerke ich, daß es nirgends in meiner Absicht gelegen ist, die ganze Litteratur zu einer Frage erschöpfend zu geben, sondern nur, meine Behauptungen ausreichend zu belegen und diejenigen Schriften hervorzuheben, die mir für Gewinnung meines Standpunktes wichtig geworden sind.

Mein Buch wendet sich nicht nur an die Dante-Kenner, sondern möchte dem Dichter auch neue Freunde werben. Gerade weil es die der frohen Welt der Erscheinungen zugekehrte Seite des Gedichts behandelt, halte ich es zu dieser Propaganda für geeignet. Ueberflüssiges ist darum doch nicht aufgenommen worden, und der Form der Darstellung ist dieser Nebenzweck vielleicht zu Gute gekommen. Die zahlreichen anzuführenden Stellen habe ich aus dem genannten Grunde in's Deutsche übertragen, wobei ich im Inferno meiner bereits publicirten Uebersetzung gefolgt bin, soweit nicht der specielle Zweck eine noch genauere Anlehnung an das Original forderte. Zu den Citaten, die nicht aus der Divina Commedia stammen, ist der Urtext in den Anmerkungen beigefügt.

Indem ich das fertige Buch der Oeffentlichkeit übergebe, zieht vor meinem inneren Auge vorüber, wie es geworden ist und was für Elemente darein Eingang gefunden haben: die ersten Keime, der Fortgang der Arbeit mit sonnig verheißungsvollen und trübe verzagten Tagen, die treibenden Kräfte, die es zu Ende gebracht; das schöne Welschland bei jedem Wetter und allen Tages- und Jahreszeiten, glänzende Städte und reiche Fruchtgefilde, einsame Berg-Klöster und das Schweigen der Campagna und Maremma; die verschollene Poesie der Landstraße und die stille Arbeit in den feierlichen Büchersälen. Vor Allem aber gedenke ich der Menschen, mit denen mich meine Wanderung zusammengeführt hat, der gelehrten und der ungelehrten, und ich thue es mit dem Gefühl des aufrichtigsten Dankes. Denn überall fand ich das herzlichste Entgegenkommen und die bereitwilligste Förderung, wo immer ich in Dantes Namen anpochte.

Möge meinem Buche ein Gleiches widerfahren.

Heidelberg, 13. October 1896.

Alfred Bassermann.

Einleitung.

Willſt den Dichter Du verſtehen,
Mußt in Dichters Lande gehen.

Dieſer gute Rath iſt bei keinem Dichter beſſer am Platz als bei Dante. Denn keiner liebt mehr als er ſein Vaterland, keiner iſt enger mit ſeiner Heimath verwachſen, keiner hat mehr als er aus dem mütterlichen Boden immer und immer wieder die Kraft geſogen, die ſeine Dichtung unſterblich macht.

Das ganze Weltall umfaßt er in ſeinem göttlichen Gedicht, von der tiefſten Hölle bis zum höchſten Himmel, und die Geſchlechter aller Zeiten fordert er vor ſeinen Richterſtuhl; aber am liebſten verweilt ſeine Vorſtellung doch in ſeinem geliebten Heimathland, in dem armen Welſchland, in dem «bel paese là, dove il Sì suona», und bei dem Geſchlechte, das er ſelbſt in jenem Lande hat leben und leiden, ſündigen und büßen, kämpfen und ſterben ſehen. Dann iſt es, als ob das Auge des Dichters heller leuchte, als ob ſein Wort tiefer und wärmer klinge, ein ſeltſames Leben pocht in dieſen Verſen: des Dichters Herz ſpricht aus ihnen, ſie ſind mit ſeinem Herzblut geſchrieben.

Jede wahre Dichtung iſt ein Gelegenheitsgedicht im weiteren Sinn. Sie iſt allemal eine That der Befreiung, mit der die Seele des Dichters einen mächtigen äußeren Eindruck, der ſie erfüllt, der ſie zu überwältigen droht — Freude oder Schmerz, Genuß oder Entſagung, Bewunderung oder Verachtung und wie die ganze Scala unſerer Empfindungen heißt —, dieſen Eindruck niederkämpft, verarbeitet, mit dem Gepräge ihrer Eigenart verſieht und dann als ſelbſtändiges Werk wieder aus ſich herausſtellt.

Der einen Dichtung wird dies mehr, der anderen weniger deutlich an die Stirn geſchrieben ſein, jenachdem die Perſon des Dichters mehr hinter ſeinem Werke zurücktritt, oder — offen oder verkleidet — ſelbſt im Mittelpunkt und Vordergrund ſeiner Dichtung ſteht. Aber erlebt muß jede Dichtung ſein; und nur ſoweit ſie erlebt iſt, iſt ſie lebensfähig, iſt ſie wahre Dichtung.

Nur die Erde bietet den Stoff zur künſtleriſchen Geſtaltung, und in Marmor, Farbe und Dichterwort haben vom höchſten Zeus herunter bis zum hölliſchen Mephiſto nur die Geſtalten unſterbliches Leben, denen warmes rothes Blut durch die Adern fließt.

Kein Dichter iſt ſo begnadet, daß er mit dieſer Lebensfluth ſein Werk gleichmäßig durchſtrömen könnte. In jeder Dichtung ſehen wir Fluth und Ebbe manchfaltig wechſeln. Und wenn der Strom wieder mächtig anſchwillt, ſo iſt dies ein untrügliches Zeichen, daß wieder ein geheimer unterirdiſcher Quell aus des Dichters eigenſtem Seelenleben zugeſtrömt iſt. Und wenn wir ſo auf den Herzſchlag der Dichtung achten und dieſen Quellen nachforſchen, das lehrt uns nicht nur die Dichtung ſelbſt beſſer verſtehen, das erzählt uns auch manche Geſchichten, oft ganz verſchwiegene ſeltſame Geſchichten aus des Dichters eigenem Leben.

So hat es für mich immer einen eigenen, unwiderſtehlichen Reiz gehabt, auch Dantes Göttliche Komödie — neben Fauſt nicht nur das univerſellſte, ſondern auch das perſönlichſte Gedicht aller Zeiten — Schritt für Schritt mit der Frage zu begleiten: Was iſt daran Gelegenheitsgedicht, was iſt wirklich erlebt? Und gerade die wunderbar plaſtiſchen Landſchafts-Schilderungen aus ſeinem Heimathland waren es, die mich immer wieder Halt machen, die Frage immer wiederholen ließen. Und der Reiz war ſo groß, daß ich mich entſchloß mein Bündel zu ſchnüren und mir an Ort und Stelle die Antwort zu holen.

Rom.

Rom ist für Dante der Mittel- und Angelpunkt seines ganzen Weltsystems. Rom und das römische Volk erscheint ihm zum Träger seines Weltkaiserthums prädestinirt, und in Rom steht nach göttlicher Anordnung der Stuhl des Nachfolgers Petri, der, wie der Kaiser für die zeitliche Glückseligkeit der Menschen sorgt, sie zu ihrem ewigen Heile zu führen hat. Von Rom mag darum billig unsere Wanderung ausgehen.

Ist Dante überhaupt in Rom gewesen? — Früher galt es als unbestritten, daß er im Herbst 1301 als Mitglied jener florentinischen Gesandtschaft an Papst Bonifaz VIII. nach Rom geschickt worden sei, die den Versuch gemacht habe, den über die Partei der Weißen hereindrohenden Sturm in letzter Stunde zu beschwören, und daß ihn in Rom das Verbannungs-Urtheil getroffen habe. An diese Gesandtschaft knüpft sich der bekannte Ausspruch: «Wenn ich gehe, wer bleibet? wenn ich bleibe, wer gehet?», den Dante, als die Wahl auf ihn fiel, gethan haben soll.[1] Das Wort athmet Dante'schen Geist. Das ist seine blanke Schärfe, seine vielsagende, alles sagende Kürze und auch sein stolzes Selbstbewußtsein, und leise hören wir auch die Verachtung seiner Genossen anklingen, dieselbe Verachtung, die in späteren Tagen so mächtig aus den bitteren Worten vorbricht, die Dante seinem Ahnherrn Cacciaguida in den Mund legt:

Doch nichts von Allem drückt dich schwerer als
Der Freunde Zunft, die blöde und verderbt
Dich mitreißt in die Tiefe ihres Falls.

Denn aller Huld, Vernunft und Treu' enterbt
Erweiset sie sich dir. Doch bald darauf
Wird ihr, nicht dir die Schläfe roth gefärbt.

Von ihrem Unverstand wird der Verlauf
Die Probe sein, sodaß dir Ruhm gebührt,
Wirfst dann dein eigenes Panier du auf. Par. 17, 61.

Doch die Kritik schüttelt bedenklich das Haupt und zieht nicht nur Dantes Theilnahme an dieser Gesandtschaft, sondern die Gesandtschaft selbst in Zweifel. Ihre Bedenken sind gewichtig, und da der Dichter selbst, der einzige Gewährsmann, dem wir ja folgen wollen, darüber schweigt, so lassen wir diese Frage auf sich beruhen.[2]

Noch weniger wollen wir unterfuchen, mit wieviel Recht das ehrwürdige Albergo dell'Orso, das an der Ecke von Via torre di Nona und Vicolo dell'Orso durch fein zierliches Fenfter und andere Refte von alten Architekturftücken noch heute kenntlich ift, die Ehre für fich in Anfpruch nimmt, unferen Dichter beherbergt zu haben.[3]

Aber daß Dante überhaupt einmal in Rom gewefen ift, können wir nichtsdeftoweniger mit Beftimmtheit behaupten. Dafür bringt eine Stelle im Paradies den vollen Beweis, wo Dante das üppig aufblühende Florenz mit der zerfallenden Pracht Roms vergleicht und zu diefem Zweck in feiner packenden Anfchaulichkeit nicht die Städte felbft, fondern zwei Ausfichtspunkte, von denen man fie überfchaut, neben einander nennt:

Noch mußte Montemalo fich nicht neigen
Vor dem Uccellatojo. Par. 15, 109.

Und zwar wählt er bezeichnend nicht beliebige Ausfichtspunkte, zu denen Einen heute der Fremdenführer oder Bædeker mit einem Stern vielleicht weifen würde, fondern Stellen an der Heerftraße, wo fich dem Blick des Wanderers die Stadt, der er zuftrebt, zum erften Mal grüßend darbietet, fo den Uccellatojo auf der Straße von Bologna nach Florenz, fo den Montemalo (heute Monte Mario) auf der Straße von Viterbo nach Rom.

Zu Dantes Zeiten mußte der Rom-Fahrer einige Miglien nordwärts der Stadt von der Via Caffia abbiegen, die durch den Bruch des Ponte Molle in ihrer letzten Strecke unbrauchbar geworden war, und die über den Monte Mario führende Via triumphalis einfchlagen. Durch die öde Campagna zieht fie daher, weit und breit ift nichts zu fehen als die träumerifchen, kahlen Hügelwellen, nur manchmal unterbrochen durch eine tiefer einfchneidende waldige Schlucht, die dann vielleicht einen kurzen mährchenhaften Ausblick auf die fernen fonnbefchienenen Sabiner und Albaner Berge gewährt. Aber von Rom ift noch nichts zu fehen, und es kann doch nicht mehr weit fein. Nun erhebt fich eine Anhöhe vor uns mit Pinien, Cypreffen und Landhäufern. Das ift der Monte Mario. Auf den lenkt die Straße zu, fteigt langfam an, an dem malerifchen Kirchlein S. Onofrio vorbei und dem anmuthigen Brunnen der Acqua Paola. Dann paffiren wir die unfeligen modernen Fortificationen, welche der fchönen Villa Mellini, der Perle des Monte Mario, eine fo ftachlige Faffung gegeben haben, und nun fchneidet die Straße fich tief ein in den weichen Thonhügel und läuft eine Zeit lang in einem Engpaß hin. Da mit einem Mal tritt links die Höhe zurück, die Straße fchwingt fich nach rechts in ftolzem Bogen am Berg hin, der Engpaß ift überwunden, und zu unfern Füßen dehnt fich das heilige Rom von Sanct Peter bis zu den Hügeln von Acqua Acetofa. Noch heute, wenn wir nur einen Spaziergang machen und Rom fchon hundertmal gefehen haben und auf den Anblick gefaßt find, überkommt es uns wie ein Schauer der Ehrfurcht, und wir hemmen unwillkürlich den Schritt, und es wandelt uns an, mit abgenommenem Hute die Hehre zu grüßen. Welch gewaltigen Eindruck muß der Anblick erft auf den Wanderer gemacht haben, der an diefer Stelle zum erften Male der erfehnten Stadt anfichtig wurde! Mit unfehlbarer Sicherheit hat Dante die Stelle getroffen. Das konnte er aber nur, wenn er an ſich ſelbſt dort die Gewalt jenes Eindrucks erlebt, wenn er ſelbſt von dort auf das goldene Rom herabgeſchaut hatte.

Nicht hierher gehört dagegen eine Stelle der Divina Commedia, die man wohl auf den erſten Blick gleichfalls als Beleg für Dantes Anweſenheit in Rom aufzufaſſen verſucht ſein könnte, die Stelle, wo Dante die Bahn des Mondes um die Zeit der Frühlings-Tag- und -Nachtgleiche mit den Worten beſtimmt:

Und himmelan ſah'n wir die Bahn ihn ſteigen,
Auf der den Sonnenball von Roma her
Man zwiſchen Sard' und Corſen ſich ſieht neigen. Purg. 18, 79.

Die Stelle wurde auch in der That von manchen Erklärern ſo aufgefaßt. Doch bei einiger Ueberlegung muß einleuchten, daß in Wirklichkeit auch ein Dante nicht im Stande war, von Rom bis nach Sardinien und Corſica zu ſehen, und daß es nur eine aſtronomiſche Anſchauung iſt, die in der Terzine ihren Ausdruck findet.[4]

Wohl aber haben wir noch eine andere beweiskräftige Stelle in der Divina Commedia, und zwar eine, die uns zugleich für die Zeit von Dantes Aufenthalt in Rom einen Anhaltspunkt gibt. Es iſt die Stelle, wo er in der erſten Klamm des achten Kreiſes die in entgegengeſetzter Richtung an einander vorüberziehenden Kuppler und Verführer mit den Schaaren der Pilger im Jubiläumsjahr 1300 in Rom vergleicht:

Gleich wie die Römer des Gedränges wegen
Im Jubeljahr geſorgt, den Uebergang
Des Volks zu regeln auf der Brücke Stegen,

Sodaß die Einen dieſe Seit entlang
Die Burg vor Augen gen Sanct Peter wallten,
Die auf der andern nach des Berges Hang. Inf. 18, 28.

Die Burg iſt die Engelsburg, der Berg ſicherlich nicht der Janiculus mit S. Pietro in Montorio, wie einige Erklärer (auch ich) geſagt haben, ſondern wie aus dem Augenſchein ſofort erhellt, der der Engelsburg gerade gegenüber diesſeits ganz in der Nähe der Brücke aufſteigende Monte Giordano, eine aus antikem Schutt gebildete Boden-Erhebung, die auch jetzt noch trotz der Mauermaſſen des Palazzo Gabrielli, die ſie bedecken, und des Straßengewinkels, das ſie einſchließt, ſich ſehr anſehnlich darſtellt und im Mittelalter als feſte Adelsburg ein wichtiger und vielgenannter Punkt war.[5]

Wenn man ſolche Schilderungen an Ort und Stelle nachprüft, muß man immer von neuem die gewiſſenhafte Treue dieſer ſcharfen, klaren, wie aus Stein gemeißelten, aus Quadern gefügten Verſe bewundern. Man erhält die Ueberzeugung, daß der Dichter das Geſchilderte ſelbſt geſchaut, miterlebt hat. So auch hier: Dante muß das Volksgedränge ſelbſt mitgemacht haben, für das die römiſche Polizei die Vorkehrung des «Bitte, rechts gehen» an der Engelsbrücke getroffen hat, er muß im Jubiläumsjahr in Rom geweſen ſein.

So wäre die Göttliche Komödie alſo eine Art Reiſetagebuch des Dichters? und wir könnten wohl gar aus den Oertlichkeiten, die in den verſchiedenen Geſängen erwähnt ſind, entnehmen, wo dieſe Geſänge entſtanden ſind und in welcher Reihenfolge er die Orte beſucht hat? Scartazzini[6] antwortet auf dieſe Frage ſehr treffend, daß wir da zwiſchen der Ausarbeitung des Gedichts und der Zeit der Vorbereitung zu unterſcheiden haben werden, wo der Dichter die Materialien geſammelt, die Bauſteine zu ſeinem Werke zuſammengetragen hat. Als ſolche Bauſteine werden wir auch die Ortsbeſchreibungen und von Oertlichkeiten hergenommenen Vergleiche betrachten müſſen, die uns auf Schritt und Tritt in der Divina Commedia begegnen, und die Dante theils an Ort und Stelle wohl ſchon zu Papier gebracht, theils aus ſeiner treuen Erinnerung nach Bedarf hervorgeholt haben wird. Auch darin ſtimme ich mit Scartazzini überein, daß zwiſchen Erwähnung und Schilderung eines Ortes zu unterſcheiden iſt und daß Dante gewiß nicht alle Länder und Gegenden beſucht hat, von denen er überhaupt ſpricht. Doch möchte ich hier eine Einſchränkung machen. Gewiß wird man nicht annehmen, daß Dante den Sand der libyſchen Wüſte und die Schlangen Aethiopiens aus eigener Anſchauung gekannt habe, weil er ſie in einer Stelle (Inf. 24, 85), die überdies eine Nachbildung von Lucans Pharſalia iſt, erwähnt hat. Auch von dem gewaltigen Eis der Donau und des Don «dort in den kalten Breiten» (Inf. 32, 25) konnte er ſich wohl eine Vorſtellung machen, ohne dort geweſen zu sein.[7] In anderen Fällen iſt aber wieder ein Bild zwar gleichfalls nur im Fluge geſtreift und von eingehender Schilderung kann nicht die Rede ſein, und doch kann ich mich der Ueberzeugung nicht erwehren, daß dieſes Bild, das ſich ja doch dem Dichter zur Veranſchaulichung ſeines Gegenſtandes aufgedrängt hat, von ihm mit eigenen Augen geſchaut worden ſein muß.

Wenn ſo z. B. Dante bei Beſchreibung der Dämme längs des Blutſtromes im ſiebenten Höllenkreiſe ſagt:

> Wie die Flamänder bang vor Sturmes Wüthen
> Von Brügge bis Wiſſant ihr Land umſchirmen,
> Um vor der Meeresfluth es zu behüten, Inf. 15, 4.

ſo ſcheint mir daraus eben hervorzugehen, daß Dante ſelbſt in Flandern geweſen iſt. Die Angaben ſind wieder ganz genau, und warum in aller Welt ſollte Dante die Flanderſchen Schutzdämme zum Vergleich beiziehen, wenn er ſelbſt gar nicht weiß, wie ſie ausſehen!

Das Geſagte gilt auch von «Sanct Peters Pinienfrucht», die Dante erwähnt, um eine Vorſtellung zu geben von der Größe Nimrods, eines der Rieſen, die tief unten in der Hölle am Rande der ringförmigen Felswand, wo es zum letzten Höllenkreiſe hinabgeht, Wache halten:

> Sein Antlitz ſchien Sanct Peters Pinienfrucht
> In Rom an Läng und Breite zu vergleichen,
> Und dem entſprach der andern Glieder Wucht. Inf. 31, 58.

Es iſt der bronzene Pinienzapfen, der wahrſcheinlich einſt das Grabmal Hadrians krönte, im Mittelalter als große Merkwürdigkeit vor der alten Peterskirche angeſtaunt wurde und heute im Giardino della Pigna im Vatican aufgeftellt ift. Auch er ift nur erwähnt, und doch hat ihn Dante ganz gewiß gefehen, fonft würde er ihn eben nicht erwähnen.

Diefe Pinienfrucht war ein rechter Leckerbiffen für die Commentatoren. Sie nahmen ihr das Maß und fetzten eine Gleichung an: Der Kopf Nimrods verhält fich zur Pinienfrucht, wie der ganze Riefe zu X, und dann glaubten fie Dante wunder welchen Dienft erwiefen zu haben, als fie herausgerechnet, daß Nimrod 54 Parifer Fuß hoch war (d. h. faft jeder Commentator hat ein anderes Maß herausgerechnet). Ich muß geftehen, daß ich über das Refultat fehr enttäufcht war. Nach dem Text hatte ich mir den Riefen viel größer vorgeftellt, und Dante felbft that es am Ende auch.

Gerade fo erging es mir bei anderen Stellen, wo Dante ein Wort über Größenverhältniffe fallen läßt, z. B. dort, wo der wafferfüchtige Falfchmünzer Meifter Adam im Ingrimm über feinen Verderber, den Grafen von Romena, fagt:

Wär mir nur foviel Leichtigkeit geblieben,
In hundert Jahren einen Zoll zu fchleichen,
Ich wäre jetzt fchon dran, mich fortzufchieben,

Ihn fuchend unter diefem Volk der Seuchen,
Liegts auch eilf Meilen rings auf diefen Pfaden
Und mag auch quer kaum eine halbe reichen. Inf. 30, 82.

Das ergreifen nun die Erklärer mit wahrer Leidenfchaft und fuchen nach allen Regeln der Meßkunft dem Dichter fein Jenfeits zu conftruiren. Ob er es fich felbft jemals mit Zahlen ausgerechnet hat? Jedenfalls hat er fich wohlweislich gehütet, es uns empfinden zu laffen. Mit feinem künftlerifchen Tact hat er die ganze Höllen-Architektur in Nacht, Qualm, Dunft und Nebel gehüllt, und wenn er dann über eine ungeheure Strecke, die aber doch nur einen kleinen Theil des Riefenbaues ausmacht, mit einem grellen Schein hinleuchtet, wenn er aus dem Nebelgrauen eine gewaltige Maffe mit beftimmteren Umriffen über uns hereinragen läßt, fo lockt er gerade durch die ungewiffe Dämmerung, mit der er die beftimmten Angaben umgibt, die Einbildungskraft in die ahnungsvollen Schauer des Ungeheueren, Unermeßlichen, und die famuli Wagner, die ihm auf Schritt und Tritt mit der Meßlatte nachfteigen, erweifen ihm wahrlich einen fchlechten Dienft, indem fie diefen geheimnißvollen Schleier zu zerftören fuchen.[8]

Noch zwei weitere Stellen finden fich in der Divina Commedia, wo Dante von römifchen Oertlichkeiten fpricht: Inf. 25, 25, wo er die Sage von Cacus und feine Höhle unter dem Aventin erwähnt, und Inf. 27, 85, wo er der Kämpfe des Papftes Bonifaz VIII. beim Lateran gedenkt. Doch diefe Verfe geben uns keinen Anlaß zu Betrachtungen an Ort und Stelle.

Dagegen wollen wir nicht unterlaffen, in San Giovanni in Laterano einzutreten und am erften Pfeiler des rechten Seitenfchiffs das Fragment eines von Giotto gemalten Freskos aufzufuchen, das Papft Bonifaz in Mitten zweier Cleriker darftellt, die Indulgenz-Bulle des Jubeljahres 1300 verkündend.[9] Die Züge diefes von Dante fo inbrünftig gehaßten Mannes, des «Fürften der neuen Pharifäer» überrafchen zunächft durch den wohlwollenden, offenen Ausdruck, doch find seine Züge bei aller Wohlgenährtheit markig und ausgeprägt und die lange gerade Nase, die breite Nasenwurzel, das mächtige Kinn lassen doch den hochfliegenden Sinn und die rücksichtslose Entschlossenheit erkennen, die ihn im Guten wie im Schlimmen auszeichnete. Der ältere der beiden Begleiter zeigt eine auffallende Familienähnlichkeit mit ihm im Schnitt des Gesichts, sodaß das Bild auch zu dem Nepotismus, der unter Bonifaz so üppig zu wuchern begann, eine treffliche Illustration bildet.[10]

Noch einer anderen Merkwürdigkeit, die sich beim Lateran findet, wollen wir nicht vorübergehen.[11] Eine Beziehung zu Dante läßt sich für sie zwar kaum nachweisen, aber zur Erklärung einer strittigen Stelle in seiner Dichtung kann sie mit Nutzen beigezogen werden. An das ehrwürdige Baptisterium des Lateran, in dem schon Papst Sylvester den großen Constantin getauft haben soll, hat Papst Hilarius im fünften Jahrhundert auf der Westseite das Oratorium Johannis des Täufers angebaut und zu dessen Abschluß gegen das Baptisterium zwei herrliche Erzthüren geschenkt. Nach der Ueberlieferung sollen sie aus den Caracalla-Thermen stammen, und ihre Trefflichkeit und wundersame Beschaffenheit, die eine so hohe Gießer-Kunst voraussetzt, wie sie in jener Zeit des Niedergangs aller Künste gewiß nicht mehr zu finden war, ist wohl geeignet, diese Ueberlieferung zu unterstützen. Jeder der beiden Thürflügel besteht aus einer einzigen gediegenen Erzplatte mit einfacher Felder-Verzierung, in die — wohl erst bei ihrer zweiten Verwendung, um sie von dem Greuel des Heidenthums zu reinigen — kleine schlecht gearbeitete Silberkreuze eingelegt sind. Und trotz dem besten Glocken-Gießer muß der Meister sein Erz zu mischen und zu behandeln verstanden haben. Der Custode drehte die schweren Flügel in den Angeln, langsam, einen nach dem anderen. Beim ersten Ruck knarrten sie dröhnend. Als aber die Flügel in Bewegung, das Erz in Schwingung war, da klangen sie weich und voll wie Orgelton und waren rein auf eine Octave gestimmt. Und wenn er sie dann abwechselnd drehte, immer nur einen kleinen Theil des Kreisbogens, jetzt den einen Flügel, jetzt den anderen, und sich der tiefe, tönende Nachhall der einen Erz-Zunge mit der glockenreinen Höhe der zweiten mischte, so war es ein Zusammenklang von phantastisch feierlicher Wirkung. So möchten die Himmelspforten klingen, mußte ich unwillkürlich denken. Noch einen Schritt weiter in meinem Gedankengang, und ich war wieder bei dem Meister, der die Welt umfaßt und durchdringt mit seinem Geist, und mit seiner künstlerischen Schöpferkraft das übersinnlichste sinnlich vor uns hinzustellen vermag. Mir kam die Stelle in den Sinn, wo Dante schildert, wie ihm der Engel-Pförtner die Pforte des Purgatorio öffnet:

Auf stieß den Eingang er des Thors, des hehren,
Und sprach: «Geht ein; doch merkt: wer umzusehen
Es wagt, muß wiederum nach außen kehren».

Und als sich nun in ihren Angeln drehen
Die Zapfen an dem heiligen Portal,
Die aus klangvoll gediegenem Erz bestehen,

Da knarrte nicht so laut und herb zumal
Tarpeja, als den treuften von Roms Söhnen
Metellus mit dem Schatze man ihr stahl.

Aufmerksam horcht' ich nach dem ersten Dröhnen,
Und gleich wie Te Deum laudamus klang es
Von Stimmen, die gemengt dem süßen Tönen.

Und grade als das Abbild zu mir drang es
Des Halles, welchen Einer wohl vernimmt,
Wenn Orgelton er hört zu dem des Sanges

Und ihm ein Wort bald tönet, bald verschwimmt. Purg. 9, 130.

Bisher fanden die Ausleger eine Schwierigkeit in der Frage, von was das «süße Tönen» ausgehe. Unmöglich doch von den knarrenden Angeln. Wahrhaftig eine schöne Musik, meint Scartazzini, ein Gesang mit der Begleitung einer kreischenden Thüre! Der Einwurf dünkte auch mich kaum widerlegbar, und doch kam die unbefangene Erklärung immer wieder auf die Erzthüren zurück. Die Wahrnehmung, die mich der Zufall hier hat machen lassen, scheint mir die Schwierigkeit in der einfachsten Weise zu beseitigen. Dante schildert eben, wie dieses anfängliche Knarren der Erzflügel in einen orgelähnlichen «süßen Ton» übergeht. Auf den symbolischen Sinn dieses Vorgangs — das anfänglich Herbe der Buße und die selige Empfindung nach der Vergebung — hat schon Philalethes treffend hingewiesen. Daß aber auch hier das vieldeutige Gedicht wieder in dem engsten Wortsinn naturwahr ist, beweisen die Erz-Pforten am Lateran-Baptisterium, und, wer weiß, ihr Alter ist ehrwürdig genug, daß gerade sie es gewesen sein können, an denen auch Dante seine Beobachtung gemacht hat.

Aventin und Lateran, auch der Tarpej'sche Fels sind Oertlichkeiten, die Dante eben nur erwähnt, Buch-Reminiscenzen, die mit der lebendigen Wirklichkeit nichts zu thun haben. Montemalo, Ponte Sant Angelo, Sanct Peters Pinienfrucht sind die drei einzigen offenbaren Erinnerungen an Rom, die sich in der Divina Commedia finden.

Wenn man sich nun vergegenwärtigt, mit wie offenen Augen Dante durch die Welt ging, wie lebhaft er alles auffaßte, wie klar er alle Eindrücke festhielt und wie fürstlich er diese Schätze seines Geistes über seine Dichtung ausstreute, so muß man erstaunen bei der Wahrnehmung, wie gering der Antheil ist, den Rom zu diesem Schatze beigesteuert zu haben scheint. Zunächst darf aber Eins nicht vergessen werden: ein großer Theil dessen, was wir heute in Rom bewundern, verdankt einer späteren Zeit seine Entstehung, und das classische Rom, das uns begeistert, liegt, wenn wir es uns offen gestehen, gut zu zwei Dritteln in unserer Phantasie, die auf den spärlichen, nüchternen, ach nur gar zu sauber gereinigten und präparirten Grundrissen von Forum, Palatin, Trajans-Forum u. s. w. sich die schimmernden Marmorhäuser wieder aufbaut und dann mit mehr oder minder genauen Erinnerungen bevölkert. Was aber von bedeutenden Bauten des classischen Alterthums noch aufrecht stand, wie das Grab Hadrians, der Cäcilia Metella, das Theater des Marcellus, der Constantinsbogen u. s. w., das war im eisernen

Mittelalter meiſt in feſte Adelsthürme umgewandelt worden[12], und ein Kind jener Zeit mochte wohl zunächſt nur dieſe Bollwerke in ihnen ſehen und dabei zu fragen vergeſſen, was ſie früher waren.

Ueberdies, wenn Dante nur als Pilger im Jubeljahr in Rom war, ſo nahmen ſicher die Eindrücke der Gegenwart ſeine Seele ſo mächtig in Anſpruch, daß auch dies ſeine Aufmerkſamkeit von Fernerliegendem ablenken mochte.

Aber das Coloſſeum? — Zwar auch es diente als Feſtung. Doch den Eindruck ſeiner gewaltigen Verhältniſſe vermochten Baukunſt und Baumittel dieſer armen Zeit wohl kaum weſentlich zu verändern, und ſeine Großartigkeit entging denn auch dem mittelalterlichen Auge keineswegs. Das Coloſſeum wurde angeſtaunt als ein Zeuge der alten Größe Roms, ſein Ruhm wurde von den heimkehrenden Rom-Fahrern weithin verkündet, und an die Dauer dieſer für die Ewigkeit geſchichteten Quader wurde geheimnißvoll die Dauer Roms, die Dauer der Welt geknüpft.[13]

Und in Dantes Dichtung findet ſich von dieſem Bau keine Spur?! Iſt das aber auch in der That der Fall? Wie wäre es, wenn ſich eine recht beträchtliche Spur davon fände, nur ohne daß der Name ausdrücklich genannt wäre? wie, wenn das ganze Gebäude der Hölle eine Reminiscenz an das Coloſſeum wäre? Die Zeit, wo das Coloſſeum von den bauluſtigen Großen Roms als bequemer Steinbruch betrachtet wurde, war noch nicht gekommen. Der Rieſenbau muß zu Dantes Zeit noch verhältnißmäßig gut erhalten geweſen ſein. Denn in ſeinem Inneren wurden noch Kampfſpiele abgehalten.[14] Ja ſeit 1250 wurden dort ſogar Oſterſpiele, Paſſionsſpiele, aufgeführt, wohl wie üblich mit Fegfeuer und Hölle, und ſicherlich wird dies auch im Jubeljahr 1300 der Fall geweſen ſein.[15] Wenn wir uns aber die Sitzreihen noch vorhanden denken mit ihren unzähligen concentriſchen Kreiſen, in Abſtänden unterbrochen durch breitere Rundgänge und ſtrahlenförmig getheilt durch die Treppen, die abwärts führen zum unterſten Rundgang, von dem es dann noch einmal beträchtlich hoch hinabgeht in die Arena: wo wäre ein großartigeres Modell zu finden für das Inferno mit ſeinen Kreiſen, «die enger ſtets und tiefer ſich umwinden», mit ſeinen Reiſen und Klammen und manchfaltigen Abſtiegen und dem Schachte der Rieſen, wo es hinuntergeht nach der tiefſten Tiefe, dem Eisſee, der Arena dieſes hölliſchen Amphitheaters?

Wohl hat ſich Dante ſchon vor dem Jahr 1300 mit dem Gedanken ſeines großen Gedichtes getragen. Schon in einer Canzone der Vita nuova, jenes eigenartigen Büchleins, worin der ſpröde große Geiſt mit ſo rührender Einfalt ſeine heilige Liebe erzählt, treffen wir auf einen erſten Keim, wenigſtens zum Inferno, wenn er von ſeinem Vorſatz ſpricht, «zu ſagen in der Hölle den Verlornen: Ich ſah die Hoffnung der zum Heil Erkornen». Und dieſe Canzone kann nicht ſpäter als 1289 entſtanden ſein.[16] Aber ein klarer Plan braucht das noch nicht geweſen zu ſein. Andererſeits iſt außer Zweifel, daß die Göttliche Komödie, ſo wie ſie uns jetzt vorliegt, erſt lange nach der Wende des Jahrhunderts ausgereift iſt. Aber er ſelbſt verlegt ſeine Viſion in den Frühling des Jubeljahres, und wenn wir nach Gründen hierfür ſuchen, ſo iſt doch der einfachste der, daß Dante eben damals wirklich diese Vision oder — wenn man Dante nicht zum Visionär machen will, obwohl sich auch das aus seinen Schriften vertheidigen ließe — die entscheidende dichterische Inspiration gehabt habe, die ihn, in großen Zügen natürlich, sein Jenseits zum ersten Mal deutlich schauen ließ. Die Begeisterung dieses Jubeljahres und seiner Rom-Fahrten hat ja auf die Seelen Aller gewaltig erregend und antreibend gewirkt. Auch Giovanni Villani erzählt von sich, wie er durch die Eindrücke seiner Pilgerfahrt nach Rom im Jubeljahr zum Entschluß kam, die Chronik seiner Vaterstadt zu schreiben.[17] Sollte die Feuerseele Dantes unempfindlicher gewesen sein?

Ich weiß sehr wohl, das ist eine Hypothese, die vor der skeptischen Kritik gewißlich keine Gnade finden wird. Doch es sind oft gerade die wahrsten Wahrheiten, die sich nur ahnen, aber nicht beweisen lassen.

Noch eine letzte Stelle bleibt mir zu erwähnen, wo Dante von Rom spricht, Paradies Ges. 31, V. 31. Er gedenkt dort der Barbaren, die von Norden herangezogen kamen und

Roms Wunderwerke starr vor Staunen schauten
Zu jener Zeit, da noch der Lateran
All überbot, was jemals Menschen bauten.

Man kann wohl einwerfen, diese Stelle beziehe sich nur auf die Vergangenheit, spreche nicht von dem Rom, das Dante vor sich sah, sondern von Rom zur Zeit seines Glanzes, seiner Weltherrschaft. Allerdings. Aber um auf das eigenthümliche Bild dieser staunenden Barbaren zu verfallen, mußte er doch eine sehr lebendige Vorstellung von Roms Wunderwerken in sich tragen. Ich habe also eigentlich Dante unrecht gethan, wenn ich ihm oben die Empfindung für die Ueberreste der Vorzeit absprach. Wohl war Dante ein Kind seiner Zeit, und es sollte noch lange dauern, bis das Alterthum aus seinem Schutt wieder erstand, bis man auf seine Ueberreste mit Verständniß zu achten begann, bis das Auge diese Trümmer überhaupt zu sehen lernte. Aber Dante flog auch mit Adlerflügeln seiner Zeit voraus, er war ein Bahnbrecher der Renaissance, wie es keinen gewaltigeren gibt, und so sagen uns gerade diese Verse, daß er vorahnend auf den Trümmern der ewigen Stadt geträumt, daß schon er dort das alte Rom in seiner Herrlichkeit vor seinem inneren Auge hat erstehen lassen.

Florenz.

Rom ist für Dante der Mittelpunkt seines Denkens, Florenz der seines Empfindens. In Rom laufen die Fäden seines Weltsystems zusammen, Florenz ist das Ziel seiner sehnsüchtigen Liebe und zugleich das Stichblatt seines ingrimmigen Hasses.

Ja, Dante haßt seine Vaterstadt mit der ganzen düsteren Gluth seiner Feuerseele, seine Stadt,

Die voll von Neid,
Sodaß der Sack bereits am Ueberlaufen, Inf. 6, 49.

Dies undankbare Volk, von Neid ummachtet,
Das Fiesole verließ in alten Tagen. Inf. 15, 61.

Dies Volk voll Habgier, Stolz und neidschen Tücken. Inf. 15, 68.

Wilder Hohn lodert auf in der furchtbaren Apostrophe:

Glückauf, Florenz, da deine Macht so groß ist,
Daß du ob Land und Meer die Schwingen spannst,
Genannt dein Name selbst im Höllenschooß ist. Inf. 26, 1.

An die Propheten des alten Bundes gemahnt sein finsterer Grimm, mit dem er den Untergang über seine Vaterstadt hereinruft:

Und wär's schon da, zu früh nicht würd's dich schlagen.
O wär's doch schon, da es einmal muß sein,
Denn wie ich altre, werd ich's schwerer tragen. Inf. 26, 10.

Und noch im Lichthimmel der Liebe kann er sich nicht versagen, als höchsten Gegensatz zu dem, was gerecht und vernünftig ist, Florenz an den Pranger zu stellen:

Ich, der ich von der Erde himmelan,
Zum Ew'gen aus der Zeit empor durft steigen
Und aus Florenz zu Volk ohn Haß und Wahn. Par. 31, 37.

Aber es ist kein kalter, feindseliger Haß, es ist der heilig eifernde Zorn, den die Liebe gezeugt hat. Diese Liebe glüht unverlöschlich in seiner Brust, und durch alle Bitternisse hindurch ringt sie sich immer und immer wieder hervor.

In der Tiefe der Hölle regt sich in ihm

Die Liebe zu dem Land, das mich geboren, Inf. 14, 1.

und bestimmt ihn, die Pein eines Landsmannes zu lindern.

Weiches Heimweh klingt aus der Abendſtimmung jener wunderbaren Stelle:

Die Stunde war's, wo Sehnſucht leis durchzieht
Die Bruſt des Seemanns und ſein Herz erweicht
Am Tag, da er von ſeinen Lieben ſchied,

Und wo Heimweh zum erſten Mal beſchleicht
Den Pilgrim, hört er's in der Ferne läuten,
Als klag es ob dem Tage, der erbleicht. Purg. 8, 1.

Und ergreifend bricht ſeine unſtillbare Sehnſucht, ſeine unverſiegliche Hoffnung noch einmal durch in den rührenden Verſen:

Geſchäh mir's jemals, daß mein heilig Lied,
Zu welchem Erd und Himmel beigetragen,
Drob mein Geſicht ſeit Jahren hager ſieht,

Den Haß bezwäng, der vor mir zugeſchlagen
Die ſchöne Hürde, drin ein Lamm ich war,
Verhaßt den Wölfen, die es grimmig jagen.

Mit andrer Stimme jetzt, mit andrem Haar
Kehrt ich als Dichter heim, und an dem Bronnen,
Der mich getauft, neigt' ich dem Kranz mich dar. Par. 25, 1.

Florenz bleibt eben ſeine geliebte Vaterſtadt, «die ſchönſte, berühmteſte Tochter Roms», wenn ſie ihn auch noch ſo grauſam aus «ihrem holden Schooſse» verſtoſsen hat.

Die nächſtliegende Frage, wenn wir auf den Spuren Dantes Florenz betreten, iſt wohl die nach ſeinem Vaterhauſe. Im Allgemeinen flieſsen die Nachrichten über die Lebensverhältniſſe unſeres Dichters überaus kärglich, und ſelbſt dies Wenige ſchwindet unter der Schärfe der Kritik von Jahr zu Jahr mehr zuſammen. Doch gerade für Dantes Haus iſt es gelungen, den Identitäts-Nachweis widerſpruchsfrei zu führen. Die Nachforſchungen, welche beim Herannahen der Dante-Jubelfeier im Jahre 1865 im öffentlichen Auftrag in den Florentiner Archiven vorgenommen wurden[1], ſtellten feſt, daſs dieſe Ehre einem Gebäude-Complex zukommt, der in dem uralten Stadttheil zwiſchen Or San Michele und Badia gelegen mit der einen Seite an die nach der gleichnamigen Kirche benannte Via San Martino, mit der anderen, im rechten Winkel umbiegend, an die Via Santa Margherita ſtöſst. Dabei iſt es möglich geworden, die Beſitzverhältniſſe nicht nur bis zu Dante, ſondern bis in das Jahr 1189 zurück zu verfolgen, bis zu Preitenittus und Alagerius, den Söhnen von Dantes Ahnherrn Cacciaguida. Von merkwürdigem Inhalt iſt jene erſte Urkunde von 1189. Sie betrifft einen Streit zwiſchen dem Presbyter der Kirche Sancti Martini und den Söhnen des Cacciaguida, die ſich weigerten, ihren Feigenbaum zunächſt der Mauer Sancti Martini umzuhauen, und dazu von Amtswegen angewieſen werden, mit dem Zuſatz, daſs, wenn ſie binnen acht Tagen nicht Folge leiſten, der Presbyter ſelbſt den Baum abhauen laſſen darf, und daſs, wenn es ihm die Eigenthümer wehren, dieſe in eine Strafe von zwanzig Solidi verfallen. Es muſs ein hartnäckiger Streit um den Feigenbaum geweſen ſein, und die

Berichterſtatter Frullani und Gargani verſäumen dabei nicht den pikanten Hinweis auf die auch wieder gegen die Florentiner gerichtete Kraftſtelle der Divina Commedia:

Und Recht iſt's ſo, denn nie kann zwiſchen herben
Spirlingen ſüße Frucht die Feige tragen. Inf. 15, 65.

In der That liegt ein gewiſſer Reiz in dem Gedanken, die Ueberlieferung von dem Kampf um's Recht an jenem Feigenbaum ſei bis auf Dante gekommen und habe ihm jenes Bild eingegeben.

An und für ſich mag ja die Ermittelung des Orts, wo ein großer Mann geboren oder geſtorben iſt, ein Ergebniß von recht zweifelhaftem Werthe ſein. Meiſt iſt es nur eine neue Belaſtung der vielgeplagten Bædeker-Reiſenden, die nun auch das noch aufzuſuchen haben und dann an irgend einem gleichgültig ausſehenden Hauſe mit dem uneingeſtandenen Gefühl der Enttäuſchung den Namen des großen Mannes leſen, ohne ſeines Geiſtes einen Hauch zu verſpüren. Bei Dantes Haus tritt noch verwirrend der Umſtand hinzu, daß unbegreiflicher Weiſe nur der der Torre della Caſtagna gegenüber gelegene Theil als «Caſa di Dante» aufgeputzt iſt, der ganze Reſt aber dem uneingeweihten Beſchauer unterſchlagen wird. Marcotti ſagt in ſeinem Führer durch Florenz ſehr treffend: c'est une vérité et une mystification.

Aber wenn auch nicht das Haus ſelbſt, ſo iſt doch der Nachweis ſeiner Lage für uns nicht ohne Werth. Zunächſt gewinnt ſie Bedeutung, wenn man der Verſe gedenkt, die Dante ſeinem Ahnherrn Cacciaguida in den Mund legt:

Ich gleich wie meine Ahnen kam zur Welt
Dort, wo auf's letzte Sechstel trifft das Rennen,
Wenn jährlich Eure Stadt das Wettſpiel hält. Par. 16, 40.

Zum Verſtändniß dieſer Stelle ſei bemerkt, daß, ähnlich wie die Römer am Carneval, die Florentiner am Johannis-Tage Pferde rennen ließen, vermuthlich in der Straßen-Flucht Via Strozzi, Mercato Vecchio, Via de' Speziali, Corſo, und daß am Mercato Vecchio die Grenze des Stadt-Sechstels der Porta di San Piero hinzog, des letzten Sechstels, das die Renner zu durchlaufen hatten.

Das Stammhaus Cacciaguidas braucht nun nicht mit Dantes Haus identiſch geweſen zu ſein, aber jedenfalls bezeichnen die obigen Verſe gerade die Gegend, in der auch dieſes gelegen iſt, und das iſt ſo recht das Herz der Altſtadt. Corſo und Via Calimara ſind offenbar Decumanus und Cardo der römiſchen Colonie Florentia[1], und der Mauerzug dieſer urbs quadrata ging an der Badia vorbei, von der das Hora-Läuten der gewiſſenhaften Benedictiner, nach dem die Bürger ihr Tagewerk eintheilten, ganz nahe zu Dante herüberklang (Par. 15, 97). Ob Dante von Geburt adelig war, mag dahingeſtellt bleiben, der Geſinnung nach war er jedenfalls ein Ariſtokrat von der ſtrengſten Ausſchließlichkeit, und ſtolz zählt er ſich zu dem Theil der florentiniſchen Bürgerſchaft,

In welchem ſich der heil'ge Same rührt
Der Römer, die zu bleiben ſich entſchloſſen,
Als ſolcher Bosheit Neſt ward aufgeführt Inf. 15, 76.

und darum betont er auch mit ſolchem Nachdruck, daß ſein Geſchlecht in dieſem altehrwürdigen Theil der Stadt angeſeſſen war.

Aber noch ein weiterer Umſtand gibt der Lage von Dantes Wohnhaus Intereſſe. Das iſt die Nachbarſchaft zweier Häuſer, deren Namen in Verbindung mit Dantes Herzensgeſchichte immer genannt werden, der Häuſer der Portinari und der Donati.

Der Palaſt des Folco Portinari lag in der Straße des Corſo, gerade gegenüber der Häuſer-Inſel, welche auch das Haus Dantes umfaßt[3], und die Tochter des Folco Portinari war jene Beatrice, die ſeit Boccaccio, der ſich dafür auf das Zeugniß einer «glaubwürdigen Perſon» aus der nächſten Verwandtſchaft der Portinari beruft[4], für Dantes heilige Jugendliebe galt und ſich trotz ſcharfer Angriffe der Kritik bis jetzt in ihrer Ehrenſtellung behaupten zu können ſcheint. Ich muß mir verſagen, auf die weitläufigen Gründe und Gegengründe hier einzugehen. Nur ein Argument möchte ich berühren, weil die Gegner der Beatrice Portinari auf dasſelbe ein ganz beſonderes Gewicht legen. Das iſt der Einwurf, Beatrice Portinari ſei die Gattin des Simone de' Bardi geweſen, und Dante habe unmöglich eine verheirathete Frau lieben, geſchweige denn zum Gegenſtand ſeiner dichteriſchen Huldigungen machen können. Meines Erachtens braucht man zur Widerlegung dieſes Einwurfs gar nicht auf die Sitten der Dante'ſchen Zeit zurückzugreifen, wo die Ehen in angeſehenen Familien — angeblich noch mehr als heute — Geſchäftsſache waren, vielfach auch parteipolitiſche Zwecke verfolgten und ohne Rückſicht auf die perſönliche Neigung der Hauptbetheiligten abgeſchloſſen zu werden pflegten. Ebenſowenig bedarf es des Hinweiſes auf den von den Troubadours ſtammenden Brauch der Dichter jener Zeit, die Dame ihres Herzens losgelöſt von ihrer realen Umgebung zu verherrlichen und namentlich nicht darnach zu fragen, ob ſie verheirathet ſei oder nicht. Die Bewunderer Dantes vergeſſen allzu leicht, daß auch ihr Abgott Fleiſch von unſerem Fleiſch war und daß ſeiner wunderbaren Geiſteskraft eine gleich gewaltige Leidenſchaft gegenüberſtand. Und gerade daß wir fühlen, wie auch er hat kämpfen und ringen müſſen, das iſt es ja, was ihn uns auch menſchlich ſo nahe bringt, warum er ſo beweglich zu uns ſpricht. Und ſo wird es auch um ſo ergreifender für uns zu ſehen, wie er überwunden hat. Die Liebe Dantes zu Beatricen, die ihn

Empor aus dem gemeinen Haufen trug,

iſt ſo groß und ſo adelig, daß er ſich auch in unſerer heutigen Zeit getroſt zu ihr bekennen dürfte, ohne fürchten zu müſſen, daß er ſich ſelbſt oder ſeiner Geliebten damit in dem Urtheil Geſunddenkender ſchaden würde.

Bei der Familie der Portinari ſei noch der Merkwürdigkeit halber in dem von Folco gegründeten Spital Santa Maria Nuova das Grabmal der Monna Teſſa erwähnt, einer alten Dienerin Folcos, die, wie die Tradition meldet, als Krankenpflegerin Hervorragendes leiſtete und viel dazu beitrug, ihren Herrn zur Gründung des Spitals zu beſtimmen. Die lebensvollen Züge der Grabfigur zeigen denn auch ein energiſches, geſcheutes, liebes, ehrliches Geſicht, wie es das Lob der Legende erwarten läßt, wie es aber auch für die Erzieherin von Dantes Ideal wohl paſſen würde.

Der zweite für Dantes Leben wichtige Name ist der der Donati. Die Häuser dieses alten mächtigen Geschlechts lagen in der gleichen Häuser-Insel mit dem Dante'schen Hause, es mit den Höfen begrenzend[5], und aus diesem Geschlecht stammte die Frau, die nicht gar lange nach dem Tode Beatricens des Dichters Herz zu fesseln wußte, und die er Anfang der neunziger Jahre des dreizehnten Jahrhunderts als Gattin heimführte.

Sehr ansprechend ist Fraticellis Vermuthung[6], daß diese Gemma Donati identisch ist mit der edlen Dame und der schönen Mitleidigen in Dantes «neuem Leben» und «Gastmahl», und sonach hätten wir von Dantes eigener Hand die Darstellung, wie diese zweite Liebe in ihm aufkeimte, von ihm bekämpst wurde und schließlich doch siegte. Auch das Hinterhaus dürfte in dieser Liebesgeschichte eine Rolle spielen. Man glaubt leibhaftig die Höfe der beiden Nachbarhäuser vor sich zu sehen, wenn Dante erzählt, wie er eines Tages die Einsamkeit aufgesucht hat, um seinen schmerzlichen Erinnerungen an Beatrice nachzuhängen, und wie er nun umherspäht, ob Niemand seine Traurigkeit beobachtet, und an einem Fenster eine edle Dame gewahr wird, die ihn voller Mitleid betrachtet. Aus Mitleid entsteht Liebe, «und so geschah es, berichtet er, mehr durch ihre Holdseligkeit als durch meine Wahl, daß ich darein willigte, der ihrige zu sein», eine Wendung, die ganz bedenklich zu Boccaccios Darstellung stimmt, Dante habe sich beim Zustandekommen dieser Verbindung mehr passiv verhalten.[7]

Die Ehe Dantes mit Gemma Donati ist ein dunkles Kapitel. Die historischen Quellen versiegen fast vollständig, von festen Thatsachen wissen wir eigentlich nur, daß sie ihm vier Kinder geboren hat und daß sie ihm in die Verbannung — nicht gefolgt ist. Daß sie das nicht gethan, dafür lassen sich ja auch sehr wohl unverfängliche Gründe ausdenken: sie wollte für den Geächteten von den Gütern in Florenz möglichst viel noch erhalten, sie wollte dem unstät Umherschweifenden nicht auch noch die Last aufbürden, für sie mitzusorgen. Aber schon seit Boccaccio[8] erhält sich unausrottbar die Ueberlieferung, daß die Ehe des Dichters keine glückliche gewesen. Es hängt wie eine dunkle Wolke über diesem Verhältniß, ungreifbar und doch immer wieder vorhanden, und ihre Nahrung findet diese Wolke in der Atmosphäre, die über einer Reihe von Stellen der Divina Commedia liegt.

Daß nicht allein die Frau Gemma die Verantwortung traf für das Erkalten der Beziehungen zwischen den beiden Gatten, das läßt uns eine herrliche Stelle des Inferno ahnen, da, wo Dante den Ulyß redend einführt und fast als Vorläufer des Columbus das Weltmeer erforschen läßt.

Konnt nicht die Lust am Sohn, nicht heil'ge Scheu
Vor'm alten Vater, noch der lang verwehrte
Pflichtschuld'ge Zoll der ehelichen Treu

Die Gluth besiegen, welche mich verzehrte,
Vom Erdenrund mir Kenntniß zu erschließen
Und von der Menschen Fehl und ihrem Werthe. Inf. 26, 94.

Immer machtvoller schwillt des Ulysses Rede an, vergessen ist der Sünder, welcher sein vermessenes Wagniß in der Flammen-Hülle büßt, und Dante selbst steht vor uns als der rücksichtslos vorwärtsdrängende Forscher, wenn er ausruft:

> Des Samens denkt, der Dasein Euch gegeben.
> Geschaffen seid Ihr nicht zum Wiederkäuen,
> Nein, Wissenschaft und Tugend zu erstreben. Inf. 26, 118.

Dieser ungestüme Wissensdrang, dem es gegeben an keiner Stätte zu ruhen, mag sein Antheil an der Schuld gewesen sein. Aber auch von einer Schuld der Frau erzählen uns manche Stellen der Divina Commedia.

Byron hat in einer Anmerkung zu seinem Don Juan[9], wo er eben von Dantes unglücklicher Ehe spricht, die berühmte Stelle von der fiera moglie:

> Zu Schanden
> Ward ich vor allem durch das Weib, das schlimme, Inf. 16, 41.

frischweg auf Dantes Gattin bezogen. Gildemeister glaubt ihn in seiner Byron-Uebersetzung berichtigen zu müssen, indem er darauf hinweist, daß Dante an jener Stelle ja nicht selbst spricht, sondern den Jacopo Rusticucci redend einführt. Gewiß thut er das, und auch Byron wird es nicht übersehen haben. Aber der englische Dichter hat den großen Italiäner, mit dem er die hohe Subjectivität gemein hat, hier vielleicht doch tiefer erfaßt als Beider Uebersetzer. Der ingrimmige Vorwurf klingt wie am eigenen Leib empfunden.

Noch deutlicher scheint eine andere Terzine ihre Spitze gegen Gemma zu kehren:

> Ihr Thun vermag es klärlich dir zu künden,
> Wie lang im Weib der Liebe Feuer währe,
> Wenn Blick und Kuß es nicht stets neu entzünden. Purg. 8, 76.

Auch diese Worte spricht nicht Dante selbst, sondern der Geist des Nino Visconti über seine Wittwe, die ihm die Treue nicht gehalten. Wenn man aber näher zusieht, so will ja doch der Dichter Nino eine allgemeine Wahrheit aussprechen lassen, die durch Ninos Erfahrung nur bestätigt wird. Würde aber Dante dies wohl gethan haben, wenn seine eigenen Erfahrungen — und er hatte doch während seiner Verbannung nur allzu gute Gelegenheit zu solchen — dem widersprochen hätten?

Furchtbar sind endlich die Worte, die Dante in einer der grandiosesten Stellen des Purgatorio gegen die schamlosen florentiner Frauen schleudert, die sich nicht scheuen,

> Bis zu den Warzen mit der Brust zu prangen, Purg. 23, 102.

so furchtbar, daß man wünschen möchte, Gemma ließe sich von diesen Frauen ausnehmen. Aber Forese Donati, mit dessen Mund Dante hier spricht, sagt ausdrücklich von seiner Nella, die durch ihr heißes Flehen seine Buße abkürzte:

> Für Gott muß doppelt lieb und theuer sein
> Mein Wittfräulein, das mir so lieb von je,
> Als sie im rechten Thun so ganz allein. Purg. 23, 91.

Gemma lebt in Florenz, aber Nella ift dort allein im rechten Thun. Es ift kaum ein Ausweg. Denn daß Dante vorfichtig in feinen Verdammungs-Urtheilen ift und Ausnahmen macht, wo er es nöthig findet, zeigt die Stelle im Inferno, wo er von den verderblichen Parteikämpfen feiner Vaterftadt redend fagt:

Gerecht find zwei, doch machtlos ihre Stimmen.
Neid, Habfucht, Hoffahrt find die Feuerbrände,
Von welchen angefacht die Herzen glimmen. Inf. 6, 73.

Wer die zwei find, erfahren wir nicht. Aber Dante kennt jedenfalls zwei Gerechte, und er verfäumt nicht, fie auszunehmen.

Wenn jedoch Dante in der Rede des Forefe Donati nicht aus der Rolle fällt und den fingirten Zeitpunkt der Dichtung, das Jahr 1300, fefthält — und offenbar thut er das, denn er läßt ja Forefe die bald nach 1300 eingetretenen Unglücksfälle als künftig prophezeien —, fo «lebte Dante noch mit feiner Frau, und es war feine Aufgabe und Pflicht, dafür zu forgen, daß in feinem Haufe Sitte und Anftand nicht verletzt würden». Scartazzini hat diefen Einwurf erhoben.[10] Doch es ift eigentlich kein Einwurf gegen die Deutung diefer Stelle auf Gemma, fondern vielmehr ein Vorwurf gegen Dante. Gewiß ift es ein Vorwurf und ein recht fchwerer. Aber vielleicht mußte er fich ihn wirklich machen. Vielleicht hat er fich ihn auch in der That gemacht: feine Antwort auf die Rede Forefes beginnt mit den Worten:

Wenn du zurückrufft in dein Denken,
Wie du mit mir warft und wie ich mit dir,
Wird dich noch heute die Erinnrung kränken. Purg. 23, 115.

Es hat fich eine merkwürdige Sonetten-Reihe erhalten, die in den neunziger Jahren zwifchen Forefe und Dante gewechfelt wurde[11], plumpe ungefalzene Späße, bei deren Lectüre man fich des Staunens und der Scham nicht enthalten kann, daß auch einmal folche Verfe aus Dantes Feder gefloffen fein follen. Ueber Forefes Mutter und Dantes Vater wird roh gewitzelt, Nella, die treue Gattin des ungetreuen Forefe, wird befpöttelt, und zwifchen-unter wiederholen fich immer wieder Stichelreden, mit denen Einer auf des Anderen anftößiges Leben anfpielt. Das Sonett Dantes auf Nella mag als Probe hier ftehen[12]:

Wer das Gehuft hört von dem Unglücksweibe
Des Bicci, der Forefe auch genannt,
Der dächte wohl, fie hätte in dem Land
Gewintert, wo das Waffer wird zur Scheibe.

Wenn fchon der Sommer fo verfchnupft fie fand,
Frag dich einmal, wo die im Winter bleibe,
Und hat fie auch zehn Decken auf dem Leibe
Beim Schlafen, 's ift vergeblich angewandt.

Denn Huften, Kälte fammt dem fchweren Herzen,
Das ift nicht ihrer fchlechten Säft' ein Zeichen,
Von einem Mangel kommt's in ihrem Bette.

Die Mutter weint, — sie hat noch manche Schmerzen —:
«Zu denken, daß um ein paar trockne Feigen
Sie jetzt zum Mann den Grafen Guido hätte!»

Das Bild vom Winter der nordischen Länder erinnert, wie mit Recht hervorgehoben worden ist[13], an die Art, wie Dante das höllische Eis schildert, den See des Cocytus,

Den Frost aus Wasser umgeformt zu Glase. Inf. 32, 24.

Davon abgesehen ist aber nicht ein Gedanke, nicht eine Wendung in dem Sonett, an dem man den Dichter der Divina Commedia wiedererkennen würde.

Es bedarf nun wohl keines Beweises, daß, wenn Dante in der Stimmung war, solche Sonette zu schreiben, die Geistesrichtung, die sich in ihnen ausspricht, auch in seiner ganzen sonstigen Lebensführung zu Tage getreten sein wird. Die Zeit aber, wo diese Sonette entstanden sein müssen, war diejenige, in der Dantes Ehe mit Gemma Donati zu Stande kam, beziehungsweise seit kurzem zu Stande gekommen war, und wohlgemerkt, aus dem gleichen Geschlechte wie Gemma war der lustige Geselle ihres Ehegatten. Und so mag denn dieser damals auch nichts dagegen einzuwenden gefunden haben, wenn seine Gattin die üppigen Sitten der Florentinerinnen mitmachte. Gerade aus den neunziger Jahren liegen auch eine Reihe von Urkunden vor[14], in welchen Dante sehr beträchtliche Summen aufnimmt, und wenn man zu den Ausgaben für die Parteizwecke der Weißen, denen sich der damals mitten im politischen Treiben stehende Dante gewiß nicht entziehen konnte, und zu dem Aufwand für sein eigenes unregelmäßiges Leben noch die Kleiderpracht der Florentinerinnen in Betracht zieht, der gegenüber Dante Cacciaguida sagen läßt:

Noch gab es keine Kettlein, keine Kronen,
Noch Nestelschuhe nicht und Gürtelspangen,
Die mehr als, wer sie trägt, das Schauen lohnen, Par. 15, 100.

so hat man wohl die Antwort auf die Frage, wofür diese Summen verwendet wurden.

Es war eben die dunkle Zeit Dantes, die Zeit, von der Beatrice im irdischen Paradiese sagt:

Sobald ich auf des zweiten Alters Schwelle
Und heimging, hat sich der von mir gekehrt
Und anderes gesetzt an meine Stelle.

Auf stieg mein Geist, nicht mehr von Fleisch beschwert.
Doch da mir Huld und Kraft gewachsen waren,
Ward ich ihm minder lieb und minder werth.

Auf Pfaden schritt er hin, die nicht die wahren,
Um falschen Glückes Bildern nachzutrachten,
Die da Erfüllung nimmermehr erfahren. Purg. 30, 124.

Es war die Zeit, wo er sich verirrt hatte, «in einen finstern Wald». Wir dürfen nie vergessen, daß Dantes Dichtung eine «vieldeutige» ist, daß auf Schritt und Tritt Allegorie und Wirklichkeit, Universelles und Individuelles auf's Engste und Wundersamste verflochten und verwoben ſind, und ſo haben wir auch in dem finſteren Wald, in dem der Dichter bei Beginn der Divina Commedia erwacht, nicht nur die ſündige Verirrung der Menſchheit, ſondern auch die des Individuums Dante zu erblicken und nicht nur ſeine politiſche und philoſophiſche, ſondern auch ſeine moraliſche Verirrung. Und gerade eine Abſage von dieſer letzteren liegt in Dantes Antwort an Foreſe, ſeinen Genoſſen in jener Zeit der Thorheiten.

Wie kann man aber ſo unehrerbietig von einem Dante reden, wie kann man es nur wagen, ihn ſolcher Schwächen zu beſchuldigen, ihn ſo herabzuziehen, ihn, deſſen Dichtung in jeder Zeile ſo hohen Seelenadel kündet?! Doch wo Rauch iſt, iſt auch Feuer. Wenn Dante von jeher ein Tugendſpiegel war, warum mußten dann Virgil und Beatrice und der ganze Apparat zur Rettung ſeines Seelenheils aufgeboten werden? Die Veroneſerinnen haben nicht ſo unrecht gehabt, wenn ſie ſagten, Dante ſehe ſo düſter aus, weil er ſelbſt in die Hölle hinuntergeſtiegen ſei. Ganz gewiß war er drunten, drunten in den Abgrund-Tiefen der Leidenſchaft, und wenn er ihr Grauen nicht in der eigenen Seele empfunden hätte, er hätte es nie vermocht mit dieſer Gewalt uns

Des Weltalls tiefſte Tiefen zu erzählen. Inf. 32, 9.

Aber mich dünkt, mit dieſer Ueberzeugung kann unſre Ehrfurcht vor Dante nur wachſen, wenn wir ſehen, aus welcher Wirrniß und Finſterniß er ſich zu ſeiner Sonnenhöhe emporgerungen hat. Es iſt ein falſcher Reſpect, der darnach trachtet, den Dichter aller menſchlichen Schwächen zu entkleiden, ihn mit dem Nimbus einer übermenſchlichen Unfehlbarkeit zu umgeben, und dadurch nichts anderes erreicht, als daß das lebenswahre Selbſtbildniß, das uns aus Dantes Dichtung entgegenſieht, in ein ſtarres byzantiniſches Heiligenbild auf Goldgrund verwandelt wird.

Und jetzt wollen wir wieder nach Florenz zurückkehren.

Die Zahl der Stellen, in denen Dante auf florentiniſche Verhältniſſe zu ſprechen kommt, iſt natürlich ungemein groß. Doch ſind da vorweg alle diejenigen auszuſcheiden, die rein hiſtoriſche Anſpielungen enthalten. Ebenſo dürfen wir auch die Stellen übergehen, in denen Oertlichkeiten von Florenz und ſeiner Umgebung zwar genannt ſind, aber nur zu dem Zweck, um damit Perſonen oder Geſchlechter näher zu bezeichnen, alſo als Perſonen-Namen im weiteren Sinn.

Von wirklich localen Anſpielungen, für die wir an Ort und Stelle eine Beſtätigung oder Erläuterung finden, iſt zunächſt jene ſchon eingangs erwähnte zornige Terzine gegen die Florentiner zu nennen:

Doch dies undankbar Volk, von Neid umnachtet,
Das Fieſole verließ in alten Tagen
Und noch nach ſeinem Berg und Schiefer ſchlachtet. Inf. 15, 61.

Der Hauptſache nach iſt zwar auch dieſe Anſpielung nur hiſtoriſch. Sie betrifft die alte Tradition[15], daß ſowohl nach der erſten ſagenhaften Zerſtörung Fieſoles zu Zeiten Catilinas, als auch bei der zweiten, welche Villani in die Zeit Kaiſer Heinrichs des Heiligen verlegt, ein großer Theil der Fieſolaner Bürgerſchaft ſich in dem urſprünglich nur von Römern beſiedelten

Florenz niedergelassen habe und daß von dieser Mischung der rauhen Bergbewohner mit den edlen Römern die unheilbaren Spaltungen in Florenz herrührten.

Daneben findet sich aber auch eine, wenn auch nur flüchtige locale Anspielung in der letzten Zeile der Terzine. Das rohe, rauhe, ungefüge Wesen der Abkömmlinge der Fiesolaner bringt Dante in Beziehung mit dem Berg, auf dem die alte Stadt so lange den Angriffen der Florentiner getrotzt hat, und mit dem harten Sandsteinschiefer, aus dem dieser Berg besteht und der schon den Etruskern die unverwüstlichen Quader für die Mauern von Fiesole geliefert hat. Heute wird es uns zwar etwas schwer, diesem Vergleich Dantes zu folgen. Denn die anmuthige Berghöhe, die von unzähligen Gärten und Landhäusern bedeckt, im Norden von Florenz aufsteigt und sich mit den weißen Häusern und dunkeln Cypressen Fiesoles auf's Lieblichste krönt, läßt bei uns ebensowenig den Gedanken an rauhe Bergwildniß aufkommen, wie der graugrüne Sandsteinschiefer dieser Anhöhen, die berühmte pietra serena, das vielbeneidete vornehme Material der florentiner Architekten, in uns die besondere Vorstellung des Plumpen, Ungefügen weckt. Wir haben hier eine jener Stellen, wo die veränderten Verhältnisse und die veränderten Anschauungen in doppelter Richtung das Bild verschoben und ihm die ursprüngliche Aehnlichkeit genommen haben.

Andere florentiner Local-Reminiscenzen in der Divina Commedia sind heute durch den Untergang ihres Objects völlig veraltet, so wenn der Wohnsitz der Ravignani nach der ehemaligen Porta San Piero bestimmt wird (Par. 16, 94), wenn von dem Geschlechte della Pera erwähnt wird, daß es einem — heute verschwundenen — Thor hinter der — gleichfalls verschwundenen — Kirche San Pier Scheraggio den Namen gegeben habe (Par. 16, 125), oder wenn zur Bezeichnung der Häuser der Uberti der Gardingo genannt wird (Inf. 23, 108), zu Dantes Zeit ein verrufener Ort mit unvordenklichen zerfallenen Mauern und Gewölben beim Palazzo Vecchio[16], heute nicht einmal der Lage nach sicher zu bestimmen. Nur eine dieser verschollenen Erinnerungen nimmt in Dantes Vorstellungskreis einen so hervorragenden Platz ein, daß auch wir ihr nähere Beachtung schuldig sind. Es ist die alte Mars-Statue, die zu Dantes Zeiten noch auf dem Ponte Vecchio stand und von den Florentinern als der Sitz einer geheimen übernatürlichen Macht angesehen wurde.

Nach der Ueberlieferung, in der wieder Villani[17] und Dante in seltsamer Uebereinstimmung sind, hatten die heidnischen Römer bei Gründung der Stadt Florenz an der Stelle des späteren Baptisteriums dem Mars einen Tempel erbaut und darin ein Marmorbild des Gottes aufgestellt, «unter dem Einfluß einer so mächtigen Constellation, daß er nimmerdar vergehen wird». Zwar mußte der kriegerische Heidengott die Räume seines Tempels dem heiligen Täufer abtreten, aber seine Bildsäule entging der Vernichtung und wurde auf dem Ponte Vecchio aufgestellt, und die Sage bringt auch die ferneren Schicksale des alten Götterbildes in geheimnißvolle Wechselbeziehung zu den Schicksalen von Florenz.

Bei der sagenhaften Zerstörung der Stadt durch Totila, mit dem sich die Gestalt des Attila vermengt, wird die Bildsäule in den Arno gestürzt und bleibt dort versunken, solange die Stadt in Trümmern liegt, und der Wiederaufbau unter Carolus magnus kann erst von Statten gehen, nachdem es gelungen ist, das Götterbild wieder aus dem Flußbett zu heben.[18]

Dieses zauberkräftige Wahrzeichen seiner Vaterstadt hat Dante im Auge, wenn er einen florentiner Sünder sagen läßt:

> Mich trug die Stadt, die jetzt den Täufer ehret,
> Anstatt des ersten Schutzpatrons; drum der
>
> Sie stets seitdem mit seiner Kunst versehret.
> Und wenn nicht heut noch eine Spur Ihr fändet,
> Die an dem Arno-Ufer von ihm währet,
>
> Die Müh, die jene Bürger drauf verwendet,
> Sie neu zu gründen auf dem Trümmergraus,
> Den Attila zurückließ, wär verschwendet. Inf. 13, 143.

Der Aberglaube der Florentiner hatte in einer für Dantes Jugend noch nahen Vergangenheit noch einmal eine nachhaltige Nahrung bekommen, als im Jahr 1215 gerade an dem Fuß der Mars-Statue jene verhängnißvolle Blutthat geschehen war, die allgemein als die Ursache oder wenigstens als das Signal zu der unseligen Spaltung der Bürgerschaft in Guelfen und Ghibellinen betrachtet wurde.

Nach dem Chronisten trug sich die Sache folgendermaßen zu[19]:

Buondelmonte de' Buondelmonti, ein junger florentinischer Edelmannn, war mit einer Tochter aus dem angesehenen Hause der Amidei verlobt. Als aber der schöne Jüngling eines Tages durch die Stadt ritt, rief ihn eine Frau vom Hause der Donati an, tadelte ihn wegen seiner Wahl und zeigte ihm ihre eigene Tochter mit den Worten: «Diese hatte ich dir bestimmt». Und der Liebreiz des Mädchens nahm ihn mit Hülfe des Teufels so gefangen, daß er sich auf der Stelle mit ihr versprach. Empört über diesen Schimpf traten die Verwandten der verlassenen Braut mit anderen befreundeten Adelsgeschlechtern zusammen und berathschlagten, wie sie sich an Buondelmonte rächen sollten, und da sie noch unschlüssig waren, was man ihm anthun und ob man ihn tödten oder blos schlagen solle, da sprach Mosca de' Lamberti das unselige Wort: «Zu End' führt nur Beginnen» und Buondelmontes Ermordung wurde beschlossen. Als dann der Bräutigam am Ostermorgen im weißen Gewand auf weißem Roß über den Ponte Vecchio dahergeritten kam, wurde er am Fuß der Mars-Statue von Mosca und einigen Genossen niedergeworfen und Oderigo Fifanti gab ihm den Todes-Stoß. Darob kam die ganze Stadt in Waffen und Aufruhr. Und zum Schluß hebt Villani noch einmal ausdrücklich hervor, der Feind des Menschengeschlechts müsse offenbar um der Sünden der Florentiner willen in dem heidnischen Götzenbild Macht gehabt haben, weil gerade am Fuß der Bildsäule der unerhörte Mord begangen worden sei, der all das Unheil für Florenz zur Folge gehabt habe.

Erwähnt sei, daß die Buondelmonti im Borgo Santi Apostoli wohnten (Par. 16, 135), während die Amidei ihre bethürmten Häuser zwischen Santo Stefano und Por San Maria in der Nähe des Ponte Vecchio hatten[20], was für die Ausführung des Anschlags bestimmend war.

Dante kommt wiederholt auf diese That zu sprechen. Das eine Mal, wo er ihren geistigen Urheber, den Mosca, im Kreis der Zwietrachtstifter trifft:

Und Einer, dem das Händepaar gestutzt,
Die Stummel reckend in die finstre Nacht,
Sodaß vom Blut sein Angesicht beschmutzt,

Schrie: «Auch des Mosca sei von dir gedacht,
Der, ach, einst sprach, „zu End' führt nur Beginnen",
Was Unheil dem toskanischen Volk gebracht».

Und dein Geschlecht, ergänzt ich, rafft von hinnen. Inf. 28, 106.

Und noch einmal ausführlicher und klarer gelegentlich jener Uebersicht, die Cacciaguida im Paradies seinem Enkel über die alten florentinischen Geschlechter gibt. Der Amidei gedenkend sagt er da:

Das Haus, von welchem ausging Euer Klagen,
Durch den gerechten Zorn, der Tod Euch sandte
Und der ein Ziel gab Euren heitren Tagen,

Geehrt war es und all, was Freund es nannte.
Wie übel, Buondelmonte, war's, zu meiden
Auf fremden Zuspruch solche Ehebande.

Noch Viele wären froh, die jetzt in Leiden,
Wenn Gott vermacht der Ema dein Gebein,
Da erstmals du zur Stadt gedacht zu reiten.

Doch Schickung war's, daß jenem morschen Stein,
Der von der Brücke dreut, ein Opfer weihe
Florenz bei seines Glückes Abend-Schein. Par. 16, 136.

Auch hier besteht eine bis in's Einzelne gehende auffallende Uebereinstimmung zwischen Dante und Villani, und wenn man auch versucht ist anzunehmen, daß der Dichter über dem Aberglauben der Menge stand, so konnte sich doch offenbar auch er dem unheimlichen aus Grauen und Ehrfurcht gemischten Gefühl nicht völlig entziehen, mit dem die Florentiner seiner Zeit das verwitterte Götterbild betrachteten.

Erst die große Ueberschwemmung im Herbst 1333, die sammt der Brücke die Bildsäule wegschwemmte, brach den mächtigen Zauber.[21]

Es ist hier noch eine zweite örtliche Anspielung mit zu erwähnen, die in den auf Buondelmonte bezüglichen Worten Cacciaguidas liegt:

Noch Viele wären froh, die jetzt in Leiden,
Wenn Gott vermacht der Ema dein Gebein,
Da erstmals du zur Stadt gedacht zu reiten.

Das Stammschloß der Buondelmonti, Montebuoni (aus dessen Namen auch durch Umstellung der Familiennamen entstanden ist) lag anderthalb Stunden südlich Florenz im Thal der Greve. Heute ist nur noch die Ortschaft gleichen Namens vorhanden. Von dem Schloß findet sich keine Spur mehr; doch ist der Platz, auf dem es gestanden, noch deutlich zu erkennen. Es ist die stolze, freie Anhöhe, die sich seitwärts des Dorfes über der Greve erhebt, und auf drei Seiten von dem Flußthal umzogen eine ungemein feste Position geboten haben muß. Montebuoni beherrschte die von Florenz nach Siena führende Thalstraße vollständig, und es ist deßhalb erklärlich, daß die Florentiner schon früh darauf dachten, die unliebsamen Nachbarn, die einen lästigen Wegzoll erhoben, unschädlich zu machen. Bereits 1135 zogen sie mit Heeresmacht vor Montebuoni. Das Schloß wurde übergeben und geschleift und die Buondelmonti mußten — nicht zum Heil der Sieger — in Florenz Wohnung nehmen.[22] Auf halbem Weg zwischen Montebuoni und Florenz am Fuß der Certosa mündet die Ema in die Greve, und als die Buondelmonti von ihrem Stammschloß nach der Stadt zogen, mußten sie vor Galuzzo das Flüßchen überschreiten.

Es macht keine Schwierigkeiten, daß Dante hier unter Buondelmonte einmal den unseligen Bräutigam von 1215 versteht und das andere Mal den Stammvater des Geschlechts aus dem Jahr 1135. In der ganzen Uebersicht, die Cacciaguida von den florentinischen Familien gibt, hat er nie die einzelnen Vertreter, sondern immer die Geschlechter als Ganzes im Auge, und so faßt er auch die Buondelmonti als eine Einheit auf, deren Schicksal er wie das einer einzigen Person im Zusammenhang betrachtet.[23]

In enger Beziehung zu der Mars-Statue steht eine andere von Dante erwähnte florentinische Oertlichkeit, die wir heute noch in voller Greifbarkeit vor uns haben, das alte Baptisterium. Wie das heidnische Florenz unter dem Schutz des Mars gedacht wurde, so hat das christliche den heiligen Täufer als Schutzpatron. Auch Dante bringt ihm eine große Verehrung entgegen und hegt für seine Kirche eine solche Vorliebe, daß sich ihm in dem heiligen Bauwerk gewissermaßen seine Vaterstadt verkörpert, daß sich ihm darauf seine Liebe zur Heimath concentrirt, und er immer auf's Neue und mit immer neuen Wendungen zu seinem «schönen Sanct Johann» (Inferno 19, 17), seinem «alten Baptisterium» (Par. 15, 134), zu «dem Bronnen, der ihn getauft» (Par. 25, 8) zurückkehrt.

Und wir können diese Vorliebe sehr wohl nachfühlen. San Giovanni, die alte Taufkirche und ursprünglich auch Kathedrale der Florentiner, steht heute noch vor uns als schöner romanischer Kuppelbau mit edler wohlabgewogener Façade und feierlichem Innenraum, ein Bau, der selbst durch die gewaltige Nachbarschaft von Brunelleschis Dom seine bedeutende Wirkung nicht eingebüßt hat. Zudem gehört das Baptisterium zu den ehrwürdigsten Bauten von Florenz. Nach der oben erwähnten Ueberlieferung ist es an Stelle des römischen Mars-Tempels getreten, und in der That scheint die ganze, an das Pantheon gemahnende Anlage auf einen römischen Bau zurückzugehen, von dem jedenfalls im Triumphbogen des Chors noch ein Theil erhalten ist.[24] Für Dante, der Allem, was vom classischen Römerthum herkam, eine inbrünstige Verehrung entgegenbrachte, mußte dieser Umstand doppelt in's Gewicht fallen.

Die Divina Commedia enthält auch noch eine Erinnerung rein persönlicher Art, die sich für Dante an das Baptisterium knüpft. In der Höllenklamm der Simonisten vergleicht er die Felslöcher, in denen diese Sünder kopfabwärts mit brennenden Fußsohlen stecken, mit denjenigen

In meinem schönen Sanct Johann,
Bestimmt der Platz der Taufenden zu sein,

und fährt dann fort:

Eins ihrer (wen'ger Jahre Frist verrann)
Brach ich, drin fast ein Kind den Tod gefunden.
Hier stell' ich's fest zur Kund für Jedermann. Inf. 19, 17.

Welche Bewandtniß es mit diesen Löchern hat, ist zwar im florentiner Baptisterium nicht mehr ersichtlich, dagegen ganz deutlich in dem von Pisa, an dessen achteckigem Taufbrunnen die prächtige Marmorschranke in vier Ecken röhrenförmige, ziemlich enge Vertiefungen aufweist, in denen die Priester an den großen allgemeinen Taufstagen standen und, vor dem Gedränge geschützt, ihres Amtes walteten.

Daß auch in San Giovanni in Florenz ein solcher achteckiger Taufbrunnen einst die Mitte einnahm, beweist die große achteckige Fläche, die in der Zeichnung des uralten Fußboden-Mosaiks leer geblieben ist.

Ueber den Vorgang, auf den Dante anspielt, wird berichtet[25], ein Knabe habe sich beim Spielen in einem dieser Löcher so unglücklich verstrickt, daß er nur durch Zertrümmern der Marmor-Umfassung habe befreit werden können, und Dante habe ihn auf diese Weise gerettet. Seine entschlossene That scheint ihm aber dann als Tempelschändung mißdeutet worden zu sein, da er sie in der angeführten Terzine so nachdrücklich richtig stellt.

Schließlich müssen wir noch der beiden Porphyrsäulen gedenken, die vor dem Baptisterium rechts und links der Ghiberti'schen «Paradieses-Pforte» aufgestellt sind und, vom Feuer hart mitgenommen, gar trübselig und unscheinbar aussehen. Sie sind zwar in der Divina Commedia nicht direkt erwähnt, spielen aber eine Rolle in einer Ueberlieferung, auf die Dante einmal zu sprechen kommt.

Villani[26] erzählt uns in seiner anmuthigen schlichten Weise, aber nicht ohne einen Anflug von Schelmerei, wie die Pisaner einstmals einen Kriegszug gegen Majorca unternahmen und die Florentiner baten, die Stadt Pisa unterdessen gegen die feindseligen Lucchesen zu bewachen. Die Florentiner ließen sich bereit finden und gingen in ihrer biederen Freundschaft so weit, daß sie «zur Schonung des Rufs der Pisanerinnen» nicht einmal die Stadt betraten, sondern draußen vor den Mauern campirten. Ja, ihre Obersten nahmen in ihrer Gewissenhaftigkeit die Sache so ernst, daß sie einen armen florentiner Kriegsmann, der, der Himmel weiß warum, so vorwitzig war, dem Verbot zuwider die Stadt zu betreten, ohne Gnade «am Halse aufhängen» ließen. Und was war der Dank der Pisaner für all diese Selbstverleugnung? Sie betrogen die Florentiner mit so ausgesuchter Hinterlist, wie eben nur diese Phönicier des Mittelalters betrügen konnten. Die Florentiner sollten ein Ehrengeschenk bekommen, und die Pisaner stellten ihnen aus der Kriegsbeute zwei Erzthüren und die beiden Porphyr-Säulen zur Wahl. Die Brand-Schäden an diesen waren mit einem Scharlach-Ueberzug tückisch verdeckt, und die guten Florentiner ließen sich blenden und wählten die Säulen. Und zum Schaden fehlte ihnen auch der Spott nicht. Denn seitdem blieb ihnen der Uebernamen «Die Blinden».

Diese Ueberlieferung ist es, auf die Dante anspielt, wenn er von seinen Landsleuten sagt:

Der Blinden Ruf ließ alte Mähr sie erben. Inf. 15, 67.

Es könnte Einen Wunder nehmen, daß die Florentiner dies Denkzeichen ihrer Einfalt so feierlich an ihrer Hauptkirche aufstellen mochten. Aber man kann darin auch einen Zug jener herben Hartnäckigkeit sehen, welcher die Republik Florenz ebenso wie ihre Stamm-Mutter Roma ihre Größe verdankte. Die Schuld sollte den Pisanern angekreidet bleiben, und es kam auch die Zeit, wo sie von ihnen mit Zinses-Zinsen wieder eingetrieben wurde: 1362 konnten die Florentiner an eben diesen Säulen die Ringe der Ketten aufhängen, die sie von dem eroberten Pisaner Hafen mit heim brachten.[27]

Außer den Löchern im Taufbrunnen von San Giovanni liefert Florenz unserm Dichter noch ein Vorbild zur topographischen Veranschaulichung seines Jenseits. Er vergleicht den in den Felsenhang des Fegfeuerbergs geschnittenen Treppenweg, der den ersten Sims mit dem zweiten verbindet, mit der Treppen-Anlage, die von Florenz zur Höhe von San Miniato hinaufführt:

Wie rechter Hand zum Aufstieg nach dem Hügel,
Von dem die Kirch' ob Rubacontes Flucht
Zur Stadt herabschaut, die so gut im Zügel,

Sich bricht des Steigens jählings kühne Wucht
Durch jene Treppen, die gebaut zu Zeiten,
Da man noch treu gemessen und gebucht,

So sänftigt hier der Hang sich, der vom zweiten
Der Ringe weidlich jach herniedergeht.
Doch schürft der hohe Stein zu beiden Seiten. Purg. 12, 100.

Mit der Kirche ist San Miniato gemeint, die von der Höhe des Monte alle Croci frei auf Florenz herniederblickt. Rubaconte hieß ehemals nach ihrem Erbauer, dem Podestà Rubaconte da Mandella von Mailand, die oberste Brücke, heute Ponte alle Grazie, die gerade unter dem Monte alle Croci den Arno überschreitet.[28]

Der Treppenweg ist jedenfalls vor Porta San Niccolò zu suchen, durch die die Straße nach Arezzo die Stadt verläßt, und wo unmittelbar vor dem Thor «rechter Hand» noch heutigen Tags die vorzüglichen Rampen- und Treppen-Wege so bequem nach Piazzale Michelangelo und San Miniato hinaufführen. Rubaconte muß ein hervorragend guter Beamter gewesen sein, und seine Gestalt lebt noch in Sacchettis Novelle[29] als die eines humorvollen salomonischen Richters. Villani erwähnt zusammen mit dem Brückenbau vom Jahr 1236, Rubaconte habe auch alle Straßen von Florenz mit Steinpflaster versehen lassen, sodaß die von Philalethes ausgesprochene Vermuthung manches für sich hat, daß auf Rubaconte auch die Treppenwege, die aus der Nähe seiner Brücke nach der vielbesuchten Kirche hinaufführten, in ihrer ersten Anlage zurückgehen.

Eine Dante-Denkwürdigkeit gibt es noch in Florenz, zu der wir zwar nicht durch die Divina Commedia geführt werden, an der wir aber doch nicht vorübergehen wollen: Das Dante-Bildniß auf Giottos leider so furchtbar zerstörtem Paradies in der Capelle des Bargello oder Palazzo del Podestà. Zu Vasaris Zeiten waren die Fresken noch wohl erhalten, und er erwähnt ausdrücklich, Dantes Bildniß sei dort «noch heute zu sehen».[30] Später wurde die Capelle durch eine Zwischendecke in zwei Räume getheilt und als Gefängniß und Magazin benutzt, und die Bilder gingen unter der Tünche für lange Zeit verloren. Erst 1841 wurden sie wieder aufgedeckt, und unter den armen Resten war glücklicher Weise auch Dantes Bildniß erhalten. Schließlich hat sich dann noch einmal ein verständnißloser Restaurator durch eigenmächtige Abänderungen an dem köstlichen Schatz versündigt.

Auch über die Echtheit des Bildes sind Zweifel erhoben worden. Es wird behauptet, daß die Malereien Giottos bei dem großen Brande, der den Bargello nach Giottos Tod heimsuchte, untergegangen sein müßten, und hierfür wurde auch in dem Umstand ein Beweis gefunden, daß das Wappen eines Podestà, das auf den Fresken zu sehen ist, auf die Zeit nach Giottos Tod hinweise. Aber einerseits kann jener Brand die Fresken der Hauptsache nach sehr wohl verschont haben, und andererseits können doch gerade die Ausbesserungen nach dem Brand der Anlaß gewesen sein, das jüngere Podestà-Wappen nachträglich aufzumalen.[31]

Wir brauchen uns daher wohl nicht die Freude verkümmern zu lassen, daß wir in diesen zwar noch von der Weichheit der Jugend überhauchten, aber doch schon tief durchgeistigten, scharfgeschnittenen, feinen und zugleich energischen Zügen das Bildniß vor Augen haben, wie es der große Maler des dreizehnten Jahrhunderts von dem großen Dichter und Landsmann geschaut hat.[32]

Dante aber hat dem Freunde, der ihn im Bilde verewigte, königlich seinen Dank abgestattet, indem er ihm in seinen Versen ein unvergängliches Denkmal setzte:

Zu halten hoffte Cimabue das Feld
Als Maler, jetzt hört man nur Giotto sagen,
Sodaß er Jenes Ruhm in Schatten stellt. Purg. 11, 94.

Noch einen Gang haben wir zu machen, ehe wir von Dantes Vaterstadt scheiden: nach dem Pantheon von Florenz, nach der Kirche Santa Croce.

Es ist eine eigenartige historische Vergeltung, daß Florenz, das seinen großen Sohn im Leben ausstieß und mit unversöhnlichem Hasse bis an sein Ende von der Heimath ausgeschlossen hielt, nach seinem Tode mit aller erdenklichen Mühe nach der Ehre trachtete, den Gebeinen des zu spät Erkannten im mütterlichen Boden die letzte Ruhstatt zu bereiten, und daß alle diese Versuche vergeblich blieben. Das glückliche Ravenna bewahrt eifersüchtig seinen Reliquien-Schatz, auf den ihm die Gastfreundschaft, die es dem Heimathlosen in den letzten Jahren seines Lebens gewährt hatte, auch vollen Anspruch gibt. Aber in der Ruhmeshalle von Santa Croce durfte Dante nicht fehlen, und so haben ihm die Florentiner wenigstens ein leeres Ehrenmal in der stolzen Reihe errichtet.

Aber auch damit haben sie Unglück gehabt. Es ist das Werk eines Künstlers aus den zwanziger Jahren dieses Jahrhunderts, der der Aufgabe nicht im Mindesten gewachsen war. Die Gestalt des Dichters, die mit nacktem herkulischem Oberkörper unschön zusammengekauert über dem Sarkophag brütend hockt, ist ganz mißrathen, und die allegorischen Figuren, die sich um ihn gruppiren, sind von einem hohlen, leblosen Pathos, leer wie das Grabmal. Man braucht sich wahrlich nicht daran zu erinnern, daß Michelangelo sich einst erboten hat, seinem großen Geistesverwandten ein Denkmal zu errichten, um an dieser Ausführung keine Freude zu haben.

Und doch ist Eines an dem Denkmal, was seine Wirkung auf Keinen verfehlen wird, die einfache Inschrift. Es war ein guter Gedanke, die Worte, mit welchen Dante den Geister-Chor der Dichter-Fürsten Virgil begrüßen läßt, auf ihn selbst anzuwenden. Das Wort spricht in der feierlichen Umgebung mächtig zu unsrer Seele, und ehrfürchtig sprechen wir es nach:

Onorate l'altissimo poeta.

Arno-Lauf und Casentino-Thal.

Wie Dantes Vaterstadt, so nimmt auch der Fluß, an dem sie gelegen, einen großen Raum ein in des Dichters Vorstellung, und hier wie dort treffen wir den Widerstreit zwischen der Liebe des Toscaners zu seiner Heimath und dem Groll des Politikers gegen seine Landsleute. Er rühmt sich stolz seiner Herkunft

Vom schönen Arno-Strande, Inf. 23, 95.

und er überträgt seinen Haß gegen die Anwohner des Flusses auf diesen selbst, auf

Den maledeiten, unglücksel'gen Graben. Purg. 14, 51.

Aber so oft er vom Arno spricht, thut er es mit einer Anschaulichkeit und einer Wärme, die uns verräth, mit welch sehnsüchtiger Klarheit der Strom seiner Heimath vor der Seele des Verbannten stand.

Den Fluß in seiner ganzen Ausdehnung vom Ursprung bis zur Mündung zeichnet uns Dante mit wenigen kühnen Strichen in jener Beschreibung des Arno-Laufes, die mit Recht zu den berühmtesten Stellen der Divina Commedia gehört.

Auf dem zweiten Sims des Reinigungsberges fragen den Dichter zwei der Seelen, die mit zugehefteten Augenlidern die Sünde des Neides büßen, nach seiner Herkunft, und dann heißt es weiter:

Und ich drauf: «Mitten durch Toscana wallt
Ein Fluß, der an der Falterona quillt,
Und macht nach hundert Meilen noch nicht Halt.

An ihm empfing ich dieses Leibes Bild.
Doch eitel wär's, nennt' ich den Namen mein,
Da noch nicht viel er heut'gen Tages gilt!»

«Kann ich», sprach drauf der Erste von den Zwein,
«Die Meinung deiner Worte gut durchdringen,
So muß, wovon du sprichst, der Arno sein.»

Der Zweite dann: «Was mag ihn dazu bringen,
Den Namen des Gewässers nicht zu künden,
Wie Einer thut bei grauenvollen Dingen?»

Und Jener, der gefragt war nach den Gründen,
That fo Befcheid: «Weiß nicht; doch wahrlich hätte
Des Thales Namen Urfach zu verfchwinden.

Denn von der Quelle, wo die Alpenkette,
Von der Pelorum losbrach, fo voll Quellen,
Daß fie kaum reicher fonft an einer Stätte,

Bis dort, wo er fich als Erfatz muß ftellen
Für das, womit das Meer den Himmel letzt,
Dem dann die Flüffe danken ihre Wellen,

Wird Tugend feindlich von dem Volk gehetzt
Der Schlange gleich, ob Ortes Ungunft nur,
Ob fchlimme Sitte ihm fo zugefetzt.

Drob haben umgewandelt die Natur
Des Unglücksthals Bewohner in dem Maße,
Als hätte fie gemäftet Circes Flur.

An wüften Schweinen hin, dem Eichelfraße
Mehr zugethan als menfchenwürd'ger Speife,
Lenkt er zu Anfang die armfel'ge Straße.

Dann trifft er Kläffer auf der Abwärtsreife,
Die da mehr fletfchen, als fie Kräfte haben,
Und diefen zieht das Maul er fchnöder Weife.

Thalabwärts wachfend von der Quellen Gaben
Sieht mehr ftets Wölfe werden aus den Hunden
Der maledeite, unglückfel'ge Graben.

Wenn er dann manche Schlucht hinabgefunden,
Trifft er die Füchfe, fo von Lift erfüllt,
Daß fie kein Menfchenwitz noch überwunden.» Purg. 14, 16.

Ob Dante die Falterona erftiegen, läßt fich trotz der begeifterten Behauptungen Ampères und Benis nicht mit Beftimmtheit fagen.[1] Die zahlreichen Stellen der Divina Commedia, die Beni heranzieht, zeigen nur überhaupt, daß Dante eine lebendige Anfchauung der Bergwelt befaß, die er aber an jedem andern Höhenpunkt des Apennins eben fo gut gewonnen haben kann wie an der Falterona. Auch Ampères Argumentation, daß eben unfere Schilderung des Arno-Laufes im vierzehnten Gefang des Purgatorio dafür fpreche, daß Dante von einem Punkt aus den ganzen Arno überblickt habe, und daß diefer Punkt die Falterona gewefen fei, ift nicht ftichhaltig. Denn jene Schilderung weckt vielmehr die Vorftellung, daß der Dichter dem Lauf des Fluffes von Ort zu Ort folgt, als die, daß er ihn von einem Punkte aus überblickt. Jedenfalls fehlt an der Stelle, wo des Berges Erwähnung gefchieht, jeder Zufatz, der auf eigene Anfchauung hinweifen könnte. Dantes Fußftapfen leiten uns nicht auf den Gipfel der Falterona.

Die Erften in der Reihe der Koftgänger Circes, unter deren Bild Dante die Anwohner des Arno fchaut, find die «wüften Schweine», die brutti porci. Man hat darunter eine Anfpielung auf die Grafen von Porciano erblicken wollen, an deren Schloß allerdings der Fluß bald nach seinem Ursprung vorûberkommt. Aber, wie mich dünkt, ohne genügenden Grund. Mir scheinen vielmehr darunter die Bewohner des Casentino-Thals im Allgemeinen zu verstehen. Auch die übrigen Thiere, die Dante zur Vergleichung heranzieht, sind nur mit Rücksicht auf ihre Charakter-Eigenschaften ausgewählt, ohne daß mit dem Namen ein Wortspiel versucht wäre. Wollte man ein solches aber annehmen, so würden mit dem Worte porci doch nur die Herren von Porciano getroffen, während der Zusammenhang der Stelle ohne Zweifel die Auffassung verlangt, daß eine längere Strecke gemeint sei, auf der der Fluß zwischen den Schweinen seinen Lauf hinlenkt, das Casentino-Thal, nicht eine einzelne Stelle, wo er vorüberfließt. Denn in der folgenden Terzine ist die Beschreibung schon bei den Kläffern von Arezzo angelangt. Erwähnt sei noch, daß bis auf den heutigen Tag in den dürftigen Gebirgsgegenden Italiens, zum Beispiel in den Bergen zwischen Gubbio und Urbino, die Landleute vielfach gemahlene Eicheln mit einem geringen Zusatz von Korn-Mehl zu Brot verwenden. Dante kann daher sehr wohl dieses Bild gebraucht haben, um die Dürftigkeit der Bewohner des Casentino-Thals zu kennzeichnen, und damit fände dann auch die «armselige Straße» ihre ungezwungene Erklärung.

Wenn der Arno das Casentino verlassen hat, tritt er in die weite fruchtbare Ebene von Arezzo. Aber anstatt seiner bisherigen Richtung folgend in's offene Land hinaus nach Süden zu fließen, wendet er sich etwa anderthalb Stunden vor Arezzo unversehens nach rechts und fließt den Ausläufern des Prato magno entlang westwärts weiter; er zieht, wie es Dante wieder treffend verbildlicht, den Aretinern das Maul. Daß er die Aretiner als Kläffer bezeichnet, «die da mehr fletschen, als sie Kräfte haben», hat darin seinen Grund, daß die kleine, leidenschaftlich ghibellinische Stadt oft mit den größeren guelfischen anband, aber in der Regel den Kürzeren zog. Doch bei allem Hohn scheint mir in den Worten eine gewisse Anerkennung des Muthes der Aretiner zu liegen, den er, wie wir sehen werden, bei Campaldino selbst kennen gelernt hatte.

Aus der Ebene von Arezzo westwärts fließend, bricht sich der Arno Bahn durch die Steinbänke, die von dem Prato magno her querüber ziehen.[2]

Bergig kann man diese Bodenformation eigentlich nicht nennen. Wenn man von Ponte Burriano, wo die Straße nach Laterina eine starke Stunde von Arezzo den Arno überschreitet, dem Fluß abwärts folgt, so dehnt sich zu beiden Seiten ziemlich ebenes Land, das nur ganz langsam zu den dahinter liegenden Bergen aufsteigt. Aber in das Gestein dieser breiten Thalsohle ist tief und scharfkantig eine enge Rinne eingeschnitten, durch die der Fluß hinschießt, zuerst durch die Gola dell' Imbuto — den Trichter-Schlund —, unter Laterina vorüber, das ziemlich weit ab vom Fluß am sonnigen Berghang liegt, und weiter durch die enge Schlucht der Valle d'Inferno. Von hier wendet sich der Fluß mehr nach Nord-Westen zwischen flacheren Ufern hin an dem freundlichen Montevarchi vorüber. In der Akademie von Montevarchi ist eine reiche Sammlung fossiler Knochen zu sehen, die hier in der Umgegend und bis aufwärts nach Arezzo gefunden wurden und die für die Annahme sprechen, daß dieser ganze Theil des Arno-Thales vor Zeiten von einem großen See bedeckt war. Im Norden war dieses Becken durch die Kalk- und Sandstein-Massen geschlossen, die sich von den Abhängen der Höhen von Vallombrosa her in die Quere schieben, und durch diesen Wall mußte sich das Wasser seinen Weg bahnen. Die Durchbruchsstelle, die den bezeichnenden Namen Incisa, der Einschnitt, führt, ist ein enges Felsenthal mit schroffen, obwohl nicht gerade hohen Wänden, zwischen denen der Fluß sich durchzwängt.

Die geschilderte eigenthümliche Beschaffenheit der Ufer des Arno auf dieser Strecke, dem Val d'Arno superiore, namentlich die langgestreckten Strom-Engen der Gola dell' Imbuto und der Incisa, zeigen, wie schon Ampère hervorhebt, wieder einmal dem Beschauer, bis zu welchem Grade Dantes Genauigkeit des Ausdrucks geht. Wenn er gerade auf der Strecke von Arezzo bis Florenz den Arno den «maledeiten unglückſel'gen Graben» nennt, so wählt er die Bezeichnung «Graben» nicht nur aus Verachtung, sondern weil der Ausdruck thatsächlich das anschaulichste Bild des Flußbettes im Val d'Arno superiore giebt.

Thalabwärts wachsend von der Quellen Gaben,

die dem Arno von Prato magno und den Bergen des Chianti reichlich zuströmen, zuletzt noch geschwellt durch die Wasser der Sieve, die bei Pontassieve mündet, tritt der Fluß in die Ebene von Florenz. Wölfe sind es, von denen Dante seine Vaterstadt bevölkert sieht. Der Wolf ist ihm das Sinnbild der Habgier und des Guelfenthums, und Habgier und Guelfenthum ist es ja vor Allem, was er seinen Mitbürgern zum Vorwurf macht, und was ihn ausschließt aus

Der schönen Hürde, drin ein Lamm ich war,
Verhaßt den Wölfen, die es grimmig jagen. Par. 25, 5.

Uebrigens sei hier erwähnt, daß die Florentiner selbst den vorgeschobenen Posten, den sie arno-abwärts zum Trutz gegen Capraja, das feste Schloß der Grafen Alberti, 1203 errichteten, mit einer herausfordernden Anspielung auf die Bedeutung von Capraja (Ziege) Montelupo (Wolfsberg) nannten. Der Vergleich mit dem Raubthier scheint ihnen selbst also nicht eben mißfallen zu haben.

Unterhalb Florenz bei Signa trifft der Arno auf einen letzten Wall, den er durchbrechen muß. Es wird behauptet, daß diese Enge, Stretto della Pietra Golfolina, wie sie gleich dem dort gebrochenen Gestein heißt, ursprünglich ein Canal gewesen sei, mit dem einst die Etrusker die sumpfige florentinische Ebene trocken gelegt hätten. Aber jetzt verräth der vielgewundene Flußlauf zwischen den malerischen Felshängen jedenfalls nicht mehr, daß ihm Menschenhände die Richtung gegeben haben. Diese vielfachen Windungen, die für das Auge immer das Bild abschließen und die Stromenge in mehrere Strecken zerfallen lassen, können auch zur Erklärung dienen, warum Dante an dieser Stelle von einer Mehrzahl von Schluchten spricht:

Wenn er hinab manch tiefe Schlucht gefunden, Purg. 14, 52.

während doch geographisch nur eine Einheit vorliegt.

Zwifchen den obengenannten Caftellen von Capraja und Montelupo heraus tritt nun der Fluß wieder in freies Land, und nachdem er bei La Rotta den letzten fchwachen Apenninen-Ausläufer überwunden hat, biegt er an den Monti Pifani vorbei in die Ebene von Pifa ein, in das Gebiet der «Füchfe». Warum Dante dies Bild für die Pifaner wählt, ift nicht fo durchfichtig wie die anderen Vergleiche. Doch mögen wir uns daran erinnern, wie fie die Florentiner mit den Porphyrfäulen betrogen, wie Ugolino und der Erzbifchof Ruggieri fich gegenfeitig mit tückifchen Ränken überboten und daß fie den Guido von Montefeltro zu ihrem Capitano wählten, der felbft von fich gefteht, mehr Fuchs als Leu gewefen zu fein.[3]

In ftolzem Zug ftrömt der Fluß mitten durch Pifa und erreichte einftmals eine Stunde abwärts bei der alten Bafilika San Pietro in Grado das Meer. Jetzt macht der Arno das Wort Dantes:

Und macht nach hundert Meilen noch nicht Halt,

in einem fchlimmen Sinne wahr, indem er feine Mündung fchon bis zu dem zweieinhalb Stunden von Pifa entfernten Bocca d'Arno hinausgefchoben hat und fie mit feinen Schutt- und Schlammbänken von Jahr zu Jahr immer weiter hinausfchiebt.

Die Befchreibung des Arno-Laufes ift fo ein rechtes Meifterftück Dante'fcher Poefie. Mit harter greifbarer Klarheit, mit faft trockener geographifcher Genauigkeit folgt er dem Zug des Fluffes, und doch fprüht er einen wahrhaft dämonifchen Ingrimm Schritt für Schritt über feine Ufer. Wir bekommen hier klar, wie kaum fonft wo, einen Einblick in jene wunderbare Mifchung höchfter Objectivität und höchfter Subjectivität, welche das Geheimniß von Dantes Dichterkraft birgt.

Wie in Florenz Dante fein fchönes Sanct Johann hat, zu dem er mit Vorliebe immer wieder zurückkehrt, fo ift auch beim Arno ein beftimmter Theil vor allen andern von des Dichters Gedanken bevorzugt, das Cafentino-Thal. Dantes Beziehungen zu diefem oberften Theil des Arno-Thals gehören zu den verworrenften Fragen feiner Lebensgefchichte, und es wird wohl kaum jemals gelingen diefes Dunkel zu lichten. Aber feine Gedanken wenden fich fo oft dorthin und feine Dichtung erhebt fich dann immer zu einer folchen Kraft und Innigkeit, daß offenbar die Erinnerung ihn mit ganz befonders ftarken Fäden an diefes Alpenthal gebunden haben muß.

Das erfte Ereigniß in Dantes Leben, das ihn uns im Cafentino-Thal zeigt, ift die Schlacht bei Campaldino im Jahr 1289. Zwar auch daran, ob Dante in diefer Schlacht mitgefochten habe, find in neuerer Zeit Zweifel erhoben worden.[4] Aber die Gründe, die gegen diefe von dem humaniftifchen Gefchichtfchreiber und Staatsfecretär von Florenz, Leonardo Aretino, in feiner Dante-Biographie ganz beftimmt behauptete Thatfache[5] angeführt werden, find fo wenig ftichhaltig, daß die Wucht, mit der fie Scartazzini[6] über den Haufen rennt, einem faft wie Kraftverfchwenduug vorkommen könnte. Dante foll deßhalb nicht bei Campaldino mitgefochten haben können, weil er im fünften Gefang des Purgatoriums den in jener Schlacht gefallenen gegnerifchen Heerführer Buonconte von Montefeltro nicht kennt. Wer aber jemals nur zwei Cavallerie-Brigaden — und mindeftens fo ftark waren die Reitermaffen, die fich bei Campaldino trafen — hat gegen einander manövriren fehen, wird keinem Dragoner oder felbft Zugführer zumuthen, daß er einen Regimentscommandeur oder Schwadronsführer der gegnerifchen Brigade nach dem Manöver auf der Straße wiedererkennen müffe, wenn ihn nicht der Zufall bei der Attaque gerade diefem Einzelnen von Angeficht zu Angeficht gegenüber geführt hat, und felbft dann kann Waffenfchmuck, Gedränge, Staub und Haft der Bewegung ein Fefthalten der Erfcheinung des Gegners fehr wohl unmöglich machen.

Die Worte Dantes, die er in Gegenwart Buoncontes fpricht:

Wie fehr mein Blick auch Muft'rung hält,
Erkenn ich Keinen, Purg. 5, 58.

beweifen alfo fchlechterdings nichts gegen Dantes Anwefenheit bei Campaldino, und ich ließ mich darum auch durch die Zweifler in meiner feierlichen Stimmung nicht irre machen, als ich das Cafentino-Thal auf derfelben Straße des Confuma-Paffes betrat, auf welcher der junge Dante mit dem Heere der toscanifchen Guelfen dort eingeritten fein mußte.

Daß die Guelfen diefe Straße eingefchlagen hatten, war eine richtige Fechter-Finte ihrer Strategen. Als fie zu Anfang Juni das Heer aufboten, ftellten fie die Banner zunächft in Pieve a Ripoli auf, fodaß die Aretiner den Angriff über Incifa und Montevarchi den Arno herauf erwarten mußten. Statt deffen wandten fich die Guelfen nun plötzlich links nach Pontaffieve, jenem wichtigen Knotenpunkte, wo fich von der Arno-Straße die Straßen nach Forlì und über die Confuma abzweigen. Zunächft erwarteten fie noch die Verftärkungen, namentlich auch die Romagnolifchen, die auf der Straße von Forlì Mainhard von Sufinana heranführte, und dann fchlugen fie die Confuma-Straße ein, um von hier unverfehens den Aretinern in den Rücken zu kommen.7

Der Paß ift eine breite Einfattelung, zu deren öder Höhe die Straße langfam heraufsteigt, um fich dann in majeftätifchem Zuge zu dem Cafentino-Thale hinabzufenken. Es ift ein entzückender Anblick, den man, auf der vortrefflich angelegten Straße gemächlich hinfchreitend, genießt. Während die Höhe, von der man herabfieht, noch ziemlich kahl ift, liegt in üppiger Fruchtbarkeit und allenthalben mit größeren und kleineren weithinleuchtenden Häufergruppen befät der Thalgrund da, und die Lieblichkeit des Bildes wird noch gefteigert durch den herben Ernft der mächtigen, meift abgeholzten Bergzüge, die zu beiden Seiten das Thal umfaffen. Links ganz zur Seite ragt die Falterona empor, an deren Hang der Arno entfpringt, weiterhin dehnt fich die Giogana, das «Hochjoch», an deffen Abhängen Sacro Ermo und Camaldoli zu fuchen find, ganz im Hintergrunde zeigt fich la Penna, der crudo faffo der Verna, und rechts fchließt die Maffe des Prato magno das Rundbild, Alles Namen, die durch Dantes Wort ihren Stempel und ihre Weihe erhalten haben.

Doch diefe Fernen durften mich jetzt noch nicht befchäftigen. Eine Oertlichkeit des Vordergrundes nahm meine Aufmerkfamkeit in Anfpruch. Links von der Straße dehnte fich eine muldenförmig eingefunkene Hügelbreite, auf deren jenfeitigem Rand zwifchen alten Tannen und Ulmen halb verfteckt ein Kirchlein fich faft herausfordernd malerifch darbot, die «Badiola», einftmals Santa Maria ad altos montes[8], wo die Guelfen vor ihrem Einbruch in das Cafentino-Thal gelagert haben follen. Der Ort ift wie ausgefucht zu einem Lagerplatz und gerade in der richtigen Entfernung vom Ziel zu einem letzten Halt vor dem entfcheidenden Stoße, und meine Einbildungskraft bevölkerte den Platz mit dem waffenklirrenden Treiben, das am Vorabend jener gewaltigen Entfcheidung hier geherrfcht haben muß.

Noch andere Bilder möchten fich mir aufdrängen: Wie in diefem Lager Dante mit Bernardino da Polenta zufammentraf und wie diefer mit dem Bericht von dem ergreifenden Schickfal feiner Schwefter Francesca in die Seele des jungen Florentiners den Keim zu der Dichtung legte, die als unvergängliche Blüthe das Grab der unglücklichen Frau und zugleich die italiänifche Dichtkunft fchmückt. Die Hypothefe ift ungemein anmuthend, und namentlich der Umftand wirkt beftechend, daß wir dann für Francesca und Ugolino — den wenige Monate zuvor fein Schickfal ereilt hatte — für diefe beiden Lieblings-Kinder des Dichters, die fo auffallend unter der ganzen Dante'fchen Geftalten-Reihe hervorragen, ja man könnte faft fagen, der fonft fo vorfichtig gewahrten Oekonomie des Ganzen zuwider aus dem Rahmen der Dichtung hervortreten, eine ziemlich gleichzeitige Empfängniß in der noch mit der erften überfchäumenden Prometheus-Kraft fchaffenden Dichter-Seele annehmen könnten. Doch wir befitzen außer der einen Notiz bei Ammirato, daß Bernardino den Guelfen bei diefem Zug fünfzig piftojefifche Reiter zugeführt habe, keine Anhaltspunkte für diefe Vermuthung, und fo müffen wir fie trotz der inneren Gründe, die zu ihren Gunften fprechen, auf fich beruhen laffen.[9]

Nachdem ich vom Lagerplatz des Guelfenbundes wieder eine kurze Strecke auf der Landftraße weiter gefchritten war, bog ein Seitenweg links von ihr ab, ziemlich breit, aber nichts weiter als ein Feldweg, fteinig und unfcheinbar und fo fchlecht unterhalten, daß er manchmal in dem ihn umgebenden Brachlande fich zu verlieren drohte. Das war die alte Heerftraße, der die neue Chauffee um eines günftigeren Gefälles willen hier nicht gefolgt ift. Mich hießen Dantes Fußftapfen ihr folgen. Und bald lag das Gefuchte vor mir. Da wo von diefer alten Straße links nochmals eine ebenfo befchaffene abzweigt, wohl nach Stia und Porciano zu, gerade in der Gabelung der beiden verfchollenen Straßen erhob fich ein mächtiger Steinhaufen mit breiter verzettelter Bafis. «Macia dell' uomo morto»[10], Steinhaufen des todten Mannes, oder fchlechtweg «ommorto» heißt der Platz im Volksmund, und es hat fich nur die allgemeine Vorftellung erhalten, daß ein Miffethäter (uno sbirro, ein Häfcher, meinte ein Hirt, den ich fragte) hier hingerichtet worden fei. Aber wir kennen noch den wahren Kern diefer verblaßten Erinnerung.

Dante trifft in der Klamm der Fälfcher den Meifter Adam von Brescia, der die Dichter folgender Maßen anredet:

O Ihr, die in der Welt, die uns umnachtet
(Ich weiß nicht weßhalb), ohne Strafe seid,
Sprach dieser zu uns, schauet und betrachtet

Des Meister Adam jammervolles Leid.
Solang ich lebte, konnt in Gold ich wühlen —
Jetzt ach! ein Tropfen Wasser all mein Neid.

Die Bäche, welche von den grünen Bühlen
Des Casentino sich zum Arno winden
Und ihres Rinnsals Rand besprüh'n und kühlen,

Steh'n immer vor mir und aus guten Gründen;
Denn dieses Bild schafft mehr noch, daß ich lechze,
Als selbst das Leid, drob meine Wangen schwinden.

Die Richterhand, von deren Wucht ich ächze,
Nutzt jenen Ort, der ansah mein Verschulden,
Auf daß noch fliegender mein Athem krächze.

Dort liegt Romena; dort gab ich dem Gulden
Mit Sanct Johannis Prägung falsches Korn
Und mußte drum den Flammentod erdulden.

Doch fänd' ich Guidos Geist in Gottes Zorn,
Den Alessandros, den des Bruders unten,
Den Anblick gäb ich nicht um Brandas Born.

Drin ist schon Einer, wenn mir recht bekunden
Die Schatten, die von Wahnsinn umgetrieben;
Doch was hilft's mir, dem jedes Glied gebunden? Inf. 30, 58.

und weiter unten:

Durch sie bin ich in diese Zunft gerathen;
Durch sie verleidet prägt ich Guldenstücke,
In denen Zusatz war von drei Karaten. Inf. 30, 88.

Christoforo Landino, der zuverlässigste Dante-Commentator aus dem fünfzehnten Jahrhundert, dessen Zeugniß hier dadurch ganz besonders gewichtig ist, daß Landino von dem nahegelegenen Pratovecchio stammte, berichtet uns über Meister Adam, er sei angesichts von Romena an der Straße von Borgo alla Collina[11] verbrannt worden, dort, wo man «noch heute» einen Hügel von Steinen sehe. «Und, fügt er hinzu, die Landleute, die jetzt dort leben, versichern, daß ihre Ahnen es von ihren Altvordern gehört hätten, also verhalte es sich.» Daß der Steinhaufen vom Lauf der Jahrhunderte nicht eingeebnet worden ist, könnte wohl wundernehmen. Aber es hat seinen guten Grund. Es besteht nämlich bis auf den heutigen Tag die Sitte, daß jeder Wanderer, der des Weges kommt, einen Stein auf den Haufen wirft. Der Sinn dieses alten Brauchs ist nicht ganz klar. Wenn Einer gerichtet ist, wirft, wer des Weges kommt, einen Stein auf ihn, ohne die Schuld des Gerichteten zu kennen, nur weil schon Andere zuvor das Gleiche gethan haben, könnte man denken. Aber die Symbolik des Volkes ist einfacher. Es ließe sich auch an die

Art und Weiſe denken, wie die Ritter des Anjou den Leib Manfreds beſtatteten, indem jeder einen Stein zutrug, bis der Todte «unter des gewalt'gen Steinmals Hut» lag. Auch jene Steinchen kamen mir in's Gedächtniß, die ich auf dem alten Prager Judenkirchhof oben auf den Grabmälern geſehen hatte, eine Gabe der trauernden Hinterbliebenen. Jedenfalls iſt der Brauch keine Eigenthümlichkeit der Macia dell' uomo morto. Auf meinen Wanderungen durch die Berge des Caſentino[12] machte ich öfters die Beobachtung, daß am Fuß der kleinen Kreuze, die zum Gedächtniß an Verunglückte errichtet ſind, kleine Steinhaufen ſich finden und daß mein Führer im Vorübergehen ein Steinchen dazulegte. Auf die Frage nach dem Grund ſagte er mir, man erhalte dadurch «indulgenza», alſo Sünden-Vergebung. Der Stein wird demnach wohl ſagen ſollen, daß für den Todten ein Gebet geſprochen worden iſt. «Wandrer, bitt für mich!» ruft jedes Marterkreuz dem Vorübergehenden zu. Und der Wanderer, der für die arme Seele gebetet hat, bekommt ſelber ſeine Gutthat im Himmel mit indulgenza vergolten.[13]

Aber wie dem auch ſei, ſoviel ſcheint mir ſicher, daß Meiſter Adam von Brescia hier verbrannt worden iſt. Und ſeine Strafe hat der Falſchmünzer vollauf verdient. Denn der florentiner Goldgulden, ganz aus gediegenem Golde geſchlagen, war ein edles Geldſtück, und die Bürger waren ſtolz auf ihren «fiorin giallo»[14], den gelben Gulden.

Wie ſehr dies der Fall war und welch guten Grund es hatte, dafür möchte ich hier Giovanni Villani ein bezeichnendes Geſchichtchen erzählen laſſen.[15]

Er berichtet:

Als nun die genannten neuen Gulden — die ſeit 1252 geſchlagen wurden — anfingen ſich über die Welt zu verbreiten, gelangten auch etwelche nach Tunis in die Barbarei, und als ſie vor den König von Tunis gebracht wurden, der ein trefflicher und weiſer Mann war, hatte er großen Gefallen an ihnen und ließ ſie prüfen, und da er ſie von feinſtem Golde erfand, lobte er ſie baß, und da er von ſeinen Dolmetſchern Prägung und Umſchrift des Guldens ſich deuten ließ, fand er, daß auf der einen Seite ſtand «S. Giovanni Battista» und auf der Seite der Lilie «Florentia». Weil er aber ſah, daß es Gold der Chriſten war, ließ er die Piſaniſchen Kaufleute holen, die damals dort freien Verkehr hatten und viel beim König galten, und auch die Gulden wurden von den Piſanern in Tunis ausgegeben. Und er frug ſie, was für eine Stadt in der Chriſtenheit dieſes Florenz ſei, das ſolche Gulden ſchlage. Da antworteten die Piſaner verächtlich und voller Neid und ſprachen: «Es ſind die Araber bei uns zu Lande», was ſoviel heißen ſollte als «unſere Bauern». Der König aber verſetzte verſtändig: «Das dünkt mich nicht das Geld von Arabern. O Piſaner, was für Goldgeld habt denn Ihr?» Da waren ſie betreten und wußten nicht, was antworten. Und der König frug, ob ein Kaufmann von Florenz da ſei, und es fand ſich einer, der war von Ueberm-Arno, mit Namen Perla Balducci, ein beſonnener, verſtändiger Mann. Der König frug ihn nach dem Weſen und Zuſtand von Florenz, aus dem die Piſaner ihre Araber gemacht hätten. Und Jener erwiderte verſtändig und legte dar, wie groß und mächtig Florenz ſei, und wie Piſa im Vergleich weder an Macht noch Volkszahl die Hälfte von Florenz gelte und daß es kein Goldgeld habe, und daß die Florentiner gerade durch ihre vielen Siege über die Pifaner in Stand gefetzt worden feien, ihren Gulden zu fchlagen. Darob blieben die Pifaner befchämt, und von wegen der Gulden und von wegen der Reden unferes verftändigen Bürgers gab der König den Florentinern Handelsfreiheit und Kaufhaus und Kirche in Tunis und Vorrechte wie den Pifanern. Und das ift uns als wahr verbürgt worden von eben jenem Perla, der ein glaubwürdiger Mann war. Denn wir fanden uns mit ihm gemeinfam in dem Amte des Priorats im Jahre 1316, da er fchon neunzigjährig war, aber noch rüftig an Körper und Geift.

Es ift darum den Florentinern nicht zu verdenken, wenn fie eiferfüchtig darüber wachten, daß der gute Ruf ihres Goldes, der fich fo einträglich erwies, keinen Schaden litt und an dem Falfchmünzer ein abfchreckendes Exempel ftatuirten. Aber graufam war es, daß fie gerade einen fo herrlichen Punkt ausfuchten, um den armen Meifter Adam aus diefer fchönen Gotteswelt hinauszubefördern, und es ift kein Wunder, daß fich ihm noch in der Hölle die Bilder des lieblichen Thals aufdrängen, an dem feine Blicke hafteten, bis die Flammen des Holzftoßes es ihm verhüllten.

Und weiter auf meinem Weg zu Thal geleiteten mich die Worte des Dichters.

Dort liegt Romena.

Dort, wo die Abdachungen der Confuma fich in die Thal-Ebene verlieren, auf einem anfehnlichen Hügel, der am rechten Ufer des jungen Arno ringsum frei anfteigt und gegen den Fluß zu fogar fteil abfällt. Die ftolzen Trümmer der Burg, drei ftarke Thürme, die noch ziemlich wohlerhaltenen Ueberrefte ausgedehnter Wohngebäude und die im weiten Umkreis vorhandenen Spuren von Feftungswerken erzählen heute noch beredt von der Macht ihrer Herren, die Meifter Adam als die Urheber feines Verbrechens und feines ewigen Verderbens fo grimmig haßt. Die Worte, die ihm Dante gegen die Grafen von Romena in den Mund legt, find wieder von fo zorniger Wucht, daß wir auch hier zweifellos eine höchft perfönliche Erfahrung als Beweggrund annehmen müffen. Aber allerdings, was es war, was Dante gegen die Grafen fo aufbrachte, dafür fehlt uns faft jeder Anhaltspunkt.

Die Grafen von Romena, die drei Brüder Aleffandro, Guido und der von Dante nicht mit Namen genannte Aghinolfo, gehören dem alten großen Gefchlecht der Grafen Guidi an, deren weitverzweigter Stammbaum noch fehr der Aufräumung und Feftlegung bedarf. Im Großen und Ganzen find vier Hauptäfte zu unterfcheiden, die alle auf den älteren Guido Guerra und auf die im fechzehnten Gefang des Inferno erwähnte treffliche Gualdrade zurückgehen[16], die Häufer von Porciano, Battifolle, Romena und Dovadola, und mit allen ift Dante durch feine Biographen in Beziehung gebracht worden.

Bei den Grafen von Porciano, deren gleichnamiges Schloß oberhalb Stia feine anfehnlichen Trümmer zeigt, foll Dante mehrmals zu Gaft gewefen fein, von dort aus foll er im Frühjahr 1311 die beiden politifchen Briefe gefchrieben haben, welche «Von den Grenzen Toscanas unter der Quelle des Arno» datirt find, und dort foll er auch in dem Thurm, der heute noch fteht, gefangen gehalten worden fein.[17] Aber keine diefer Angaben ift ficher nachweisbar. Namentlich läßt fich die Datirung der Briefe ebenfogut auf ein anderes Caftell oder Städtchen des oberen Cafentino-Thals beziehen als gerade auf Porciano, und die Stelle der Divina Commedia von den brutti porci (Purg. 14, 43), die man auf den Groll Dantes über feine Haft hat zurückführen wollen, verlangt — wie wir gefehen haben[18] — keineswegs die Deutung auf die Grafen von Porciano.

Mit den Grafen von Battifolle ift Dante nur durch den Umftand in Beziehung gebracht worden, daß drei der von Witte in einem Vaticanifchen Codex aufgefundenen und Dante zugefchriebenen Briefe im Auftrag einer Gräfin G(herardesca) von Battifolle an die Gemahlin Heinrichs VII.[19] verfaßt find. Doch Dantes Urheberfchaft ift bei diefen Briefen mit gewichtigen Gründen angezweifelt worden.[20] Ueberdies berichtet keiner der alten Biographen Dantes, daß er die Herren von Battifolle gekannt habe, und vor Allem, die Divina Commedia enthält keine Stelle, die auf diefen Zweig der Grafen Guidi bezogen werden könnte. Für uns bleibt er fomit jedenfalls außer Betracht.

Was den für uns wichtigften Zweig der Grafen Guidi, die Herren von Romena betrifft, fo find auch da zunächft zwei Briefe zu erwähnen, die in jenem von Witte aufgefundenen Codex der Vaticanifchen Bibliothek Dante zugefchrieben werden.

Beide Briefe haben lebhafte Erörterungen hervorgerufen und fehr verfchiedene Beurtheilung gefunden.[21] Der eine Brief enthält ein Beileidfchreiben bei dem Tode des Aleffandro da Romena an deffen beide Neffen Oberto und Guido, deffen überfchwängliche Ausdrücke in bedenklichem Widerfpruch ftehen mit den Worten der Divina Commedia. Gegen Dantes Verfafferfchaft liegt der befte und gewiß ausfchlaggebende Grund, den befonders Scartazzini hervorhebt, eben in diefem Widerfpruch. Der Brieffchreiber, der dem Dahingefchiedenen «würdigen Lohn für feine Großmuth über den Sternen in Fülle» in Ausficht ftellt, und der Dichter, der Ebendenfelben fchmachvoll als Falfchmünzer in die Tiefe der Hölle verdammt, kann nicht ein und diefelbe Perfon gewefen fein. Eine folche Doppelzüngigkeit ift mit Dantes Charakter fo wenig in Einklang zu bringen, daß uns ganz anders gewichtige Gründe als diefer zweifelhafte Brief vorgelegt werden müßten, um uns zu beftimmen, einen fo häßlichen Zug in das edle Bildniß aufzunehmen.

Der zweite Brief ift an den Friedensvermittler zwifchen den Schwarzen und den Weißen, an den Cardinal Niccolò da Prato gefchrieben im Auftrag des Anführers der vertriebenen Weißen, der als A. CA. bezeichnet ift. Diefe Buchftaben deutet man als Alexander Capitaneus und verfteht darunter Aleffandro von Romena. Die Deutung hat viel für fich, da fie den Verhältniffen entfpricht, wie fie Leonardo Bruni berichtet, und der Brief kann daher fehr wohl echt, das heißt, im Auftrag Aleffandros an den Cardinal gefchrieben fein. Aber daß er gerade von Dante verfaßt fei, dafür haben wir keinerlei Anhaltspunkte.

Dagegen ſcheint mir wie geſagt kein triſtiger Grund vorhanden, die von Bruni ganz beſtimmt gemachte Angabe[22] in Zweifel zu ziehen, daß die Weißen in der erſten Zeit nach der Verbannung dem Grafen Aleſſandro von Romena und einem Rath von zwölf Männern die Leitung ihrer Angelegenheiten übertragen hätten, und daß zu dieſen Rathsmännern auch Dante gehört habe. Bartoli und Scartazzini[23] betonen ſehr ſtark, darin liege ein Widerſpruch mit einer Stelle der florentiniſchen Geſchichte des gleichen Verfaſſers. Bei der Erörterung über das Scheitern des ſo groß angelegten Unternehmens von Laſtra vom 20. Juli 1304, auf das die Weißen all ihre Hoffnung geſetzt hatten, das ihnen aber, ſtatt ſie nach Florenz zurückzuführen, die heimathlichen Thore nur noch feſter verſchloß, führt Leonardo dort nämlich als Hauptgrund den Umſtand an, es ſei kein Oberbefehlshaber da geweſen und die zahlreichen Anführer ſeien ſich alle gleich geſtanden. Nun kann aber der Graf von Romena ſehr wohl von den Vertriebenen im Jahre 1302 zum Capitano gewählt worden ſein und doch bis zum Jahr 1304 — durch eigene Unfähigkeit oder durch die Unlenkſamkeit ſeiner Genoſſen oder durch beides — die Zügel wieder ſo vollſtändig aus der Hand verloren haben, daß am Tag von Laſtra thatſächlich kein einheitlicher Oberbefehl vorhanden war. Gerade während der gemeinſamen Thätigkeit im Vorſtand der Partei, von der ſich Dante ſpäter ſo ſchroff losſagte, kann der Dichter die Abneigung gegen den Grafen gefaßt haben, die in den zornigen Verſen des Inferno Ausdruck fand. Dieſe Andeutung bei Leonardo Aretino iſt aber auch der einzige ſchwache Lichtſtrahl, der die Beziehungen Dantes zu Romena beleuchtet. Die eigentliche Quelle ſeines Grolls liegt verborgen.

Welcher von den drei Brüdern es iſt, den Meiſter Adam ſchon in der Hölle weiß, der alſo im Frühjahr 1300 ſchon geſtorben war, iſt wieder ungemein beſtritten. Aghinolfo ſcheint jedenfalls noch lange nach 1300 gelebt zu haben[24] und, wenn Leonardo Aretino Recht hat, Aleſſandro auch zum mindeſten bis 1302. Es bliebe alſo noch Guido, der auch wirklich 1288 zum letzten Mal als Podeſtà von Todi erwähnt iſt und, wie vermuthet wird, 1289 bei Campaldino gefallen ſein mag.[25]

Daß Dante ſich auf der Burg von Romena aufgehalten habe, wird von keinem der alten Biographen behauptet. Aber in der Nähe der Burg muß er jedenfalls geweſen ſein. Das entnehmen wir mit aller Beſtimmtheit den Worten der Divina Commedia:

Den Anblick gäb ich nicht um Brandas Born.

Dieſe Fonte Branda, die man früher irrthümlich für die Quelle gleichen Namens in Siena hielt, iſt heute, wenn auch von Trümmern verſchüttet und faſt vollſtändig verſiegt, am Südabhang des Hügels von Romena unzweifelhaft nachgewieſen[26], und wir freuen uns wieder an dem friſch zupackenden Realismus Dantes, der dieſe detaillirte Reminiscenz an die Oberwelt der verdammten Seele in den Mund legt. Aber dieſe in's Einzelne gehende Angabe beweiſt Nichts dafür, daß Dante auf Romena zu Gaſt geweſen ſei. Denn die Quelle liegt, wie geſagt, am Abhang des Hügels, und Dante konnte ſie, ohne je auf der Burg ſelbſt geweſen zu ſein, ſehr wohl kennen gelernt haben, fei es während des Zuges gegen Arezzo, fei es, daß vor- oder nachher den Wanderluftigen feine Schritte in die Gegend geführt.

Die Frage, von wo aus fich Dante diefe Ortskenntniß erworben habe, läßt uns des vierten Zweiges der Grafen Guidi gedenken, der Herren von Dovadola. Boccaccio führt in feiner Dante-Biographie unter den Edeln, bei denen der Heimathlofe zeitweilig Raft gefunden, auch den Grafen Salvatico im Cafentino auf[27], und darunter kann nur Guido Salvatico von Dovadola verftanden werden. Die Stammgüter diefes Zweiges lagen auf der adriatifchen Apenninen-Seite im Montone-Thal, aber auch Prato-Vecchio im Cafentino-Thal war zu Anfang des vierzehnten Jahrhunderts in feinem Befitz[28]; dorthin wäre alfo der von Boccaccio erwähnte Aufenthalt zu verlegen. Dies kleine anmuthige Städtchen liegt aber kaum eine halbe Stunde weit von der Burg Romena aufwärts an der linken Seite des Arno, und von dort hätte Dante ebenfogut all die Beobachtungen fammeln können, welche die Worte des Meifters Adam vorausfetzen. Auch andere Umftände weifen noch auf ein freundliches Verhältniß zwifchen Dante und den Herren von Dovadola hin. Von der Stelle der Divina Commedia, die von San Benedetto im Montone-Thal, gleichfalls einer Befitzung diefer Grafen, fpricht, werden wir noch fpäter zu reden haben.[29] Eine weitere Stelle, wo Dante des Guido Guerra II., des Oheims des Guido Salvatico, im Inferno Erwähnung thut, zeigt eine merkwürdig warme Verehrung für die lobenswerthen Eigenfchaften des Mannes, den er um feiner Sünde willen verdammen muß:

Der Enkel ift's der trefflichen Gualdrade,
Geheißen Guido Guerra, einft ein Held
Im Schlachtenfturm, ein Weifer in dem Rathe. Inf. 16, 37.

Und wieder:

Ich bin aus Eurer Stadt, und immer hörte
Und wiederholte ich von Neuem gerne
Was Ihr vollbracht und was fo hoch Euch ehrte. Inf. 16, 58.

Endlich fällt ein eigenartiges Licht auf die ganze auffallend ausführliche Epifode vom Ende des Buonconte von Montefeltro in der Schlacht bei Campaldino und von der Rettung feiner Seele, wenn wir bedenken, daß die Tochter des Buonconte, Manenteffa, die Gattin eben jenes Guido Salvatico[30] gewefen ift, den Boccaccio als Dantes Gaftfreund erwähnt.

Zu völliger Gewißheit verhelfen uns diefe Umftände freilich nicht, aber immerhin fcheinen fie mir nicht unerheblich für Den, der aus den Schickfalen des Dichters Auffchlüffe über deffen Schaffen zu gewinnen fucht.

Wenn wir von Romena aus auf der großen Straße unfern Marfch in dem breiten, freundlichen Thale fortfetzen, fo quert nach einer beträchtlichen Strecke der Arno von links herkommend unferen Weg, und eine ftattliche Steinbrücke führt hinüber, gerade bevor der Torrente Solano von rechts fein Waffer mit ihm vereinigt. Jenfeits dehnt fich eine fchöne, reichangebaute Ebene. Im Hintergrund zeigt fich das malerifche gethürmte Städtchen Poppi auf feinem kegelförmigen Hügel. Links, mehr nach vornen, wird die Häufergruppe des ehemaligen Minoriten-

Klosters Certomondo sichtbar. Rechts seitwärts der Straße nahe dem Arno liegt der unscheinbare Bauernhof Campaldino. Es ist die Ebene, die sich die Guelfen von Florenz und die Ghibellinen von Arezzo aussuchten, um ihre Sache auszutragen, und da wir Dante unter den Streitern wissen, wollen wir uns den Gang der Schlacht etwas näher ansehen.

Den Florentinern war es, wie wir gesehen haben, gelungen, die Aretiner über die Richtung ihres Anmarsches zu täuschen und ohne Schwertstreich über den Consuma-Paß in das Casentino-Thal einzubrechen. Der Stoß traf eine verwundbare Stelle. Denn gerade hier lagen große Besitzungen der ghibellinischen Edeln. In Poppi saß Guido Novello von Battifolle; Bibbiena gehörte dem Bischof von Arezzo Guglielmo degli Ubertini, der in kleinmüthiger Angst für sein Eigenthum fast an seiner Partei zum Verräther geworden wäre[31] und mit den Florentinern pactirt hätte. Diese Gebiete galt es zu schützen, und so ließen denn die Ghibellinen den Florentinern vorwärts Poppi die Schlacht bieten, und diese nahmen sie freudig an.

Die Ghibellinen hatten nur achthundert Reiter und achttausend Mann Fußvolk in's Feld zu stellen; das Heer der Florentiner dagegen war auf sechzehnhundert Reiter und zehntausend Fußsoldaten gebracht. Denn von weit her hatten die guelfischen Städte Zuzug geleistet, und vor Allem, der Erbprinz Carl von Neapel, dem die Florentiner auf der Heimreise aus der aragonesischen Gefangenschaft sicheres Geleite bis gegen Orvieto gegeben, hatte ihnen zum Dank dafür vierhundert Reiter geliehen unter Führung des jungen, schönen Amerigo di Nerbona, dem als Generalstabschef und Mentor der erfahrene Guglielmo Berardi di Durforte zur Seite stand. Dieser besiegelte seine Pflichttreue bei Campaldino mit dem Tode und wurde unter dem noch heute vorhandenen Grabsteine im Kreuzgang von S. S. Annunziata in Florenz bei den Servi di Maria begraben, die der umsichtige Mann noch kurz vor dem Ausmarsch zu Vollstreckern seines letzten Willens eingesetzt hatte.[32]

Bei dem Mißverhältniß der Streitkräfte war es eine große Kühnheit von den Ghibellinen, die Schlacht zu wagen. Aber die Blüthe der Ritterschaft war in ihren Reihen vereinigt, gewohnt der eigenen Kraft zu vertrauen und verächtlich auf die unkriegerischen Bürgerhaufen herabzublicken. Doch auch die Bürger hatten diesmal das Beste in's Feld gestellt, was sie vermochten. «Unter dieser Reiterei», sagt Villani, «waren sechshundert Bürgerwehr-Reiter, die besten Reisigen, die jemals aus Florenz ausgezogen sind.» Unter ihnen dürfen wir auch Dante suchen.

Die Schlacht gestaltete sich anfangs zu einem vollständigen Turnier. Von beiden Seiten war eine Anzahl «feditori» (feritori) ausgelesen. Das Wort ist leichter zu erklären als zu übersetzen. Den feditori fiel die Aufgabe zu, den ersten Stoß zu führen und in die Linie des Feindes einzubrechen. Das classische «Vorkämpfer» enthält zu wenig den Gedanken des Choes, eher «Vorstößer», «Einbrecher». Ihre Energie bildete die stählerne Spitze zu der eisernen Wucht des hellen Haufens. Bezeichnend für den Geist der beiden Heere ist es, daß die an Zahl so schwachen Ghibellinen dreihundert feditori hatten, während die Guelfen deren nur einhundertfünfzig aufbrachten. Auch diesen Auserlesenen dürfen wir wieder Dante beizählen. Leonardo Aretino, der ſich auf einen eigenen Brief Dantes beruft und an deſſen Zuverläſſigkeit hier zu zweifeln ſchlechterdings kein Grund vorliegt, ſagt ausdrücklich, er habe zu Pferd in der erſten Reihe gekämpft. Und wie eine ſtolze Erinnerung an dieſes ſchneidige Anreiten geht es durch Dantes Verſe:

Wie vor die Reihen manchmal galoppirt
Ein Reiter, wenn zum Angriff wird geritten
Und ſich des erſten Einbruchs Ehre kürt. Purg. 24, 94.

Aber wie vorauszuſehen war, erwieſen ſich bei dieſem turniermäßigen Anrennen Mann gegen Mann die Ritter den Bürgern überlegen. Sie rannten ſie beim erſten Anlauf über den Haufen und verfolgten ſie ungeſtüm bis zum Gros, das ſie gleichfalls noch anfangs zurückdrängten. Doch hier kam das Gefecht zum Stehen, und der hitzige Vorſtoß der Ghibellinen rächte ſich. Die Flügel des Guelfen-Heeres faßten die Ritter von beiden Seiten, und da das ghibelliniſche Fußvolk noch weit zurück war, erlagen beide Treffen nacheinander getrennt der Uebermacht. Weſentlich beigetragen zu dieſem Ausgang hat das ungleiche Verhalten der Reſerven, die von beiden Seiten zu einem entſcheidenden Flankenangriff zurückgehalten worden waren. Bei den Florentinern beſtand dieſer Trupp aus zweihundert Lucheſen und Piſtojeſen unter dem derzeitigen Podeſtà von Piſtoja, dem grimmigen Corſo Donati, dem geborenen Führer der Catilinas-Enkel. Er hatte die Weiſung, bei Todesſtrafe nicht ohne Befehl anzugreifen. Als er aber den Zeitpunkt gekommen erachtete, ſagte er: «Wenn wir unterliegen, will ich in der Schlacht ſterben mit meinen Mitbürgern, und wenn wir ſiegen, komme, wer Luſt hat, zu uns nach Piſtoja, um mich zur Verantwortung zu ziehen». Und ſein tapferer Angriff trug viel dazu bei, die Schlacht zu entſcheiden. Den Rückhalt der Ghibellinen dagegen befehligte Graf Guido Novello, derſelbe, der 1266 als Statthalter König Manfreds in Florenz nach deſſen Sturz in unbegreiflicher Kopfloſigkeit ohne Schwertſtreich aus der Stadt abzog, um am anderen Morgen den natürlich vergeblichen Verſuch der Wiedereroberung zu machen. Dieſer unglückſelige Mann konnte auch am Tag von Campaldino nicht den Muth des Entſchluſſes finden. Thatlos ſah er mit ſeinem Haufen der Niederlage ſeiner Genoſſen zu und zeigte ſich ſchließlich in ſeinem ganzen armſeligen Egoismus, indem er ſich in ſein Caſtell Poppi warf und im Schiffbruch ſeiner Partei nur an die Rettung ſeines Eigenthums dachte.

Der Verlauf der Schlacht hatte die Anſicht gerechtfertigt, die der erfahrene Guelfe Barone de Mangiadori von San Miniato vor Beginn des Treffens ausgeſprochen hatte: «Ihr Herren, früher wurden die toscaniſchen Schlachten durch wackeres Angreifen gewonnen, und ſie dauerten nicht lange, und wenig Menſchen kamen darin um. Denn es war nicht Brauch todtzuſchlagen. Jetzt iſt es anders geworden, und ſie werden gewonnen durch wackeres Standhalten. Darum rathe ich Euch, ſtehet tapfer und laſſet Jene angreifen.» Die mit nüchterner Beſonnenheit geleitete maſſige Kraft des neuen Bürgerthums trug den Sieg davon über die verwegen draufgehende perſönliche Tapferkeit der abſterbenden Ritter-Romantik. Dante hat in dieſem Kampf im Heere der neuen Zeit gefochten. Aber er nahm dabei doch einen Poſten ein, für den noch ganz die Tradition der Vergangenheit geltend war, in den Reihen der feditori, der ritterlichen Einzelkämpfer. Man wäre faft verfucht zu fagen, daß Alles, was er gethan und erlebt hat, «polyfens», vieldeutig war, fymbolifch wie feine Dichtung.

Mangiador von San Miniato hatte recht gehabt. Die Zeit der unblutigen Schlachten war vorbei, es war Brauch geworden todtzufchlagen, und namentlich die Sold-Truppen und Bauern im Guelfen-Heere machten blutige Arbeit. Faft ein Fünftel des ghibellinifchen Heeres wurde erfchlagen. Unter den gefallenen Edeln wird als einer der erften Buonconte von Montefeltro genannt, der Sohn Guidos von Montefeltro, jenes Kriegsmannes, den Dante bei den fchlimmen Rathgebern in der Hölle findet und von fich fagen läßt:

Solang ich noch der Bau von Fleifch und Bein,
Den meine Mutter mir gefchenkt, da fand
Ich mehr Gefallen Fuchs als Leu zu fein.

Nicht Lift noch Schlich gab's, die mir nicht bekannt,
Und ihre Kunft übt' ich fo fondergleichen:
Von meinem Ruhm erfcholl der Erde Rand. Inf. 27, 73.

Buonconte felbft, gleich feinem Vater in der Kriegskunft erfahren, fcheint dagegen mehr Gefallen an der Weife des Löwen als an der des Fuchfes gefunden zu haben. Benvenuto Rambaldi erzählt von ihm den bezeichnenden Zug, er fei von dem Führer der Aretiner, dem Bifchof Guglielmo degli Ubertini, auf Kundfchaft gegen Campaldino vorgefchickt worden und habe darnach von der Schlacht dringend abgerathen; als aber der Bifchof ihm Feigheit vorwarf und fagte, er fei kein echter Montefeltro, habe er geantwortet: «Wenn Ihr mitkommt, wohin ich gehe, werdet Ihr nie mehr zurückkehren». Und wirklich, Beide find aus der Schlacht nicht wiedergekehrt. Buonconte machte fein Wort fogar bis zu dem Punkte wahr, daß nicht einmal feine Leiche aufgefunden werden konnte.

Dante hat fein Ende im fünften Gefang des Purgatorio gefchildert. Er trifft ihn im Vorfegfeuer und frägt ihn nach den räthfelhaften Umftänden feines Todes.

O, fprach er drauf, am Fuß des Cafentin
Quert ein Gewäffer, der Archian, die Flur,
Der ob der Einöd quillt im Apennin.

Wo einen Wandel deffen Nam erfuhr,
Dort langt' ich an mit durchgeftochner Kehle;
Ich floh zu Fuß, und Blut war meine Spur.

Dort fchwindet das Geficht mir, ich empfehle
Marie'n mich mit dem letzten Hauch, und dort
Sank ich, und meinen Leib verließ die Seele.

Nun hör und droben meld mein wahres Wort:
Vom guten Engel fühlt' ich mich gehalten.
Da fchrie der böfe: «Nimmft du mir ihn fort?

Nun wohl, sein ewig Theil wirst du behalten.
Ein einzig Thränlein raubt mir die Gewalt.
Doch mit dem andern werd' ich anders schalten.»

Wohl weißt du es, wie in der Luft sich ballt
Der feuchte Dunst, der sich in Wasser kehret,
Sobald er dorthin aufsteigt, wo es kalt.

Zur argen Lust, die Arges nur begehret,
Trat Witz und hat im Wetter sich verfangen
Mit jener Kraft, die ihm Natur gewähret.

Dann deckt auf's Thal er, als der Tag vergangen,
Von Pratomagno eine Wolkenbank
Zum Hochjoch und ließ schwer sie drüber hangen.

Die satte Luft ward Wasser, und es sank
Der Regen, und in Rinnsale ergossen
Die Fluthen sich, die nicht die Erde trank.

Und wie zu großen Bächen sie geflossen,
So kamen sie, da war kein Widerstand,
Dem königlichen Strome zugeschossen.

Den starren Leib an seiner Mündung fand
Der brausende Archian, und dieser schwemmte
Zum Arno ihn und brach des Kreuzes Band,

Das ich noch schlug, als Todesnoth mich hemmte.
Am Strand, am Grunde hin ließ er mich gleiten,
Bis mich sein Schutt einbettet' und verschlämmte. Purg. 5, 94.

Es ist eine der lebendigsten Stellen der ganzen Divina Commedia. Vielleicht hat, wie schon erwähnt, die Freundschaft für die Tochter des Buonconte des Dichters Antheil an dem Schicksal des Gefallenen geweckt. Jedenfalls haben ihm seine persönlichen Erinnerungen an das Casentino-Thal und an die Schlacht von Campaldino die Züge zu dieser Episode geliehen. Namentlich die packende Schilderung des Unwetters scheint mir mehr als nur die Eingebung der Phantasie zu sein. Dante selbst sah wohl am Abend der Schlacht das Wetter sich von Pratomagno zur Giogana, dem Hoch-Joch spannen, die beiden Bergmassen, welche genau die Ebene von Campaldino zwischen sich haben; er sah wohl die Wolken niederbrechen und die von den Gießbächen geschwellten Fluthen des Arno die Leichen der Erschlagenen mit sich führen, und nach den erschütternden Eindrücken des Tages mag er in den brauenden Wettern und den entfesselten Fluthen das Schalten eines schadenfrohen Dämons empfunden haben.

Bewundernswerth ist wieder die knappe Klarheit der Topographie. So könnte z. B. für den unteren Lauf des Archiano kein bezeichnenderer Ausdruck gefunden werden als «traversa» (er fließt quer über). Denn an der Stelle, wo der Archiano in den Arno mündet, fließt dieser ganz auf der rechten Thalseite, während der Archiano von dem linken Berghang herabkommt und deſshalb die ganze Breite der Thalſohle durch«queren» muſs, ehe er den Arno erreicht. Das ſind Feinheiten des Ausdrucks, die man erſt an Ort und Stelle würdigen lernt, die aber auch der Dichter nur an Ort und Stelle finden konnte.

Ehe wir weiter gehen, müſſen wir noch den Lauf des Archiano aufwärts zu ſeinem Urſprung verfolgen. Denn Dante erwähnt auch ſeiner Quelle:

Der ob der Einöd quillt im Apennin. Purg. 5, 96.

Doch darf dabei nicht verſchwiegen werden, daſs dieſe Angabe dem heutigen Zuſtand nicht ganz entſpricht. Die Hauptader dieſes Bergwaſſers kommt mehr von Oſten her, von Badia a Prataglia und hat auch die Ehre des Namens Torrente Archiano, während der nördliche — wohl auch ſtarke — Zufluſs von der «Einöd» her, vom Sacro Ermo, den Namen Foſſo di Camaldoli führt. Es könnte allerdings auch ſein, daſs ſich im Lauf der Jahrhunderte die Waſſerverhältniſſe verſchoben haben und daſs einſt der Zufluſs von Sacro Ermo her der bedeutendere war.

Das Sacro Ermo, eine Gruppe von Einſiedler-Klauſen, neben einer Kirche ſchön reihenweiſe geordnet und mit Mauer und Thor umgeben, liegt wie eine kleine Stadt in der ſtillen, ſchönen Bergeinſamkeit, hoch droben am Abhang der Giogana. Es iſt die erſte beſcheidene Gründung des im zweiundzwanzigſten Geſange des Paradiſo erwähnten heiligen Romuald, die ſich dann zu dem groſsen Orden von Camaldoli entwickelt hat. Sacro Ermo wird noch jetzt von den freundlichen Mönchen bewohnt, während der groſse weiter thalabwärts gelegene Kloſterbau von Camaldoli — dereinſt von den ebenſo klugen als frommen Brüdern als Hoſpiz gebaut, um den gewaltig anwachſenden Zufluſs von Pilgern und Reiſenden zu faſſen und ihn zugleich von der heiligen Einöde fernzuhalten — ſäculariſirt und in eine Sommerfriſche «mit allem Comfort der Neuzeit» umgewandelt iſt. Dante erwähnt das Kloſter nur, und ſo haben auch wir uns dort nicht aufzuhalten.

Eins dagegen müſſen wir uns noch näher betrachten. Das ſind die herrlichen Wälder, die das Gebiet von Camaldoli bedecken. Bisher hatte ich auf meiner Wanderung durch das Caſentino-Thal «die Bäche» vermiſst,

«welche von den grünen Bühlen
Des Caſentino ſich zum Arno winden
Und ihres Rinnſals Rand beſprüh'n und kühlen». Inf. 30, 64.

Der Quellen-Athem, der Einen aus dieſen Verſen anweht, ſtand mir in ſchroffem Gegenſatz zu dem ſteinigen Elend der geröll-verſchütteten, ſcherben-trockenen Bachbette der Wirklichkeit, die ſich nur bei Gewitter-Regen jäh mit einem verheerenden Wildwaſſer anfüllen, um nach wenigen Stunden noch tiefer verſchüttet wieder zu verſiegen. Bei Camaldoli dagegen ſieht man, was die Natur vermag, wenn man ſie nicht miſshandelt und wie reich ſie die Liebe des Menſchen vergilt. Durch die alten Kloſterſatzungen geſchützt, hat ſich hier im weiten Umkreis ein prachtvoller Wald erhalten, ſo ſtolz und feierlich, wie ihn die deutſchen Berge nicht ſchöner tragen. Und der Boden iſt bedeckt mit köſtlicher Walderde und Farn und Anemonen und Alpenveilchen, und von allen Seiten murmelt und rieſelt es über die mooſigen Steine, daſs auch der infernalſte

Durft hier fich fatt trinken könnte. So aber hat offenbar das ganze Cafentino ausgefehen zu Meifter Adams Zeiten.[11]

Durch die herrlichen Hochftämme, die um Sacro Ermo Wache halten, ftieg ich dann noch bergan. Es ift wirklich ein adeliges Gefchlecht von Bäumen, darin die Zucht und Pflege von Jahrhunderten webt. Zuerft kommen nur Tannen, geheimnißvoll und ftarr und düfter wie dicht auf-ftrebende gothifche Kirchen-Pfeiler. Weiterhin Laubwald, heiter und großräumig, deffen fchlanke glatte Buchenftämme aufragen wie die Säulen einer freien luftigen Renaiffance-Halle. Auf der letzten Strecke des Aufftiegs ging es durch fußtiefen grobkörnig mürben Schnee, den die März-Sonne noch nicht bezwungen hatte. Jetzt wurde der Weg eben, der Wald lichtete fich, und ich trat auf eine Wiefe hinaus, auf der der Winter hatte weichen müffen und die erften Krokus den noch vom Schnee vergilbten Rafen zu fchmücken begannen. Ich war oben auf dem Prato al Soglio, auf dem Kamm der Apenninen. Wunderbar war die Ausficht, die fich bot, und der Genuß wurde noch gefteigert durch die claffifche Einfachheit der Boden-Geftaltung. In einem mächtigen Zuge kam der Höhen-Rücken aus dem Nord-Weften von der Falterona her und lief nach Süd-Often weiter in der Grundrichtung der apenninifchen Halbinfel, und nach beiden Seiten ging der Blick ungehindert über die ganze Breite Italiens. Im Weften zwar, jenfeits des Cafentino-Thals, war der breite Rücken des Prato Magno vorgelagert und entzog das Val d'Arno fuperiore dem Blick. Darüber hinaus konnte man aber weithin den unteren Lauf des Fluffes verfolgen, bis er fich zwifchen dem flachen angefchwemmten Vorland von Pifa hin in's Meer verliert. Manchfaltiger ift die Ausficht nach Often. Der Blick fchweift über eine unzählige Menge von Thälern und Thälchen, fchroffe Fels-kuppen, bufchige Gipfel, angebaute Hügelwellen, deren Höhen und Tiefen durch die blauen Schatten der fchrägen Nachmittagsfonne wunderbar fcharf herausgearbeitet wurden, und weiter und weiter in das flache Land hinaus, wo unbeftimmte hellere Flecken die Städte der Romagna, Ravenna und Forli anzeigen, und dahinter wieder der grau-fchimmernde Streifen des Meeres. Das Meer kann man im Often wie im Weften mehr nur ahnen als fehen. Aber der eigenthümlich perfpectivifch anfteigende eifen-farbige Horizont gibt doch die Gewißheit, und ftolz fliegt der Blick von der tyrrhenifchen Küfte zu der der Adria.

Doch ich bin noch die Rechtfertigung fchuldig, warum ich dem Aufftieg zum Prato al Soglio hier einen Platz eingeräumt habe: Deßhalb, weil mir die Bäume und der Schnee und der Bergrücken zufammen eine unübertreffliche Illuftration zu einem Dante'fchen Vergleiche geliefert haben:

Wie Schnee fich zwifchen den lebend'gen Maften
Hin auf dem Rückgrat von Italien häuft,
Vom flav'fchen Wind gefegt zu feften Laften,

Dann thauend wieder in fich felbft zerläuft,
Sobald's vom fchattenarmen Erdtheil weht,
Sodaß er wie am Licht die Kerze träuft. Purg. 30, 85.

Daß Dante gerade auf dem Prato al Soglio die Eindrücke empfangen habe, die er zu dem köftlichen Bilde verarbeitet hat, behaupte ich natürlich nicht. Zu Dantes Zeiten waren wohl die lebend'gen Maſten auf dem Rückgrat Italiens noch kein ſo ſeltener Schmuck wie heute. Aber an dieſer Stelle, wo die Natur noch ihren urſprünglichen Charakter bewahrt hat, kann man wieder ein Beiſpiel mit Händen greifen, wie treu und anſchaulich unſer Dichter ſchildert.

Noch zu einem Punkte des Caſentino-Thals leitet uns die Divina Commedia, zu einem Punkte, der, gleichſam von der Natur gezeichnet, ſchon vor Dante die menſchliche Einbildungskraft angezogen, aber durch des Dichters lapidare Worte nochmals die ſcharfe Prägung ſeines Werthes erhalten hat, zu der ſchroffen Bergkuppe der Verna oder Alvernia, in deren geheimnißvoller Einöde der heilige Franciscus die Wundenmale empfangen haben ſoll und ſein berühmtes Kloſter gegründet hat und von der Dante eben mit Bezug auf dies Wunder in dem Leben des Heiligen ſagt:

Am Felſenklotz, der Arno trennt und Tiber,
Empfing von Chriſtus er das letzte Siegel. Par. 11, 106.

Es iſt ein ſeltſames Gebilde, dieſer Felſenklotz der Verna. Wenn man von Bibbiena heraufkommt, ſieht man ihn über die breit-hingelagerten langſam anſteigenden Vorhöhen von Weitem aufragen mit ſeinen ungeſchlachten Maſſen und ſeinem ſtruppigen dichten Schopf von Nadel- und Laubholz. An ſeinem Fuße zieht die Fahrſtraße vorbei, die von Bibbiena nach Pieve San Stefano ins Tiber-Thal hinüberführt. Hier, dicht unter den ſchroff aufſteigenden Hängen liegt das Hospiz della Beccia, die Herberge für die Frauen, deren Aufnahme den Mönchen ſtreng unterſagt iſt, und von hier führt ein ſchön gepflaſterter, aber ſteiler Weg in wenigen Minuten zum Kloſter hinauf. Das Kloſter liegt an der flach abgedachten Südſeite des Berges, wohlgeſchützt gegen die kalten Winde durch den hoch aufragenden Gipfel der Verna, die Penna, zu der man durch herrlichen Hochwald von Tannen, Eichen und Buchen — eine Oaſe ähnlich der von Camaldoli — aufſteigt. Wunderbar iſt der Blick, der ſich dort oben darbietet und, die Thäler des Arno und Tiber zugleich umfaſſend, bis zu den Bergen von Umbrien, Ancona und Perugia ſchweift. Und wie die Ferne, ſo feſſelt uns auch die Nähe durch überraſchende Bilder. Mit wild gebrochenem Rande fällt der Berg nach Norden und Weſten ſenkrecht ab, und tauſend Fuß tief drunten[14] zeigen ſich dem ſchwindelnden Blick die Ländereien und Gebäudegruppen ausgebreitet wie eine Reliefkarte. Und gar der nächſte Vordergrund! Es läßt ſich kaum etwas Phantaſtiſcheres denken als dieſe mit der üppigſten Wald-Vegetation bedeckten, zerklüfteten und zerriſſenen, niedergeſchmetterten und übereinander gethürmten Felſen, mit denen der Berg ſo unvermittelt aus der faſt ebenen Hochfläche aufſteigt. Es iſt darum auch wohl erklärlich, wie das Streben, dieſe Zeichen einer elementaren Kataſtrophe zu deuten, die Sage entſtehen laſſen konnte, daß beim Tod Chriſti der Fels bis in ſein Inneres ſo geborſten ſei. Sie beruht auf der gleichen Vorſtellung, der Dante bei der Erklärung des Bergſturzes im Kreis der Gewaltthätigen folgt, wenn er Virgil ſagen läßt:

Nun ſo vernimm denn: Als zur tiefen Hölle
Hernieder ich das erſte Mal geklommen,
Lag dieſe Wand noch nicht in Schuttgerölle.

Doch ficher kurz zuvor, eh Der gekommen,
Täufch ich mich nicht, der aus dem Kreis dort oben,
Dem Dis die große Beute abgenommen,

Hat rings die tiefe Peftfchlucht angehoben
Zu beben, als durchzitterte das All
Die Liebesgluth, durch die, wie's heißt, zerftoben

In's Chaos oftmals fchon der Weltenball.
Da kamen auch die alten Felfenfchroffen
Hier und an andrem Ort noch fo zu Fall. Inf. 12, 34.

Noch heute überliefern die Mönche von Verna gläubig die Sage, und ebenfo rankt fich um die einzelnen Abftürze und Schluchten und Höhlen und freiragenden Felsthürme anknüpfend an Eigenthümlichkeiten ihrer Formen eine ganze Fülle von Legenden.

Das von Franciscus gegründete und fpäter mehrfach erweiterte Klofter, eines der ftolzeften und ehrwürdigften in ganz Italien, ift noch heute im Befitz eines Zweiges des großen Franciscaner-Ordens, der Minori Riformati, und hier an diefem durch das Andenken an den Stifter felbft geheiligten Orte fcheinen fie mehr als fonft die Reinheit ihrer Tradition erhalten zu haben. Die Ehrlichkeit, mit der fie das Gelübde der Armuth erfüllen, die Rauhheit ihrer Tracht und ihrer Koft, ihre unverdroffene Werkthätigkeit, die fie auch den Arbeiten niederfter Art fich rückfichtslos unterziehen läßt, und ihre fchrankenlofe, geradezu fanatifche Gaftfreiheit, die fie den wildfremden Wandersmann ohne Befinnen wie einen lange und herzlich erwarteten Freund aufnehmen läßt, ihre gehaltene unerfchütterliche Fröhlichkeit und Freundlichkeit, die fie der ganzen belebten und unbelebten Natur entgegenbringen, ja felbft die Einfalt ihres Glaubens an all die Wunderthaten ihres Stifters, die fo fonderbar abfticht gegen die Weltklugheit ihres gewandten, oft geiftreichen Wefens, all das ift von einer fo urfprünglichen Energie, ich möchte faft fagen Raffe, daß es felbft einem verhärteten Ketzer wie mir Bewunderung abnöthigte. Und diefe Eigenfchaften des Ordens mögen es gewefen fein, die auch Dante für ihn einnahmen, ihm die begeifterten Huldigungen gegen den Stifter eingaben, ja ihn dazu beftimmten, daß er felbft — wie Buti zu berichten weiß[31] — den Strick der Franciscaner als Jüngling eine Zeit lang getragen hat.

So führt uns auch die Verna wieder in die Zeit von Dantes Jugend zurück, wie es überhaupt vorwiegend Eindrücke aus feinen jungen Jahren zu fein fcheinen, die fich für den Dichter mit dem Cafentino-Thal verbunden haben.

Pisa, Lucca, Pistoja.

Die Nachbarstädte von Florenz: Pisa, Lucca und Pistoja[1] sind in dem Sturm und Drang, mit dem das dreizehnte Jahrhundert zu Ende ging, mit Dantes Vaterstadt in so manchfache Berührung freund- und feindschaftlicher Art gekommen, daß es uns nicht auffallen kann, wenn wir sie in Dantes Dichtung alle drei einen hervorragenden Platz einnehmen sehen. Und ebenso wenig darf uns wundern, daß Dante ihrer ohne Unterschied ihrer Parteifärbung in seiner strafenden Weise Erwähnung thut. Dante ist ein strenger Richter. Kaum eine Stadt Italiens entgeht seinem eifernden Tadel. Jene Zeit wildgährender Entwickelung des Städtelebens, in der allenthalben die trüben Elemente obenauf kamen, gab ihm auch nur allzureichlichen Stoff, und Dante hätte nicht sein dürfen, der er war, wenn ihn die niederen Leidenschaften dieses Treibens nicht bei Freund und Feind gleichermaßen abgestoßen hätten. Aber trotzdem konnte es für die Art, wie Dante diese Städte beurtheilte, nicht ohne Einfluß sein, in welcher Weise sie mit seinen persönlichen Lebensschickfalen verknüpft waren, und so tritt denn auch in der Divina Commedia in der Betrachtungsweise von Pisa, Lucca und Pistoja ein auffallender Unterschied zu Tag.

Die mächtigste unter den drei Städten ist Pisa, von Alters her die Hochburg des Ghibellinenthums und auf den Tod verfeindet mit Florenz, das an der Spitze des Guelfenbundes stand, und die erste Spur, die wir von ihr in der Divina Commedia finden, ist auch die Erinnerung an einen Fehdezug, den die Florentiner gegen Pisa unternahmen.

Ehe der Arno von den Monti Pisani Abschied nimmt und in die weite Ebene Pisas einbiegt, kommt er an Caprona vorbei, einem kleinen Castell, dessen wohlerhaltener Thurm, umgeben von mancherlei Mauerresten, auf einem kühnen Felsvorsprung das gleichnamige Städtchen überragt. Das Castell muß gegenüber der mittelalterlichen Belagerungskunst sehr fest gewesen sein. Die schmale Hügelzunge, auf der es liegt, ein Ausläufer der Verruca, der Südwest-Spitze der Monti Pisani, schiebt sich mit schroff abfallenden Hängen gegen den Fluß vor und ist nur an dem flachen Sattel, durch den sie mit den Vorhöhen der Verruca zusammenhängt, nicht sturmfrei.

Da Caprona die zwifchen Fluß und Berg entlang führende Straße beherrfcht, fo fpielte es in den Fehden Pifas eine wichtige Rolle und wurde mehrfach genommen und wieder genommen.[2]

Als in Pifa die Doppelherrfchaft des Grafen Ugolino und feines Enkels Nino Visconti durch deren eigene kurzfichtige Rivalität im Jahr 1288 zufammenbrach und Nino gerade noch rechtzeitig vor der Kataftrophe aus Pifa wich, zog er fich zunächft nach dem thaleinwärts bei Caprona gelegenen Calci zurück, und nachdem fich die Unterhandlungen mit Pifa endgültig zerfchlagen hatten, war es fein Erftes, daß er fich mit Hülfe der Florentiner und Lucchefen in Befitz des Thurms von Caprona fetzte. Wie dann im Frühjahr 1289 Guido von Montefeltro in dem bedrängten Pifa das Commando übernahm, eroberte er unter andern Caftellen auch Caprona wieder zurück und verfah es mit Befatzung und Proviant. Aber feine Fürforge war vergeblich. Denn das Heer des Guelfen-Bundes, das nach feinem Sieg bei Campaldino fich gegen Pifa wandte, berannte wieder Caprona, und nach achttägiger Belagerung übergab die Befatzung im Auguft 1289 den Platz gegen freien Abzug. Montefeltro nahm fich den Verluft fo zu Herzen, daß er an den feigen Vertheidigern ein Exempel ftatuirte und fie von Pifa verbannte. Von da an fcheinen die Guelfen Caprona feft in Händen gehalten zu haben. Wenigftens berichten die Chroniken von keinem weiteren Befitzwechfel.

Diefes Caprona nun finden wir bei Dante in der Klamm der Beftechlichen erwähnt, wo er zur Schilderung feiner Angft vor den Graufefängen das Bild gebraucht:

So fah ich fchon einmal die Knechte beben,
Die auf Vertrag Capronas Burg verließen;
Als fie fich rings von Feinden fahn umgeben. Inf. 21, 95.

Nach dem Gefagten kann über die Erklärung diefer Stelle eigentlich kein Zweifel fein. Es handelt fich offenbar um die Einnahme Capronas durch das Heer des Guelfen-Bundes, und Dante, den wir bei Campaldino unter den florentinifchen Reitern gefehen haben, wird eben auch gegen Pifa mitgeritten fein. Bartoli[3] findet zwar auch hier Gründe zu zweifeln. Aber was find feine Bedenken! Dante habe zwifchen der Rückkehr des Heeres von Campaldino am vierundzwanzigften Juli und dem Auszug gegen Pifa im Auguft nicht genügend Zeit zum Ausruhen gehabt. Ein im Siegesjubel heimkehrendes Heer wird gegen einen neuen Feind ausgefendet, und ein Jüngling in der Blüthe der Jahre mit der Vaterlandsliebe und der Energie eines Dante follte fich ausruhen wollen? Und dagegen fetzt Bartoli die Hypothefe, Dante könne ja auch nur als Zufchauer zu dem Preisrennen gekommen fein, das die Lucchefen damals am Regulus-Tag vor Pifa abgehalten hätten. Bartoli fcheint wirklich zu vergeffen, daß damals keine Bahn von Florenz nach Pifa ging. Denn er kann doch nicht annehmen, daß derfelbe Dante, der den Kriegszug gegen Pifa nicht mitmacht, weil er fich von Campaldino ausruhen muß, nun den weiten Weg von Florenz nach Pifa reitet, nur um das Vergnügen zu haben, den Palio zu fehen. Les extrêmes se touchent. Die Zweifelsucht treibt hier den Skeptiker Bartoli zu Annahmen von einer Haltlosigkeit, wie sie der Phantast Troya nie gewagt hat.

Solange nicht bessere Zweifelsgründe vorgebracht werden, dürfen wir wohl getrost annehmen, daß Dante in den Reihen der florentinischen Reiter in jener Einsattelung auf der Bergseite von Caprona hielt, als die Besatzung furchtsam aus dem Thore zog.

Die Eroberung Capronas unternahm der Guelfen-Bund in erster Reihe im Interesse Nino Viscontis, mit dem die Lucchesen und Florentiner unmittelbar nach seiner Vertreibung ein Bündniß geschlossen hatten, und es ist außer Zweifel, daß Nino bei diesem Unternehmen selbst zugegen war.[4] Eben diesen Nino Visconti, der nach seinem Erbland, dem Judicat Gallura in Sardinien, den Titel «Giudice», Richter, führte, begrüßt aber Dante auf der Wiese der Fürsten im Purgatorio auf's Herzlichste als seinen Freund:

Wie er zu mir, so trat ich zu ihm dar.
Mein Richter Nino, wie gefiel mir's gut,
Als ich dich sah nicht in der Schlechten Schaar.

Kein holder Gruß hat zwischen uns geruht.
Dann that die Frag er: «Welche Stunde brachte
Zum Fuß des Bergs dich durch die ferne Fluth?» Purg. 8, 52.

Im späteren Verlauf seiner Verbannung nahm Nino seinen Aufenthalt in Lucca, und schon im Jahr 1296 starb er, ohne die Rückkehr in die Heimath erzwungen zu haben.[5] Bartoli besteht auf seinen Schein, es sei nicht nachgewiesen, daß Dante vor Caprona den Nino Visconti habe kennen lernen. Ein Aktenstück besitzen wir allerdings nicht darüber. Aber, was wir wissen, gibt uns eine an Gewißheit streifende Wahrscheinlichkeit, daß der junge Dichter, den sein Geist und Charakter ohne Zweifel damals schon vor seinen Genossen auszeichnete, seine Freundschaft mit dem jungen Prätendenten eben vor Caprona geschlossen habe.

Ja, ich finde es sogar eine höchst beachtenswerthe Hypothese, mit dieser vor Caprona geschlossenen Freundschaft die Ugolino-Episode in Verbindung zu bringen.[6] Wir brauchen deßhalb noch nicht anzunehmen, daß diese Terzinen damals schon in der Fassung niedergeschrieben worden seien, wie wir sie jetzt im dreiunddreißigsten Gesang des Inferno lesen. Aber wir gewinnen eine Erklärung für die hinreißende Lebenswahrheit dieser Erzählung, wenn wir sie als einen Nachhall jener Tage auffassen, da Dante aus Ninos eigenem Munde den Bericht jenes grausigen Verhängnisses hören konnte, das Ugolino und die Seinen ereilt hatte, und dem Nino selbst eben noch entronnen war. Eigenthümliches Leben gewinnt namentlich auch die Verwünschung Pisas, wenn wir sie unter dem Eindruck jener Kriegszeit entstanden denken.

Weh Pisa dir, des schönen Landes Schmach,
Allwo das Sì dem Ohre Wohllaut träufet!
Es naht der Nachbarn Rache zu gemach.

Heran Caprara denn, Gorgona! Häufet
Als Damm euch vor des Arno Mündung hin,
Daß er, was in dir Leben hat, ersäufet. Inf. 33, 79.

Das Heer des Guelfenbundes befchränkte fich damals und in den nächftfolgenden Fehdezügen darauf, die Caftelle und Dörfer der Pifaner zu zerftören, wagte aber keinen Angriff gegen das von Guido von Montefeltro vertheidigte Pifa.7 Darum ruft der Heißfporn Dante, der feinen Freund Nino nach Pifa zurückgeführt fehen möchte:

Es naht der Nachbarn Rache zu gemach.

Die Darftellung des Unterganges Ugolinos und der Seinen bekundet, daß Dante das Ereigniß in tieffter Seele mit erlebt hat. Aber die Vorgänge, die er fchildert, find mehr innerlicher, geiftiger Natur, folche, die er aus der Tiefe feiner eigenen Einbildungskraft fchöpfen konnte. Namentlich enthält die ganze Erzählung keine locale Anfpielung, die Dantes Anwefenheit in Pifa vorausfetzt.

Ampère[8] meint, Dante müffe zu dem kühnen Bild von Capraja und Gorgona durch den Blick von einem pifanifchen Thurm veranlaßt worden fein; denn die Perfpective zeige die Gorgona gerade vor der Arno-Mündung. Mir war es nicht vergönnt, vom Campanile aus die Gorgona zu fehen. Nach der Karte muß fie meines Erachtens — heutzutage wenigftens — etwas füdlich der Arno-Mündung erfcheinen. Für Capraja gilt dies unter allen Umftänden. Uebrigens ift ein folcher Anblick keineswegs die unumgängliche Vorausfetzung für Dantes Infpiration. Dafür genügte die Kenntniß von der Lage der beiden Infeln in der Nähe der pifanifchen Küfte, und diefe Kenntniß konnte er ebenfo gut durch einen Blick von den Monti Pifani, etwa von der Verruca oberhalb Caprona fich erworben haben, oder fonft woher befitzen.

Höchftens die Art, wie Dante des Hungerthurms Erwähnung thut, könnte zu denken geben:

Ein Lichtloch in des Käfigs Mauermaffen,
Der meinethalben trägt des Hungers Namen
Und der beftimmt noch Andre zu umfaffen. Inf. 33, 22.

Der Thurm der Gualandi, in dem Ugolino fein Ende fand, führte nach feiner Lage auch die Bezeichnung «alle sette vie», an den fieben Gaffen. Er lag an dem unregelmäßigen Platz, der halbwegs zwifchen der alten Arno-Brücke, dem Ponte di Mezzo, und dem Dom, den Verkehrsmittelpunkt des alten Pifa bildete und der heute den Namen Piazza dei Cavalieri (di San Stefano) führt, und zwar fchloß fich der Thurm unmittelbar rechts an den unerfreulichen Thorweg, durch den die nach dem erzbifchöflichen Palafte führende Straße von dem Platze ausgeht.

Der Thurm ift feit dem fiebzehnten Jahrhundert verfchwunden. Aber wie furchtbar er gewefen fein muß, davon gibt uns ein Document des pifanifchen Staatsarchivs eine Vorftellung. Darnach wurde im Jahr 1318 die Verlegung des Gefängniffes befchloffen und als Grund dafür angeführt, daß das alte Gefängniß an den fieben Gaffen nicht nur zu nahe an dem Haus der Aelteften gelegen fei und dem Collegium durch feinen Geftank läftig falle, fondern daß es auch zu eng und aller Bequemlichkeit baar fei und deßhalb die Gefangenen darin «vor der Zeit ftürben».9

Auf diefe Enge des Kerkers könnte man eine Anfpielung finden in dem von Dante gebrauchten Bilde «Käfig» (muda, eigentlich Ort, wo die Falken während der Maufe eingefchloffen gehalten werden). Von einigen Commentatoren[10] wird dagegen angenommen, der Ausdruck fei nicht bildlich gemeint, sondern der Thurm habe wirklich «muda» geheißen oder er sei als muda benutzt worden. Doch in beiden Fällen kann Dante den Ausdruck auch gewählt haben, ohne an Ort und Stelle gewesen zu sein. Die dritte Zeile:

Und der bestimmt noch Andre zu umfassen,

enthält unzweifelhaft eine Anspielung, aber nicht auf die Localität, sondern auf die Geschichte des Thurmes.

Es wird nämlich erzählt, daß ein Sohn oder — was wahrscheinlicher ist — ein Enkel Ugolinos, der zur Zeit der Katastrophe noch bei der Amme war, von dieser aus Pisa geflüchtet worden sei, in späteren Jahren aber, über das Schicksal der Seinigen tiefsinnig geworden, sich selbst den Pisanern gestellt habe und von ihnen gefangen gehalten worden sei. Erst der Kaiser Heinrich habe bei seiner Anwesenheit in Pisa den Gefangenen, welcher ihn durch das Kerkergitter anrief, freigelassen. Die Geschichte wird mit mancherlei Ausschmückungen und Ungenauigkeiten erzählt[11]. Aber daß sie einen wahren Kern hat, beweist die von Philalethes angeführte Stelle aus dem Berichte des Nicolaus, Bischofs von Butrinto, über Kaiser Heinrichs VII. Fahrt nach Italien[12]. Dieser zuverlässige Gewährsmann, der, vom Kaiser durch sein besonderes Vertrauen ausgezeichnet, den Römerzug mitmachte, schreibt: «Desgleichen ließ er in Pisa durch mich einen Gefangenen Namens Guelphus[13], einen Nachkommen jener guelfischen Grafen, die die Schlösser der Pisaner den Lucchesen verrätherischer Weise ausgeliefert hatten, obgleich er wegen der Schuld seiner Verwandten von der Wiege an gefangen gehalten wurde, durch mich befreien, was mehr, als sich sagen läßt, allen Ghibellinen und insbesondere den Pisanern mißfiel. Aber trotzdem wollte er nicht davon abstehen, den Unschuldigen zu befreien.»

Diesen Vorgang nun könnte Dante wohl in Pisa selbst mit erlebt haben. «Er könnte wohl, aber er muß nicht», wie Bartoli mit Vorliebe sagt. Er kann ihn ebensowohl aus Berichten Dritter gekannt haben. Jedenfalls aber ändert das jüngere Datum dieser an sich ziemlich unwesentlichen Anspielung, die ja bei einer späteren Redaction aufgenommen worden sein kann, nichts an der Wahrscheinlichkeit, daß der erste Entwurf der Ugolino-Episode in eine Zeit zurückreicht, da dem Dichter die unerhörte That des «neuen Thebens» noch frisch vor der Seele stand.

Auffallen könnte es, daß Dante dieses harte Urtheil über Pisa im Lauf der Jahre nicht modificirt hat. Wenn wir die Geschichte jener Zeit und Dantes eigene Schicksale überblicken, so sollte man es fast erwarten. Als Heinrich VII. nach Italien kam, hielt Pisa treu zu ihm, wie keine andere Stadt und bewies ihm die Treue handgreiflich mit Geld, Mannschaften und Galeeren. In Pisa rüstete der Kaiser zum letzten entscheidenden Schlag gegen Neapel, von Pisa zog er am achten August 1313 aus, voll der höchsten Erwartungen, und nach Pisa zurück führten, ehe ein Monat um war, die getreuen Deutschen und Pisaner seine Leiche, mit der sie die letzten wahrhaft ghibellinischen Pläne zu Grabe trugen. «Die ganze Stadt erscholl von Wehgeschrei», erzählt Gregorovius. «Um einen deutschen Kaiser hat nie eine italienische Stadt so geklagt.»[14] Dante, der in diesem Herrscher die Verwirklichung seines Kaiser-Ideals jubelnd begrüßt und mit der ganzen Kraft feiner Seele fich feinem Dienfte geweiht hatte, er, der all feine Hoffnungen auf den Kaifer gefetzt hatte und fie auf einmal mit ihm zufammenbrechen fah, er mußte fich doch damals in feinen Gefühlen mit der kaifertreuen Bürgerfchaft begegnen. Und auch zu dem Grab feines hohen Heinrich, für deffen Seele er in dem höchften Saale des Himmels den Sitz bereitete[15], zu dem Sarkophag im Campo santo mußte es unferen Dichter hinziehen. Aber wir finden davon keine Spur in der Divina Commedia. Jenes erfte Verdammungsurtheil über die Pifaner fteht untilgbar feft, und wir hören es noch einmal nachgrollen, wenn er in der Schilderung des Arno-Laufes, die wir fchon kennen, fie nochmals begrüßt als

Füchfe, fo von Lift erfüllt,
Daß fie kein Menfchenwitz noch überwunden. Purg. 14, 53.

Wenn fich aber auch Dantes Urtheil über die Pifaner nicht änderte, fo hätten fich doch mehr praktifche Beziehungen zwifchen dem Verbannten und der Ghibellinen-Stadt knüpfen können. Der eifrige Verfechter der kaiferlichen Sache hatte Anlaß genug, das kaiferliche Hauptquartier in Pifa aufzufuchen, und nach des Kaifers Tod, als die Pifaner in der äußerften Bedrängniß von Genua her den kaiferlichen Vicar Uguccione della Faggiola zur Signorie beriefen, und diefer noch einmal das Ghibellinen-Banner mit ftarker Hand aufpflanzte, da lag auch für Dante in Pifa die letzte Hoffnung, und Pifa wäre naturgemäß fein Zufluchtsort gewefen.

Aber auch von folchen Beziehungen ift in Dantes Dichtung kein Reflex nachweisbar. Nino Visconti, der felbft bis an fein Lebensende in der Verbannung lebte, kann hier kaum als Pifaner angeführt werden. Außerdem begegnet dem Dichter nur noch unter den eines gewaltfamen Todes Geftorbenen auf der zweiten Vorftufe des Fegfeuerberges

von Pifa Der,
Um den Marzuccos Milde ward zum Muth. Purg. 6, 17.

Dante erwähnt ihn nur, und Nichts läßt darauf fchließen, daß er an dem Getödteten oder an Marzucco ein näheres Intereffe gehabt habe. Die Commentatoren find nicht einig über die Thatfachen, auf die Dante hier anfpielt. Benvenuto Rambaldi erzählt die Sache unter Berufung auf den «guten Boccaccio»: Ugolino habe den Sohn des Marzucco de' Scornigiani, Giovanni, tödten laffen und verboten den Leichnam zu beerdigen. Aber der Vater fei demüthig zum Grafen gegangen und habe ohne Thränen und ohne irgend ein Zeichen des Schmerzes fcheinbar gleichgültig zu ihm gefagt: «Wahrlich, Herr, es würde Euch zur Ehre gereichen, wenn jener arme Erfchlagene begraben würde, damit er nicht graufam den Hunden zum Fraße bleibt». Da habe ihn Ugolino erkannt und ftaunend geantwortet: «Gehe, denn deine Geduld hat meine Härte befiegt». Und alsbald ging Marzucco hin und ließ feinen Sohn begraben.[16]

Philalethes knüpft daran die anfprechende Vermuthung, diefer Giovanni Scornigiani fei identifch mit jenem Gano Scornigiani, der der Partei des Nino Visconti angehörte und von Nino Brigata, dem Enkel Ugolinos, in den Zwiftigkeiten, die der Kataftrophe vorhergingen, erfchlagen wurde.[17] Dann aber hätten wir auch wohl weniger in Dantes Bekanntfchaft mit den pifanifchen

Verhältnissen, als eben wieder in seiner Bekanntschaft mit Nino Visconti die Quelle zu sehen, aus der ihm die Kenntniß jenes heroischen Zuges geflossen ist.

Kurz erwähnt seien hier noch die in der Divina Commedia vorkommenden Beziehungen zu Sardinien, das in politischer Abhängigkeit von Pisa stand. Im Pechbrei der Bestechlichen treffen wir zwei Sarden, den Fra Gomita von Gallura und den Don Michael Zanche von Logodoro, und im dreiundzwanzigsten Gesang des Purgatorio findet sich jene bekannte Anspielung auf das wilde sardinische Bergland, die Barbagia und die zuchtlose oder vielleicht mehr nur barbarisch-primitive Tracht der dortigen Frauen. Auf eine persönliche Anwesenheit Dantes in Sardinien läßt keine dieser Stellen schließen. Dagegen war Nino Viscontis Erbland, wie oben erwähnt, das Judicat Gallura in Sardinien, und als dessen Verwalter hat sich Fra Gomita die Vergehen zu Schulden kommen lassen, die er in der Hölle büßt, sodaß Dante also auch die auf Sardinien bezüglichen Thatsachen von seinem Freunde erfahren haben könnte.

Doch all diese Dinge stehen mit der Stadt Pisa nur in losem Zusammenhang. Ugolinos Untergang ist die einzige Stelle der Divina Commedia, die wirklich auf Pisa hinweist. Es ist, als wenn dieser furchtbare Eindruck kein anderes Bild in Dantes Seele aufkommen ließe. Aber auch diese gewaltigen Verse geben keine Antwort darauf, ob unser Dichter Pisa jemals betreten hat, und stumm bleiben für uns die sonst so erinnerungsreichen Mauern, in deren Ring die stille Stadt wie geschieden von der heutigen Welt im Schatten ihrer großen Vergangenheit hinträumt und hinter denen Dom, Baptisterium und Campanile, die stolzen Zeugen ihres Ruhmes, noch lange zu dem Scheidenden herüber grüßen.

Wenn wir, Pisa im Rücken, auf der Straße nach Lucca hinwandern, so überschauen wir von einem Ende zum andern die herrliche Kette der Monti Pisani. Sie dehnen sich vom Arno bis zum Serchio und begrenzen die weite, reiche Ebene von Pisa im Osten mit ihrem ziemlich unvermittelt aufsteigenden Wall. Ganz zur Rechten im Süden zeigt uns der Gipfel der Verruca, wo wir unser Caprona zu suchen haben, und links vor uns am anderen Ende der Kette, stellt sich ein zweiter Punkt dar, dessen Dante Erwähnung thut, der hohe, schön bewaldete Monte San Giuliano. Die Erzählung seines bösen Traumes beginnt Ugolino mit den Worten:

> Hier dieser (Ruggieri) schien als Jagdherr hoch zu Pferd
> Mir Wolf und Wölflein nach dem Berg zu hetzen,
> Der den Pisanern Luccas Anblick wehrt. Inf. 33, 28.

und mit diesem Berg ist eben der Monte San Giuliano gemeint. Die Ortsbestimmung zeigt wieder jene naive, drastische Klarheit, die wir an Dante gewohnt sind, und die uns doch jedesmal wieder auf's Neue in Erstaunen setzt.

Der Weg nach Lucca zieht zunächst nach den warmen Bädern von San Giuliano am Fuß des Berges und windet sich dann, weit nordwärts ausbiegend, immer dicht an den malerischen Hängen des Monte San Giuliano hin am Serchio aufwärts, der sich ungestüm durch die Felsen zwängt. In der Enge des Passes überrascht uns der entzückende Anblick des scheinbar noch wohlerhaltenen Caftells von Ripafratta, eines jener Schlöffer, deren Preisgabe dem Grafen Ugolino von den Pifanern nachträglich fo fchwer verdacht wurde (Inf. 33, 86). Der Augenfchein zeigt allerdings, daß das Caftell von hervorragender Bedeutung war. Durch feine dominirende Lage auf dem fteilen Bergvorfprung war der kühne Bau ein vollkommenes Sperr-Fort für die Straße zwifchen Pifa und Lucca, und wohl Dem, der es befaß.

Hinter Ripafratta weitet fich wieder das Land, und bald zeigt fich uns in der üppigen Ebene, zu der das herrliche Bergland der Apenninen den Hintergrund bildet, eingefaßt von dem grünen Kranz feiner alten baumbewachfenen Wälle, die Stadt, die dem verbannten Nino Visconti zur zweiten Heimath geworden ift und in der auch Dante eine Zuflucht gefunden und Leid und Luft erfahren hat, das lebensfrohe, an ftolzen Thürmen und fchönen Frauen gleichermaßen reiche Lucca.

Die Stadt, im Ganzen betrachtet, macht einen jüngeren Eindruck als Pifa. An Stelle der mittelalterlichen Stadtmauer find die grünen Wälle des fechzehnten und fiebzehnten Jahrhunderts getreten, und in den Gebäuden der Stadt überwiegt auf den erften Blick der Charakter der Renaiffance und des Barock: gewaltige Paläfte, ftolze Hof-Anlagen, malerifche Treppen, vielleicht etwas gefucht malerifch, aber im Augenblick ganz zauberhaft wirkend, reizende Loggien, quaderumrahmte Mauern mit Baluftraden darüber, hinter denen fich immergrünes Bufchwerk verheißungsvoll heraufdrängt und da drunten eine liebliche Oafe ahnen läßt, Ausbauten der manchfachften Art mit herzerquickender Raumverfchwendung und wie gemacht für eine Strickleiter Romeos. Aber unter diefem neueren Kleid ift auch das Mittelalter noch gegenwärtig. Von den trutzigen Streitthürmen fteht zwar nur noch die torre de' Giunigi in ihrer urfprünglichen Höhe aufrecht, das alte Haupt von immergrünen Eichen- und Lorbeer-Büfchen umkränzt. Aber bis zur Höhe friedlicher Wohnhäufer abgetragen, find die Stümpfe von folchen noch an vielen Straßen fichtbar und mahnen uns daran, welch unheimlicher Wald einft in jenen Zeiten der Zwietracht die Stadt überfchattet hat. Auch das mächtige Gebäude des römifchen Amphitheaters wird uns heute fo ziemlich das Ausfehen bieten, das es im Mittelalter angenommen hat. Unfcheinbare Häufer haben fich darin eingeniftet, während fich im Ganzen der alte Grundriß erhalten hat, und die Arena, die man durch einen großen Thorweg betritt, dient dem fanften Zweck eines Gemüfemarktes. Faft vollkommen unberührt find endlich die Kirchen aus dem Mittelalter auf uns gekommen. Nur das Innere der Hauptkirche, des Domes von San Martino, hat einen Umbau erfahren und zeigt mit feinen hochauffterebenden enggeftellten Pfeilern, deren Kreuzgewölbe fich in Dämmerung verlieren, einen düftern, faft nordifchen Charakter. Im Aeußeren dagegen hat er den alten dafeinsfrohen Rundbogenftyl bewahrt, den die Lucchefen mit den Pifanern um die Wette pflegten. Die gleiche Bauweife finden wir auch bei der ganzen langen Reihe der übrigen Kirchen in manchfacher Abwechslung vom Einfachen bis zum Ueberreichen noch unverfälfcht wieder, und die alten Campanili, die den meiften Kirchen zur Seite ftehen, fchlank und energifch, aber noch ohne rechte architektonifche Durchbildung, find, namentlich wenn fie noch ihre kriegerifche Zinnenkrönung tragen, von den Streitthürmen kaum zu unterfcheiden.

Eigenthümlich ist der Gegensatz zwischen der Art, wie Dante Pisa gegenüber steht, und wie er die lucchesischen Verhältnisse betrachtet. In Pisa sieht er nur die großen Ereignisse und Gestalten und führt sie uns in mächtigen Strichen als historisches Gemälde vor. In Lucca ist ihm das Intime des täglichen Lebens vertraut, und was er uns gibt, sind typische Figuren und genrehafte Züge. Wir erfahren Nichts von der Guelfenstadt Lucca, Nichts von der leidenschaftlichen Bundesgenossin des schwarzen Florenz, die immer bereit war, wo es Fehde gegen Ghibellinen und Weiße galt, die bei Campaldino mitgefochten, die des verbannten Nino Visconti Sache gegen Pisa zu der ihrigen gemacht, die im Vernichtungskampf gegen das weiße Pistoja, wo die Parteileidenschaft noch durch die Nachbar-Eifersucht verdoppelt wurde, fast die Führer-Rolle übernommen hatte. Während in Pisa den Dichter der tragische Ernst des gewaltigen Schicksals erschüttert, reizt ihn in Lucca nur die Kleinheit der Menschen zur Satire. Pisa hat er eben aus der Ferne mit weitem Blick überschaut, in Lucca hat er gelebt.

Daß Dante in Lucca gelebt hat, dafür zeugen alle Stellen der Divina Commedia, die von Lucca reden. Die Anspielungen, die er bringt, sind vorwiegend persönlicher Art, aber sie beweisen, wie vertraut er mit den lucchesischen Verhältnissen war. Gleich bei dem ersten Lucchesen, dem Dante in der Hölle begegnet, betont er, daß er ihn persönlich gekannt habe. Es ist Alexius Interminei oder Antelminelli, den er in der Klamm der Schmeichler findet, versenkt im Unrath,

Den die Cloaken schienen herzuschicken. Inf. 18, 114.

Worin seine Sünden bestanden haben, weiß Niemand mehr zu sagen[18], und der Arme hat seinen guten Grund, wenn er sich im Zorn, erkannt zu sein, den Schädel schlägt. Denn Dante allein ist es, der seinem Namen diese schlimme Unsterblichkeit verschafft hat.

Schon in dieser Scene macht sich in Dantes Versen ein gewisser Humor bemerkbar. Noch schärfer tritt dieser Zug bei der zweiten lucchesischen Episode hervor. Sie bildet die Einleitung zu der Teufels-Posse, die in der Divina Commedia so wenig fehlt, wie in den frommen Schauspielen jener Zeit. Während Dante und Virgil den Pechbrei der Bestechlichen betrachten, kommt ein Teufel mit einem rittlings aufgeladenen Sünder dahergejagt:

«Hier, Grausesänge, unsrer Brücke», schreit er,
«Von Santa Zita einen Rathsverwandten;
Tunkt ihn! ich kehre um und such' noch weiter,

In jener Stadt, die gut damit bestanden.
Feil sind sie Alle dort bis auf Bontur,
Und immer „ja" für „nein" um Geld vorhanden.»

Ab schmiß er ihn, und auf der Klippe fuhr
Er dann von hinnen; nie ward aufgenommen
Vom Schäferhund so schnell des Diebes Spur.

Der tauchte, um verkrümmt emporzukommen.
Doch unterm Bogen schrie die Teufelsbrut:
Hier wird dir nicht das heil'ge Antlitz frommen.
Hier schwimmt sich's nicht wie in des Serchio Fluth. Inf. 21, 37.

Das raſſelt und praſſelt von hölliſchen Späßen, und jeder Spaß iſt gewürzt mit einer Anſpielung auf Lucca.

Der Rathsherr, den der Teufel anſchleppt, ein gewiſſer Martin Bottajo, ſoll gerade im Jahr 1300 während ſeines Amtes urplötzlich geſtorben ſein.[19] Dante ſieht alſo hier, wie der Teufel, der den Rathsherrn geholt hat, ihn in der Hölle abliefert.

Den Bonturo nennt Dante als Ausnahme von der allgemeinen Beſtechlichkeit, und in Lucca galt er als deren Ausbund. So müſſen wir wenigſtens die Stelle auffaſſen, wenn auch dem Bonturo Dati, auf den ſie gedeutet zu werden pflegt, kein Act der Beſtechlichkeit geſchichtlich nachweisbar iſt.[20] Dante und ſeine Zeitgenoſſen kannten jedenfalls die Schuld des Bonturo, und der Hieb wird ſchon geſeſſen haben.

Selbſt die Schutzpatrone Luccas ſind nicht ſicher vor dieſem Spott.

Nach der heiligen Zita bezeichnet Dante die Stadt, weil dieſe tugendſame Magd dort ſeit Kurzem — ſie war 1272 oder 1278 geſtorben — als Heilige verehrt wurde. Buti vermuthet hier noch einen verdeckten Stich, weil Zita zu Dantes Zeiten noch gar nicht canoniſirt war, und da es Teufel ſind, die von der Heiligen ſprechen, ſo mag die Sache ſchon ihre Richtigkeit haben. Uebrigens iſt ſie 1696 noch heilig geſprochen worden[21], wovon leider auch ihr Grab im rechten Seitenſchiff von San Frediano deutliches Zeugniß gibt. Denn die zu Ende des ſiebzehnten Jahrhunderts an der Capelle vorgenommenen Reſtaurationen contraſtiren in ihrer Armſeligkeit höchſt unerfreulich gegen die großen Formen der ehrwürdigen Baſilika.

Noch empfindlicher muß die Luccheſen die Anſpielung auf ihr zweites Stadt-Heiligthum getroffen haben, auf das «heilige Antlitz», das Santo Volto, ein wunderthätiges Chriſtus-Bild, das im Dom von Lucca der höchſten Ehre genießt.

Die Legende erzählt[22], Nicodemus habe nach der Himmelfahrt Chriſti es unternommen, die Geſtalt des Herrn aus der Erinnerung in Holz nachzubilden, und als er über der Arbeit eingeſchlafen ſei, habe er beim Erwachen die Züge des Heilands von überirdiſcher Hand vollendet gefunden. In ſpäteren Jahren ſei dann das Bild auf einem gottgeſandten Schiff in wunderſamer Fahrt ohne Ruder und Segel von Joppe nach dem Hafen von Luni gelangt und von dort durch den luccheſiſchen Biſchof Johannes auf göttliche Eingebung hin nach Lucca gebracht worden.

Dort wird es noch heute im Hauptſchiff des Doms in dem reichen Tempietto aus vergoldetem Marmor verwahrt, den ihm Lucca durch ſeinen bedeutendſten Künſtler Matteo Civitali zu Ende des fünfzehnten Jahrhunderts hat errichten laſſen. Das Bild ſelbſt iſt nicht zu ſehen und wird nur dreimal im Jahre öffentlich ausgeſtellt. Doch der rothe Vorhang, der es verhüllt, trägt in reicher Stickerei ſeine Copie, und auch ein Bild des Amico Aspertini in San Frediano, das die Einholung des Santo Volto von Luni nach Lucca ſchildert, ſtellt es dar. Darnach iſt es, wie auch die Legende andeutet, eine byzantiniſche Sculptur, bei der die ganze Kunſt ſich auf die Wiedergabe des Kopfes concentrirt, während der Körper durch ein reichverziertes, aber ſteifes Gewand verdeckt iſt. In welchem Anſehen das Bild ſteht, beweiſen die köſtlichen Weihgeſchenke, die es umgeben, und die abgegriffenen Gebets-Tafeln, die auf den Betſtühlen davor für die Andächtigen bereit liegen. Den Dante-Freund berührt es dabei eigenthümlich, unter den Gebeten den Kreuzes-Hymnus wieder zu finden:

Vexilla Regis prodeunt,
Fulget crucis mysterium,

mit deſſen Anfangsworten der letzte Geſang des Inferno ſo grandios beginnt.

Das Santo-Volto iſt der kräftigſte Helfer, den die Luccheſen anrufen, und darum liegt ein ſo grimmiger Hohn darin, wenn an ihn die Teufel den rettungslos verlorenen Sünder erinnern.

Vielleicht hat der Hohn der Teufel aber auch wieder eine doppelte Spitze. Wie in Florenz der Schutzpatron Johannes der Täufer, ſo war in Lucca das Santo Volto auf den Münzen zu ſehen, und wie Dante es liebt, das florentiniſche Geld nach ſeiner Prägung zu bezeichnen[23], ſo mag er auch beim Santo Volto an das luccheſiſche gedacht haben. Neben dem Hauptgedanken: «Dein Gnadenbild wird dir nicht aus der Noth helfen», könnte in den Worten der Teufel auch die Nebenbedeutung liegen: «Das Geld, um das du droben ſo oft Strafe erlaſſen haſt, wird dich von der göttlichen Gerechtigkeit nicht freikaufen».[24]

Schließlich erinnern die Teufel den Unglücklichen, der in dem Pechpfuhl zu ſieden beginnt, an das Bad im Serchio, das ihn einſt erquickte.

Der Serchio iſt eines der köſtlichſten Gewäſſer, die Italien noch beſitzt. Das herrliche Thal der Garfagnana iſt ſeine Wiege. Brauſend und ſchäumend und blaugrün leuchtend wie eine bayriſche Ach ſucht er ſich ſeinen Weg zwiſchen den bald lieblichen, bald trotzigen Berghängen, von denen die alten Felſen-Neſter mit ihren Caſtellen und Kirchen ihm nachſehen, und das Bergland von Piſtoja und der Gebirgsſtock der Apuaniſchen Alpen ſendet ihm auf ſeiner langen Fahrt reichlichen Tribut. Aus den Bergen heraus tritt dann der ſtattliche Fluß in die Ebene von Lucca und durchſtrömt das wohlangebaute Land, das die Stadt umgibt, ohne daß er dieſe ſelbſt berührt. Bei Ripafratta zeigt er, wie wir geſehen haben, noch einmal ſeine Kraft, indem er den Wall der piſaniſchen Berge durchbricht, und ſucht ſich dann durch die piſaniſche Ebene ſeinen Weg in's Meer.

Das friſche Bergwaſſer ſteht in grimmigem Contraſt zu dem hölliſchen Sud, in dem der Luccheſe ſchwimmen muß, und doch erinnert etwas im Serchio-Thal an die ſchlimmen Klammen: die altersgrauen Brücken, die mit ihren verwegenen Bogen allenthalben den Fluß überſpannen und dem Thal einen ganz phantaſtiſchen Reiz geben. Der Ponte della Maddalena, der ſich oberhalb Borgo a Mozzano in einem geradezu unerhörten Bogen über den Serchio ſchwingt, iſt von Andern ſchon zur Verdeutlichung der Dante'ſchen Höllenbrücken angeführt worden.[25] Als Vorbild kann dieſe Brücke zwar Dante nicht gedient haben, trotz ihres anzüglichen Beinamens Ponte del Diavolo. Denn ſie iſt erſt 1322 von Caſtruccio Caſtracani erbaut.[26] Aber ſie iſt ein treffliches Beiſpiel für die Bauweiſe dieſer alten Brücken, die mit einer naiven Rückſichtsloſigkeit gegen ihren eigentlichen Zweck, die Verkehrsvermittlung, fich zu einer Höhe aufzuwölben pflegen, die von den Fuhrwerken nur mit größter Anftrengung überwunden wird. Diefelbe Bildung finden wir auch bei den Brücken in den fchlimmen Klammen. Ja, fie ift für Dante eine fo wefentliche Eigenfchaft feiner Brücken, daß er den Grad ihrer Wölbung zum unterfcheidenden Merkmal für fie macht, das er gegen den Mittelpunkt der Hölle immer mehr fteigert. Ich will nun nicht fagen, daß Dante gerade an die Brücken des Serchio bei den fchlimmen Klammen gedacht hat — auch andere Thäler weifen Aehnliches auf —, aber jedenfalls geben fie uns ein klares Bild der Bauten, wie fie Dante bei feinen höllifchen Brücken-Conftructionen vor Augen gehabt hat.

All die bisher befprochenen Reminiscenzen an Lucca geben Zeugniß von einer zwar lebendigen, aber doch ganz objectiven Beobachtung des lucchefifchen Alltagslebens. Dazu tritt nun noch eine Stelle von überrafchend perfönlicher Färbung, die Epifode von der Gentucca.

Das gehaßte Pifa hat unfern Dichter die Freundfchaft des Nino Visconti finden laffen, das mißachtete Lucca hat ihm die Liebe der Gentucca gefchenkt. Aber der Gegenfatz zwifchen den beiden Städten läßt fich für Dante bis in diefe Herzens-Verhältniffe verfolgen. Nino Visconti war ein Factor in der Pifanifchen Politik und hat feften Zuges feinen Namen eingezeichnet in die Gefchichte feiner Vaterftadt. Dante hat ihn als Verbannten kennen lernen, und die Zuneigung zu ihm mußte Dantes Groll gegen das harte Pifa noch verfchärfen. Gentucca begegnete unferm Dichter in den Mauern ihrer Vaterftadt, ihr leichter Fuß hat keine Spur hinterlaffen, aber ihr Wefen befaß die Macht, den ernften Mann gegen ihre Heimath milder zu ftimmen.

Im Kreife der Schlemmer trifft Dante mit dem lucchefifchen Dichter Bonagiunta zufammen. Seine Perfon kommt für die Beurtheilung von Dantes Beziehungen zu Lucca nicht weiter in Betracht. Doch fcheint ihn Dante noch gekannt zu haben, da er ihm unter den übrigen abgezehrten Büßern feine befondere Aufmerkfamkeit zuwendet:

Doch wie wer prüft und, was er lieber mag,
Dann auswählt, alfo wählt' ich den Lucchefen,
In deffen Zügen was Vertrautes lag.

Er raunt', und wie Gentucca ift's gewefen,
Daß es mir tönte von dem Sitz der Pein (von ihren Lippen),
Mit der Gerechtigkeit fie fo zerlefen.

«O Geift», fprach ich, «der fo fich fcheint zu freun
Mit mir zu fprechen! was du meinteft, künde,
Und laß uns Beide fo befriedigt fein.»

«Es lebt ein Weib und trägt noch keine Binde»,
Sprach er, «drob wird dir unfre Stadt behagen,
Was Einer auch an ihr zu tadeln finde.

Den Ausblick wirft du mit von hinnen tragen,
Und ob mein Raunen dunkel dir geblieben,
Die Wirklichkeit wird es dereinft dir fagen.» Purg. 24, 34.

Die merkwürdige Stelle ist eine der seltenen Ausnahmen, wo Dante unverhüllt von seinen eigenen Schicksalen spricht. Er thut es mit der ganzen edlen Zurückhaltung, die ihm immer eigen ist, aber gleichwohl sagt er an dieser Stelle unumwunden, daß er in Lucca war und daß er dort eine Frau geliebt hat. Darüber hinaus herrscht allerdings sofort wieder tiefe Finsterniß, und wir haben die Auswahl an Vermuthungen. Sogar ihren Namen Gentucca wollte man ihr abstreiten, indem man das Wort als «Gesindel» (gentuccia) zu deuten versuchte.[27] Doch seit zwei lucchesische Frauen dieses Namens zu Dantes Zeiten urkundlich nachgewiesen sind[28], ist dieser an sich schon kaum begreiflichen Deutung jeder Halt entzogen. Von diesen beiden Gentucchen, die beide verheirathet sind, würde sich ihrem vermuthlichen Alter nach die Gattin des Buonaccorso di Lazzaro di Fondora besser zur Gentucca Dantes eignen.[29] Die Häuser dieses Geschlechtes sind heute noch in Lucca in der an Streitthürmen überreichen Via Fil-lungo zu sehen.[30] Aber vielleicht mag auch eine dritte Gentucca, die wir nicht kennen, die rechte gewesen sein.

Genaueren Aufschluß gibt uns die Stelle über die Zeit, in die wir den Vorgang zu verlegen haben. Ja, hier ist ausnahmsweise eine ziemlich sichere Bestimmung möglich. Dante läßt sich seine Begegnung mit der Lucchesin im Jahr 1300 vorhersagen. Zur Zeit der Prophezeiung trug sie noch nicht die Stirnbinde der verheiratheten Frauen, muß sogar noch ein kleines Mädchen gewesen sein. Denn offenbar hat Dante eine fernere Zukunft im Auge, wenn er sagt:

Und ob mein Raunen dunkel dir geblieben,
Die Wirklichkeit wird es dereinst dir sagen.

Wenn aber die Begegnung nicht in den ersten Jahren nach 1300 angenommen werden kann, so ist sie bis zum Jahre 1314 überhaupt ausgeschlossen. Denn von 1302 an war Dante in der Verbannung, und bis 1314 war Lucca auf Seiten der Schwarzen, die ihn verbannt hatten. Die Jahre von 1316 bis zu seinem Tod sind aber im Großen und Ganzen durch seinen Aufenthalt bei Can Grande und Guido da Polenta ausgefüllt. Es bleiben also, wenn wir uns nicht Reisen nach Lucca eigens zu diesem Zweck construiren wollen, nur die Jahre von 1314 bis 1316 für Lucca übrig, und da das gerade die Zeitspanne ist, wo Uguccione della Faggiola, der Vorkämpfer der kaiserlichen Partei, über Lucca herrschte und zudem um diese Zeit Gentucca zu dem Weib erblüht sein mußte, das Dante besang, so darf man wohl, ohne sich der Leichtfertigkeit schuldig zu machen, annehmen, daß Dante zwischen 1314 und 1316 der schönen Lucchesin in ihrer Vaterstadt begegnet ist. Es mag für ihn eine Zeit des Ausruhens gewesen sein, wo den Vielgeprüften das Schicksal einmal mit freundlicheren Augen ansah. Aber die Rast kann nur kurz gewesen sein. Als im Jahr 1316 Ugucciones Herrschaft jählings zusammenbrach, da war jedenfalls auch für Dante kein Bleiben mehr in Lucca.[31]

Die Art und Weise, wie Dante den Eindruck, den Lucca als Gentuccas Heimath auf ihn macht, seinem früheren Urtheil über diese Stadt gegenüberstellt, zwingt uns fast zu der — allerdings durch keine anderen Gründe gestützten — Annahme, daß Dante auch vor seiner Verbannung schon einmal in Lucca war. Wenn die Episode mit dem Rathsherrn sich wirklich auf den Tod des Bottajo im Jahr 1300 bezieht, so ist auch kaum denkbar, daß diese Anspielung erst im Jahr 1314 entstanden sei, und überdies fällt es schwer, sich vorzustellen, daß Dante die Eindrücke, die sich im Inferno widerspiegeln, in der Stimmung in sich aufgenommen habe, die ihn die Verse über Gentucca finden ließ. Gleichwohl haben wir in diesen Versen keinen Widerruf seines ersten Urtheils zu sehen. Die Lucchesen bleiben für Dante so, wie er sie im Inferno charakterisirt hat, und jene Worte des Purgatorio sagen nur, daß ihn die Huld der einen Frau die Sünden der ganzen Stadt vergessen lasse, eine Huldigung, so feinsinnig und großartig, wie sie nur ein Dante darbringen kann.

Viel gestritten wurde endlich über den Charakter dieser Neigung, ebenso hitzig als ergebnißlos. Jedenfalls ist das zuzugeben, daß Dantes Worte über Gentucca eine fast schüchterne Keuschheit athmen und daß er diese Liebe nicht an der Stätte erwähnt hätte,

Wo ab die Seele streift, was an ihr klebt,
Und würdig wird, zum Himmel aufzudringen, Purg. 1, 5.

wenn sie ihm selbst nicht für sündlos gegolten hätte. Aber eine andere Frage ist die, was ist keusch, was sündlos? Dante ist kein frivoler Heine, und seine hohe Seele konnte auch die rückhaltloseste Leidenschaft noch adeln. Und ob seine Auffassung der Moral sich mit der von der heutigen Gesellschaft proclamirten Anschauung deckte, wissen wir auch nicht. Nur Eines wissen wir: Sie ist durch sein Leben gegangen, leise, wie ein Sonnenstrahl. Die Sonne ist fort. Aber ein warmer Fleck ist in den Versen des Dichters geblieben, und der erzählt uns, daß sie da war.

Während so das Bild, das uns Dante von Lucca gibt, trotz aller Schatten schließlich durch einen Strahl der Liebe verklärt wird, zeigt er uns die Nachbarstadt Pistoja wieder ganz in der düstern Gluth der Höllenbeleuchtung.

Pistoja, o Pistoja, daß vom Boden
Du dich nicht wegsengst, da in schlimmem Trachten
Doch deine Saat den Samen überboten! Inf. 25, 10.

Der Gedanke, der der grimmigen Apostrophe des Dichters zu Grunde liegt, entspricht einer Auffassung, welche auch bei dem zeitgenössischen Geschichtsschreiber Villani wiederkehrt. Dieser berichtet über die Gründung Pistojas, daß nach der Niederlage des Catalina, die in jener Gegend stattgefunden, die blutigen Ueberreste seiner Freischaaren sich in der Nähe des Schlachtfeldes angesiedelt hätten, und daß aus dieser Niederlassung die Stadt entstanden sei, und der Chronist vergißt dabei nicht, bedeutungsvoll darauf hinzuweisen, daß die Pistojesen «noch bis auf diesen Tag» als böses Erbstück das wilde gewaltthätige Wesen ihrer unheimlichen Ahnherrn beibehalten hätten.[12]

Dante gedenkt nur einmal der fluchbeladenen Stadt, da wo er in der Klamm der Diebe mit dem pistojesischen Bastard Vanni Fucci zusammentrifft. (Ende des 24. und Anfang des 25. Gesanges des Inferno.) Aber die Stelle ist wieder von jenem bedeutsamen Feuer durchglüht, das Dantes Mitleidenschaft verräth. Und diesmal haben wir nicht weit nach dem Grunde zu suchen. Denn von Pistoja sind ja die Namen ausgegangen, die in dem blutigen Bürgerkrieg Toscanas das Feldgeschrei abgaben und damit auch für Dantes Schicksal so verhängnißvoll wurden.

Die Zwietracht selbst war schon vorhanden, nur die Namen der Parteien, Bianchi und Neri, gab Pistoja. Aber immerhin zeugt es von der Kraft und Wucht des Hasses, wenn der Zwist einer einzigen Stadt, ja nur einer Familie, den Gegensätzen eines ganzen Landes so seinen Stempel aufzudrücken vermag.

Worin der Name der Bianchi und Neri, der Weißen und Schwarzen, seinen Ursprung hat, ist zweifelhaft, wie die Entstehung der meisten derartigen Schlachtrufe. Ganz ansprechend ist die Ueberlieferung, daß gar nicht die Farbe den ursprünglichen Anlaß zur Benennung gegeben habe, daß vielmehr der eine Zweig jener unseligen Cancellieri nach seiner Stamm-Mutter Bianca sich die Bianchi genannt und dann zum Trutz mit einer Art Wortspiel die Gegenpartei den Namen Neri angenommen habe.[33]

Auch über den ersten Grund, der die tödtliche Feindschaft zwischen den beiden Zweigen der Familie hervorgerufen, ist nichts Bestimmtes bekannt. Denn was gewöhnlich als solcher angeführt wird, die unedelmüthige grausame Wiedervergeltung, die die Weißen an einem Jüngling der Schwarzen nahmen — er hatte im Streit einem Weißen die Hand verstümmelt und das Gesicht verletzt, und als ihn sein Vater zur Sühne den Verwandten des Verletzten zur Verfügung stellte, schickten ihn diese mit abgehauener Hand und zerschnittenem Gesicht wieder heim —, diese unerhörte That scheint nicht sowohl der erste Anlaß der Verfeindung, als vielmehr der endgültige Ausbruch einer schon bestehenden Spannung gewesen zu sein.[34]

Es war eine grauenhafte Zeit, welche die Bianchi und Neri in ihrem unbändigen Hasse über ihre Vaterstadt hereinführten. Es schwindelt Einem fast, wenn man bei dem treuherzigen Chronisten der Istorie Pistolesi von dieser endlosen Kette von Blutthaten liest, die selbst den Kindern jener eisernen Zeit als etwas Unerhörtes vorkamen. Aber so kurzsichtig und verbissen, so roh und grausam sich in jenen Kämpfen die beiden Parteien uns auch darstellen mögen, sie nöthigen uns doch zu einer Art von Bewunderung durch die wilde Größe ihrer rücksichtslosen Leidenschaft. Fast eine Empfindung von Neid beschleicht uns im Bewußtsein unserer engbrüstigen, von Paragraphen und Schutzleuten umschirmten Gegenwart, wenn wir von dem schönen, verwegenen, hoffährtigen Geschlechte lesen, das mit klirrenden Goldsporen durch die Gassen Pistojas prangt, auf offener Straße, am hell-lichten Tage seine Händel ausficht, bald mit tückischem Anfall Einzelner, bald im regelrechten Gefecht heller Haufen, und dann wieder frech und froh dem Banne zum Trotz in offener Loggia sich zu Wein und Spiel setzt und den Podestà sammt der Famiglia seiner Knechte mit blutigen Köpfen heimschickt, wenn sie sich dreinmischen wollen. Es liegt etwas Elementargewaltiges, Titanenhaftes in diesem rücksichtslosen Ausleben, und der freche Hohn, mit dem Dante den Vanni Fucci, einen der Wildesten dieser Wilden,

Das Vieh, das in Pistoja würdig hauste Inf. 24, 126.

noch in der Hölle den Himmel herausfordern läßt,

Da, Herr Gott, dir sind sie geballt! Inf. 25, 3.

ist wieder ein wunderbar charakteristischer Zug, mit dem der Dichter in unnachahmlicher Weise die vermessenen Enkel des Catilina kennzeichnet.

Die Stadt Pistoja hat noch sehr viel von ihrem mittelalterlichen Charakter bewahrt, und namentlich der Domplatz mit seinem Kranz von ehrwürdigen Bauten läßt die Vergangenheit lebendig vor uns aufsteigen. Der Dom und das Baptisterium mit ihrer Marmor-Incrustation von schwarzen und weißen Streifen gemahnen eigenthümlich an die verhängnißvollen Namen der Schwarzen und Weißen. Es ist fast wie ein Sinnbild der grellen Parteiung, die das ganze öffentliche Leben der unglücklichen Stadt durchzog. Der Glockenthurm des Doms ragt heute noch trotzig und wehrhaft empor und scheint über seinem friedfertigen Amte nicht vergessen zu können, daß er einst der Streitthurm der Podestà gewesen, deren Wappen er auch noch so stolz trägt wie ein graubärtiger Thür-Schweizer seine Kriegs-Medaillen. Und ernst schaut über seiner mächtigen gewölbten Halle der Palazzo degli Anziani auf den weiten Platz hin, von dem so manches Mal Getümmel und Waffengeklirr zu seinen Spitzbogenfenstern hinaufdrang.

Eine specielle Erinnerung an die Divina Commedia bietet uns im Dom die S. Jacobs-Capelle mit ihrem silbernen Altar. Sie ist es, die Dante meint, wenn er von der «Sacristei der köstlichen Geschmeide» spricht, die Vanni Fucci beraubt hat. Die Capelle befindet sich zwar nicht mehr an ihrem ursprünglichen Platz — ehemals lag sie zunächst dem Eingang[15], während sie jetzt das rechte Seitenschiff abschließt — und auch das «Geschmeide» gehört der Hauptsache nach nicht mehr der Zeit des Diebstahls, dem Ende des dreizehnten Jahrhunderts, sondern dem vierzehnten Jahrhundert an; aber die silbergetriebenen Relief-Platten und Einzel-Figuren, die jetzt den Altar umkleiden, können doch wohl eine Vorstellung von dem ursprünglichen Schmucke geben, dem die Capelle ihren Namen verdankte und der einst die Begehrlichkeit Vanni Fuccis reizte.

Uebrigens will mir nicht zu Sinn, daß es ein regelrechter Diebstahl gewesen, was Vanni Fucci begangen hat. Die meisten alten Berichte[16] stimmen darin überein, daß die That an einem Fastnachtsabend nach fröhlichem Gelage von Vanni Fucci und zwei Genossen ausgeführt und daß die Beute dann in dem nahen Hause des ahnungslosen oder doch widerstrebenden Gastgebers, des unglücklichen Notars Vanni della Mona, untergebracht wurde, der hinterher seine unfreiwillige Hehlerschaft am Galgen büßte. Die That scheint mir vielmehr den Charakter eines kopf- und planlosen Bubenstreichs an sich zu tragen, der in der Weinlaune ausgeführt und dessen verhängnißvolle Tragweite den Betheiligten erst am Aschermittwoch klar wurde. «Trunken gestohlen, nüchtern gehenkt», wie das Sprichwort sagt. Ein Tollkopf, wie Vanni Fucci, der Tag für Tag seine Existenz einer zornigen Aufwallung zu Lieb auf's Spiel setzt, ist nicht der Mann, der Silber stiehlt. Auch der weitere Zug, der von ihm erzählt wird, daß er selbst später, als sein Freund Rampino des Diebstahls fälschlich bezichtigt wurde, der Obrigkeit das Versteck der Beute verrieth, spricht eher dafür, daß es ihm um Geldeswerth bei dem Streiche nicht zu thun war.

Damit ist wohl vereinbar, daß Dante, der starren mittelalterlichen Rechtsauffassung folgend, die nur auf den äußeren Erfolg sah, ihn für den schlechten Witz in die Klamm der Diebe schickte.

Beachtenswerth ist es, daß Dante die Sache so darstellt, als ob er erst in der Hölle durch Vanni Fuccis Geständniß von dessen Mitschuld an dem Diebstahl erfahre:

Und frag, durch welche Schuld er hierher kam;
Denn nur von seinem Zorn und Blutdurst weiß ich. Inf. 24, 128.

Es ist demnach anzunehmen, daß der Sünder niemals öffentlich überführt worden ist, und daß Dante auf anderem Weg die Ueberzeugung von dessen Schuld gewonnen haben muß. Wann und wo das geschah, wissen wir nicht. In Pistoja braucht es jedenfalls nicht gewesen zu sein. Denn Auskunft über den wahren Hergang konnten weniger die Pistojesen selbst geben als Vanni Fucci und seine Genossen. Vanni Fucci aber hatte Pistoja vorsichtiger Weise nach der That verlassen, und seine Mitschuldigen flüchteten gerade noch rechtzeitig, als die Verhaftung des Vanni della Mona bekannt wurde. Für eine Anwesenheit Dantes in Pistoja gibt also seine Beziehung zu Vanni Fucci keinen Anhaltspunkt.

Der Dom bewahrt noch die Erinnerung an einen anderen Pistojesen, der zwar nicht in der Divina Commedia einen Platz gefunden hat, aber mit Dante persönlich doch in Beziehung stand und auch in seinen Schicksalen manches Aehnliche mit ihm gehabt hat. Es ist Cino dei Sinibuldi, der berühmte Rechtslehrer und Dichter, der wenige Jahre jüngere Zeitgenosse Dantes, der wie dieser zur Partei der Weißen stand und wie dieser nach ihrer Niederlage das Brod der Verbannung essen mußte. Er war mit Dante befreundet, und Dante hebt ihn in seiner Abhandlung über die Volkssprache rühmend hervor als Einen der Wenigen, welche den Werth der Volkssprache erkannt hätten, wobei er wiederholt seine Verse als Muster der Sprache hinstellt.[37]

Ueber den Werth der Dichtungen dieses Sängers der Liebe, als welchen ihn Dante bezeichnet[38], sind die Urtheile sehr verschieden. Es ist zuzugeben, daß sie vieles conventionell Phrasenhafte und vieles Gekünstelte enthalten. Dann aber gebietet er doch auch wieder über Töne von überraschender Wahrheit und Tiefe. Eines seiner packendsten Sonette, in dem sein Schmerz um den Verlust der Geliebten ausbricht, ist auch darum für uns merkwürdig, weil darin die waffenklirrende Wildheit seiner Vaterstadt mitklingt:

Mir mißfällt, was den Anderen gefällt,
Die Welt ist mir Verdruß und Mißbehagen.
Nun was gefällt dir denn? — Ich will dir's sagen:
Wenn Einer in des Andern Klinge fällt,

Wenn Schwerthieb mitten durch die Wange spellt,
Wenn Fluthen ob dem Wrack zusammenschlagen,
Wenn Nero wiederkäm in unsren Tagen,
Wenn jedes holde Frauenbild entstellt.

Dem Scherz und Spiele gilt mein ganzes Hassen,
Nur Trübsinn hat zu freuen mich gewußt,
Gern folgt ich einem Narrn durch alle Gassen.

Ein Thränen-Hofſtaat wäre meine Luſt,
Und bluten ſollt, wen ich will bluten laſſen
Im wilden Sinn der todesdüſtern Bruſt.[39]

Das iſt wahre Leidenſchaft und wahre Poeſie, die niemals veraltet.

Dante tadelt ihn einmal herb in der Antwort auf ein Sonett, in dem ihm Cino von einer neuen Leidenſchaft ſpricht. Aber es iſt nicht der Dichter, ſondern der Menſch, dem dieſer Tadel gilt, und nicht die Liebesleidenſchaft überhaupt, ſondern das leichtfertige Tändeln mit der Liebe.[40] Dante ſchreibt:

Die Zeit der Verſe, wie Ihr ſie geſandt,
Herr Cino, glaubt ich längſt für mich vergangen.
Denn für mein Schiff hat jetzo angefangen
Gar andre Fahrt; weit ſchwimmt es ſchon vom Strand.[41]

Doch da von Euch ja männiglich bekannt,
Ihr bleibet gern an jedem Haken hangen,
So mag denn dieſes eine Mal noch langen
Nach ſolcher Feder meine müde Hand.

Wer ſich verliebet, ſo wie Ihr es macht,
Und wie's ihm grad behagt, ſich löſt und bindet,
Zeigt, daß nur leichtlich Amor nach ihm ſchieße.

Wenn Euer Herz ſo in Gelüſt ſich windet,
Beim Himmel, ſeid auf Beſſerung bedacht,
Daß Euer Thun ſtimmt zu des Redens Süße.[42]

Immerhin mag die Stimmung des Gedichtes auch zu der Erklärung der auffallenden Thatſache beitragen, daß Dante in der Divina Commedia Cinos nicht gedenkt, wo er doch mehrfach auf italiäniſche Dichter zu ſprechen kommt (Purg. 11, 97 u. 24, 55).

Das Grabmal Cinos im rechten Seitenſchiff des Doms erzählt nichts von all dieſer Leidenſchaft. Es iſt ein Profeſſoren-Grab, wie ſie uns ſo zahlreich in Italien begegnen, das älteſte, das wir kennen, vielleicht das Vorbild der ganzen Gattung.[43] Ehrſam im langen Talar mit docirender Handbewegung ſitzt Cino unter dem gothiſchen Baldachin, umgeben von ſeinen Schülern, die zum Ausdruck des Reſpects-Verhältniſſes nur in halber Größe ausgeführt ſind. Noch ehrſamer zeigt ihn das Sarkophag-Relief auf dem Katheder ſitzend vor den Bänken ſeiner Zuhörer. Es iſt nur der berühmte Rechtsgelehrte, nicht der Sänger der Liebe. Und wenn man heute in einer Geſtalt unter den Zuhörern die Haupt-Adreſſatin ſeiner Liebes-Lieder, die Selvaggia, erkennen will, ſo ſcheint mir dafür weniger die Abſicht des Bildhauers als die klatſchſüchtige Neugierde der Welt verantwortlich zu ſein.

Ebenſowenig wie Dantes Vertrautheit mit den Vorgängen bei dem Kirchenraub des Vanni Fucci geſtattet uns ſeine Freundſchaft mit Cino einen Schluß auf die Anweſenheit Dantes in Piſtoja. Denn auch dieſe Beziehung kann ſehr wohl außerhalb Piſtojas geknüpſt worden ſein.

Cino wie Fanni Fucci lebte in der Verbannung. Und fern von ihrer Vaterſtadt konnte Dante noch viele Piſtojeſen kennen lernen, beſonders zu der Zeit, als jener unheilvolle Verſuch gemacht wurde, die Eintracht in Piſtoja dadurch wieder herzuſtellen, daß die Haupt-Friedens-Störer nach Florenz geſchickt wurden, und an ihnen — die ſicherlich Pracht-Exemplare ihrer Art waren — konnte er die tiefen Charakter-Studien machen, von denen die Geſtalt des Vanni Fucci in ſeiner Dichtung allerdings ſo beredtes Zeugniß gibt. Anſpielungen örtlicher Art dagegen, die eine perſönliche Anſchauung zur Vorausſetzung hätten, bietet die Divina Commedia für Piſtoja nicht. Davon macht auch das berühmte Picener Feld keine Ausnahme. Denn das vielumſtrittene, überall geſuchte Campo Piceno iſt überhaupt keine Oertlichkeit, die auf Erden exiſtirt. Ich bin der Erſte, der dieſe Behauptung aufſtellt, und da die Gattung der «neuen, einzig richtigen» Erklärungen ſtrittiger Dante-Stellen mit Recht in Verruf iſt, ſo kommt es mir zu, die meinige eingehender zu begründen.[44]

Der Zuſammenhang, in dem das Picener Feld genannt wird, iſt folgender:

Vanni Fucci, ergrimmt über die Schmach, daß ihn Dante, ein Weißer, unter den Dieben geſehen hat, prophezeit ihm ſchadenfroh den Niedergang ſeiner Partei:

Thu auf die Ohren, meiner Mähr zu lauſchen:
Piſtoja wird erſt ab an Schwarzen zehren,
Florenz dann Satzung und Geſchlechter tauſchen.

Dunſt läſſet Mars im Magra-Thale gähren,
Den düſteres Gewölk umſchloſſen hält,
Und mit des Sturmes wüthendem Verheeren

Kommt es zum Kampf auf dem Picener Feld.
Alldort zerreißt er jach die Wolken-Bänke,
Sodaß der Schlag auf jeden Weißen fällt.

Und das hab ich geſagt, damit dich's kränke. Inf. 24, 142.

Trotz der geheimnißvollen Worte iſt der Sinn der Prophezeiung im Ganzen klar.

Piſtoja wird erſt ab an Schwarzen zehren:

Die ſchwarzen Cancellieri werden von den Weißen im Frühjahr 1301 mit Hülfe der damals in Florenz herrſchenden Partei-Genoſſen aus Piſtoja vertrieben.

Florenz dann Satzung und Geſchlechter tauſchen:

In Florenz kommen Ende des Jahres 1301 die Schwarzen mit Hülfe Carls von Valois wieder zur Herrſchaft und treiben die Familien der Weißen in Verbannung.

Dunſt läſſet Mars im Magra-Thale gähren,
Den düſteres Gewölk umſchloſſen hält:

In dem Krieg, den darnach die ſchwarzen Städte Florenz und Lucca gegen das allein noch weiß verbliebene Piſtoja beginnen, ſteht der waffengewaltige Marcheſe Maroello Malaſpina, deſſen Beſitzungen im Magra-Thale lagen, an der Spitze der Luccheſen.

Nun kommt die kritische Stelle:

> Und mit des Sturmes wüthendem Verheeren
> Kommt es zum Kampf auf dem Picener Feld.

Die Schwierigkeit ist lange unbeachtet geblieben. Die alten Commentatoren begnügten sich meist damit, die Stelle mit sich selbst zu erklären, und die späteren, die von ihren Vorgängern überkommene Erklärung ohne Prüfung weiter zu überliefern.

Darnach hieß es frischweg: die schwarze Partei hat der weißen auf dem Campo Piceno die entscheidende Niederlage beigebracht (wer genau sein wollte, gab wohl noch die Jahreszahl 1301 oder 1302 an), und dies Campo Piceno liegt in der Nähe von Pistoja. Velutello bestimmt seine Lage näher: «am Fuß des Castells von Fucecchio.»[45] Manche sagen auch, es liege «zwischen Serravalle und Montecatini.»[46]

Nun läßt sich aber weder für die Gegend von Fucecchio noch für die zwischen Serravalle und Montecatini ein Campo Piceno nachweisen, und überhaupt im ganzen pistojesischen Gebiet ist keine Oertlichkeit zu finden, die diesen Namen führt.[47] Darum greifen einige Erklärer noch zu dem Hülfsmittel, den Namen umzumodeln und zu sagen: Piceno müsse eigentlich pisceno heißen, und das sei so viel wie piscenese und piscenese soviel wie pesciatino.[48] Und so hatte man wieder die Ebene von Fucecchio, wo die Pescia versumpft, als Feld für den Entscheidungskampf zwischen den Schwarzen und Weißen von Pistoja. Doch eine solche gewaltsame Wort-Operation ist immer ein so verzweifeltes Mittel, daß mit der zweiten Erklärungsart gegenüber der ersten eigentlich kaum etwas gewonnen ist.

Diesen beiden Erklärungen sowie allen in gleicher Richtung sich bewegenden Versuchen stellt sich nun überdies noch ein höchst wichtiges, eigentlich entscheidendes Moment entgegen, das bisher bei weitem nicht genug berücksichtigt worden ist: In den Kämpfen, auf welche allein Vanni Fuccis Prophezeiung bezogen werden kann, hat überhaupt keine offene Feldschlacht stattgefunden.[49]

Unser wichtigster Gewährsmann ist der namenlose Verfasser der Istorie Pistolesi[50], dessen ehrliche, umständliche, anschauliche Darstellungsweise keinen Zweifel darüber läßt, daß er das Geschilderte miterlebt hat. Darnach haben sich die für uns in Frage kommenden Ereignisse folgendermaßen zugetragen:

Nachdem mit Hülfe Carls von Valois die Schwarzen in Florenz zur Herrschaft gelangt waren, machten sie sich im Frühjahr 1302 gemeinsam mit Lucca über die letzte Hochburg der Weißen, Pistoja, her. Zuerst nahmen sie ihm seine Castelle in den Bergen weg, die sogenannte Montagna. Dann kam auf Anregung der Lucchesen ein förmliches Bündniß zu Stande zur Belagerung von Pistoja selbst. Im Juni 1302 ziehen die wohlgerüsteten Heere der verbündeten Städte aus. Die Lucchesen kommen am ersten Tag bis Monte Vettolino und Cecina, am zweiten bis Casale, während die Florentiner am Ombrone heraufziehen. Nach wenigen Tagen lagern sich die beiden Heere neben einander am Ponte a Bonelle. Von diesen Orten liegt keiner in der

Ebene von Fucecchio und Montecatini, und es ist immer nur von Plünderung und Verwüstung, niemals von einem Gefecht die Rede. Nachdem sie einen Monat so ergebnißlos hingebracht, ziehen die Verbündeten, denen Pistoja selbst doch wohl noch zu stark war, vor Serravalle, das wichtige Castell der Pistojesen, das, auf einem Bergsattel zwischen den Apenninen und dem in die Ebene vorgeschobenen Monte Albano gelegen, den Schlüssel der Heerstraße von Lucca nach Pistoja bildete. Die Heere der Schwarzen rückten aber jetzt, wohlgemerkt, nicht von der Seite von Lucca und Montecatini, von Westen, gegen Serravalle heran, sondern von Osten, von ihrem oben erwähnten Lager bei Ponte a Bonelle. Die Pistojesen konnten die Festung noch rechtzeitig verproviantiren und ihre Besatzung verstärken. Dann legten sich die Schwarzen in drei Lagern davor: die Florentiner in der Ebene an der Straße von Pistoja nach Serravalle, die Lucchesen auf einem Hügel oberhalb von Serravalle und die Mannschaften aus dem Val di Nievole am Weg nach Castellina in den Bergen nördlich der Festung. Der Marchese Malaspina läßt die Lager befestigen, führt Belagerungszeug heran und umgibt die ganze Festung mit Pallisaden und Brustwehren «derart, daß kein Mensch hinein noch heraus konnte». Die Ausfallgefechte, von denen darnach die Rede ist, können sich also nur zwischen diesem Lagerwall und der Festungsmauer abgespielt haben.

Als den Belagerten die Vorräthe zu Ende gehen, machen die Pistojesen einen Entsatzversuch. Ihre Hauptmacht zieht auf der geraden Straße in der Ebene heran gegen das Lager der Florentiner, also direct von Pistoja auf Serravalle, eine Abtheilung oberhalb Castellina gegen das Lager Derer aus Val di Nievole, macht also eine Umgehung durch die Berge von Norden. Gleichzeitig mit dem Angriff erfolgt ein Ausfall der Besatzung, die das Pallisadenwerk des Lagers in Brand stecken will. Die Belagerer brechen selbst die Pallisaden nieder und werfen die Ausfalltruppen in die Festung zurück. In gleicher Weise machen sie einen Vorstoß gegen die pistojesische Abtheilung, welche bei Castellina die Umgehung ausgeführt hatte, worauf auch die pistojesische Hauptmacht auf der Heerstraße wieder zurückgeht. Von da an bleibt Serravalle sich selbst überlassen und wird schließlich durch Hunger zur Uebergabe gezwungen.

Es schien mir nöthig, diese Vorgänge so ausführlich zu schildern, weil widersprechende Darstellungen in manchen Commentaren mit einer Bestimmtheit gegeben werden, die sonst leicht verblüffen und irreführen könnte.

So sagt z. B. Witte:

«Im Frühjahr 1302 wurde es (Pistoja) von einem verbündeten florentinisch-lucchesischen Heere heimgesucht und besonders das feste in einer Thalenge[51] gegen Lucca belegene Serravalle hart bedrängt. Namentlich in der Richtung nach dem See von Fucecchio auf dem Picenischen Gefild, wo das Lager der Schwarzen stand, wurde viel gekämpft».

und gar Fraticelli, nachdem er von dem Entsatz-Versuch von Serravalle gesprochen:

«Die Schlacht fand, wie man aus den Storie pistolesi ersehen kann, im Jahre 1302 statt in der Ebene zwischen Serravalle und Montecatini, das heißt nell' agro o campo pesciatino o piscenese».[52]

Die Storie pistolesi lassen aber, wie die obige Darstellung zeigt, gerade im Gegentheil «ersehen», daß zwischen Serravalle und Montecatini das Gefecht nicht stattgefunden hat.

Doch davon ganz abgesehen, wäre es höchst befremdend, wenn Vanni Fucci die Bezwingung eines doch immerhin kleinen Außenforts zum Gegenstand seiner Prophezeiung machte, während ihm, nur durch wenige Jahre getrennt, der erschütternde Fall der ganzen Stadt, eine Katastrophe, die an Wildheit und Größe der Leidenschaft sich mit dem Untergang Carthagos vergleichen läßt, zu Gebote stand.

Diese Belagerung Pistojas nahm nach dem Bericht unseres Gewährsmannes folgenden Verlauf.[53]

Nachdem die zwei letzten Castelle der Pistojesen, Larciano und Montale, durch Verrath in Besitz der verbündeten Schwarzen gekommen sind, beschließen diese 1305, nun mit Pistoja selbst ein Ende zu machen. Die Florentiner verschreiben sich von Neapel den Herzog Robert von Calabrien als Anführer, die Lucchesen stehen wieder unter Marocllo Malaspina, der nach Roberts Rücktritt den Oberbefehl übernimmt.

Zunächst werden rings um die Stadt größere Werke angelegt, bei denen kleine Ortschaften, Klöster, Kirchen, Meierhöfe als Kern der Befestigungen dienen, und diese festen Punkte werden dann wieder mit Graben, Pallisaden und Brustwehr unter einander verbunden, «sodaß kein Mensch herauskonnte ohne gefangen genommen oder getödtet zu werden».

Von Gefechten vor Vollendung dieser Cernirung wird nichts berichtet. Von den späteren Kämpfen heißt es:

> «Oftmals machten die Belagerten zu Pferd und zu Fuß Ausfälle und stürmten gegen das Lager an, und es kam zu vielen schönen Schlachten. Aber die Feinde waren so zahlreich und so mächtig, daß sie sie jedes Mal mit Gewalt zurückwarfen und mit ihnen bis an die Thore drangen und die Leute oft noch auf den Zugbrücken tödteten und fingen.»

Und so zieht sich die Belagerung ohne weiteren Zwischenfall mit nur immer steigender wechselseitiger Erbitterung und Grausamkeit durch den ganzen Winter hin, bis im April 1306 der Hunger wie zuvor Serravalle so jetzt Pistoja bezwingt und das letzte Bollwerk der Weißen verloren geht.

So berichtet der pistojesische Chronist, und damit stimmt vollständig überein, was sein großer florentiner College und Zeitgenosse Giovanni Villani von den beiden Belagerungen erzählt.[54] Auch spätere Geschichtschreiber Pistojas wie Manetti (1446)[55] und Salvi (1656) schildern diese Ereignisse ganz in der gleichen Weise.

Von einem Kampf auf einem Campo Piceno, wie ihn die herkömmliche Dante-Erklärung annimmt, ist schlechterdings nirgends die Rede.

Was hat nun aber Dante selbst unter diesem Campo Piceno gemeint?

Den Weg weist uns hier, wie so oft, wiederum Giovanni Villani. Auch bei ihm finden wir das Campo Piceno erwähnt. Aber nicht bei den Ereignissen um Pistoja vom Jahr 1302 und 1306, sondern — bei der Niederlage Catilinas.[56] Er schildert, wie Catilina, nachdem die Verschwörung von Cicero gesprengt worden, mit seinen Schaaren sich in die Berge geworfen hat, wie er dem Metellus auszuweichen sucht, der mit drei Legionen «aus Frankreich kommt», und wie er dann von diesem und den zwei anderen Feldherren Antonius und Petrejus zum letzten Kampf gestellt wird «jenseits der Gegend, wo heute die Stadt Pistoja steht, an einem Platze Namens Campo Piceno, das ist unterhalb des Punktes, wo heute das Castell von Fucecchio liegt».[57]

Demnach hätten wir ja aber hier ein Zeugniß dafür, daß bei Pistoja doch ein Campo Piceno existirt und zudem fast mit den gleichen Worten wie bei Velutello! Letzteres allerdings. Velutello wird eben aus dieser Stelle des Villani seine Notiz geschöpft haben, und ihm haben dann Spätere sie nachgeschrieben. Aber das Zeugniß Villanis selbst wollen wir uns doch noch etwas näher betrachten, ehe wir ihm Glauben schenken.

Villani gibt für seine Erzählung der Catilinarischen Wirren zweimal ausdrücklich Sallust als Quelle an.[58] Bei Sallust finden wir aber die Situation des Catilina folgendermaßen geschildert[59]:

«Den Rest führt Catilina durch unwegsame Berge in Gewaltmärschen in das Pistorinesische Gebiet mit der Absicht auf Nebenwegen heimlich nach Gallia Transalpina zu entkommen. Aber Q. Metellus Celer stand mit drei Legionen im Picenischen Gebiet und vermuthete richtig, Catilina werde in seiner Bedrängniß die ebenbesprochene Absicht verfolgen. Als er nun von dessen Marsche durch Ueberläufer Kenntniß erlangt hatte, brach er rasch auf und nahm dicht am Fuß der Berge Stellung, wo Jener auf seinem Marsch nach Gallien herunterkommen mußte. Aber auch Antonius war nicht fern, der mit großer Heeresmacht in günstigerem Terrain rasch den Fliehenden gefolgt war.»

Darauf entschließt sich der umstellte Catilina, «dem Antonius so bald als möglich die Schlacht zu liefern», und es folgt nur noch die dramatische Schilderung der Schlacht, ohne daß Metellus noch einmal erwähnt würde. Nun ist es außer allem Zweifel, daß der von Sallust hier genannte Ager Picenus der allbekannte des classischen Italiens am Adriatischen Meer südlich von Umbrien ist, wohin, wie Sallust schon früher erzählt hat, Metellus zur Truppen-Aushebung geschickt worden war.[60] Von dorther wäre der Weg nach dem Catilinarischen Kriegsschauplatz allerdings etwas weit gewesen. Aber wir wissen aus Ciceros zweiter Catilinarischen Rede, daß dem Metellus außer dem Ager Picenus auch der Ager Gallicus, der den Küstenstrich von Sena Gallica bis Ravenna umfaßte, für seine Aushebungen zugewiesen worden war[61], und von dort aus hatte er keinen allzuweiten Marsch, um dem Catilina die nach Bologna und Modena herabführenden Päße auf der Nordseite der Apenninen zu verlegen.[62]

Wenn nun aber sowohl der Gewährsmann, Sallust, als der Nacherzähler, Villani, ganz in derselben Situation ganz dieselben Namen sozusagen in einem Athem nennen, und bei dem Gewährsmann die Erklärung der Namen auch nicht die geringste Schwierigkeit bietet, bei dem

Nacherzähler dagegen ein unlösbares Räthſel daraus wird, ſo ſcheint mir die Annahme nicht zu gewagt, daß letzterer den erſteren eben mißverſtanden hat. Wodurch das Mißverſtändniß veranlaßt worden, läßt ſich allerdings ſchwer ſagen. Denn in Cap. 33 gibt Villani die Stellung des Metellus, von dem Salluſt ja gerade ſagt, daß er «in agro Piceno» geſtanden habe, ganz richtig als jenſeits der Apenninen im Gebiet von Modena an. Mag ſein, daß eine Lücke oder Entſtellung in der Salluſt-Handſchrift, die Villani vor Augen hatte, die Verwirrung herbeigeführt hat.[63] Auch die Aehnlichkeit der Bezeichnung bei beiden Oertlichkeiten («in agrum Pistoriensem» und «in agro Piceno»), ſowie die weite Entfernung zwiſchen dem claſſiſchen ager Picenus und dem Kriegsſchauplatz mag das Mißverſtändniß begünſtigt haben. Jedenfalls ſcheint mir die Annahme ausgeſchloſſen, daß Villani den von Salluſt erwähnten ager Picenus einfach außer Acht gelaſſen und dagegen an der genau entſprechenden Stelle ſeiner eigenen Darſtellung mit Ueberlegung von einem ganz und gar verſchiedenen Campo Piceno geſprochen habe. Die auffallende genaue Ortsbeſtimmung «das iſt unterhalb des Punktes, wo heute das Caſtell von Fucecchio (oder Piteccio) liegt», kann, wenn man nicht auch ſie auf den gleichen Mangel des Textes zurückführen will[64], der alte Chroniſt in aller Harmloſigkeit aus ſeiner eigenen Phantaſie hinzugefügt haben. Und dieſe Freiheit würde ihm von allen den Commentatoren, die es in ihren Bemerkungen über das Campo Piceno nicht genauer nehmen, jedenfalls keiner verübeln dürfen. Wo thatſächlich die Niederlage des Catilina ſtattgefunden hat, kommt hier nicht in Betracht. Für uns iſt nur wichtig, daß bei Piſtoja kein Campo Piceno exiſtirt und daß Villani den Namen irrthümlich aus Salluſt herüber genommen hat.

In ähnlicher Weiſe wie Villani hat auch Dante ſeinen Salluſt mißverſtanden, aber nicht vollkommen ebenſo. Villani ſcheint mir den ager Picenus nur in der Nähe des ager Pistoriensis gelegen aufzufaſſen, weßhalb er auch das Bedürfniß fühlt, ihn beſonders zu localiſiren. Dante dagegen identificirt einfach den ager Picenus mit dem ager Pistoriensis. Dieſe kleine Abweichung zwiſchen dem Chroniſten und dem Dichter iſt nicht ohne Werth für die Annahme, daß nicht Einer von dem Anderen abhängig iſt, ſondern daß Dante und Villani eine gemeinſame Quelle gehabt haben, aus der Jeder ſeine eigene Auffaſſung ſchöpfte.[65]

Dante ſieht jedenfalls im Campo Piceno das Schlachtfeld, auf dem Catilina mit ſeinen wilden Schaaren erlag. Und da er mit Villani den Glauben an die Gründungs-Sage von Piſtoja theilt, ſo iſt das Campo Piceno für ihn eben nichts Anderes als der Grund und Boden der Stadt Piſtoja ſelbſt, und mit dem Kampf auf dem Campo Piceno meint er alſo einfach die ganze Belagerung Piſtojas, von deren Ausgang Vanni Fucci wirklich — und allein mit Recht — prophezeien konnte:

Sodaß der Schlag auf jeden Weißen fällt.

Daß endlich Dante zur Bezeichnung des Gebietes von Piſtoja den vermeintlichen claſſiſchen Namen wählt, dazu wird ihn außer dem Streben nach geheimnißvollem Ausdruck, das die ganze Prophezeiung des Vanni Fucci charakteriſirt, der Wunſch beſtimmt haben, die Aehnlichkeit anklingen zu laſſen zwiſchen dem wilden Verzweiflungskampfe der Piſtojeſen und dem Untergang ihrer Ahnherren, der trotzigen, eiſernen Catilinarier.

Das Campo Piceno wird alſo künſtighin aus der Reihe der concreten Oertlichkeiten der Divina Commedia zu ſtreichen ſein. Wir haben an ihm das ſeltene Beiſpiel, wie ſich Dante den ſonſt ſo klar der Natur zugewandten Blick durch Buchgelehrſamkeit auch einmal hat trüben laſſen, ein Zoll, den auch dieſer Große ſeiner Zeit entrichtet.[66]

Daher kommt es auch, daß die poſitive Löſung der Frage nur aus Büchern gewonnen werden konnte. Aber die Wanderung an Ort und Stelle hätte ich doch auch in dieſem Falle nicht entbehren können. Denn vorhergehen mußte die Erkenntniß von der Nichtigkeit der alten Erklärungsweiſe. Dieſe aber hat mir nur der Augenſchein auf meinen Streifzügen um Piſtoja verſchafft, als ich von der altersgrauen Veſte Montecatini in das vielgewundene Val de Nievole niederſtieg, als ich von dem einſamen Kirchlein des verſallenen Monſummano alto auf die dämmernde Ebene von Fucecchio hinausblickte oder von dem windumfegten Bergfried von Serravalle aus mir die Wechſelfälle jener Kämpfe vergegenwärtigte, deren Ziel, das fluchbeladene Piſtoja, jetzt ſo friedlich in der reichangebauten Ebene im Kranz der anmuthigen Apenninen-Vorberge dalag.

Die Divina Commedia enthält alſo keine örtlichen Anſpielungen, die auf eine perſönliche Anweſenheit Dantes in Piſtoja ſchließen laſſen, und die Stadt der weißen Guelfen tritt damit in die gleiche Reihe mit dem ghibelliniſchen Piſa. Beide haben für Dante mehr nur ein politiſches Intereſſe, und allein das ſchwarze Lucca darf die zweiſchneidige Ehre für ſich in Anſpruch nehmen, auch aus der Nähe von Dante gekannt zu ſein.

Apenninen-Päſſe und Romagna.

Bei Beſprechung der Schlacht von Campaldino hatten wir ſchon Gelegenheit zu ſehen, welch thatkräftigen Antheil die Romagna an den Schickſalen Toscanas nahm, und auch ſonſt zeigt die Geſchichte der Dante'ſchen Zeit manche Beiſpiele, wie eng die Intereſſen der beiden Länder verbunden waren, wie die adeligen Herren der Romagna in den Reihen der toscaniſchen Heere kämpfen und wie die Toscaner auf die Partei-Geſtaltung in den romagnoliſchen Städten ihren Einfluß auszuüben ſuchen.

Allerdings dehnt ſich zwiſchen den beiden Landſchaften ſcheidend das Rückgrat Italiens. Aber ein Blick auf die Karte lehrt, wie günſtig der Boden für die Anlage von Verbindungslinien geſtaltet iſt. Von Toscana führt ein verhältnißmäßig kurzer Anſtieg zur Höhe des Gebirgs empor, und auf der romangnoliſchen Seite ziehen ſich von ihm faſt gleichlaufend neben einander die zahlreichen Flußthäler dem Adriatiſchen Meere zu, die lang geſtreckt und langſam ſich ſenkend ſo recht zur Anlage von Straßen einladen.

Und ſo finden wir in der That eine ganze Reihe dieſer Furchen, die das Bergland der Apenninen durchqueren, zu Verkehrs-Adern geſtaltet, in denen das Leben über die Grenze von Toscana und Romagna ſchon frühzeitig rege herüber und hinüber fluthete.

Dieſen Umſtand müſſen wir im Auge behalten, wenn wir die Romagna in Dantes Gedankenkreis einen ſo auffallend großen Raum einnehmen ſehen.

Einige dieſer Straßen haben aber auch noch an und für ſich Intereſſe für uns, weil uns Stellen in der Divina Commedia auf ſie hinweiſen. Von ſolchen iſt zunächſt die Straße zu erwähnen, die von Prato in das enge Biſenzio-Thal hineinzieht und den Paß des Montepiano überſchreitend ſich der Setta entlang zum Reno ſenkt, wo ſie in die Sambuca-Straße, in die alte Via Francesca, mündet. Sie führt uns an den Schlöſſern jener Grafen Alberti vorüber, die Dante im Eiſe der Caina findet und von denen er ſagt:

> Wünſchſt du zu wiſſen, wer das Paar hier ſei:
> Das Thal, aus dem ſich der Biſenzio windet,
> Beſaß ihr Vater Albert und die zwei.
>
> Ein Leib gebar ſie, und ſo tief ſich gründet
> Caina, 's iſt kein Geiſt in ihrem Schooße,
> Den ſo mit Fug und Recht der Gallert bindet. Inf. 32, 55.

Da, wo der Bifenzio eingeklemmt zwifchen den Sandftein-Maffen von Monte Cuccoli und Griciglinna dahinfchäumt, zeigen fich hoch am linken Ufer die Trümmer des feften Cerbaja, und an der Welt Ende, da, wo die Straße den Bifenzio fchon verlaffen hat und zum Paß des Montepiano hinaufzieht, ragt über dem freundlichen Städtchen das anfehnliche wohlerhaltene Schloß von Vernio, während die zerfallene Stammburg der Grafen, Mangona, mehr weftlich bleibt, auf einem Bergkamm gelegen, der die Wafferfcheide zwifchen Bifenzio- und Sieve-Thal bildet.

Es war ein uraltes mächtiges Gefchlecht, das der Grafen Alberti von Mangona. Aber wie ein finfteres Verhängniß lagerte es über dem Haufe. «Es ift, als ob ihm die Verrätherei angeboren wäre», fagt der Verfaffer des Ottimo Commento, «fo tödtet immer Einer den Anderen.» Die böfe That, die das Böfe fortzeugte, war jenes unfelige Teftament des Grafen Alberto, das er am 4. Januar 1250 auf feinem Schloß Vernio errichtete. Zwar forgte er mit vielen frommen Legaten an Kirchen und Abteien für fein Seelenheil, aber in den Seelen feiner Söhne fchürte er durch die ungerechte Vertheilung des Erbes die Zwietracht, die fie in das Eis der Caina ftürzte.[1] Seinem älteften Sohn Napoleone vermachte er nur ein Zehntheil mit dem fchroffen Gebot, «daß er damit zufrieden fein folle», die beiden andern Söhne Guglielmo und Aleffandro erhielten den ganzen Reft der Erbfchaft. Den jüngften, Aleffandro, dem Vernio und Mangona zufielen, ftellte der Vater unter die Vormundfchaft der Stadt Florenz. Und daran that er von feinem Standpunkt aus fehr wohl. Denn Napoleone, dem das fefte Cerbaja verblieben war, fügte fich nicht dem unväterlichen väterlichen Willen und nahm mit Gewalt Befitz von Vernio und Mangona. Da er aber Ghibelline war, fo fand das guelfifche Florenz in dem gekränkten Recht feines Mündels Aleffandro einen erwünfchten Vorwand, gegen Napoleone zu Felde zu ziehen, und 1259 nahmen fie ihm thatfächlich Vernio und Mangona wieder weg und fetzten den Aleffandro in den Befitz. Und der Lohn für diefe Hülfe entging ihnen nicht. 1273 traf Aleffandro, wohl ebenfofehr aus Haß gegen feinen Bruder wie aus Dankbarkeit gegen die Florentiner, die Beftimmung, daß, wenn feine Söhne ohne männliche eheliche Erben ftürben, die Schlöffer Vernio und Mangona an die guelfifche Corporation in Florenz fallen follten.[2]

Dann verftummt die Gefchichte über das unfelige Brüderpaar, und nur der Dichter zeigt fie uns noch einmal Stirn gegen Stirn eingefroren im Eis der Brudermörder. Sie find offenbar Einer durch des Anderen Hand gleichzeitig gefallen.

Aber der Haß ging mit ihnen nicht zu Grabe. Auf den Vorftufen des Fegfeuerberges begegnet uns unter den eines gewaltfamen Todes Geftorbenen ein Graf Orfo, der, wenn wir den Bericht Benvenutos von Imola mit dem Stammbaum der Alberti zufammenhalten, zweifellos der Sohn des Napoleone von Cerbaja war und von feinem Vetter Alberto, dem Sohn des Aleffandro, erfchlagen wurde.

Bis dahin läßt uns Dante das düftere Schickfal diefes Gefchlechtes verfolgen. Doch fei noch erwähnt, daß auch Alberto durch die mörderifche Hand eines Blutsverwandten, des Spinello, eines natürlichen Sohnes feines Bruders, 1325 fein Leben verlor.[3] Und wieder war Erbfchaftsſtreit die Urſache geweſen. Doch weder dem Mörder noch ſeinem Anſtifter, dem Benuccio Salimbeni von Siena, der die legitime Schweſter des Spinello zur Frau hatte, ſollte die Beute gedeihen. Wenige Jahre ſpäter, 1340, gehen Vernio und Mangona in den Beſitz von Florenz über.[4] Andererſeits iſt auch Orſos Enkel, Niccolao, der auf dem Grabſtein ſeines Sohnes «l'infelice» genannt wird, genöthigt 1361 ſein ſtolzes Stammſchloß Cerbaja an Florenz zu verkaufen.[5] Und ſo hatte ſich kaum mehr als ein Jahrhundert nach jenem verhängnißvollen Teſtament des älteren Alberto das Schickſal ſeines Hauſes erfüllt, und es beſaß keine Scholle mehr in dem ſchönen Thal, das Dante noch ſchlechtweg als den Beſitz jenes Geſchlechtes bezeichnen konnte.

An der alten Heerſtraße, die Bologna und Florenz direct verbindet, treffen wir eine von Dante erwähnte Oertlichkeit, die wir in anderem Zuſammenhang bereits genannt haben, den Uccellatojo. Es iſt jener Ausſichtspunkt, den Dante dem Monte Mario bei Rom gegenüberſtellt (Par. 15, 110), und man muß geſtehen, daß Dante wieder keine beſſere Stelle hätte wählen können. Nachdem die Straße, von Bologna herkommend, die Höhe des Apennin — im Wechſel der Jahrhunderte auf verſchiedenen Päſſen[6] — überſchritten hat, ſenkt ſie ſich zunächſt in das Sieve-Thal, um dann noch einmal die Höhen hinanzuſteigen, die dieſes von dem Thal des Arno ſcheiden. Wenn ſie bis Pratolino heraufgekommen iſt, umzieht ſie — in ihrer heutigen Anlage — den Gefällsverluſt vermeidend mit einem Bogen nach links eine beträchtliche Anhöhe, die eben den Namen Uccellatojo führt. Die alte noch heute vorhandene Straße dagegen überſchreitet den Sattel des Uccellatojo und vereinigt ſich dann in Montorſoli wieder mit der neuen Straße. Sie ſteigt von dem tiefgelegenen Pratolino die Anhöhe herauf, die jede Ausſicht nach der florentiner Seite verdeckt; dann von dem Hofgut Uccellatojo an zieht ſie ſich in einer ſcharf ausgeprägten Einſattelung mit ganz beſchränkter Ausſicht eben hin, und erſt wenn das Ende des Defilés erreicht iſt, breitet ſich das ganze gegen Florenz zu ſanft abgedachte Hügelland mit einem Schlag in wunderbarem Rundbild vor uns aus. Dieſe Stelle führte deßhalb den Namen «l'Apparita», die Sicht, und aus der Fremde lenkte der Florentiner dorthin wohl gerne ſeine Heimaths-Gedanken. So ſchreibt Anton Francesco Doni 1549 von Venedig aus an Alberto Lollio, der Florenz zu beſuchen vorhatte: «Wenn Ihr am Uccellatojo ſeid ungefähr fünf Miglien weit von Florenz und zur Apparita kommt, ſo machet Halt Euch die Gegend zu betrachten, die Lage der Stadt, den Arno-Fluß, die Ebene, die Hügel, die Anhöhen, die ganze anmuthige Landſchaft, und wahrlich Ihr werdet verblüfft ſein von dem Anblick».[7]

Es darf nicht verſchwiegen werden, daß die Vorberge von Laſtra und Trespiano die Stadt theilweiſe verdecken — und dieſer Umſtand mag zu der Deutung geführt haben, Dante habe nur die reichen Villen-Anlagen des Monte Mario mit den vom Uccellatojo aus ſichtbaren Villen-Vorſtädten ſeiner Vaterſtadt vergleichen wollen —; aber der größte Theil der Stadt, etwa von Santa Croce weſtlich, iſt doch ſichtbar, und das Plötzliche, Unvorbereitete, wie ſich das Bild vor uns entrollt, iſt ein tertium comparationis zwiſchen Uccellatojo und Monte Mario, das durch die Gewalt des Eindrucks die beiden Bilder unverwiſchbar uns einprägt.

Wichtige Erinnerungen an Dante bietet uns endlich die Straße, die von Pontaffieve in das Montone-Thal hinüber und durch dieses in einem Zug nach Forli hinabführt. Zwei Punkte treffen wir auf dem Weg, von denen wir mit aller Bestimmtheit sagen können: hier war Dante.

Nachdem die Straße bei Dicomano aus dem Sieve-Thal nach Osten abgebogen ist, erreicht sie am Fuß des eigentlichen Apenninen-Walls den kleinen freundlichen Ort San Godenzo, die letzte Rast, ehe es in großen Windungen an den steilen Hängen der Alpe di San Benedetto hinaufgeht. Hier an der äußersten Grenze des Mugello waren im Juni 1302 die florentinischen Verbannten zusammengekommen zu gemeinsamem bewaffnetem Vorgehen gegen ihr grausames Vaterland. Wir besitzen noch eine dort ausgestellte Notariats-Urkunde vom achten jenes Monats[8], worin sich eine Anzahl hervorragender Partei-Genossen dem Ugolino Ubaldini da Feliccione gegenüber für den Schaden verbürgen, der ihm und seinem Geschlecht aus dem Unternehmen erwachsen könnte, und unter dem Namen dieser Bürgen findet sich auch Dante Allegherii. Nennenswerthe Erfolge hatten die Verbannten nicht, und die Florentiner vergalten ihnen die Streifzüge durch Verheerung der Ubaldini'schen Güter zu beiden Seiten der Apenninen.[9]

Auch in der Divina Commedia hat Dantes Aufenthalt in San Godenzo keine Spur zurückgelassen, aber als eines der wenigen wirklich klar feststehenden Daten aus Dantes Leben ist er von höchstem Werthe.

Für den zweiten Ort an dieser Straße besitzen wir zwar nicht Brief und Siegel, daß Dante dort gewesen, aber seine Dichtung verkündet es uns um so klarer. Das ist San Benedetto im oberen Montone-Thal. Hinter San Godenzo erreicht die Straße die Paßhöhe am Muraglione, der großen Mauer, die, langhingestreckt wie die Spina einer Rennbahn, zum Schutz gegen die über den Paß wechselnden Winde aufgeführt, von den Postwagen je nach der Richtung des Windes bald auf der einen, bald auf der andern Seite umfahren wird. Eine Inschrift am Muraglione vom Jahr 1836 verkündet den Ruhm des Erbauers dieser Staatsstraße, des Großherzogs Leopold II. Doch hat als Saumpfad der Weg schon früher existirt.[10] Von da steigt die Straße längs dem tiefeingeschnittenen Rinnsal des Torrente dell' Offa abwärts und dieser führt uns, nachdem von links der unbedeutendere Träger des Hauptnamens, der Torrente Montone, sich mit ihm vereinigt hat, nach einem Marsch von etwa anderthalb Stunden zu dem Dorfe San Benedetto in Alpe, wo von rechts der Rio Caprile zufließt, während sich links die Thalschlucht der Acquacheta öffnet.[11] Hierher weisen die merkwürdigen Terzinen im Inferno, wo Dante zur Schilderung des Kataraktes, in dem der Blutstrom sich von dem steinernen Rande des Sandgefilds nach den schlimmen Klammen hinabstürzt, den Vergleich gebraucht:

Wie jener Fluß, der eignen Pfad sich sucht
Als erster ostwärts von Monviso an
Links nieder von der Apenninen Flucht,

Der Acquacheta auf der obern Bahn
Sich nennt, bis er in tiefres Bette brausend,
Dann bei Forli den Namen abgethan,

Dort oberhalb San Benedetto fauſend,
Vom Hochthal niederſchießt in einem Falle,
Dort, wo ſich finden ſollte Raum für tauſend. Inf. 16, 94.

Dieſe Terzinen haben den Auslegern mancherlei und weit über Gebühr Schwierigkeiten gemacht. Nach einem Monviſo oder Monte Veſo in den Apenninen bei San Benedetto, an dem der Montone entſpringen könnte, haben ſie natürlich vergebens geſucht.[12] Den gibt es ebenſowenig, wie der Montone, wie Andere meinten, auf dem Monte Veſo der Cottiſchen Alpen entſpringt. Dante wollte einfach ſagen: Von allen Gewäſſern, die, vom Monte Veſo an gerechnet oſtwärts, von den Apenninen links niederfließen, iſt dieſes Waſſer das erſte, welches ſeinen eigenen Weg bis in's Meer hat. Und das war für Dantes Zeiten auch richtig. Denn Reno ſowohl als Lamone verloren ſich damals noch in den Sümpfen der Po-Mündungen.[13]

Die Waſſerläufe in den Niederungen der Romagna waren offenbar von Alters her dem manchfachſten Wandel unterworfen, und damit mag es zuſammenhängen, daß ſie ihre Namen nicht ſo feſtgehalten haben, wie es bei Flüſſen mit individuell ausgeprägtem Bette gewöhnlich iſt. Dieſe Thatſache iſt im Auge zu behalten für eine Schwierigkeit, welche die Worte bieten, daß Acquacheta

Dann bei Forlì den Namen abgethan.

Die nächſtliegende Deutung iſt die: der Fluß heißt bei Forli nicht mehr Acquacheta, ſondern Montone. Doch dieſer Namenstauſch vollzieht ſich — nach den heutigen Verhältniſſen wenigſtens — nicht erſt bei Forli, ſondern gleich nach dem Zuſammenfluß der drei Quell-Bäche. Dem gegenüber ſcheint mir die von dem gewiſſenhaften Repetti vertretene Auffaſſung Beachtung zu verdienen, daß der Name Montone überhaupt erſt im vierzehnten Jahrhundert nach und nach aufgekommen ſei, während zu Dantes Zeiten der Fluß bei Forli nur den Namen «Fiume di Forli» geführt, alſo thatſächlich ſeinen Namen «abgethan» habe.

Doch das ſind Fragen, die ſich beim Wandern nicht löſen laſſen. Wichtiger für uns iſt das, was die Gegend von San Benedetto ſelbſt an Aufſchlüſſen zu unſerer Stelle bietet.

Das Dorf beſteht aus San Benedetto di ſotto, einer Gruppe von Häuſern an der Landſtraße, die dem Bedürfniß des Straßenverkehrs ihr Daſein verdanken, und dem darüber auf einem Hügel gelegenen San Benedetto di ſopra, dem urſprünglichen Ort, auch «poggio» (Hügel) genannt, mit freundlichen ſauberen Straßen. An der Außenſeite der Kirche ſieht man noch Mauer-Anſätze, die von einſtiger weiterer Ausdehnung des Baues erzählen. Hier ſtand die vom heiligen Romuald gegründete Camaldulenſer-Abtei San Benedetto.[14] Aber der Umfang des Kloſters kann ſchon nach den ganzen Raum-Verhältniſſen des Hügels nur ein beſchränkter geweſen ſein, wie es auch thatſächlich niemals zu einer größeren Bedeutung gelangt iſt.[15]

Den für uns bedeutſamen Namen «Acquacheta» führt der linke Hauptarm des Montone; nach der Generalſtabskarte ſchon von San Benedetto an aufwärts, während im Volksmund das Gewäſſer hier noch zunächſt «Fiume dei Romiti» (Fluß der Eremiten) heißt. Das Thal, deſſen

Sohle ziemlich eben hineingeht, ist von steil absallenden öden Hängen umschlossen. Am linken Ufer führt ein mühsamer Weg thalaufwärts, auf dem uns nur einmal eine liebe frische Mühle mit herrlichem Buchenschatten und köstlichem Wasser erquickt. Nach etwa einstündiger Wanderung sehen wir auf dem gegenüberliegenden Hang ein eigenthümliches Gestein zu Tage treten, ähnlich einem ungeheuren fossilen Mammuth-Backenzahn, ziemlich wagrecht liegende, steil treppenförmig über einander geschichtete Platten, zwischen denen das weniger harte Gestein mehr ausgewaschen ist und die härteren Rippen scharf hervortreten läßt, und drüber herunter kommt aus beträchtlicher, wenn auch nicht gerade sehr gewaltiger Höhe[16] der berühmte Wasserfall, die «Caduta di Dante», wie er allgemein dort genannt wird. Die Ehre der Erwähnung in der Divina Commedia ist der Bevölkerung überhaupt sehr frisch gegenwärtig. Heißt doch sogar eine Straße in dem kleinen San Benedetto di sopra «Via di Dante». Auch die seltsame Tradition hat sich erhalten, daß Dante oben an dem Fall selbst eine Inschrift angebracht habe, und in dem Bauerngut «i Romiti», das auf einem Hügel den Fall überhöht, will mein Führer einen steinalten Mann gekannt haben, der fest dabei geblieben sei, die Inschrift noch gesehen zu haben. Erst später sei sie einmal vom Wasser weggerissen worden. Die Gelehrsamkeit zuckt die Achseln über die «idioti del luogo».[17] Aber mit der Inschrift könnte es doch vielleicht einigermaßen seine Richtigkeit haben. Dante selbst wird ja wohl nicht da oben seine Verse mit dem Meißel concipirt haben. Aber wie wir heute die Fonte Branda bei Romena und so manche andere von Dante geweihte Stelle durch eine Marmortafel gekennzeichnet sehen, so kann sehr wohl auch die Verehrung früherer Jahrhunderte bei diesem Wasserfall in Stein gemeißelt haben, welchen Ruhmes er theilhaftig geworden.

Der Vollständigkeit halber sei noch erwähnt, daß der Bach der Caduta di Dante nicht der einzige Zufluß für den Fiume dei Romiti ist. Rechter Hand vor uns, also dem Flußlauf nach von links stürzt noch ein zweiter Wasserfall über eine Felsstufe von geringerer Höhe herab, der Fosso della Bandita, und scheint mindestens ebensoviel Vaterrecht am Fiume dei Romiti zu haben wie die Caduta di Dante.

Bei dieser floß, als ich dort war, nur ein mäßiger Bach über die Felsplatten nieder. Mein Führer versicherte mich aber, in der Regenzeit stürze das Wasser mit einer so ungeheuren Wucht herab, daß der Wasserstaub den gegenüberliegenden Hang weithin übersprühe.[18] Die Berghänge oberhalb des Falls sind wieder wie üblich abgeholzt, und das mag hier wie im Casentino die Wasser-Verhältnisse ungünstig beeinflußt haben. Doch auch bei größerem Wasserreichthum trifft Dantes Ausdruck «in einem Falle» nicht in der Weise zu, daß der Bach, etwa wie der Staubbach in der Schweiz, frei über die Wand abstürzt. Wohl aber geht es über die steilen Treppen des Gesteins in einem Zug ohne jede Stockung zu Thal, und bei vollerem Strome wirkt jedenfalls die Wucht des Sturzes noch einheitlicher. Wenn übrigens behauptet worden ist[19], dieser Wasserfall habe durchaus nichts Außerordentliches, so kann ich dem keineswegs beistimmen. Schon von unten gesehen macht er einen eigenartigen Eindruck durch die düstere Oede der Umgebung und durch die feltfame urweltliche Formation des Gefteins, das der Fluth zur Unterlage dient. Vollends aber wenn man den Fall von oben betrachtet, namentlich wenn man bis an den Rand des Abfturzes herantritt, kommt einem die Parallele mit der Höllenlandfchaft, die Dante fchildern will, ganz ergreifend zum Bewußtfein. Offenbar hatte auch Dante der Situation des Gedichtes entfprechend bei feinem Vergleich fpeciell den Eindruck vor Augen, den der Wafferfall von oben macht. Wir ftehen dort auf einer ebenen Felsfläche, deren Platten glatt und compact bis an den Rand reichen. Mit fchwachem Gefäll kommt der Bach darüber hergefloffen und fchießt dann über die fcharfe Kante des Randes nieder. Es ift ein ganz verblüffendes Bild des «Kranzes»,

Der fteinern um das Sandgefild fich wand, Inf. 17, 24.

und faft erwartet man, daß «des Truges Greulgebild» aus der Tiefe auftauche.

Schönere und größere Wafferfälle gibt es gewiß, aber wohl keinen, der in die phantaftifch mathematifche Landfchaft der Dante'fchen Hölle beffer paßt als die Caduta bei San Benedetto.

Intereffant ift noch die Anfpielung des letzten Verfes:

Dort, wo fich finden follte Raum für taufend.

Die Stelle ift bis heute vielfach mißdeutet worden, obwohl fchon Boccaccio klar und beftimmt die richtige Erklärung gegeben hat. Er erzählt darüber in feiner biederen Weife:

«Ich war eh lang im Zweifel darob, was der Verfaffer in diefem Verfe fagen wolle. Dann als ich zufällig in dem genannten Klofter San Benedetto mit dem Abte zufammen war, fagte er mir, daß einft von den Grafen, welche die Herren diefer Berg-Gegend find, geplant worden fei, ganz in der Nähe des Platzes, wo diefes Waffer herabftürzt, wegen der für den Anbau fehr günftigen Bodengeftaltung ein Caftell zu bauen und viele ihrer umliegenden Lehens-Dörfer hinein zu verlegen. Dann ftarb Derjenige, der dies mehr als alle Anderen betrieb, und fo wurde der Plan nicht verwirklicht.»

Der Augenfchein liefert eine volle Beftätigung zu diefen Worten. Wenn man die Höhe des Falls erftiegen hat, bietet fich das überrafchende Bild einer wohlangebauten, verhältnißmäßig breiten Thal-Ebene. Still und friedlich kommt durch das fchöne Gelände der Bach daher gefloffen. Es ift ein ganz eigenthümlicher Contraft, diefer gefittete, gefegnete Fleck Erde und die wilde, unwirthliche Oede, aus der man zu ihm heraufklimmt und die ihn umgibt. Der Bach heißt hier nun auch im Volksmund, und zwar mit größtem Recht, «Acquacheta» (das ruhige Waffer), und ich möchte annehmen, daß Dante diefe volksthümliche und der Wirklichkeit allein entfprechende Namensgebung vor Augen hatte, wenn er fagt:

Der Acquacheta auf der obern Bahn
Sich nennt,

und daß er mit dem «tiefren Bette» die Strecke gerade von der Caduta an meint.

Auf einer Anhöhe über dem Wafferfall liegt eine Häufergruppe, «i Romiti» genannt, weil hier, ähnlich wie auf dem Sacro Eremo bei Camaldoli, eine mit dem Klofter in Verbindung ftehende Klausner-Niederlassung sich befand. Weiterhin zur Rechten, oder wenn man sich in die Richtung des Flußlaufes stellt, an der linken Bergseite, führte mich mein Führer zu einem sehr geschützt liegenden ebenen Platz, der in weiter Ausdehnung mit alten grasbewachsenen Bautrümmern bedeckt war. Die Volkstradition behauptet, hier habe ein Kloster gestanden, und man kann ja darin eine — allerdings unverhältnißmäßig große — zu dem Ermo gehörige Anlage erblicken.[20] Es ließe sich aber auch vielleicht annehmen, daß das Ermo nur auf dem Hügel zu suchen sei, der heute noch den Namen «i Romiti» führt, und dann könnten wir in jenen Trümmern die Ueberreste jener Stadt-Anlage sehen, deren Scheitern Dante beklagt.

Wer die Grafen waren, die diese Anlage geplant, unterliegt keinem Zweifel. Es sind die schon im Casentino-Thal erwähnten[21], zu dem großen Geschlecht der Grafen Guidi gehörigen Herren von Dovadola, die nach einer weiter abwärts im Montone-Thal gelegenen Besitzung ihren Namen führten und schon seit Barbarossa die Lehensherrschaft über San Benedetto inne hatten.[22] Ein Herr von Dovadola war jener Guido Salvatico, den wir als Gastfreund Dantes in Pratovecchio im Casentino-Thal haben kennen lernen, sowie dessen Sohn Ruggero, den sein Vater 1301 der Gewalt entließ und mit einem Theil des Familien-Besitzes bedachte.[23] Da nun nach Boccaccio der Bau jenes Castells durch den Tod des Hauptförderers vereitelt worden ist, so scheint mir die Annahme viel für sich zu haben, daß eben der in den ersten Jahren des vierzehnten Jahrhunderts verstorbene Guido Salvatico es gewesen, der diesen Plan betrieben und daß Dante den Sohn des verstorbenen Freundes an diesen in's Stocken gerathenen Plan mit jener Anspielung habe mahnen wollen. Einige behaupten, daß auch zwischen Ruggero und Dante eine Freundschaft bestanden habe. Aus inneren Gründen ist dies nicht unwahrscheinlich, und der Umstand, daß Ruggero ein eifriger Schwarzer war[24], würde dem ebensowenig, wie bei den Malaspinas des Magra-Thales, entgegenstehen. Aber Beweise für diese Vermuthung sind nicht vorhanden.

Außer allem Zweifel ist, daß Dante den Wasserfall von San Benedetto mit eigenen Augen gesehen hat, und sein Aufenthalt in San Benedetto läßt sich am ungezwungensten eben mit seinen freundschaftlichen Beziehungen zu den Grafen von Dovadola erklären. Unerheblich scheint mir dem gegenüber der neuerdings[25] versuchte Nachweis, daß die alte toscanisch-romagnolische Straße nicht über den Muraglione, sondern nördlich davon über den Monte Avane (Generalstabs-Karte Monte Levane) und dann dem Fosso della Bandita entlang unter der Caduta vorbei und durch das untere Thal der Acquacheta bei San Benedetto herausgeführt habe, sowie die daran geknüpfte Vermuthung, daß bei einer Fahrt auf dieser Straße Dante die Caduta gesehen haben müsse. Jedenfalls ist unrichtig, daß erst durch die 1836 gebaute Staatsstraße der Muraglione-Paß eröffnet worden sei. Denn Repetti, der gerade zur Zeit der Erbauung dieser Straße schrieb, hebt ausdrücklich hervor, daß die neue Straße an Stelle der «antica strada mulattiera», des alten Saumwegs, trete. Falls aber auch die alte Straße an der Caduta vorbei existirt haben sollte, für Dantes Verhältniß zu San Benedetto scheint mir diese Straßenfrage, wie gesagt, ohne Belang. Dante hat den Wasserfall sicherlich nicht nur im Vorüberreisen gesehen. Denn er hat ihn genau gekannt in ſeiner ganzen ſeltſamen Eigenartigkeit, und er war vertraut mit den weit ausſehenden und nicht in die Wirklichkeit getretenen Planen des Herrn jener Berggegend. Das erzählen uns ſeine Verſe.

Von San Benedetto wandern wir nun auf der trefflichen Poſtſtraße immer dem Lauf des Montone folgend der Romagna zu. Das langgeſtreckte Thal iſt anfangs noch ziemlich eng und läßt kaum Platz für die Ortſchaften, an denen dieſe Verkehrsader ſehr reich iſt. Das mächtig geſchichtete Geſtein, das an beiden Hängen mit gleichmäßigen Lagen zu Tage ſteht, begleitet uns eine lange Strecke zu Thal, uns immer wieder an die Caduta gemahnend. An Dovadola geht es vorbei, dem feſten Stammſitz der Grafen, den der Montone auf drei Seiten umfließt, und an dem burgüberragten Caſtrocaro. Dante brandmarkt das Grafengeſchlecht, das hier herrſchte (Purg. 14, 116), aber ohne topographiſche Anſpielung, die uns Grund geben könnte, Halt zu machen. Dann wird das Thal weiter, und aus dem reichen Gartenlande, das ſich zu beiden Seiten des Fluſſes ausbreitet, hebt ſich Terra del Sole vor uns, das äußerſte Bollwerk Toscanas. In regelmäßigem Viereck gebaut, ſucht es mit ſeinen trotzigen Wällen und Baſtionen ſich ein grimmiges Anſehen zu geben. Aber die freundlichen behäbigen Straßen dahinter lachen den Ernſt wieder weg, und wie ewiger Friede liegt der Mai-Abend mit ſeinem warmen Licht über der geſegneten Landſchaft. Durch die Porta Fiorentina zieht die Straße herein in das Städtchen und durch die Porta Romana hinaus. Noch wenige Minuten, und Toscana liegt hinter uns, und wir haben die Romagna betreten.

Scharfe und ſichere Worte ſind es wieder, mit denen Dante dieſes Gebiet umgrenzt:

Vom Po zum Berg, vom Reno bis zum Strand. Purg. 14, 92.

«Vom Po», das heißt von dem ſüdlichſten Mündungsarm desſelben, dem Po di Primaro, der etwas nördlich von Ravenna fließt, «zum Berg», zu den Apenninen, und «vom Reno», der von den toscaniſchen Apenninen her bei Bologna vorüber dem Po Primaro zufließt, «bis zum Strand», dem flachen Küſtenſtrich, der von Ravenna ſüdwärts reicht bis gegen Peſaro, wo mit den Höhen von Focara die Berge wieder an's Meer treten.

Auch dieſes Land nimmt in Dantes Gedanken einen großen Raum ein. Namentlich an zwei Stellen ſeiner Dichtung widmet er ihm zuſammenhängende Abſchnitte von einer Ausdehnung wie wenig anderen Gegenſtänden: das erſte Mal im ſiebenundzwanzigſten Geſang des Inferno, wo beim Zuſammentreffen mit Guido von Montefeltro die politiſchen Zuſtände der Romagna um 1300 beſprochen werden, und dann im vierzehnten Geſang des Purgatorio, wo er durch Guido del Duca die romagnoliſche Ritterſchaft der guten alten Zeit auf Koſten der Zeitgenoſſen des Dichters preiſen läßt.

Obwohl nun aber dabei eine ganze Fülle von Ortsnamen aufgeführt wird, haben wir doch die Empfindung, daß der Dichter mit dieſer Gegend nicht ſo vertraut iſt, wie z. B. in Toscana oder auch in der Gegend bei Verona und dem Garda-See. Die Bezeichnungen ſind mehr abſtract, wenn ich ſo ſagen darf, vom Schreibtiſch aus gegeben, und laſſen vielfach die lebendige Anſchauung vermiſſen, die ſonſt Dantes Stärke iſt. So ſind im Geſpräch mit Montefeltro die Städte Faenza und Imola nur nach den Flüſſen genannt, an denen ſie liegen:

Lamones und Santernos Städte. Inf. 27, 49.

Bei Ceſena iſt zwar ein Zuſatz gemacht, aber ich muß geſtehen, daß er mir diesmal — das einzige Mal! — mit dem Augenſchein nicht ſo recht ſtimmen wollte.[26]

Dante ſagt von Ceſena in eben jener kurzen Ueberſicht der romagnoliſchen Städte:

Und jene, der der Savio rauſcht vorbei,
Lebt, wie ſie daliegt, zwiſchen Berg und Felde,
Stets zwiſchen Freiheit hin und Tyrannei. Inf. 27, 52.

Nun liegt ja allerdings Ceſena am Beginn der Küſten-Ebene, aber die Berge flachen ſich hier ſo allmählich ab, die Hügelwelle, an die die Stadt ſich anlehnt, iſt ſo ſanft und anmuthig, daß von dem harten Contraſte, den man nach der Terzine hier erwarten ſollte, ſchlechterdings nichts zu finden iſt. Die Bemerkung ſcheint faſt mehr auf das Bild der Landkarte als auf das der Wirklichkeit zurückzuführen.

Andere Orte der Romagna ſind überhaupt nur genannt und haben, wie Prata, Brettinoro, Bagnacaval u. ſ. w. (Purg. 14), nur als Perſonen-Namen ihrer adeligen Burg-Herren zu gelten. Ja ſogar Verrucchio (Inf. 27, 46) und Rimini (Inf. 28, 86), denen er wegen der mächtigen Malateſta nähere Beachtung ſchenkt, ſind mit keinem Zuge bedacht, der auf die Landſchaft hinwieſe.

Bei einigen Punkten der Romagna fühlt man dagegen wieder feſten Boden unter den Füßen.

Dahin gehört vor Allem San Leo, landeinwärts von Rimini, das Dante unter den drei Oertlichkeiten nennt, die er zur Verdeutlichung des ſteilen Auſſtieges zu der erſten Stufe des Fegfeuerberges anführt:

Auf nach San Leo geht's, nach Noli nieder,
Der Kulm Bismantovas ſelbſt iſt zu zwingen
Durch unſren Fuß. Hier aber braucht's Gefieder. Purg. 4, 25.

Die von Dante zuſammengefaßten Punkte ſeien auch hier im Zuſammenhang betrachtet, damit um ſo klarer hervortrete, was der Dichter an ihnen Gemeinſames hervorheben will.[27]

Der Weg nach San Leo führt von Rimini die Marecchia aufwärts, vorbei unter dem ſtolz gelegenen, wohl erhaltenen Schloß und Städtchen von Verrucchio und an den Trümmern anderer Burgen der Malateſta. Schon hier charakteriſirt ſich die Gegend durch die auffallend ſchroffen Bergkuppen, die den Feudal-Herren willkommene Plätze für ihre Caſtelle boten. Lange Zeit iſt auch zur Linken der mächtige Kegel von San Marino ſichtbar. Nach fünf Stunden bei Pietra Cruda, dem «rauhen Stein», wie es treffend heißt, biegt unſre Straße links ſüdlich ab in das Thal des Nebenflüßchens Maſoco und ſteigt dann am breiten Weſthang dieſes Thals in langen Schleifen hinauf. Wenn wir die Höhe erreicht haben, ſteht bei der letzten ſcharfen Biegung nach rechts plötzlich der Fels von San Leo uns gegenüber. Ein überraſchendes Bild. Wir ſind im Bogen wieder in das Marecchia-Thal gelangt. Gegen dieſes vorgeſchoben ragt der mächtige Block scheinbar unersteiglich vor uns auf, und dieser Eindruck wird dadurch noch verstärkt, daß man rechts und links an ihm vorbei fern in das Fluß-Thal hinabsieht. Auf der uns zugekehrten Ostseite fällt der Stein vollkommen senkrecht ab, hier ist der höchste Punkt, und dieser Theil trägt das gewaltige Castell, einst das letzte Bollwerk des unglücklichen Berengar von Ivrea[28], im vorigen Jahrhundert das Gefängniß des großen Cagliostro, das ihn trotz all seiner Zauberkünste bis zu seinem Tode nicht mehr losließ, und auch heute noch als Zuchthaus benutzt, gesund und fest, wenn auch nicht mit allem Comfort der Neuzeit ausgestattet. Von diesem gewaltigen Eckpfeiler laufen die schroffen Wände nach Norden und Westen, und nach seinem Fuß hinüber senkt sich von dem Punkt, wo wir zuerst des Felsens ansichtig geworden, unsre Straße, um dann an der Südseite des Klotzes hin nach dem Städtchen hinaufzuziehen, das, von der Höhe des Castells überragt, die nach Westen etwas geneigte und nach allen Seiten steil abfallende Oberfläche des Felsens einnimmt. Die heutige Straße hat das Terrain sehr geschickt benutzt, um mit möglichst geringem Gefällsverlust den Fuß des Felsens zu erreichen, und führt dann in einem Zug und für jedes Fuhrwerk gerecht nach dem Stadtthor hinauf. Wenn man über die Straßenbrüstung hinabblickt, sieht man dagegen die Spuren eines alten Saumpfads, des einzigen früheren Zuganges, der direct von Süden herkommend tief unter der heutigen Straße den Fuß des Felsens erreicht. Auf den Wanderer, der einst auf diesem Pfad daherzog, mußte San Leo noch ganz anders den Eindruck der schwindelnden unersteiglichen Höhe machen, als dies heute der Fall ist. Uebrigens auch damals war dies nur etwas Scheinbares. Thatsächlich kann auch der alte Zugang keine großen Schwierigkeiten geboten haben, sondern stieg in seinen scharfgezogenen kurzen Zickzacklinien, die noch heute sehr wohl erkennbar sind, stätig bis zum Thore herauf.

Eine Aehnlichkeit, wie sie größer kaum denkbar ist, besteht zwischen San Leo und dem andern von Dante genannten Gipfel, der Pietra Bismantova. Sie ist etwa sieben Stunden südlich von Reggio-Emilia dicht bei Castelnuovo ne' Monti an der großen Heerstraße gelegen, die von der Via Emilia durch die Apenninen nach der Lunigiana führt. Auch hier zeigt sich uns auf dem Hinweg schon, gleichsam wie vorbereitend, ein Berg von verwandter Form, der berühmte Fels von Canossa, der auf eine weite Strecke das ganze Landschaftsbild dominirt. Etwa eine Stunde, ehe man Castelnuovo erreicht, wird, wieder bei einer Biegung der Straße, die Pietra Bismantova plötzlich sichtbar. Ihre Gestalt ist vielleicht noch überraschender, aber doch von dem gleichen Charakter wie die von San Leo. Mitten aus dem Thal ragt, nach allen Seiten frei, der gewaltige Stein, den der breite Kegel von Matten, Laubholz und Geröllhalden, auf dem er sitzt, noch mächtiger heraushebt. Die allenthalben senkrecht und gleichmäßig abfallenden Wände, die nur nach Norden hin etwas niederer werden, bedingen es, daß der Fels an seinem Gipfel fast die gleiche Ausdehnung hat wie an seinem Fuß, und die völlige Kahlheit erhöht noch den Eindruck einer mathematischen Figur. Eine Aenderung erleidet das Bild, wenn man an Bismantova im Norden vorüber nach Castelnuovo gelangt ist. Hier auf der Nordwestseite hat der Berg nicht mehr den gleichen ſchroffen Charakter. Die Hänge ſind zwar auch hier ſteil, aber die ſenkrechten Wände fehlen, und Vorhügel, Geröllhalden und Schrunden erleichtern den Zugang. Von hier aus führt auch der Weg von Caſtelnuovo zum Gipfel. Es geht auf mäßig gutem Fußpfad im Zickzack hinauf, und in dreiviertel Stunden iſt man oben. Bequem iſt der Anſtieg gerade nicht, aber auch durchaus nicht mühſam. Pareto[29] gibt entſchieden ein unrichtiges Bild, wenn er ſagt, Bismantova ſei ein Berg mit äußerſt ſchwierigem Anſtieg, und man könne nur auf fels-gehauenen Stufen und Treppen hinauf gelangen. Der Gipfel iſt eine ungeheure Plattform, ungefähr als Dreieck geſtaltet, deſſen Spitze in dem nördlichſten niederſten Punkt liegt, während es nach Süden und Weſten ſich ausdehnt und anſteigt und auf der Südweſtecke ſeine höchſte Stelle erreicht.[30] Gewaltig iſt von dort der Blick in die Tiefe. Als rieſige Pfeiler treten einzelne losgetrennte Felspartieen vor, zwiſchen denen man wie durch einen Schacht hinabſieht. Drunten breitet ſich die Reliefkarte mit ihren Feldern, Büſchen und Ortſchaften, ganz vorn die Häuſer des Weilers Caſale di Bismantova, und im Kranz ſchließen die herrlichen Berge das Panorama. Um die ganze Großartigkeit dieſes Felsblockes kennen zu lernen, iſt es dienlich, nach Weſten abzuſteigen und um die Südweſtecke nach Süden herumzugehen, wo ein Madonnen-kirchlein mit ein paar Klauſner-Zellen dicht unter dem Felſen vor dem Steinfall Schutz geſucht hat. Der Weg dorthin iſt ein Jägerpfad, der einen ſicheren Fuß verlangt, und der Eindruck der Wände, die zum Theil überhängend neben Einem aufragen, iſt geradezu überwältigend und läßt uns wieder einmal ſo recht empfinden, mit welch gigantiſcher Phantaſie Dante ſein Jenſeits auf-gebaut hat.

Im Mittelalter war der Fels als feſter Platz wichtig und in der Stadtgeſchichte von Reggio iſt von ſeiner Eroberung und Wiedereroberung zu leſen.[31] Ob er ein wirkliches Caſtell trug oder nur wegen ſeiner natürlichen Feſtigkeit in Kriegszeiten als Zufluchtsort gewählt wurde, wie es Benvenuto Rambaldi darſtellt, wage ich nicht zu entſcheiden. Jedenfalls iſt heute auf dem Gipfel von Mauerwerk nicht die geringſte Spur zu ſehen[32], und die mit Gras und niederem Buſchwerk bedeckte Fläche dient nur noch der friedlichen Vereinigung, zu der alljährlich am 15. Auguſt ein großes Volksfeſt die Bewohner der Nachbarorte in dieſer luſtigen Höhe zu-ſammenführt.

Die dritte von Dante genannte Oertlichkeit, Noli, ſcheint auf den erſten Blick mit den beiden beſprochenen Felskuppen wenig Gemeinſames zu haben. Das kleine freundliche Städtchen Noli liegt etwa drei Stunden weſtlich von Savona an einer milden ſonnigen Bucht der Riviera und die Berghänge, die es zunächſt umhegen, bieten mit ihren Oliven- und Limonen-Teraſſen kaum einen ſchwierigeren Zugang als gar mancher andere Ort der Riviera. Dahinter aber ſteigen gewaltige Felsmaſſen auf, deren ſchroff abfallende Wände lebhaft an die Bergformation von San Leo und Bismantova erinnern, und die beiden Vorgebirge, das Cap Noli im Weſten und der Caſtellberg im Oſten, ſchließen mit ihren Felsriegeln die Bucht gegen die Außenwelt ab. Heute durchbricht ſie die Bahn mit zwei Tunnels, und auch die route de la Corniche hat ſich aus den

Ufer-Felfen den Raum gefprengt. Aber die Heerftraße, die Dante zog, mußte noch ihren Weg über die Höhen nehmen und führte alfo von dort nach Noli herab. Ein alter Saumpfad hat fich heute noch erhalten, der die Verbindung längs der Küfte nach Noli vermittelt hat. Bei dem etwa eine halbe Stunde öftlich von Noli gelegenen Spotorno biegt er von der Marina ab, während die moderne Straße fich am Strande hält, fteigt etwa bis zur halben Höhe des Caftellberges hinauf, zieht an ihm zwifchen den Oliven-Terraffen entlang und fenkt fich dann fteil herab nach Noli. Ob er identifch ift mit der alten Heerftraße, wage ich nicht zu entfcheiden. Jedenfalls reicht feine Anlage bis in's Mittelalter zurück. Denn er mündet oberhalb Noli in einem Thor der mittelalterlichen Befeftigungen, die fich von dem Caftell nach der Stadt herabziehen. Ganz in der Nähe, innerhalb des Thors, liegt der alte Bifchofs-Palaft, wohl an dem köftlichften Platz der ganzen Bucht; unter ihm führt unfre Straße durch, und dann beginnt plötzlich der Abftieg. Die Schwierigkeit dabei ift auch hier nicht eigentlich groß. Es hat nur etwas ungemein Ueberrafchendes, wenn man auf dem ziemlich ebenen Weg durch das Thor eingezogen ift, und es nun auf einmal jählings bergab geht und man das Ziel der Wanderung, das Städtchen Noli, das man fchon erreicht glaubte, tief drunten, dicht an den Fuß des Caftellberges gefchmiegt, auf der Marina liegen fieht. Möglich ift es auch, daß Dante einen andern Punkt als Abftieg nach Noli im Auge hat. Namentlich das mächtige Cap Noli mit feinen vollftändig fenkrechten Wänden und feinem abgeplatteten Rücken hat eine ganz auffallende Aehnlichkeit mit Bismantova. Doch es ift allerdings durch eine fo erhebliche Strecke von Noli getrennt, daß bei ihm von einem Niederfteigen nach Noli nicht wohl gefprochen werden könnte.

Wie dem aber auch fei, jedenfalls wird Dante der Straße des allgemeinen Verkehrs gefolgt und auf einem gangbaren Pfad abgeftiegen fein, bei dem von eigentlichen Schwierigkeiten eben fo wenig die Rede fein konnte, wie bei San Leo und Bismantova. Bei allen dreien fcheint es weniger die wirkliche Schwerzugänglichkeit, die er betonen will. Dafür hätte er leicht beffere Beifpiele gefunden. Das Gemeinfame liegt vielmehr in dem verblüffenden Schein derfelben, den alle drei Punkte bei dem Herannahenden erregen, und der Jedem beim erften Anblick die Frage aufdrängt: wie komme ich da hinauf, da hinunter? Es ift höchft intereffant, wie hier der ganz fubjective Reife-Eindruck für die Auswahl der Oertlichkeiten beftimmend war, und die Stelle zeigt uns fo recht deutlich, wie Dante am Wanderftab die Länder ftudirt und fich feine eigene Geographie gefchaffen hat.

Ein andrer Punkt der Romagna, bei deffen Erwähnung in der Divina Commedia man — wenn auch etwas verdeckt — eine Anfpielung auf Selbftgefchautes durchfühlt, ift das fchon erwähnte Forli, das anmuthige Städtchen, zu dem uns die Straße aus dem Montone-Thal durch die wohlangebaute Ebene geleitet. Außer der oben befprochenen Stelle, wo diefer Stadt bei der Befchreibung des Montone-Laufs gedacht wird, haben wir befonders noch eine Terzine, die für Forli von Bedeutung ift. Bei Aufzählung der romagnolifchen Städte, die Dante dem Guido da Montefeltro gibt, gedenkt er Forlis mit der Wendung:

Die Stadt, die Stand ſo lang hielt der Gefahr
Und Franzen blutig einſt zu Hauf gefegt,
Liegt heute unter'm grünen Prankenpaar. Inf. 27, 43.

Das kriegeriſche Ereigniß, von dem die Terzine ſpricht, iſt einer der verwegenſten und glücklichſten Streiche aus dem liſtenreichen Leben des Guido von Monteſeltro.

Papſt Martin IV., ein geborener Franzoſe, der 1281 gewählt worden war, hatte an Stelle des zwiſchen Guelfen und Ghibellinen vermittelnd wirkenden Bertoldo von Orſini den franzöſiſchen Kriegsmann Johann von Appia zum Grafen von Romagna ernannt, und dieſer ſuchte, geſtützt auf ein zahlreiches, zumeiſt aus Franzoſen beſtehendes Heer, die Städte der Romagna in die Botmäßigkeit des Papſtes zurückzuführen. Faenza hatte er durch den Verrath des Tribaldello de' Zambraſi (Inf. 32, 122) leichten Kaufes gewonnen, und nun ſollte Forli an die Reihe kommen, das Guido von Monteſeltro zu einem Hauptbollwerk des romagnoliſchen Ghibellinenthums gemacht hatte. Nachdem zwei Angriffe, die Johann von Appia noch 1281 unternommen hatte, ſehlgeſchlagen waren, nahm er auch diesmal zur Liſt ſeine Zuflucht. Aber auf dieſem Gebiet war ihm der Fuchs von Monteſeltro erſt recht überlegen. Dieſer entdeckte den angeſponnenen Verrath und ließ die Verräther hinrichten, behielt aber die blutig durchſchnittenen Fäden klug in der Hand und lockte ſo die Franzoſen ſelbſt in das Netz.

Guido von Monteſeltro räumte mit allen waffenfähigen Mannſchaften die Stadt und ließ, wie es zwiſchen den Franzoſen und den Verräthern verabredet war, ein Thor von Forli offen. Johann von Appia rückte mit ſeinen Franzoſen ein und wurde auf Anordnung des Monteſeltro von den zurückgebliebenen Greiſen und Weibern auf's Freundlichſte aufgenommen. Während die Franzoſen vertrauensſelig der Ruhe pflegten und ſich gütlich thaten, kehrte Monteſeltro unverſehens zurück und hatte mit den überraſchten betrunkenen Franzoſen, denen ihre freundlichen Wirthe zudem Waffen und Zaumzeug verſteckt hatten, leichtes Spiel.

Das Blutbad, das nun folgt, wird von dem Chroniſten der Annales Forolivienses[1], wie folgt, geſchildert:

«Die Bürger waren mit grimmigem Haß hinter ihnen her und hetzten ſie durch Straßen und Plätze und Häuſer wie wilde Thiere und machten ſie elendig nieder. Allenthalben ſah man die hochgewachſenen Franzoſen theils todt daliegen, theils verwundet und dem Tode verfallen mit Heulen und Wehklagen niederſtürzen, und nicht nur die Männer ſtellten ihnen nach, ſondern auch die Greiſe und Frauen von den Fenſtern aus mit Steinwürfen. So kam es, daß nach dieſem von den Livienſern ſo rühmlich vollbrachten Sieg das franzöſiſche Heer, zuvor ſo ſchön und groß, zu Nichte gemacht wurde durch die Mannhaftigkeit und Liſt des hochherzigen Führers der Bürgerſchaft von Forli . . . . Als aber Graf Johann ſein Unheil und die bejammernswerthe Niederlage ſeines Heeres ſah und erkannte, zog er mit einem kleinen Haufen kläglich nach der Stadt Faenza derart, daß der in Forli Eingezogenen achttauſend Erſchlagene gezählt worden ſein ſollen.»

Der Bericht könnte eigentlich genügen zur Illuſtration des Verſes:

Und Franzen blutig einſt zu Hauf gefegt.

Aber es läßt ſich, glaube ich, noch eine ſpeciellere locale Anſpielung herauslefen.

In einem Nachtrag zu jener Chronik wird berichtet, daß von den erſchlagenen Franzoſen zweitauſend Nobili auf dem Platze in Forli beerdigt worden ſeien und daß alldort ein Oratorium, genannt Crocetta, zur Abhaltung von Todten-Meſſen errichtet worden ſei, an dem zwei Inſchriften die Niederlage des Johann von Appia meldeten mit dem Schlußwort «achttauſend ſeiner Streiter fielen, zweitauſend auserwählte Leichen ruhen hier». Ein verwitterter und verſtümmelter rohgearbeiteter Stein-Löwe, der von dieſer Crocetta ſtammen ſoll, wird heute noch im Ginnasio communale aufbewahrt.

Die weite Piazza maggiore, auf der das Oratorium ſich befand, hat heutigen Tags noch nach der Mitte zu eine leichte Steigung, die von der Tradition auf das Franzoſen-Grab zurückgeführt wird, und wenn man ſich den tollen Gedanken der gleichzeitigen Beerdigung von zweitauſend Leichen im Mittelpunkte der Stadt, zu dem die ganze Rohheit und Starknervigkeit jener wilden Zeit gehört, verwirklicht vorſtellt, ſo leuchtet es ein, daß die Maſſe der Körper wohl geeignet war, eine beträchtliche Bodenerhebung zu verurſachen.

Wenn nun Dante hier von einem blutigen Haufen ſpricht, ſo ſcheint mir darin mehr als ein bloß bildlicher Ausdruck zur Bezeichnung der großen Zahl der Erſchlagenen zu liegen. Wir dürfen darin wohl eine Anſpielung auf das grauenvolle Denkmal ſehen, das ſich auf dem Marktplatz von Forli zum Andenken an die Franzoſenhetze erhob und das ſich zu Dantes Zeiten gewiß noch höher aufwölbte als heute, wo die mächtigen Leiber, die Blüthe der franzöſiſchen Ritterſchaft, zergangen ſind, Aſche zu Aſche, Staub zu Staub.

Das «grüne Prankenpaar», von dem in unſerer Terzine die Rede iſt, bedeutet den grünen Löwen im goldenen Feld, das Wappen der Ordelaffi, einer ghibelliniſchen Familie, die gegen 1300 in Forli zur Tyrannis gelangt war, und bei deren Haupt Scarpetta degli Ordelaffi ſoll Dante in den erſten Jahren ſeiner Verbannung der Sage nach Geheimſchreiber geweſen ſein.[34] Die Tradition ſtimmt wohl zu dem Umſtand, daß gerade Forli zu den wenigen romagnoliſchen Städten gehört, die der Dichter mit einem auf lebendige Anſchauung zurückzuführenden Zuſatz bedenkt.

In noch höherem Maße als bei Forli legen ſolche locale Anſpielungen bei einer anderen romagnoliſchen Stadt Zeugniß ab für einen Aufenthalt des Dichters, bei Bologna.

Die Lage Bolognas beſtimmt Dante, ebenſo wie die jener anderen romagnoliſchen Städte, wieder rein geographiſch nach den Waſſerläufen:

Im Land, wo Reno und Savena rinnen. Inf. 18, 61.

Es ſind die beiden Flüſſe, die, von den Apenninen kommend, mit ihren breiten troſtloſen kies-überſchütteten Betten links und rechts an Bologna vorbei der Po-Niederung zuziehen. Die Stelle beweiſt nichts für eine perſönliche Anweſenheit Dantes in Bologna.

Anders fteht es mit einer zweiten Stelle. In dem genannten Gefang des Inferno trifft Dante unter den Kupplern den Venedico Caccianimico von Bologna und redet ihn alfo an:

Sucht auch dein Blick die Erde,
So bift, trügt anders nicht dein Antlitz mich,
Venedico Caccianimico du.
Doch was führt in fo bittre Salfe dich. Inf. 18, 48.

Der unbefangene Lefer wird die «pungenti falfe» — die fich bequem und treu mit dem biblifchen «bittre Salfe» wiedergeben laffen — zunächft einfach als Bild für die Strafe diefer Klamm auffaffen. Damit hat fich auch ein großer Theil der Erklärer zufrieden gegeben und die Stelle demgemäß erklärt oder als felbftverftändlich übergangen.

Doch Benvenuto von Imola gibt der Stelle noch eine andere, topographifche Erklärung. Er fagt: «Zum Verftändniß diefes Wortes und um zu zeigen, wie viel Verborgenes und Unbekanntes in diefem Buche fich findet, bemerke ich, daß Salfe eine tiefe abfchüffige Stätte von Bologna ift, außerhalb der Stadt, nahe hinter S. Maria in Monte, worein es Brauch war, die Leichen der Selbftmörder und Wucherer und anderer Unehrlicher zu werfen. Und fo habe ich einmal von bolognefifchen Kindern eines dem anderen zur Schmach fagen hören: Dein Vater ift in die Salfe geworfen worden.» Benvenuto ift aber im vorliegenden Fall ein ganz befonders widerfpruchsfreier Gewährsmann. Denn er hat um 1375 in Bologna felbft über die Divina Commedia ein Colleg gelefen, aus dem eben fein Commentar hervorgegangen ift. Und auch heute noch zeigt der Augenfchein, daß feine Angaben vollftändig zutreffend find.

Zu der von Benvenuto genannten Kirche Santa Maria gelangt man durch das Südthor Bolognas, heute Porta d'Azeglio, wenn man die rechtsab führende Via del Monte eine kurze Strecke verfolgt. Diefe ganze Gegend füdlich von Bologna ift hügelig; es find die malerifchen Ausläufer, welche der Apennin bis unter die Mauern Bolognas vorfchiebt. Sie find von zahlreichen tiefeingefchnittenen Thälern und Thälchen durchzogen, die aber heute meift wohl angebaut find. Wenn man nun von Santa Maria den Weg in der Richtung auf Ronzano weitergeht, fo gelangt man wenige Minuten hinter dem Klofter Offervanza an eine Straßentheilung, die den Namen «i tre portoni» führt. Links des Kreuzungspunktes, auf erhöhtem, etwas vorfpringendem Platze liegt ein altes, roth-angeftrichenes Bauernhaus, das die noch heute an dem Ort beftehende Ueberlieferung als die Stelle bezeichnet, wo einft die Strafen an Leib und Leben vollzogen wurden, und ein rauchgefchwärztes Madonnenbild, das im erften Zimmer über der Eingangsthür in fchwachen Umriffen noch erkennbar ift, wird mit diefer Beftimmung in Verbindung gebracht. Auf der anderen Seite der Straße aber, nach rechts hinab zieht ein fchluchtartiges Thal, in dem wir nach der gleichen Ueberlieferung die Salfe, den alten Schind-Anger Bolognas, zu fehen haben. Das Thal ift in feinem Anfang im Bogen nach links gefchweift und zieht fich dann mit ftarkem Gefäll — «abfchüffig» wie Benvenuto fagt[33] — in gerader Richtung nach dem Rio Ravone hinab. Da es in den weichen Lehm eingeriffen ift, fo haben die Hänge wenig Halt und zeigen auch nur an vereinzelten minder steilen Stellen Versuche des Anbaues. Im Uebrigen sind die schrundigen grauen Wände entweder ganz öde oder mit niederem Gestrüpp bewachsen, und je weiter man dem Rand entlang vordringt, um so eindrucksvoller stellt sich diese mächtige tiefe Schlucht dar, die in ihrer düsteren Abgeschlossenheit ebenso trefflich zu ihrem unheimlichen mittelalterlichen Zweck wie zum Vorbild für die Höllenklamm geeignet erscheint.[36]

Immerhin ist Dantes Anspielung auf die Salse eine ganz verdeckte — ähnlich wie bei dem blutigen Haufen in Forlì —, und er mußte sich klar sein, daß nur die genauste Ortskenntniß den Genuß dieser Feinheit vermitteln könne. Aber darnach fragt eben der echte Künstler nicht. Und wie die Bildhauer der griechischen Blüthezeit und die frommen Steinmetze des Mittelalters nicht daran dachten, ob der oder jener Theil einer Gestalt im Giebelfeld eines Tempels oder hochoben an einer Fiale auch dem Blick des Beschauers sich zeigen werde oder nicht, sondern in treuem Streben und nur der eigenen Ehre zu lieb allen und jeden Fleiß auf ihr Werk verwandten, um es so vollkommen als möglich zu bilden, so sehen wir auch Dante bei der Arbeit immer nur auf sein Werk schauen, immer nur bestrebt, sich selbst und seiner heiligen Kunst genug zu thun.

So verborgen und schwer nachweisbar die Anspielung auf die Salse, ebenso unzweifelhaft und klar ist die Beziehung auf eine andere bolognesische Oertlichkeit, die berühmte Stelle von der Carisenda.

Am Rande des Schachtes, der zur tiefsten Hölle hinabführt, treffen die Dichter den Riesen Antäus, der sie über die Felswand hinabhebt, und den schwindelerregenden Eindruck, den das Niederbeugen des Riesen macht, vergleicht Dante mit der optischen Täuschung:

> Wie unserm Blick die Carisenda deucht,
> Wenn wir darunter stehn und drüber hin
> Dem Hang entgegen eine Wolke streicht. Inf. 31, 136.

Die Carisenda ist einer der beiden schiefen Thürme bei Porta Ravegnana, die, wie all die mittelalterlichen Streitthürme zwei schmucklose vierkantige Bauwerke, durch ihre auffallende Neigung eine Merkwürdigkeit der Stadt geworden sind. Ob die Neigung ursprünglich beabsichtigt war, ist hier ebenso bestritten wie bei dem schiefen Thurm von Pisa. Der ältere der beiden bologneser Thürme, nach der Familie der Erbauer Asinelli «l'Asinella» genannt, ist beträchtlich höher als der zweite, dagegen hat dieser, die Carisenda (von den Garisendi erbaut), eine viel stärkere Neigung.

Der wolkenlose Himmel, der mir in Bologna sehr zur Unzeit treu blieb, machte es mir unmöglich, das von Dante geschilderte Phänomen selbst zu beobachten. Doch Dantes Schilderung ist so klar und bei all ihrer Gewalt und Kühnheit auch an sich so einleuchtend, daß sie der Probe an der Wirklichkeit ebenso wenig bedarf wie einer Erläuterung.

Daß Dante selbst in Bologna war, dafür sprechen außer diesen localen Anspielungen verschiedene Andeutungen persönlicher Art, auf die hier noch in Kürze hingewiesen sein mag.

Den oben erwähnten Caccianimico, der die Verkuppelung feiner Schwefter, der Ghifolabella, an den Marchefe von Efte, wahrfcheinlich Obizzo II., in der erften Klamm des achten Höllenkreifes büßt, kennt Dante perfönlich. Das zeigt feine Anrede:

Sucht auch dein Blick die Erde,
So bift, trügt anders nicht dein Antlitz mich,
Venedico Caccianimico du. Inf. 18, 48.

Und zudem zeigt er fich fo bewandert in den Einzelheiten diefer Stadtgefchichte, daß er — ähnlich wie den Vanni Fucci — den Caccianimico fie ausdrücklich richtig ftellen läßt:

Ich war's, der in Ghifolabella drang,
Sich des Marchefe Wunfch nicht zu verfagen,
Wie man auch fonft verderbt die Mähre fang. Inf. 18, 55.

Für diefen Zug darf allerdings nicht aus dem Auge gelaffen werden, daß Ghifolabella die Gattin eines Niccolò da Fontana aus dem gleichen ferrarefifchen Gefchlechte der Aldigerii gewefen, dem auch die Aeltermutter Dantes, die Gattin Cacciaguidas, zugezählt zu werden pflegt. Auch diefer Zufammenhang kann dazu beitragen, Dantes Wiffenfchaft wie feinen Groll zu erklären.[37]

Ebenfalls auf Bologna weift die Epifode mit dem Miniator Oderifi hin, den Dante unter den laftentragenden Hochmüthigen auf dem erften Sims des Reinigungsberges wiedererkennt und herzlich begrüßt:

Bift du nicht, frug ich, Oderifi's Geift,
Agobbio's Ehr' und Ehre jener Kunft,
Die in Paris «alluminiren» heißt? Purg. 11, 79.

Oderifi ftammt zwar von Agobbio oder Gubbio, aber er hatte nach unferm bolognefifchen Gewährsmann Benvenuto Rambaldi feinen Hauptwirkungskreis in Bologna. Die Thatfache, daß Dante ihn, der jedenfalls vor 1300 fchon geftorben ift, perfönlich kennt, kann übrigens von Denen für ihre Meinung angeführt werden, welche behaupten, Dante habe fich fchon vor feiner Verbannung ftudierenshalber in Bologna aufgehalten.

Auf Studien in Bologna, wenn auch nicht auf die Zeit derfelben, läßt auch die Stelle im Inferno fchließen, wo in der Klamm der Heuchler der luftige Bruder Catalano von Bologna fagt:

Ich hört' von Teufels Lift
Schon in Bologna viel, auch das, daß er
Ein Lügner und der Lüge Vater ift. Inf. 23, 142.

Diefe fonderbare Wendung trägt den Charakter einer perfönlichen Reminiscenz Dantes an Univerfitäts-Vorlefungen an der Stirne gefchrieben. Es ift nicht erfichtlich, warum er die Verkündung diefer Teufelslehre gerade nach Bologna verlegen follte, wenn er fie nicht felbft dort gehört hat.

Schließlich fei noch der allgemeinen Charakteriftik der Bolognefen gedacht, die Dante dem Caccianimico vor feinem Abgang in den Mund legt:

Ich bin der Einz'ge nicht, den ſie hier plagen
Von Bologneſen. Ihrer ſind hierinnen
Mehr noch, als heutzutage sipa ſagen

Im Land, wo Reno und Savena rinnen
Und ſtatt Beweis durch Zeugen oder Schreiber
Denk nur an unſer Trachten, zu gewinnen. Inf. 18, 58.

Was zunächſt den Ausdruck «sipa» betrifft, ſo beweiſt auch der wieder Dantes Vertrautheit mit den bologneſiſchen Verhältniſſen. Denn «sipa» iſt nach dem Zeugniß des Benvenuto Rambaldi ein — heute allerdings nicht mehr exiſtirendes — bologneſiſches Dialekt-Wort, ein höfliches «Ja».

Die Stelle im Ganzen wird in der Reihe der vielen ſtrengen Urtheile angeführt, die Dante über die Städte ſeines Vaterlands gefällt hat und die ihm von Vielen als verbitterte Härte ausgelegt werden. Doch auch hier mag er ſo unrecht nicht gehabt haben. Noch heute iſt der ſchönen Vaterſtadt des Caccianimico ein Zug von überſtrömender ſinnlich derber Daſeinsfreude eigen. Das geht durch von den ſaftigen Auslagen der Pizzicherien mit ihren ungezählten Würſten und Schinken und Käſen und Paſteten und von den Parfumerie-Läden, die mit dem betäubenden Wohlgeruch ihrer Seifen und Haarwäſſer den Bazar von Tunis überduften bis zu ihrer Architektur mit dem menſchenfreundlichen Luxus der ſchönen Vorhallen und dem luftigen Reichthum ihrer Backſteinornamente und bis zu den Frauen mit ihrer anmuthigen, etwas trägen Fülle und den warmen, ſtillen, wohlwollenden Augen.[38] Kein beſſeres Wahrzeichen läßt ſich für dieſe Phäaken-Stadt denken, als der Brunnen auf ihrem Marktplatz, der ſeinen Labetrunk aus ſchönen Frauen-Brüſten ſpendet. «Bologna la graſſa»! gilt heute noch wie vor ſechshundert Jahren. Wenn man nun dazu bedenkt, daß Bologna zu Dantes Zeiten als Univerſität einen Weltruf hatte und zehntauſend Studenten beherbergte[39] und wie noch heutzutage in Univerſitätsſtädten mit einem Zehntheil dieſer märchenhaften Frequenz der Verkehr mit dem ewig wechſelnden leichtlebigen Volk der akademiſchen Bürger die Philiſterſchaft vielfach daran gewöhnt, auch zu allen Wünſchen der jungen Herren bereitwilligſt sipa zu ſagen, ſo wird man Dantes Urtheil über die üppige mittelalterliche Hauptvertreterin dieſes Städte-Typus nicht zu hart nennen können.

Noch eine letzte, aber für uns ſehr wichtige Stadt haben wir in der Romagna aufzuſuchen, Ravenna, die Vaterſtadt der Francesca und des Guido da Polenta. Die Lage der Stadt beſtimmt Francesca mit den Worten:

Es liegt die Stätte, welche mich gebar,
Dort, wo im Meer des Po Gewäſſer münden,
Um auszuruh'n mit der Genoſſen Schaar. Inf. 5, 97.

Der allgemeine Charakter dieſer durch Anſpülung der zahlreichen Flüſſe entſtandenen Niederung, die der Po und ſeine «Genoſſen» mit einem ſchwer zu entwirrenden Netz von Mündungsarmen durchzieht, hätte nicht ſchärfer und nicht ſchöner ausgeſprochen werden können.

Doch auch dieſes Bild iſt wieder rein geographiſcher Natur und kann ſehr wohl aus einer Zeit ſtammen, da Dante noch keine perſönliche Anſchauung von dieſer Gegend gewonnen hatte.

Ganz Anſchauung und lebendiges Leben iſt dagegen eine andere Stelle, die auf Ravenna oder doch auf die Umgebung von Ravenna Bezug nimmt, die Schilderung, wo den Dichter der Morgenwind in dem Gotteswald auf der Höhe des Reinigungsberges an die rauſchenden Pinien des Waldes von Chiaſſi gemahnt. Die vorangehenden Terzinen ſind von einer ſo wunderbar friſchen Schönheit, daß ſie mit hier ſtehen mögen:

Da traf ein Hauch die Stirne mir gelinde
Herwehend wandellos nach ſeinem Ziel
Nicht ſtärkern Stoßes als von ſanftem Winde,

Davon das Laub in leichtem Zitterſpiel
Anhob ſich insgeſammt dorthin zu neigen,
Wohin des heil'gen Bergs Früh-Schatten fiel,

Doch ohne ſich dabei ſo ſtark zu beugen,
Um droben in den Wipfeln abzubringen
Die Vöglein ihre ganze Kunſt zu zeigen.

Laut jubelnd laſſen ihren Gruß ſie klingen,
Den mit dem Frühwind ſie im Blattwerk tauſchen,
Das tief den Grundbaß raunet ihrem Singen.

So wie von Aſt zu Aſte ſchwillt das Rauſchen
Hin durch den Pinien-Wald an Chiaſſis Strand,
Läßt Aeolus den Süd die Schwingen bauſchen. Purg. 28, 7.

Der Pinien-Wald beginnt eine ſtarke Stunde ſüd-weſtlich von Ravenna und zieht als verhältnißmäßig ſchmaler Streif der Küſte entlang bis nach Cervia. Der Name Chiaſſi, der heute verſchollen iſt, den aber Boccaccio z. B. auch noch braucht, ebenſo wie der heute noch gültige Name der ehrwürdigen Baſilika S. Apollinare in Claſſe fuori, an der uns auf dem Weg nach der Pineta die alte Strada Romana, die Via Flaminia, vorüberführt, ſind noch Reminiscenzen an die Flottenſtation Claſſis, welche die römiſchen Kaiſer hier bei Ravenna am Adriatiſchen Meere angelegt hatten. Die Baſilika S. Apollinare ſoll auf den Trümmern eines Apollo-Tempels erbaut ſein, während man in dem viereckigen Unterbau des Campanile der weiter nordöſtlich gelegenen Kirche S. Maria in Porto, des auch von Dante erwähnten Hauſes

Der Liebenfrau'n am Adriatſchen Bord, Par. 21, 123.

den Pharus des antiken Hafens wiedererkennen will. Sonſt ſind all die ſtolzen Bauten dieſes wichtigen Seeplatzes vom Rad der Zeit zu Staub zermahlen und in eine weite monotone Fläche eingeebnet.

Nur die Pineta ſteht heute noch aufrecht und rauſcht ihr altes träumeriſches Lied wie vor zweitauſend Jahren. Zwar auch ſie zeigt traurige Spuren der Vergänglichkeit. Auf der Nordſeite gegen Ravenna zu beſteht der Wald auf eine weite Strecke aus unſcheinbarem Geſtrüpp, aus dem nichts anderes als Reifig-Holz gewonnen werden kann, und auch mehr waldeinwärts trifft man vielfach bedenkliche Lichtungen und verhältnißmäßig viele Stämme von kränklichem Ausfehen. Ein harter Froft im Winter 1880 auf 81 und große Waldbrände follen an diefem Niedergang die Schuld tragen. Vielleicht fehlt auch der heutigen Forftverwaltung die glückliche Hand, um folche Schäden bei Zeiten wieder zu tilgen.

Trotzdem verfehlt der Wald nicht feinen gewaltigen Eindruck, oder vielleicht gerade deßwegen. Ich muß geftehen, daß für meinen Gefchmack die Pinie kein Baum ift, der fich in großer Verfammlung von feinesgleichen gut präfentirt. In den wohlgepflegten Pinien-Wäldern an der andern Seite des Stiefels bei Viareggio oder in Gombo bei Pifa habe ich immer diefen Eindruck gehabt. Einzeln oder in Gruppen von drei oder vieren in die Landfchaft geftellt, ift die ftolze Schönheit diefer hochragenden breiten Wipfelkronen von einer Wirkung, die das ganze Bild adeln kann. Wo fie fich in Maffe finden, hebt ein Stamm die Wirkung des andern auf, und das endlofe Einerlei der Hochftämme unter dem gleichmäßig fortlaufenden Dach der Aefte erregt eine quälende Empfindung verträumter Melancholie, ähnlich wie die deutfchen Föhren-Wälder. Da mögen nun hier gerade die vom Zahn der Zeit geriffenen Lücken der Schönheit des Waldes zu Gute kommen. Da, wo die Pinien auf Lichtungen als Individuen hervortreten, wo der Spiegel der ftillen Wafferläufe die Landfchaft freier und manchfaltiger macht, ift der Wald von einem unvergleichlichen Zauber.

Dante ift nicht der einzige Dichter, deffen Name mit diefem Pinien-Wald verknüpft ift. Auch der zweite Heros aus der Morgenzeit der italiänifchen Literatur, Boccaccio, nennt ihn. Das landfchaftliche Intereffe ift bei dem Novellen-Erzähler nicht fo ausgebildet wie bei dem Sänger des weltumfaffenden Epos, deffen helles Auge das Größte und Kleinfte in der Natur mit gleicher Liebe und Schärfe beobachtet. Für Boccaccio find die Perfonen und Handlungen das Wichtigfte, und der Ort der Handlung ift nur mit ein paar leichten Strichen fkizzirt, fo auch der Pinien-Wald von Chiaffi, der in der düfter geftimmten Erzählung von Naftagio degli Onefti und der graufamen Tochter des Traverfaro den Hintergrund zu der gefpenftigen Mädchen-Jagd bildet. Aber trotz des Skizzenhaften weiß der Erzähler als echter Künftler feiner Landfchaft fchon greifbare lebenswahre Form zu geben, und wer die Novelle wiederlieft, nachdem er die Pineta gefehen, ift überrafcht, wie treu alle Linien der Zeichnung dem Urbild entfprechen.

Erwähnt fei bei diefer Gelegenheit, daß Boccaccio in diefer Novelle, die von einem Selbftmörder handelt, die Hauptfituation offenbar aus dem Dante'fchen Kreis der Selbftmörder entlehnt hat, die Hetzjagd mit den Höllenhunden.[1]

«Er fah durch ein gar dichtes Gebüfch von Hecken und Dornen eine fchöne Jungfrau gegen feinen Standort im Laufe daherkommen, nackt mit zerzauftem Haar und ganz zerfleifcht von den Aeften und Dornen, weinend und laut um Gnade flehend, und zudem fah er ihr zur Seite zwei große wilde Fanghunde, die hart ihr nachfetzten und fie immer wieder graufam anpackten, wo fie fie erreichten.»

So erzählt Boccaccio, und von der zum Luftmahl in die Pineta geladenen Gefellfchaft gebraucht er die Wendung: «Und die wilden Laute der gehetzten Jungfrau begannen zu Aller Ohren zu dringen».

Bei Dante aber lefen wir:

Im Glauben weitre Kunde zu erlangen,
Verharrten wir dem Stamme zugekehrt,
Als Laute plötzlich uns zu Ohren drangen,

Wie fie auf feinem Stand der Jäger hört,
Wenn Sau und Treiben nah und näher jagen
Und braufend durch den Bufch die Meute fährt.

Und fieh! da kamen nackend und zerfchlagen
Links her fo fchnell geflohen ihrer Zwei,
Daß alles fie zerkrachten in den Hagen. Inf. 13, 109.

Und weiter unten:

Im Walde wimmelt es von fchwarzen Hunden,
Die fcharf und flüchtig hetzen gleich den Bracken,
Die eben von der Koppel losgebunden.

In Jenen, der fich niederduckte, hacken
Die Zähne fie um, Glied für Glied zerfetzt,
Sich mit dem blut'gen Leib davon zu packen. Inf. 13, 124.

So geht das Gold der Dichtung von Hand zu Hand und macht Manchen reich, der es zu fammeln verfteht. Aber das wahre Verdienft gebührt doch Dem, der es durch eigene Kraft aus dem Schacht der Erde gefördert hat.

Ganz aus zweiter Hand ftammt der Befitz eines anderen Dichters, deffen Name genannt zu werden pflegt, wenn man von unferer Pineta fpricht, des Engländers John Dryden. Seine Erzählung «Theodore and Honoria» fpielt ebenfalls im Wald von Chiaffi oder «Chaffi», wie ihn der Engländer fälfchlich nennt. Aber die Schilderung des Schauplatzes ift ebenfo gewiffenhaft dem reichen Schatz des Italiäners entnommen wie der Vorgang felbft. Drydens Erzählung ift einfach eine Verfification der eben befprochenen Novelle Boccaccios und durch keine lebendige Beziehung mit unferer Pineta verknüpft.

Dagegen hat wieder ganz aus dem Eigenen gefchöpft Dantes modernes Wiederfpiel unter den Dichtern, Byron. Auch diefer große Verbannte hat durch feinen Genius die Stätten geweiht, die fein unftäter Fuß betrat, und auch die Pineta trägt feine Spur tief eingedrückt:

O füße Dämmerftunde! fo allein
Im Fichtenwald, an öden Meeres Schwelle,
Dem Saume zu Ravennas altem Hain,
Der wurzelt, wo einft adriat'fche Welle
Umfchäumt der letzten Kaiferburg Geftein,
Forft ewig grüner, den Boccace's Novelle
Und Drydens Sang bevölkert hat für mich,
Wie hatt' ich lieb die Dämmerftund und dich.

Nur Grille zirpt, des Fichtenwalds Genoß,
Der eitel Sang des Sommerdaſeins Länge,
Sonſt regt kein Laut ſich, ich nur und mein Roß
Und ob den Wipſeln Veſperglocken-Klänge.
Den wilden Jägersmann, Oneſtis Sproß,
Die Höllen-Hatz, ihr Wild, der Schönen Menge,
Die dran gelernt, Treuliebſten nicht zu flieh'n,
Sah dämmernd ich durch meine Seele zieh'n. Don Juan III, 105 u. 106.

Dante gibt in drei Zeilen ein ſchlichtes, lebendiges Bild des rauſchenden Waldes, Byron läßt uns in zwei Stanzen die wogenden Gedanken und Stimmungen mit empfinden, die der Wald in ihm anregt. Dort die Dichtkunſt im Stande der Unſchuld, hier, nachdem ſie vom Baum der Erkenntniß gekoſtet.

Die Stelle von der Pineta iſt der einzige handgreifliche Beleg in der Divina Commedia für Dantes Anweſenheit in Ravenna. Uebrigens vorauszuſetzen, daß er die Pineta erſt kennen gelernt, als ihn Guido von Polenta in Ravenna aufnahm, und daraus Schlüſſe auf die Abfaſſungszeit der Stelle zu ziehen, ſcheint mir nicht gerechtfertigt. Dante kann ebenſogut zweimal in Ravenna geweſen ſein, als er, wie wir ſehen werden, wiederholt in Venedig geweſen ſein muß.[12]

Ueberhaupt nicht zu ſeinen Reminiscenzen an Ravenna darf die Epiſode der Divina Commedia gezählt werden, durch die Dante einer Tochter Ravennas die Unſterblichkeit verſchafft hat. Wenn es auch nicht mehr gelingen ſollte zu enträthſeln, was es war, was Dante in ſeiner Erzählung von Paolo und Francesca zu dieſer Höhe der Schönheit emporgetragen hat, ſo werden wir doch nicht irre gehen, wenn wir darin einen der älteſten Theile der Dichtung erblicken, der ſchon lange geſchrieben war, nicht nur, ehe der Neffe Francescas dem Dichter einen Platz an ſeinem Herde einräumte, ſondern auch ſchon, ehe Dante ſeine unfreiwillige Wanderſchaft durch Italien antrat. Die wunderbare Stelle liegt alſo außer dem Bereich meiner Aufgabe.

Nur einen Punkt drängt es mich zu erörtern. Scartazzini hat, nachdem er ſchon in früheren Bemerkungen ſeine Mißbilligung über Dantes Wärme für Francesca hat durchblicken laſſen[13], in ſeinem kleinen Dante-Commentar ſich gegen dieſe Verherrlichung des Ehebruchs mit einer Schärfe ausgeſprochen, die nicht mehr unbeachtet bleiben kann. Und Scartazzini nimmt unter den Dante-Forſchern einen ſo hervorragenden Platz ein, daß man zu ſeinem Urtheil auch Stellung nehmen muß.

Dieſes Urtheil beſteht in einer Reihe ſcharfer Gloſſen, mit denen er die Dante'ſchen Verſe begleitet.

Zu Vers 100 «Liebe in edlen Herzen leicht zu zünden» ſagt er: «Edel: Paolo war Gatte und Vater, Francesca Gattin und Mutter; beide waren nicht mehr allzu jung — und edle Herzen?»

Zu Vers 107 «Caïna harret deß', der es uns nahm»: «Gianciotto der verrathene Ehemann. Seine Rache ſcheint nur allzu gerecht, und ſicherlich würden ihn die Gerichte von heute freiſprechen. Dante behandelt hier die Schuldigen etwas allzu zart und iſt dafür allzu hart und grauſam gegen den Beleidigten.»

Und fo fort, bis er zu dem Schluß-Refultat kommt:

«Die Epifode der Francesca da Rimini wurde und wird bewundert als eine der fchönften der Divina Commedia. Aber man wird nie leugnen können, daß hier der Ehebruch des Paolo und der Francesca moralifch fchöngefärbt ift in einer Weife, die wenig ziemlich erfcheint für einen Mann «genährt an der Bruft der Philofophie».

Paolo und Francesca find gewiß zwei Ehebrecher, «wie fie im Buch ftehen», und als Typen diefer Sünde werden fie ja auch vorgeführt. Bei ihm und bei ihr ift das Maß der Schuld voll gehäuft. Sie haben ihre Gatten- und Elternpflicht fträflich verletzt um ihrer fündhaften Liebe willen. «Ja feht! Dafür find fie nun todt», würde Mephifto fagen, und in der Hölle obendrein. Und dahin hätte fie Dante ficher nicht gefchickt, wenn er nicht gefunden hätte, daß fie den Platz verdient haben.

Aber hier wie fonft fteht er nicht nur als Richter, fondern auch als Dichter feinen Sündern gegenüber:

Als Richter verurtheilt er den Gottesleugner Farinata in den glühenden Sarg und den fchlimmen Rathgeber Ulyß in die Flammenhülle. Als Dichter läßt er uns den prometheifchen Geift bewundern, der ihr Verhängniß gewefen, der fie aber noch in der Hölle adelt.

Und fo zeigt er uns auch Paolo und Francesca von der Höllenwindsbraut dahingeführt zur Strafe für ihre fündhafte Liebe. Zugleich aber lehrt er uns auch verftehen,

welch holdes Sinnen, welches Sehnen
Sie hat geführt zum fchmerzensreichen Gang. Inf. 5, 113.

Dante erfaßt das Tragifche in dem Schickfal feiner Sünder, er verfetzt fich in ihre Seele, und aus diefer tief innerften Kenntniß heraus zeigt er uns, wie Alles gekommen ift, warum es unweigerlich gerade fo hat kommen müffen. Verftehen ift hier Verzeihen, und der Dichter nimmt innerlich Partei für Paolo und Francesca.

Caïna harret des Gianciotto, der allerdings der betrogene Gatte ift, der aber auch den Befitz feiner Gattin durch eine Niedertracht erfchlichen hat[44] und deffen Rohheit nicht im Stande war, fich ihre Liebe zu erwerben. Und die beiden Liebenden, welche die Naturgewalt der Leidenfchaft über alle Schranken der Gefellfchaftsordnung hinweg zu einander geriffen hat, weil fie eben an Adel und Schönheit des Leibes und der Seele für einander gefchaffen find, werden durch Nacht und Grauen auf den Fittigen eines Sturmes dahingetragen und genießen in der Verdammniß der Hölle noch die Seligkeit, die ihnen kein Teufel rauben kann, daß ihre Seelen «nie fich werden laffen». Mit einem Wort: Dante läßt die poetifche Gerechtigkeit walten. Der Gedanke ift fo alt und felbftverftändlich, daß man faft Bedenken tragen möchte, ihn noch einmal zu wiederholen, aber Scartazzinis Urtheil macht es zur Pflicht, das fo oft Gefagte noch einmal zu fagen: daß die poetifche Gerechtigkeit, die Moral des Dichters eine andre ift und fein muß als die des Staatsanwalts und Sittenpoliziften.

Ueberdies geräth Scartazzini durch den Eifer feiner fittlichen Entrüftung in einen merkwürdigen Gegenfatz mit fich felbft.

Bei Befprechung der Frage, ob Dantes Beatrice identifch fei mit der Beatrice Portinari, der Frau des Simone Bardi, fowie bei Beurtheilung des Verhältniffes Dantes zu den Frauen überhaupt, geht Scartazzini immer von der Vorausfetzung aus, Dante, der Verfaffer des Poema sacro, fei von einer fo über allen Zweifel erhabenen herben Strenge der fittlichen Auffaffung gewefen, daß eine folche Verirrung wie die Liebe zu einer verheiratheten Frau oder gar die zahlreichen fpäteren Liebfchaften, die von Dante überliefert find, bei ihm etwas ganz Undenkbares fei.[45] Und jetzt?! ertheilt Scartazzini feinem fittenftrengen Dichter eine regelrechte Rüge wegen der laxen Beurtheilung eines fo unmoralifchen Verhältniffes, das eben in jenem Poema sacro eine ganz hervorragende Stelle einnimmt. Wo bleibt da die felfenfefte Grundlage der Schlußfolgerung Scartazzinis?

Da hätte am Ende Dantes Beatrice doch die verehelichte Bardi fein können? Und feine eigene — wenn auch noch jugendlich reine — Leidenfchaft für eine verheirathete Frau wäre am Ende mit der Grund gewefen, warum der Dichter für das unfelig felige Liebespaar fo wunderfam herrliche Worte gefunden hat?

Und Boccaccio[16] hätte am Ende doch wieder recht, daß Dante gar nicht fo fittenftreng gewefen fei, fondern daß im Gegentheil in feinem Herzen «die Sinnlichkeit einen weiten Raum eingenommen habe»?

Und dann wäre am Ende auch Dantes Neigung für die kleine Gentucca in Lucca vielleicht etwas mehr gewefen als ein platonifches Verhältniß, und die Alpenmaid im Cafentino desgleichen, wenn auch mit einem Kropf, wie Boccaccio zu erzählen weiß, und die Graufame mit den blonden Flechten erft recht nicht? Wer weiß es?

Ich kann mir nicht verfagen, aus der an die Letztere gerichteten Canzone eine Strophe hierher zu fetzen:

Hätt' ich die blonden Flechten erft gegriffen,
Die Geißel mir geworden find und Ruthe,
Ich thät mir drin zu Gute
Vom Morgen an bis zu den Vefper-Glocken,
Und mitleidslos wär ich und ungefchliffen
Und fcherzte mit recht bärenmäß'gem Muthe,
Und wie gepeitfcht ich blute,
Wollt' ich, mich rächend, taufendfach frohlocken
Und in ihr Gluthenaug, das aus den Locken
Den Brandpfeil fchießt, das Herz mir zu verfengen,
Wollt' feft den Blick ich drängen
Zur Rache, weil fie immer mich gemieden,
Und dann gäb' ich mit Lieb ihr wieder Frieden.[47]

Ift das kühl überlegte Allegorie oder ift es die derbe Liebesluft, die an der Welt mit klammernden Organen hält? Und wenn Dante felbft der Canzone nachträglich eine grau theoretifche

Deutung hätte geben wollen, dieser Frucht sieht man es unverkennbar an, daß sie auf des Lebens goldenem Baum gewachsen ist.

Wenn dem aber auch so wäre, wer darf es dem Genius zum Vorwurf machen, wenn die Gluth der Schöpferkraft, die ihn durchwogt, die ihm eingeboren ist, auch in überschäumender Sinnlichkeit die Schranken durchbricht, zwischen denen der temperamentlose Spießbürger ohne Seelenkämpfe hinlebt?

Noch eine Spur von Dante birgt das ehrwürdige Ravenna, aber nicht eine Spur seines Geistes, eine Spur — die letzte — seines Leibes.[48] Neben der Franziskaner-Kirche in der früheren Madonnen-Kapelle ist die Grabstätte des Dichters. Die Stadt Ravenna hütet stolz und eifersüchtig ihren Schatz, und die Glieder der stillen großen Dante-Gemeinde sind von jeher dorthin gewallfahrt und in begeisterter Andacht dort gestanden. Ich muß gestehen, daß mir der geweihte Ort nicht geredet hat, noch weniger wie das Kenotaph in S. Croce zu Florenz und daß ich noch selten eine Stätte so baar des Geistes gefunden habe, an den sie mahnen soll, wie Dantes Grab in Ravenna. Wenn es doch dem Beschützer Dantes, Guida da Polenta, vergönnt gewesen wäre, das Grabmal auszuführen, mit dem er den Dichter zu ehren plante. Ja, wenn nur die «arca lapidea», der steinerne Schrein, in dem Dantes Leiche beigesetzt worden war, unberührt geblieben wäre.[49] Dann würde noch etwas vom Geist des Jahrhunderts sein Grab umschweben, wie es uns selbst von der einfachsten Grabplatte mit verwitterten Wappen und Inschriften so manches Großen und Wackern aus alter Zeit anweht. Aber die Verehrung Dantes, die im Lauf der Jahrhunderte immer mehr wuchs und an seiner Asche nachzuholen suchte, was die Mitwelt an dem Lebenden versäumt hatte, schmückte und besserte so lange an dem Grabe, bis von dem Ursprünglichen jede Spur ausgetilgt war und jetzt etwas dem Wesen des Dichters durchaus Fremdes, Unerfreuliches vor uns steht.

In dem Grabmal selbst, das Bernardo Bembo, der Vater des Cardinals, als venezianischer Pretore von Ravenna 1482 durch Pietro Lombardo ausführen ließ, haben wir eine Musterleistung jener venezianischen Kunstrichtung vor uns, die durch kleinliche Pracht zu ersetzen sucht, was ihr an großen Gedanken fehlt. Das Relief-Porträt Dantes, das den Hauptschmuck des Grabes bilden soll, verräth zwar in der Ausführung den geübten Künstler, ist aber seinem geistigen Gehalt nach nichts weiter als eine Vergrößerung der bekannten Miniatur-Initiale der Codices «Dante am Lesepult». Zudem ist es von einer so schweren Marmorumrahmung eingefaßt, bei der die reichsten Steinarten gleichsam als Fournir-Hölzer und Füllungen verwendet sind, daß die flache, feine Sculptur davon fast erdrückt wird. Der Kuppelbau, mit dem im Jahr 1780 das Grab überwölbt wurde, gibt uns dagegen eine Geschmacksprobe der nüchternen classicistischen Richtung, die zu Ende des vorigen Jahrhunderts als Katzenjammer auf den Rococo-Rausch gefolgt war, glatt und elegant und nichtssagend, etwa das Gegentheil aller der Eigenschaften, die den Todten charakterisirten. Das Einzige aber, was an der ganzen Grabstätte an Dantes Zeit gemahnt, die Inschrift, die vermuthlich ein ravennatischer Freund des Dichters verfaßt hat, hätte füglich auch vergehen können. Mit ihren barbarischen gereimten Hexametern beweist sie nur, daß man auch im Verkehr mit einem Dante nicht dichten lernen kann invita Minerva.

Und seltsam, nicht nur das Grabmal des Ruhelosen, selbst der Kern desselben, die Gebeine sollten nicht zur Ruhe kommen. Der Haß verfolgte sie: der kühne Wortführer des Kaiserthums entging mit genauer Noth der Gefahr, noch nach seinem Tode durch den päpstlichen Fanatismus als Ketzer verbrannt zu werden.[50] Und die Liebe verfolgte sie: seit die Stadt Florenz die Größe ihres Sohnes erkannt hatte, strebte sie mit allen Mitteln darnach, Dantes Gebeine in ihre Mauern zurückzuführen. Was nun die Ursache war, der Haß oder die Liebe, Thatsache ist, daß Dantes Gebeine keine Ruhe hatten. Bei den Bauarbeiten, die beim Herannahen der Centenarfeier für Dante im Jahr 1865 an der Grabkapelle vorgenommen wurden, fand man an der Außenseite der Kirche vermauert eine Tannenholz-Kiste mit Gebeinen, die durch eine Aufschrift mit der Jahreszahl 1677 als die Gebeine Dantes bezeichnet waren, und bei der bald darauf vorgenommenen Eröffnung des Sarkophags in der Madonnen-Capelle wurde das Grab thatsächlich leer gefunden bis auf Knochenstaub und welke Lorbeerblätter. Wenn Byron das geahnt hätte, der in seiner begeisterten Verehrung für Dante nie versäumt haben soll, vor dem Grab des großen Schicksalsgenossen, an dem er täglich vorbeikam, den Hut zu ziehen[51], welch pikante Pointe zu einer Stanze auf die Eitelkeit des Scheines hätte es ihm abgegeben.

Die Wiederauffindung von Dantes Gebeinen erfüllte ganz Italien mit Begeisterung. Feierlich wurden sie bei dem Jubelfeste vor der andächtigen Menge zur Schau gestellt und sodann wohlverwahrt in der alten Arca beigesetzt. Skeptiker können es zwar auffallend finden, daß die Tannenholz-Kiste zu gar so gelegener Zeit, gerade wie bestellt für das Centenarium, an das Tageslicht kam; sie können, selbst wenn sie einen frommen Betrug nicht annehmen wollen, doch fragen, ob denn die armen Gebeine auf ihrer schicksalsreichen Wanderung durch die Jahrhunderte auch sicher vor jeder Verwechslung bewahrt worden sein mögen.[52] Scartazzini[53] zeigt drohend von ferne das Gespenst der Kritik, die, wie er sagt, 1865 «in diesem ungeheuern Meer von Schriften, von Jubel, von Enthusiasmus, von Wonne» ertrunken sei, und ich weiß in der That nicht, ob es ganz leicht wäre, gegen einen ernsthaften Angriff die Echtheit der Reliquie zu vertheidigen. Doch, was verschlüge es?

Der große Caesar, todt und Lehm geworden,
Verstopft ein Loch wohl vor dem rauhen Norden.

Dantes Leib löst sich irgendwo in seine Atome auf, seine Feuerseele ist zurückgekehrt, von wannen sie gekommen ist, uns aber bleiben die Werke seines Geistes, und diese Spur von seinen Erdentagen wird nicht in Aeonen untergehen.

Mark Ancona und Umbrien.

Während wir in der Romagna eine ganze Reihe von Oertlichkeiten bei Dante genannt fanden, aber vielfach den Mangel von lebendiger Anschaulichkeit feststellen mußten, treffen wir in den südlich angrenzenden Landschaften, der Mark Ancona und Umbrien, weniger häufig auf Beziehungen zur Divina Commedia. Aber die Punkte, auf die Dante zu sprechen kommt, sind fast durchweg wieder mit ganz concreten Zügen geschildert, die der Dichter nur persönlich an Ort und Stelle gesammelt haben kann.

Den ersten Punkt finden wir gleich jenseits der Grenze in dem Lande,

> Das von Romagna und dem Karls (von Anjou) umschlossen, Purg. 5, 69.

in der Mark Ancona.

Dante läßt in der Klamm der Zwietrachtstifter zwei einflußreichen Bürgern von Fano, Guido del Cassero und Angiolello da Carignano, die den Plänen Malatestas des Einäugigen von Rimini auf ihre Vaterstadt im Weg standen, weissagen, sie würden

> Vom Schiff geworfen um den Hals den Stein
> Nah bei Cattolica der Treu zum Spotte
> Durch eines Wütheriches Teufeleien. Inf. 28, 79.

Die Art und Weise wie «der Schelm, der nur ein Auge hat zum Schauen», den Anschlag ausführen läßt, wird dann noch mit den Worten angedeutet:

> Thut erst, als ob er sie zum Zwiespruch lädt,
> Dann so, daß, bläst's aus des Focara Schlunde,
> Sie kein Gelübd mehr brauchen noch Gebet. Inf. 28, 88.

Von Fano haben wir nicht zu reden. Dante interessirt sich zwar offenbar für dessen Verhältnisse und bringt im fünften Gesang des Purgatorio noch eine ziemlich ausführliche Episode von einem anderen Bürger von Fano, dem Jacopo del Cassero, dessen wortreiche Grabschrift noch heute im Chor von San Domenico zu lesen ist. Aber dies Interesse scheint mehr persönlicher Natur zu sein. Namentlich bezüglich des Jacopo scheint mir Del Lungos Vermuthung viel für sich zu haben, daß ihn der junge Dante von Angesicht kennen gelernt, als Jacopo im Jahre 1288 den Florentinern gegen Arezzo zu Hülfe zog.[1] Ob Dante felbft in Fano gewefen, erhellt aus keiner der beiden Stellen.

Auch Cattolica, ein kleiner Fifcherort zwifchen Rimini und Fano, mehr gegen erfteres zu im füdlichften Winkel der romagnolifchen Küften-Ebene gelegen, ift ohne ein Epitheton genannt, das uns dort Halt zu machen beftimmen könnte.

Dagegen ift die Wendung, mit der des Focara gedacht ift, wieder bemerkenswerth.

Der Focara ift, wie wir fchon oben erwähnt haben, die Höhe, die nördlich von Pefaro an das Meer herantritt und den flachen romagnolifchen Küftenftreif gegen die Mark Ancona abgrenzt. Der Focara ift nicht ein hoher Berg, wie die meiften Commentatoren einer dem anderen nachfchreiben, fondern eine langgeftreckte Hügelwelle, die fich von Cattolica bis Pefaro faft drei Stunden weit am Meere hinzieht, und die man eher eine große Düne nennen könnte. Der Hauptfache nach aus feftem lehmigem Sand beftehend, fteigt fie allmählich von der Landfeite an zu einer Höhe von vielleicht 150—200 Meter, während das Meer auf feiner Seite an dem widerftandslofen Material allenthalben fchroff abfallende Schrunden und Rippen ausgefreffen hat. Wenn man den Zug diefes Küftenwalles im Ganzen betrachtet, fo geht er von Cattolica an im erften Viertel faft rein weftlich und ftreckt fich dann im ftumpfen Winkel nach Südweft in gerader Linie bis Pefaro. Auf der ganzen Strecke ift nicht eine Bucht, in der fich die Schiffer bergen könnten, und namentlich an jener ftumpfen Ecke find fie dem wechfelnden Winde ohne Schutz ausgefetzt.

Der Name Focara findet fich, als Bezeichnung der Anhöhe felbft, auf der Generalftabskarte nicht. Doch wird im Volk diefe ganze Erhebung darunter verftanden. Officiell kommt er nur vor in dem Namen des Ortes Fiorenzuola di Focara, der etwa in der Mitte zwifchen Cattolica und Pefaro gelegen ift. Es ift kaum mehr als ein Dorf, fieht aber hinter feiner halbverfallenen, dicht von Epheu überfponnenen Stadtmauer ganz anfehnlich und behäbig hervor, und hoch von dem wild zerriffenen Dünen-Rand fliegt der Blick unbefchränkt hinaus auf das blaue Meer.

Da droben wurde mir noch eine überrafchende Illuftration zu den Dante'fchen Verfen. Nachdem ich das Hochufer auf und ab begangen und mir Rechenfchaft gegeben hatte, worin die Gefahr diefer Küftenftrecke beftanden haben mochte, vor der fich einft die Schiffer, wie Dante fagt, durch Gelübde und Gebet zu fchützen fuchten, betrat ich auch noch das zu höchft gelegene Kirchlein S. Andrea. Eine uneingeftandene Hoffnung hatte mich hineingetrieben, und fiehe da, auf einem Altar zur Linken ftanden zwifchen einer Menge dicker Wachskerzen zwei niedliche von Seemannshand gefertigte Schiffsmodelle, ein Dreimafter und ein Barkfchiff, und ein Schiffer gab mir die Auskunft, es feien Weihgefchenke, von Seeleuten in Sturmesnoth gelobt, und auch die Wachskerzen rührten großentheils von folchen Gelübden her. Alfo derfelbe Brauch, der fich von Dantes Zeiten bis heute in diefem Weltwinkel erhalten hat. Ein eigenthümlich feierliches Gefühl überkam mich, als ob aus den Fernen der Jahrhunderte ein Hauch von des Dichters Gegenwart zu mir herüberwehte.[2]

Von Pefaro aus führt unfer Weg landeinwärts. Zuvor aber haben wir noch zwei von Dante genannte Städte mehr im Süden der Mark Ancona aufzufuchen. Beide find erwähnt in jener wehmüthigen Aufzählung von Städten, die theils untergegangen, theils dem Untergang geweiht find:

Wenn Luni wir und Urbifaglia fehen,
Wie fie vergangen find und ihnen nach
Chiufi und Sinigaglia heute gehen. Par. 16, 73.

Die Faffung der Terzine läßt vermuthen, daß Dante diefe Städte von Augenfchein gekannt hat. Luni und Chiufi werden uns fpäter begegnen. Hier haben wir nur von Urbifaglia und Sinigaglia zu reden.

Urbifaglia liegt am weiteften füdlich. Die Landftraße, die von Macerata erft im Chienti-Thal aufwärts zieht und dann nach Süden abbiegend, in das Thal der Fiaftra, eines Nebenfluffes des Chienti, übergeht, führt daran vorbei. Vollftändig «vergangen» ift Urbifaglia nicht. Im Gegentheil, der faubere Ort fieht von der Hügelzunge zur Rechten der Landftraße recht lebenskräftig auf die wohlgepflegten Olivenpflanzungen und Getreidefelder herunter, und die alten Baftionen, die fich an der Nordfeite erhalten haben, beweifen, daß er auch im Mittelalter eine gewiffe Bedeutung behalten hatte.3 Und doch ift es ein treffliches Exempel der Vergänglichkeit. Der Hügel, auf deffen Gipfel fich der heutige Ort befchränkt, war nur die Akropolis der alten Urbs saliva. Die antike Stadt muß ziemlich bedeutend gewefen fein, denn fie bedeckte den ganzen Abhang des Hügels und erftreckte fich in's Thal herab bis zur Fiaftra. Noch heute läßt fich die alte Stadtmauer deutlich verfolgen, wie fie von der Süd-Oft-Seite der Neuftadt herabzieht bis an die Landftraße, über diefe weg und weiter bis an die Fiaftra. Dort biegt fie mit einem Thurm auf der Ecke um und zieht an dem Flüßchen aufwärts dem Hochufer entlang, biegt dann wieder zur Arx hinauf und erreicht diefe an den Baftionen der Nord-Seite, in denen noch Refte des antiken Mauerwerks fichtbar find. Diefes weite von der Stadtmauer umzogene Viereck zeigt allenthalben die Spuren antiker Bauten, wenn auch die Trümmer mehr und mehr der fleißigen Boden-Cultur weichen müffen. Am Abhang der Arx liegen unter Oliven und Eichen die Trümmer eines anfehnlichen Theaters, deffen Sitzreihen in die Bergfeite eingefchnitten find, während mächtige zufammengeftürzte Blöcke von Gußwerk die Anfätze des Bühnen-Gebäudes erkennen laffen. Eine kurze Strecke vor der Stadt im Often findet fich auch noch eine Arena, von der der Grundriß wohl erhalten ift und auch die Wölbungen einzelner Vomitorien aufrecht ftehen. Aber das ganze Amphitheater ift mit Waldboden bedeckt. Eichen und Bufchwerk, Anemonen, Finka, Moofe fenken ihre Wurzeln und Würzelchen in das morfche Geftein und löfen fachte das ftolze Menfchenwerk in einen grünen Hügel auf, ein liebliches memento mori.

Ueber die Schickfale der antiken Stadt ift wenig bekannt. Nur ihren Namen finden wir bei den alten Geographen erwähnt, und von Manchen wird fie mit der von Livius4 genannten Stadt Pollentia identificirt, von der wir aber auch nichts weiter wiffen, als daß fie nach dem zweiten punifchen Krieg eine römifche Colonie erhalten hat. Bemerkenswerth ift, wie Procop zu den Zeiten Justinians sie gefunden hat. In seiner Geschichte des Gothischen Kriegs[5], den Zug Belisars längs dem Adriatischen Meere schildernd, sagt er: «Er selbst schlug fern vom Ufer einen anderen Weg ein mit Narses und den übrigen Truppen und kam an Urbs salvia vorbei, die Alarich vor Zeiten so zerstört hat, daß von dem alten Glanze nichts mehr übrig ist als gerade ein Thor und wenige Ueberreste des Estrichmauerwerks». Die Zeit scheint seitdem für die untergegangene Stadt stillgestanden zu sein. Es ist das gleiche Bild, das sich uns heute bietet und das sich Dante geboten hat.

Sinigaglia, das halbwegs zwischen Ancona und Pesaro an der Mündung der Misa liegt, die alte Hauptstadt der senonischen Gallier, die auch als römische Colonie wieder eine hervorragende Bedeutung erlangt hatte, war zu Dantes Zeiten durch die Verheerungen der Saracenen und des Sumpffiebers an den Rand des Verderbens gekommen. Die Stadt erholte sich zwar allmählich wieder und gelangte sogar durch ihren großen Jahrmarkt für längere Zeit zu einer gewissen Wichtigkeit. Aber von Dauer war der Aufschwung nicht. Heute ist Sinigaglia ein stilles Fischerstädtchen, dem die canalisirte Mündung des Flüßchens Misa statt einem Hafen dienen muß, und nur für die kurze Zeit der Seebäder schmückt es sich mit dem geborgten Schein des Lebens. Sonst bieten seine regelmäßigen Straßen, seine weiten Plätze, seine mit wenig Ausnahmen architekturlosen kastenartigen Backsteinhäuser das Bild öder Langweile. Nichts gemahnt an seine einstige Größe, und die einzige geschichtliche Erinnerung ist die wohlerhaltene Citadelle, die unheimliche Mausefalle Cesare Borgias. In Erfüllung ist Dantes Prophezeiung allerdings nicht gegangen. Aber wenig mehr als Tod ist das Schattenleben, in dem Sinigaglia heute hindämmert.

Wir wenden uns nun von Pesaro landeinwärts. An Urbino führt uns der Weg vorüber, dessen Dante Erwähnung thut, da, wo er die geographische Lage der Grafschaft Montefeltro bestimmt.

Wunderbar ist der Blick von der hochgelegenen Fortezza aus auf die kahlen Höhen

Der Bergesfluh,
Die von Urbino trennt des Tibers Quelle. Inf. 27, 29.

Aber ob ihn auch Dante gehabt hat, sagen uns seine Worte nicht. Eine sichere Spur des Dichters finden wir erst wieder am Monte Catria. Aus dem Flußgebiet der Foglia geht es hinüber in das Thal des Metaurus, aus dem uns den Candigliano und Burano aufwärts die Via Flaminia durch die phantastische Gebirgslandschaft des Furlo-Passes bis Cagli führt.

Dort verlassen wir die Post, um die letzte Strecke nach unserem Ziel auf dem hohen zweirädrigen Baroccio zurückzulegen. Wir wenden uns links, ostwärts, auf guten Vicinalwegen durch freieres Hügelland hin. Die Landschaft hat mehr deutschen Charakter: Pinien und Cypressen sind verschwunden, dagegen unterbrechen Eichen-Gruppen die Monotonie der wohlangebauten Felder. Rechts von der Straße, südlich, steigen die breiten zusammenhängenden Massen der drei Berge Monte Tenetra, Monte Acuto und Monte Catria auf, theils grüne Matten, theils Geröllhalden.

Weiter geht's an dem malerifch auf freiem Bergkegel gelegenen Frontone vorbei und dann füd-öftlich auf immer geringer werdendem Wege durch Serra S. Abbondio. Hier biegt unfer Weg im rechten Winkel füd-weftlich ab und fteigt die fchöne Schlucht der Cefana aufwärts. Wir glauben wieder in deutfchen Bergen zu fein: klares Waffer raufcht über moofige Steine, mächtige Buchen und Tannen geben Schatten und Kühlung. Enger und enger wird die Schlucht, immer fteiler der ausgefahrene Weg. Endlich, mit einem letzten fteilen Anftieg entringt er fich der Tiefe, und rechts vor uns am Rande der Schlucht, auf fchönen ebenen Matten, ftreckt fich der fchmucklofe, aber ftattliche Bau des Camaldulenfer-Klofters Santa Croce a Fonte Avellana, während links über uns die gewaltigen Maffen des Catria aufragen.

Das ift die Stelle, von der Dante im Himmel des Saturn den hl. Pier Damiano fagen läßt:

Auf zwifchen Welfchlands Küften ragen Felfen,
Und nicht gar weit von deinem Vaterland
So hoch, daß fich die Wetter tiefer wälzen,

Gewölbt zum Kulme, Catria genannt,
An deffen Fuß geweiht ift eine Oede,
Die nur dem Dienfte Gottes zugewandt. Par. 21, 106.

Wir wollen zunächft zum Gipfel auffteigen, dem Punkt, von dem aus der Anfang der Stelle gedacht ift. Der Weg, größtentheils auch für Reitthiere gangbar, führt über die breit hingelagerten Berghänge in bequemen Serpentinen bis zum Gipfel. Leider ift diefer faft ganz entwaldet; — wie mir mein Führer fagte, erft feit der Säcularifirung des Klofterguts 1871. Von der Schönheit des früheren Klofterwaldes erzählen nur einige Gruppen herrlicher Buchenhochftämme, die da und dort noch aus dem kümmerlichen Geftrüpp aufragen. Dagegen haben fich weiter aufwärts am Berg die prächtigen Klofter-Matten erhalten, die fich fehr wohl neben denen der Schweiz und der bayerifchen Alpen fehen laffen können und von weit her mit Vieh befchickt werden.

Vom Gipfel des Catria, der mit feinen 1700 Metern alle umliegenden Höhen überragt, hat man eine jener Rundfichten, die fich dem Gedächtniß unverwifchbar einprägen. Die nächfte Umgebung lag klar vor uns hingebreitet: zunächft die gewaltigen Nachbarn Monte Acuto und Monte Tenetra und dahinter der Monte Petrano, auf der anderen Seite Monte Foria und Monte della Strega und etwas weiter der ftolze Monte Cucco, zu unferen Füßen das enge Thal von Chiaferna und die Schluchten des Cefano und der Cefana, die, beide dicht beim Klofter entfpringend, in verfchiedener Richtung vom Catria niederfließen, um fich bei Pergola unter dem Namen Cefano zu vereinigen. Sein langgeftrecktes Thal, ebenfo wie das gleichlaufende des Metaurus, läßt fich weithin verfolgen und lockt das Auge bis zum Meer, das hinter Fano dämmert.

Nach Weften hin fliegt der Blick bis zum Trafimener See. Auf diefen deutete ich mir wenigftens einen großen Wafferfpiegel, der jenfeits Gubbio fichtbar wurde. Im Norden zeigte fich Urbino, und dahinter ftieg der unverkennbare Fels von San Marino auf, im Süden thronte ein mächtiger Gebirgsſtock, ob Monte Rotondo von den Monti Sibillini oder gar der Gran Saſſo d'Italia wagte ich nicht zu entſcheiden. Die Wiſſenſchaft des Führers, der über das Nächſtliegende ſehr aufgeweckt Beſcheid gab, verſagte überall bei irgendwie größeren Entfernungen. Das iſt italiäniſche Art.

Beim Abſtieg beſichtigten wir noch, wenige Minuten abſeits vom Saum-Pfad, eine Höhle, wo der Stifter des Kloſters zuerſt als Eremit gewohnt haben ſoll, eine unbedeutende Vertiefung in der Felswand, die durch nichts mehr daran erinnert, welchem frommen Zweck ſie einſt gedient hat.

Das Gebäude, das heutzutag die Nachfolger des Pier Damiano beherbergt und bei aller Schlichtheit den Eindruck des Wohlhabenden, Großräumigen macht, iſt ein längliches Rechteck, deſſen Vorderſeite gerade über der Schlucht der Ceſana aufragt.

Eine der Zellen iſt von der Tradition auf Dantes Namen getauft. Der Eifer einer geſchmackloſen Verehrung hat den ſchlichten Raum leider mit barbariſchen Bemalungen verunſtaltet, zwiſchen gemalter doriſcher Architektur fürchterliche Landſchaften, deren eine Pier Damiano und Dante zeigt, die von einem Felſen über Wolken auf das Kloſter Avellana herunter ſehen. Aber ein Blick aus dem Fenſter über die düſtere waldige Schlucht und hinüber nach dem rieſenhaften Catria ſtellt die Stimmung raſch wieder her.

Noch ein anderer Raum des Kloſters iſt mit Dante in Beziehung gebracht. Im Vorſaal bei der Bibliothek findet ſich an der Wand zwiſchen den Fenſtern, die ebenfalls eine herrliche Ausſicht bieten, eine ſchlechte Büſte Dantes mit einer langathmigen Inſchrift aus dem Jahr 1557, welche beſagt, daß Dante in dieſem Gemach gewohnt und einen großen Theil ſeines «faſt göttlichen Werkes» verfaßt haben ſolle. Doch ſcheinen über die Richtigkeit dieſer Annahme bald Zweifel entſtanden zu ſein. Denn unter der erſten Inſchrift meldet eine zweite vom Jahr 1622, daß ſie «re verius cognita» (alſo wohl «nachdem die Wahrheit beſſer erkannt») «hoc in loco» («hier», alſo wohl an einem anderen als dem urſprünglichen Orte) angebracht worden ſei.[6]

Im Verhältniß zu dieſem prunkhaften Monument iſt das Andenken an Dante unter den Kloſterbrüdern von heute merkwürdig verblaßt. Da ſtand er den Bauern von San Benedetto in Alpe ganz anders lebendig vor der Seele. Viel ſtolzer ſind die Mönche auf ihr «Eco undicisillabo», das ſie Einem vom Rand der Schlucht dem Kloſter gegenüber hören laſſen. Zwar eilf- oder gar fünfzehnſilbig, wie Ampère behauptet, iſt es nicht, ich habe es nur bis auf einen halben Vers gebracht. Es mag ſein, daß die Ausrodung des Waldes die urſprüngliche Vollkommenheit beeinträchtigt hat. Aber es macht doch einen eigenthümlichen Eindruck, wenn die heilige Bergeinſamkeit Dantes Terzinen — und wer ſollte hier nicht Dante citiren! — klar wie mit Menſchenſtimme nachſpricht.

Wann Dante am Catria war, wiſſen wir nicht. Die Tradition ſagt, daß er dort nach dem Tod Heinrichs VII. eine Zuflucht gefunden habe.[7] Doch irgendwelche feſte Anhaltspunkte hierfür ſind nicht vorhanden. Auch dafür, daß er überhaupt dort war, haben wir keinen Beweis außer unserer Stelle aus der Divina Commedia. Es ist deßhalb wieder darüber gestritten worden, und namentlich Bartoli[8] tritt mit seiner ganzen Skepsis gegen die Annahme in die Schranken.

Vollständig recht hat er, wenn er der späten und unsicheren Meldung der oben erwähnten Inschrift keinen Werth beilegt, wenn er auch wohl neben der Jahreszahl 1622 noch die frühere Jahreszahl 1557 hätte angeben dürfen. Aber ebensowenig will er die Beweiskraft der Stelle in der Divina Commedia gelten lassen. «Das ist keine Beschreibung», wendet er ein. «Dante sagt, daß die Apenninen einen Kulm bilden, aber daß er hinaufgestiegen sei auf diesen Kulm, sagt Niemand außer Troya.» Und auf den romantischen Troya ist Bartoli immer bös zu sprechen. Aber daß Dante nicht selbst sagt, er sei dort gewesen, beweist schlechterdings nichts. Denn er erwähnt in gar vielen Fällen mit keinem Worte seiner Person, und doch geht es aus seinen Versen mit unzweifelhafter Gewißheit hervor, daß er an Ort und Stelle war.

Gewichtiger scheint auf den ersten Blick ein Argument, das Scartazzini[9] den Versen Dantes entnimmt.

Dante läßt den Stifter von S. Croce sagen:

Das Kloster brachte diesem Himmelskreise
Einst reiche Frucht. Doch jetzt ist's leer alldort,
Sodaß es noth bald thut, daß sich's erweise. Par. 21, 118.

Soll in diesen Versen Dante seinen Dank für die genossene Gastfreundschaft aussprechen?! fragt Scartazzini. — Vielleicht haben aber die Klosterbrüder keinen besseren Dank verdient. Ja, ich möchte den Spieß umkehren und sagen, die letzte Terzine ist gerade ein Beweis weiter für die Anwesenheit Dantes in S. Croce. Denn er würde den Tadel über die Mönche nicht ausgesprochen haben, wenn er nicht von dessen Berechtigung überzeugt gewesen wäre, und wie soll er bei der Abgelegenheit des Klosters unter den Verkehrsverhältnissen des vierzehnten Jahrhunderts diese Ueberzeugung anders erlangt haben als durch persönliche Erfahrung.

Die Frage wird wohl nie entschieden werden, da das einzige Beweisstück die Stelle in der Divina Commedia ist. Ich für mein Theil berufe mich hier wieder auf ein vielgeschmähtes, aber darum nicht minder berechtigtes Argument, das Gefühl. Ich kann jedem Zweifler nur empfehlen, nach S. Croce zu wallfahren und oben auf dem Gipfel mit seiner stolzen weiten Aussicht und unten im Kloster in seiner geschützten weltabgeschiedenen Einsamkeit die Verse zu lesen, die so schlicht und so knapp sind und doch wie angegossen für die Landschaft passen, die sie schildern sollen, ohne den geringsten falschen Zug in das Bild zu bringen. Wenn ihn das auch nicht überzeugt, — so bleibt eben Jeder von uns bei seiner Ansicht.

Immer weiter landeinwärts führen uns Dantes Spuren, hinüber in das Thal des Tiber. Nur einmal müssen wir zuvor noch Halt machen, bei dem alterthümlichen Städtchen Gubbio.

Wenn man, vom Catria herkommend, hinter Scheggia in langem Anstieg durch öde Felsgegend die Wasserscheide zwischen Adria und Tyrrhenischem Meer erreicht hat und es nun, Gubbio zu, rasch zu Thal geht, begegnet uns links der Straße als erstes Gewässer, das dem Tiber zufließt, der Chiascio. Er folgt aber nicht der süd-westlich ziehenden Straße, sondern fließt zunächst süd-ostwärts, um später erst im weiten Bogen nach Süden und Süd-Westen zu wenden. Noch eine kurze Strecke bergab mit starkem Gefälle, dann tritt die Straße an den Bergen heraus, die hier in langgestreckter scharf abgeschnittener Front nach Süd-Westen auf eine fruchtbare Ebene hinuntersehen. Links neben uns liegt Gubbio, das sich, fernhin gekennzeichnet durch seinen hochgethürmten Palazzo dei Consoli, malerisch die Hänge hinanzieht, und hoch oben vom Berg sieht das Kloster des hl. Ubaldus weit in's Land hinein. Ubaldus oder Hucbald, der Schutzpatron der Stadt, hatte sich als Eremit dort oben niedergelassen und war später Bischof von Gubbio gewesen. Der Chiascio fließt also thatsächlich von der Rückseite der Berghöhe, die das Kloster S. Ubaldo trägt, und Dante kann ihn demnach sehr wohl bezeichnen als den

Bach, der quillt
Von der dem sel'gen Hucbald lieben Höh. Par. 11, 43.

Und zugleich setzt diese Art der Bezeichnung eine Localkenntniß voraus, wie sie eben wieder nur an Ort und Stelle erworben worden sein kann.

Die Stelle ist der einzige Anhaltspunkt für einen Aufenthalt Dantes in Gubbio. Die andere, gewöhnlich für Gubbio angeführte Stelle, wo Dante dem Oderisi von Gubbio bei den Hochmüthigen im Purgatorio begegnet, weist, wie wir gesehen haben, nicht auf die Vaterstadt des Künstlers, sondern auf Bologna.[10] Und die Tradition von Beziehungen Dantes zu Bosone de' Raffaelli von Gubbio ist so unverbürgt, daß sie Bartoli[11] mit Recht verwirft. Aber die Stelle vom «sel'gen Hucbald» hat Bartoli übersehen, und sie genügt meines Erachtens, um Dantes — wenn auch nur ganz vorübergehenden — Aufenthalt in Gubbio zu verbürgen.

Zu einem dritten Kloster lenkt Dante unsere Schritte. Aber es ist nicht eine abgelegene, weltvergessene Alpen-Klausnerei, nicht das Haus eines bescheidenen Heiligen, dessen Namen kaum weiter reicht als die Bannmeile des Ortes, der ihn als Schutzpatron anruft; es ist die Gründung eines der gewaltigsten Streiter der katholischen Kirche, der mit seiner Feuerseele den erkaltenden Glauben des Mittelalters mit einer neuen nachhaltigen Gluth durchhauchte, und eine der stolzesten Hochburgen des Katholicismus, der in der Gefolgschaft dieses kirchlichen Helden eine unvergleichliche Heerschaar fand: das Kloster des heiligen Franciscus zu Assisi.

Aus dem reichen weiten Tiber-Thal, gegenüber den lieblichen Hügeln von Perugia, da, wo der obengenannte Chiascio mit dem südlich von Foligno her zuströmenden Tupino in stumpfem Winkel sich vereinigt, steigt die Höhe des Subasio auf. Der Gipfel des Berges, der in seinen Falten noch im späten Frühjahr Schnee zeigt, ist kahl, steinig und steil. Weiter abwärts wird der Hang sanfter und fruchtbarer und verliert sich als üppiger Oliven-Garten in die Thalebene. An der Grenze zwischen dem steinigen Hang und dem fruchtbaren Vorlande liegt Assisi, und am weitesten vortretend gegen das Thal, trotzig hinausgebaut auf gewaltigen Substructionen hebt sich weithin sichtbar, herausfordernd, fast kriegerisch der kühne Bau des Klosters mit seiner mächtigen in zwei Stockwerken über einander aufsteigenden Doppel-Kirche.

Mit gewohnter Treue, die das untrüglichste Zeugniß eigener Anschauung ist, schildert Dante diese Oertlichkeit:

Zwischen Tupino und dem Bach, der quillt
Von der dem sel'gen Hucbald lieben Höh',
Senkt sich von hohem Berg ein Fruchtgefild.

Von dort her hat Perugia Sonn und Schnee
An Porta Sol', und hinter ihm verflucht
Gualdo und Nocera des Joches Weh'.

Von diesem Hang, wo mehr der Jachheit Wucht
Sich bricht, ging eine Sonne in die Welt,
Stolz wie je unsre aus des Ganges Bucht. Par. 11, 13.

Zu der zweiten Terzine ist noch zu bemerken, daß Porta Sole ein Stadtthor auf der Assisi zugekehrten Seite von Perugia ist, die den rauhen Winden und den Sonnen-Reflexen des Subasio gleichermaßen ausgesetzt ist[12], während Gualdo und Nocera, die im Quellgebiet des Chiascio bezw. Tupino liegen, die kalte unwirthliche Nordostseite dieser Berghöhe sich gegenüber haben.[13]

Die Siedelei des hl. Franz auf der Verna

Am Felsenklotz, der Arno trennt und Tiber, Par. 11, 106.

der Schauplatz seiner verzückten Betrachtungen, den wir seitab gelegen im Casentino-Thal besucht haben, hat sich bis heute im Besitz der Ordensbrüder erhalten, die dort in des Klosters friedlicher Zelle und zugleich fern von des Lebens verworrenen Kreisen an der Brust der Natur ihrem seraphischen Stifter nachleben mögen. Das der Welt zugekehrte stolze Ordenshaus zu Assisi, das die Streiter der Kirche sammelte und aussendete, hat den Sturm der neuen Zeit über sich ergehen lassen müssen. Das Kloster ist aufgehoben, und in seinen Räumen hat der Staat eine Erziehungsanstalt für Lehrersöhne eingerichtet. Aber der frühere Charakter ist der Stätte untilgbar aufgeprägt, und noch heute sieht man an dem Leib, den sie sich gebaut hat, wie gewaltig die Seele war, die einst hier webte.

Das innerste Wesen des franziskanischen Geistes liegt darin, daß er mit einer kindlichen Freude, einer inbrünstigen Liebe die liebe Gotteswelt und all ihre Creatur umfaßt und von dieser fest auf der Erde fußenden Basis, der man eine pantheistische Färbung nicht wird absprechen können, von Stufe zu Stufe aufsteigend, der reinen Anschauung Gottes zustrebt, die aber durch die Gluth der Einbildungskraft doch immer zu einem höchst innigen, persönlichen Verhältniß zwischen dem Schauenden und der Gottheit sich gestaltet. Darin lag die geheimnißvolle Kraft dieses neuen Evangeliums, mit der es das Volk in solchen Massen anzog und in seine mystischen Höhen mit sich emporhob.

Diese Geistesrichtung fand ihren Baustil in der Gothik, die bezeichnender Weise von den Franziskanern für ihre Hauptkirche angenommen wurde, als es noch kaum in Deutschland gothische Kirchen gab.[14] Sie fand ihren Maler in Giotto, der die Legenden und Lehren des Ordensstifters in einer gewaltigen Freskenreihe in der Doppelkirche abgebildet hat, und ihren Dichter in Dante, der nicht nur an der oben erwähnten Stelle des Paradieses als begeisterter Lobredner des Franciscus dessen Legende in mustergültige Form prägt, sondern auch in der Anlage seines ganzen Gedichtes dem Stufengang jener mystischen Contemplation gefolgt ist.[15]

Man hat darüber gestritten, ob die Bauweise von San Francesco gothisch zu nennen sei oder schon als Vorstufe der Renaissance betrachtet werden müsse.

In der augenfälligen Klarheit, wie bei den nordischen Kathedralen, wo ein einziger Organismus von den mächtigen eng-gestellten Säulen-Bündeln der Grundpfeiler in lebendiger Gliederung und Fügung weiter und weiter aufsteigt bis zu den Fialen und Kreuzblumen, in denen der Baugedanke ausstrahlt und aufblüht, zeigt San Francesco zu Assisi das gothische Princip nicht. Aber in dem Zusammenwirken der mächtigen düsteren Gewölbe der Unterkirche mit der freien luftigen Halle der Oberkirche finden wir dieses Aufstreben aus der Gebundenheit der Erde zur Himmelsklarheit — bewußt oder unbewußt — in die Sprache des Südens übersetzt.[16]

Und den gleichen gewaltigen auf der Erde fußenden Unterbau und das gleiche grandiose Aufstreben zum Uebersinnlichen finden wir auch beim Maler und Dichter.

Giotto wie Dante verfügt über einen unermeßlichen Schatz an künstlerisch geschauten Eindrücken, der den Einen wie den Anderen in Stand setzen würde, eine überreiche Daseinsfülle vor uns erstehen zu lassen. Aber so offen auch ihre Augen für die umgebende Natur sind, so liebevoll sie sich in deren Beobachtung versenken können, die ganze Natur ist ihnen nicht um ihrer selbst willen da, sie weist über sich hinaus auf etwas Höheres. Und, für dieses Höhere den Ausdruck zu finden, ist ihr Streben. Darum gehen sie nicht in die Breite, lassen sich nicht dazu verleiten, eine Erscheinung mit all ihren Zufälligkeiten wiederzugeben, sondern ringen immer darnach, sie typisch abzuklären, symbolisch zu vertiefen, sie geeignet zu machen zur Runenschrift für das Unaussprechliche. Beide haben dabei manchmal in den Mitteln des Ausdrucks sich vergriffen, sie haben sich zur Allegorie verirrt, während sie nur symbolisch sein durften. — Die Ehe des hl. Franz mit der Armuth ist bei Giotto wie bei Dante ein warnendes Beispiel, wie machtlos alle Künstlerkraft ist, einer trockenen Allegorie wirkliches Leben zu verleihen.[17] — Aber ihre glühende Sehnsucht spannt doch immer alle ihre Kräfte zum Flug aufwärts, und das tragische Ringen nach einem Ausdruck für das Unaussprechbare, Undarstellbare ist die geheime Triebkraft, die ihre Kunst zu immer neuen, immer höheren Gebilden emporträgt.

Diese Kunst lebt sich nicht wohlig aus, wie es den Sonnensöhnen der Renaissance vergönnt war, in heiteren Prunksälen, in daseinsfrohen Gemälden, in breithinströmenden farbenprächtigen Dichtungen, im Vollgenuß ihrer Individualität. Zwar auch sie fußen fest auf der Erde, aus der sie ihre hauptsächlichste Kraft ziehen. Aber hart und straff und selbstlos fassen sie sich zusammen, und ihr Auge und ihr Streben ist aufwärts gerichtet zu den Sternen, über die Sterne.

Das ſcheint mir aber das innerſte Weſen der Gothik zu ſein, das ebenſo in dem Bauſtil, wie in dem Geiſt des Franciscus, in den Bildern des Giotto, wie in der Divina Commedia zu Tage tritt. Wer möchte ſagen, das ſeien zufällig zeitlich neben einander auftretende Erſcheinungen und nicht nur verſchiedene Spiegelungen, Ausſtrahlungen desſelben einigen Menſchengeiſtes, der ſein Leben und ſeine Entwicklung hat, wie der Einzelne?

In der Gothik liegt ſchon der Keim zur Renaiſſance. Aber die gothiſche Baukunſt, der Geiſt des Franciscus und die Malweiſe des Giotto zerfielen, als die Renaiſſance erſtand[18]: in der Divina Commedia fanden ſtaunend die neuen Menſchen ſchon vorher verkündet die Gedanken der neuen Zeit.

Süd-Italien.

Wenn wir uns von Rom füdwärts wenden, fo ift es auffallend, wie felten wir auf Oertlichkeiten treffen, für die uns durch Stellen der Divina Commedia die Anwefenheit des Dichters bezeugt wird. Zwar vereinzelt begegnen fie uns auch hier. Aber alle Bilder, die uns Dante aus diefen füdlichen Gegenden gibt, find flüchtiger, unbeftimmter, fchattenhafter, und wenn wir auch aus einzelnen Zügen wieder fchließen dürfen, daß fie der Dichter nur an Ort und Stelle beobachtet haben kann, fo können wir uns doch des Eindrucks nicht erwehren, daß Dante in der Unraft feines Wanderlebens, vielleicht auch in mittelalterlicher Befangenheit, von der auch er ficher nicht frei war, den Wundern des Südens eine geringere Empfänglichkeit entgegenbrachte als den heimathlich vertrauten Landfchaften von Mittel- und Ober-Italien.

Nicht überrafchend ift es uns, daß unter den von Dante in Süd-Italien genannten Oertlichkeiten verhältnißmäßig viele an die Hohenftaufen erinnern, deren tragifches Gefchick fo enge mit jenem fo verlockend fchönen und fo tückifch verderblichen Lande verbunden ift und den Dichter wie den Politiker Dante gleich lebhaft berührte.

Zunächft finden wir zwei an der Nordgrenze des Königreichs Neapel gelegene Städte, die in der Gefchichte der Hohenftaufen eine unheilvolle Bedeutung erlangt haben, in der Reihe der Schlachtfelder erwähnt, die Dante zum Vergleich mit der letzten Schlucht der fchlimmen Klammen aufzählt, Ceprano und Tagliacozzo. Er fpricht dort von dem Volke,

Deß Knochen bei Cepran noch heute
Man auflieft, wo ganz Pulien treulos ward
Und jenfeits Tagliacozzo auf der Auen,
Wo waffenlos gefiegt der Greis Alard. Inf. 28, 15.

Mit dem erften Namen erinnert Dante an das Ende Manfreds, mit dem zweiten an das Conradins.

Ceprano liegt am Liris auf der Grenze zwifchen dem römifchen Gebiet und Neapel und war ein ftrategifch wichtiger Punkt, deffen Vertheidigung Manfred feinem Oheim Giordano Lancia und dem Grafen Richard von Caferta anvertraut hatte. Die Via latina, die durch das breite Thal des Sacco daher kommt, geht erft durch das alte bethürmte Städtchen, überfchreitet dann auf hoher Brücke den fteilufrigen Fluß und zieht, fich links wendend, um eine Anhöhe herauf, die breit vorgelagert zur Vertheidigung des Ueberganges wohl geeignet fcheint. Es ift offenbar die Stellung, die von den deutſchen und neapolitaniſchen Truppen Manfreds eingenommen wurde. Wie berichtet wird, ließen ſie auf den Rath des Grafen von Caſerta einen Theil der Franzoſen unbehelligt herüber, um ſie deſto empfindlicher zu treffen. Dann aber erklärte Richard plötzlich, es ſeien ihrer ſchon zu viele, zog ohne Schwertſtreich ab, und Giordano folgte ihm. Ob Verrath oder Kopfloſigkeit dies Verhalten veranlaßte, iſt zweifelhaft. Dante iſt jedenfalls der erſten Anſicht, da er ſagt:

Wo ganz Pulien treulos ward.

Die Wendung, daß man «dort die Knochen noch heute aufließt», möchte, wenn man die ſonſtige Präciſion der Dante'ſchen Ausdrucksweiſe bedenkt, faſt vermuthen laſſen, daß Dante hier wieder als Augenzeuge ſpricht. Doch ſtellt ſich Dem das Bedenken entgegen, daß, wenn Ceprano auf die geſchilderte Weiſe verloren ging, eben in Folge dieſer Treuloſigkeit oder Kopfloſigkeit die Action dort ziemlich unblutig verlaufen ſein muß.[1]

Dieſer Widerſpruch berührt um ſo ſeltſamer, als bei der Erwähnung des zweiten Ortes Dantes Gewiſſenhaftigkeit im Ausdruck beſonders hell in's Licht tritt. Dante bezeichnet das zweite Schlachtfeld mit den Worten «là da Tagliacozzo», eine Wendung, der die Ausleger und Ueberſetzer bisher meines Wiſſens keine weitere Beachtung geſchenkt haben. Ein Gang über das Schlachtfeld[2] ergibt aber, daß dieſer Ausdruck ſeine ganz beſtimmte Bedeutung hat, und zwar iſt er mit «jenſeits» wiederzugeben. Wenn man von Rom durch das ſabiniſche Bergland auf der valeriſchen Straße herkommt, ſo liegt Tagliacozzo an dem Anfang eines Hochthals, der Campi Palentini, die in ihrer üppigen Schönheit, umragt von den gewaltigen Bergſchranken, die märchenhafte Bühne für den letzten Act des phantaſtiſchen Hohenſtaufen-Dramas darboten. Das Städtchen iſt noch an den ſchroffen Berghängen hinauf gebaut, aus denen der ſteile Pfad von Roccacerro herabkommt, während die Heerſtraße in einem Bogen um den Berg von links herläuft. Von Tagliacozzo zieht ſich, anfangs ſchmal, die wohlbebaute Ebene gegen Oſten und dehnt ſich dann rechts hin zu weitem Dreieck. Die Straße geht links am Rand entlang, unter Scurcola vorbei und tauſend Schritte weiter über den Salto, der hier nordwärts in die Berge fließt. Hier ſind die Campi Palentini zu Ende, und die Ebene verengert ſich wieder. Der Bergvorſprung, der Scurcola mit dem Caſtell der Orſini trägt, ſchiebt ſich von Norden her ſcharf herein, und auf dem rechten Flußufer ſetzt der couliſſenartig aufragende Monte San Felice den Höhenzug nach Süd-Oſten fort, wie gemacht dazu, einen Hinterhalt ſicher zu verbergen. Von den Höhen von Tagliacozzo nun waren die Geſchwader Conradins niedergeſtiegen und hatten im ſtürmiſchen Anlauf die hinter dem Salto aufgeſtellten beiden erſten Treffen Anjous über den Haufen geritten. Wie ſich aber in der Hitze der Verfolgung und im Jubel des Sieges die Reihen der Deutſchen löſten, da ließ Karl die Blüthe der provençaliſchen Ritterſchaft, die er auf den Rath des alten kriegserfahrenen Alard von Valery als Reſerve zurückgehalten hatte, unverſehens vorbrechen und verwandelte den ſcheinbar ſchon ſicheren Sieg Conradins in eine furchtbare Niederlage. Da, wo die Straße den Salto überſchreitet, liegen noch die Trümmer der Abtei S. Maria della Vittoria, die Karl von Anjou zum Gedächtniß ſeines Sieges durch Niccolò Piſano erbauen ließ. Die Wahl des Platzes war jedenfalls bedeutſam. Dorthin, hinter dem Monte San Felice vor, hatte er eben die Reſerve vorgeführt, die die Entſcheidung gebracht hat. Dieſer Punkt liegt aber am entgegengeſetzten Ende der Campi Palentini wie Tagliacozzo, alſo ganz entſchieden «jenſeits» von dieſem.

Ebenſo genau ſind Dantes Angaben bei einer dritten Hohenſtaufen-Stelle, bei der Beſchreibung des Grabmals, das auf dem Schlachtfeld von Benevent dem ſchönen Manfred von ſeinen ritterlichen Gegnern geſchichtet worden war. Wenn die Unverſöhnlichkeit der Pfaffen nicht geweſen wäre, ſagt er,

> So hätten ſtill bei Benevent geruht
> Am Brückenkopf die Knochen des Geſcheuchten,
> Dort unter des gewicht'gen Males Hut. Purg. 3, 127.

Es gibt zwar bei Benevent, das vom Calore und ſeinem Nebenfluß Sabato im ſpitzen Winkel umfloſſen wird, nicht weniger als vier Brücken, von denen eine jede die Ehre für ſich in Anſpruch nimmt, die rechte zu ſein, ebenſo wie auch die Anſichten über die Lage des Schlachtfeldes manchfach auseinander gehen. Doch ſcheint mir durch die Unterſuchungen von Meomartini jetzt beides zweifellos feſtgeſtellt.[3]

Karl von Anjou kam nach dem leichten Sieg von Ceprano auf der alten Via latina herangezogen und machte auf den Hügeln im Nord-Weſten von Benevent Halt, während die Stellung Manfreds für den Anfang im Nord-Oſten der Stadt hinter dem Calore anzunehmen iſt. Dann überſchritt Manfred den Calore auf dem alten Ponte della Maorella oder Maurella, von deſſen Landpfeilern die Ueberreſte an beiden Flußufern oberhalb der heutigen Haupt-Straßenbrücke noch zu ſehen ſind. Karl ſtieg von ſeinen Hügeln nieder, und auf dem ſchönen Plan im Norden der Stadt, der jetzt von der Eiſenbahn durchzogen wird, kam es zum Kampf. Der Verrath der Neapolitaner und die verwegene Tapferkeit der Franzoſen entſchied den Tag für Karl, und während Manfreds Truppen dem Calore zuflohen, fand er ſelbſt, der ſeinen Fall nicht überleben wollte, ſein Ende, wie es einem Hohenſtaufen ziemte, im Getümmel der Feinde. Erſt nach langem Suchen wurde ſein Leichnam auf dem Schlachtfelde aufgefunden und von ſeinen gefangenen Getreuen unter lautem Wehklagen erkannt. Wenn nun von den Chroniſten in Uebereinſtimmung mit Dante berichtet wird, daß Manfred am Brückenkopf bei Benevent beſtattet worden ſei, ſo hat unſtreitig die Annahme am meiſten für ſich, daß unter dieſer Brücke diejenige zu verſtehen ſei, die dem Schlachtfeld zunächſt, faſt im Mittelpunkt von Manfreds Stellung gelegen war, eben der Ponte della Maorella. Dieſe Annahme wird aber noch durch den Umſtand unterſtützt, daß nach einem der Chroniſten[4] das Grab Manfreds in der Nähe einer zerfallenen Kirche lag und daß in der That bei dem Ponte della Maorella am rechten Ufer eine ſolche, die uralte — jetzt verſchwundene — Kirche S. Marciano, einſt vorhanden war.

Eigenthümlich iſt auch der Anklang zwiſchen dem Beinamen der Brücke «Maorella» oder «Maurella» und der «Mora», dem Steinmal, von dem Dante ſpricht, und die Vermuthung iſt fehr anfprechend, daß fich eben in diefem Beinamen eine Erinnerung an Manfreds Grab erhalten habe.[5]

Uebrigens dürfen wir bei der Stelle von Benevent wie bei der von Tagliacozzo nicht vergeffen, daß die beiden Ereigniffe für Dantes Zeit der jüngften Vergangenheit angehörten und daß der Dichter von diefen gewaltigen Kataftrophen, die gewiß Aller Gemüther erfüllten, bis in's Einzelne wohl unterrichtet fein konnte, ohne felbft an Ort und Stelle gewefen zu fein.

Im unmittelbaren Anfchluß an Manfreds Grab am Brückenkopf von Benevent erwähnt dann Dante noch des Grenzfluffes Verde, an deffen Ufer die ketzerifchen Gebeine von dem unverföhnlichen Erz-Bifchof von Cofenza ausgefetzt wurden:

Jetzt dorrt der Wind fie, Regen muß fie feuchten,
Landfremd dort in des Verde Strand-Gefchiebe,
Wo er fie hinbracht mit verlöfchten Leuchten! Purg. 3, 130.

Der Name Verde ift heute verfchollen, und fchon bei den alten Commentatoren finden fich Meinungsverfchiedenheiten, wo der Fluß zu fuchen fei. Die Einen halten ihn für den Garigliano, den alten Liris, der in feinem Mittellauf bei Ceprano eine Zeit lang die Grenze zwifchen Neapel und dem Kirchenftaat bildet und dann füdlich Gaeta in's Tyrrhenifche Meer mündet, die Andern für den heutigen Caftellano, einen rechtsfeitigen Nebenfluß des Tronto, mit dem er fich bei Ascoli-Piceno vereint und dann dem Adriatifchen Meere zufließt.[6]

Wenn wir es auf eine Abftimmung über die Frage ankommen laffen wollten, fo hätte der Liris zweifellos gefiegt. Scartazzini überfchüttet uns förmlich mit Namen derjenigen Autoritäten, die fich heute für ihn entfchieden haben, und fchließt mit der faft drohenden Wendung: «Nur Witte und Bennaffuti haben noch den Muth zu fagen, daß der Verde der Nebenfluß des Tronto ift».

Doch man muß die Stimmen wägen und nicht zählen, und die Erfahrung, die Campo Piceno, Javornik, S. Benedetto, Pennino am Garda-See und fo manche anderen von Dante erwähnten Oertlichkeiten liefern, beweifen, daß geographifche Genauigkeit keine ftarke Seite der Dante-Commentatoren alter und neuer Zeit zu fein pflegt, und daß in folchen Fragen ganz befonders gern die Antwort aus dem Text felbft fabricirt, beziehungsweife vertrauensfelig von Einem dem Andern nachgefchrieben wird.

Ich will nun nicht beftreiten, daß der Garigliano «Verde» geheißen habe; ich behaupte nur, daß dem Caftellano, dem Nebenfluß des Tronto, der Name Verde mindeftens mit dem gleichen Recht zukommt und daß er fich zum Verde der Divina Commedia weit beffer eignet als der Garigliano.

Jedem, der auf der alten Brücke hinter Ascoli den Caftellano überfchreitet und dann an dem tief eingefchnittenen Bergwaffer aufwärts geht, wird fofort deffen eigenthümlich lichtgrüne Farbe auffallen, und es hat damit auch eine ganz befondere Bewandtniß, denn fie rührt von mehreren Schwefelquellen her, die etwa zwei Stunden oberhalb am Fuß des Felfens von Caftell

Trofino dicht neben dem Caftellano entfpringen und fich mit ihm mifchen.[7] Daß aber Flüffe nach ihrer Farbe genannt werden, dafür finden fich auch fonft Beifpiele in Italien, fo die Bruna in der toscanifchen Maremma, die ihren Namen der tiefbraunen Färbung durch die kupferhaltige Erde verdankt.

In der That finden wir bei Boccaccio den Caftellano fchlechtweg unter dem Namen Virdis, und zwar nicht in feinem Dante-Commentar, das nicht fo weit gediehen ift, fondern in feinem Verzeichniß der Berge, Wälder, Quellen u. f. w.[8], und wenn diefer Zeuge trotzdem als befangen gelten follte, weil er bei feinem Virdis doch auf Manfred zu fprechen kommt, fo haben wir noch zwei ganz unverdächtige Zeugniffe in zwei alten Berichten über den Tod eines Feldhauptmanns der Asculaner, des Oliverius Buccablanca, der im Jahr 1362 in einem Hinterhalt fiel, «prope Suinum quem Viridem vocant» fagt der Eine, «in loco ubi Viridis Fluvius in Truentum mittit» fagt der Andre.[9]

Bedenken wir aber die Motive, warum Manfreds Gebeine vom Brückenkopf bei Benevent an den Verde verbracht wurden: damit fie nicht auf kirchlichem Boden lägen, weil er gebannt war, und nicht in Manfreds Königreich, was der Hirt von Cofenza verfchworen hatte, fo fprechen diefe unftreitig für die fern abgelegene Abruzzenfchlucht des Caftellano, deffen linkes Ufer in der Mark Ancona liegt, die damals noch nicht zum Kirchenftaat gehörte, und gegen die Ufer des Garigliano, wo man nur die Wahl gehabt hätte, den Ketzer Manfred entweder im allereigentlichften Patrimonium Petri oder eben doch in feinem Königreich zu beftatten.[10]

Uebrigens ift es auch weniger um diefer, als um einer zweiten Stelle willen, in der gleichfalls vom Verde die Rede ift, daß die Anficht Verde - Caftellano beftritten wird, und zwar liegt das Gewicht fo fehr auf der zweiten Stelle, daß Einige fcheiden zu können glauben und den Verde das eine Mal als Caftellano, das andere Mal als Garigliano auffaffen.[11]

Wir müffen uns die Stelle näher anfehen, die im Stande war, die Erklärer zu diefem verzweifelten Auskunftsmittel einer doppelten Deutung zu treiben.

Es ift die Stelle, wo Dante im Himmel der Venus mit dem ihm befreundeten Prinzen aus dem Angiovinifchen Königshaufe, Karl Martell, zufammentrifft, und der Frühverftorbene die ihm beftimmt gewefenen Reiche aufzählt. Neapel befchreibt er dabei mit den Worten:

Und jenes Horn Ausoniens, das umfäumen
Baris, Gaetas und Crotonas Zinnen
Von dort, wo Tront' und Verd' in's Meer verfchäumen. Par. 8, 61.

Dante umfchreibt alfo das Königreich Neapel mit den drei Städten: Bari am Adriatifchen Meer, Gaeta am Thyrrenifchen und Crotona oder Cotrone — das alte Kroton — am Jonifchen. Dazu treten als weitere Grenzbeftimmung die beiden Flüffe Tronto und Verde.

Da nun Tronto unzweifelhaft der Grenzfluß des Königreichs gegen die Mark Ancona ift, fo fcheint es auf den erften Blick fehr einleuchtend, daß der Verde deffen Pendant darftelle und deßhalb am Tyrrhenifchen Meer zu fuchen fei, und dafür bietet fich fcheinbar vortrefflich geeignet der Garigliano, für den auch der Name Verde in Anſpruch genommen wird. Alſo muß — ſo ſcheint es — an dieſer Stelle im Paradiſo der Verde nothwendiger Weiſe der Garigliano ſein, und dieſe Nothwendigkeit wirkt dann bei den Erklärern, denen eine verſchiedene Deutung der beiden Fälle zu gewagt iſt, zurück auf die Deutung von Purgatorio, Geſ. 3. Außerdem wird gegen die Deutung Verde - Caſtellano noch eingewendet, daß in dieſem Fall Dante mit dem Verde für die Grenze gegen die Mark einen durchaus überflüſſigen Zuſatz gemacht habe, weil dort der Tronto zur Grenzbeſtimmung vollkommen genüge.

Aber die vortreffliche Vereigenſchaftung des Garigliano zum Grenzfluß iſt nur eine ſcheinbare. Thatſächlich bildet der Garigliano nur auf einer kurzen Strecke in ſeinem mittleren Lauf die Grenze gegen den Kirchenſtaat. Bald unterhalb Ceprano tritt er, nach Oſten umbiegend, vollſtändig auf neapolitaniſches Gebiet und mündet noch eine beträchtliche Strecke ſüdöſtlich von Gaeta. Da nun aber Gaeta ſchon als einer der Grenzpunkte genannt iſt, ſo wäre durch die Beifügung des Garigliano als Grenzfluſſes nur eine Verminderung der Genauigkeit erreicht. Denn wo der Garigliano «in's Meer verſchäumt», da liegt eben die Grenze ganz und gar nicht.

Ebenſo trügeriſch iſt der Einwurf gegen den Caſtellano. Nur im Unterlauf folgt die Grenze dem Tronto, dann biegt ſie nach Süden aus und zieht, wie ſie den Caſtellano erreicht, mit einer ſcharfen Wendung an dieſem aufwärts bis zu ſeinem Urſprung.[12] Es iſt alſo durchaus nicht überflüſſig, ſondern im Gegentheil höchſt wohl begründet, wenn Dante an dieſer Stelle die beiden Flüſſe nennt, denn jeder von ihnen hat als Grenzfluß ſeine ſelbſtändige Rolle.

Die Grenzbeſtimmung des Königreichs Neapel ſpricht alſo ebenſo wie Manfreds Grab für die Deutung des Verde auf den Caſtellano.

In dieſer Grenzbeſtimmung iſt noch nachträglich ein anderer Punkt feſtzulegen, über den bei den Erklärern Meinungs-Verſchiedenheiten beſtehen. Das iſt Crotona.

Eine andere, durch eine große Anzahl von Handſchriften geſtützte Lesart lautet «Catona», und die inneren Gründe, mit denen ſie vertheidigt wird, ſind höchſt beachtenswerth. Catona liegt im Süden Calabriens an der Straße von Meſſina, und es läßt ſich nicht beſtreiten, daß es als Grenzpunkt den unterſten Theil des Feſtlandes noch einbegreifen würde, der bei Crotona unberückſichtigt bleibt. Zudem wird angeführt, es habe für Dante um ſo mehr als äußerſter Punkt des Auſoniſchen Horns gelten können, als der mittelalterliche Reiſende eben dort das Feſtland zu verlaſſen gepflegt habe, um nach Sicilien überzuſetzen.[13] Ich geſtehe, daß auch ich dieſe Lesart für die richtige hielt, bis mich der Augenſchein eines Andern belehrte. Aber die örtlichen Verhältniſſe ſprechen unſtreitig gegen Catona und für Crotona.

Die Uferbildung bei Catona bietet durchaus nichts Beſonderes. Von Villa S. Giovanni an, der heutigen Ueberfahrtsſtelle nach Meſſina, zieht ſich nach Süden ein flacher, reich angebauter Küſtenſtreif ohne jede erhebliche Einbuchtung, neben dem ein mäßiges Hochufer aufſteigt. Auf dieſem Hochufer liegt das unſcheinbare Dorf Catona. Zwar iſt auf ſeiner vorderſten Ecke der Unterbau eines alten Wartthurms, der torre di Guardia zu ſehen. Aber der Ort iſt durch die ganze Breite des Küstenstreifens vom Meer getrennt und hat landschaftlich offenbar niemals hervortreten können. Um so weniger aber kann sich in dem Betrachter die Vorstellung bilden, Catona sei der südlichste Punkt des Festlands, als der Küstensaum sich zur Linken noch fernhin dehnt und in den stattlichen Bauten des weit vorspringenden Hafens von Reggio einen energischen Abschluß findet. Wenn Dante an dieser Küste einen Markstein suchte, so hätte er Angesichts von Reggio niemals Catona wählen können.

Es gibt aber noch einen positiven Grund, der für Crotona spricht, das ist die auffallende Aehnlichkeit des landschaftlichen Charakters, die es mit den beiden anderen Grenzstädten, Bari und Gaeta, verbindet. Alle drei sind Hafenstädte, an einer scharf markirten Stelle der Küste gelegen. Der Fels von Gaeta umfaßt von Norden her den gleichnamigen Golf, Bari und ebenso Crotona liegt auf vorspringender Landzunge, die den Scheitel einer Doppelbucht bildet. In allen dreien sind die Gebäude bis dicht an's Ufer vorgeschoben, sodaß die Städte unmittelbar aus dem Meer aufzusteigen scheinen, und jede von ihnen spiegelt in der Fluth eine alte Citadelle, Gaeta die torre Angiovina, Bari das Castell Wilhelms des Guten und Cotrone das Fort Karls V., dessen Höhe aber gewiß von jeher die Akropolis Krotons war. Jedem, der die drei Städte besucht hat, wird sich die Gemeinsamkeit dieser Züge aufdrängen, und gerade sie scheinen es mir zu sein, die Dante so treffend mit dem schwer übersetzbaren Wort «imborga» zusammenfaßt.

Diesen Thatsachen gegenüber kann aber nicht weiter in Betracht kommen, daß Crotona die Südspitze Calabriens nicht mit umfaßt. Eben so wohl könnte man rügen, daß auch die Spitze von Apulien bei der Grenzbestimmung nicht berücksichtigt wird. Dante kann das Königreich nur in ganz großen Strichen umziehen wollen, und so wählt er für den Osten Bari, für den Westen Gaeta, für den Süden Crotona und für den Norden Tronto sammt Verde.

Die feinfühlige Wahl der drei neapolitanischen Hafenstädte, ähnlich wie die Zusammenstellung von San Leo, Noli und Bismantova[11], ist nicht ohne die Annahme zu erklären, daß Dante sie mit eigenen Augen gesehen hat. Nicht so bestimmt läßt sich die Vermuthung aussprechen, daß er auch nach Sicilien hinüber seine Schritte gelenkt habe. Die Stellen der Divina Commedia, die von Sicilien handeln, geben dafür nur schwache Anhaltspunkte.

Die Meerenge von Messina scheint Dante zwar aus eigener Anschauung gekannt zu haben. Bei der Schilderung des zornigen Zusammentreffens zwischen den Geizigen und Verschwendern im vierten Höllenkreise gebraucht er das Bild:

Gleich wie die Wellen der Charybdis gehen,
Die an die Gegenströmung brandend tosen,
So muß sich hier das Volk im Tanze drehen. Inf. 7, 22.

Mit der Vorstellung der classischen Dichter, bei denen die Charybdis als ein die Fluth einschlürfender und wieder aussprudelnder Schlund erscheint[15], hat seine Auffassung nichts gemein, wohl aber stimmt sie überein mit der Wirklichkeit. Wer nach Messina übersetzt, kommt vor der Einfahrt in den Hafen an dem, Garofalo oder Calofaro genannten, Strudel vorbei, der sich bei der äußersten Biegung der Hafensichel am kleinen Leuchtthurm bildet und in dem man die Charybdis der Alten zu erblicken pflegt. Auch sonst finden sich in der Meerenge mehrfach Wirbel, verursacht durch das Hin- und Zurückfluthen der Strömung, «Rema», die in regelmäßigen Zwischenräumen von sechs Stunden die Richtung wechselt. Des phantastischen Grauens, worein die Schiffersage sie gehüllt hat, sind diese Strudel entkleidet, aber immerhin geräth das Boot, wenn man es ohne Ruder treiben läßt, sofort in eine ganz energisch kreisende Bewegung, und der hastig erregte unruhige Kampf der aufeinander treffenden Wellen läßt sie seltsam belebt erscheinen und paßt vortrefflich zu dem Bilde, das Dante wachrufen will.

Die Insel Sicilien selbst finden wir dreimal in der Divina Commedia erwähnt, wobei es bezeichnend ist, daß alle drei Male im Vordergrund von Dantes Vorstellung der Aetna steht.

Zwei dieser Stellen gestatten jedenfalls keinen Schluß auf Dantes Anwesenheit auf der Insel. In der Strafpredigt gegen die ungerechten Fürsten im Himmel des Jupiter wird Sicilien nur kurz als die Feuerinsel bezeichnet (Par. 19, 131), und in der Trutz-Rede des Capaneus auf dem glühenden Sandfeld überwiegt allzusehr das mythologische Element, wenn er von den Cyclopen spricht,

> Die in des Mongibello Ruße schmieden, Inf. 14, 56.

und nur in dem volksthümlichen Namen Mongibello für Aetna klingt ein realistischer Ton an.

In greifbarerer Gestalt erscheint Sicilien in der dritten Stelle, wenn es in der oben schon einmal erwähnten Aufzählung der Erblande Karl Martells von der Insel heißt:

> Und Schön-Trinacria, dem unbehütet
> Vor dem Südost in düstrem Qualm die Bucht
> Zwischen Pachynum und Pelorum brütet
>
> Ob Schwefellagern, nicht ob Typhons Wucht. Par. 8, 67.

Wohlverdient ist der Ehrentitel «schön», den der Dichter der Insel verleiht. Anschaulich sehen wir die weite Bucht von Catania sich dehnen und von dem Riesen-Kegel des Aetna die mächtige Wolke schattend sich darüber legen. Ja, selbst mit der Erwähnung der Schwefellager, die ja wohl nur die Ursache des Vulcans erklären will, trifft Dante den Stoff, der bis auf den heutigen Tag das vornehmlichste Product des sicilianischen Bodens bildet. Aber es läßt sich nicht in Abrede stellen, daß Dante auch diese Stelle sehr wohl geschrieben haben kann, ohne einen Fuß auf die Insel gesetzt zu haben.

Weiter als bis zur Ostküste Siciliens reichen die localen Anklänge in der Divina Commedia überhaupt nicht. Der Name Palermos kommt nur noch in einer politischen Anspielung auf die sicilianische Vesper (Par. 8, 75) vor.

Wir haben den äußersten Punkt unsrer Wanderung erreicht, und wenden uns wieder nordwärts.

Wenn wir sehen, wie lebhaft der Eindruck ist, den die Feuer-Esse des Aetna auf Dante macht, so könnte es uns Wunder nehmen, daß wir in der ganzen Divina Commedia keinen Hinweis auf den Vesuv finden. Doch diese Schwierigkeit löst sich ganz einfach durch den Umstand, daß der Vesuv zu Dantes Zeit überhaupt kein feuerspeiender Berg war.[16] Seit dem zwölften Jahrhundert war kein Ausbruch mehr erfolgt, und alte Waldbäume wuchsen im Innern des Kraters. Der Berg war ein erloschener Vulcan, nicht anders wie etwa der Monte Cavo in den Albaner Bergen oder so manche andere Kuppe des vielgestaltigen italiänischen Bodens.[17]

Ob Dante mit dem Kampf zu Phlegra, von dem ebenfalls der Gotteslästerer Capaneus spricht (Inf. 14, 58), das classische Phlegra in Thessalien meint, oder ob er dabei das phlegräische Feld bei Pozzuoli vor Augen hat, läßt sich nicht ersehen. Auch Neapel selbst erwähnt er nur mit einem Wort, da, wo er Virgil von sich sagen läßt:

Schon ist es Abend dort, wo jetzt zerstaubt
Mein irdisch Theil, das Schatten warf einmal,
Neapel hat's, Brindisi ist's geraubt. Purg. 3, 25.

Man hat darin wohl nicht mit Unrecht einen Anklang an die alte Inschrift auf Virgils Grabmal in Neapel gesehen:

Mantua me genuit, Calabri rapuere, tenet nunc
Parthenope. Cecini pascua, rura, duces.[18]

Für eine Anwesenheit Dantes in Neapel gibt diese Beziehung aber keinen genügenden Anhalt.

Aus dem sonnigen Alterthum treten wir wieder in den Schatten des Mittelalters, wenn wir den letzten Punkt aufsuchen, dessen Dante auf neapolitanischem Gebiete Erwähnung thut, Monte Cassino, das Stammhaus der Benedictiner. Auf weithin sichtbarer Bergeshöhe ist es so recht als Siegeszeichen errichtet auf den letzten Trümmern des niedergeworfenen Heidenthums. Denn einst sah von dort oben ein Apollo-Tempel der Sonne entgegen und wußte mit seinem schönheitsfrohen Gottesdienste das Volk noch lange von der neuen Lehre fern zu halten. Noch heute schmücken Trümmer antiker Sculpturen die weiten Klosterhöfe, und in der Krypta der Klosterkirche tritt der schöngeglättete Kalksteinfels der Bergfläche zu Tag, die den Boden des Apollo-Tempels gebildet haben soll.

Der Charakter einer streitbaren Hochburg des katholischen Glaubens ist diesem Kloster ähnlich wie dem des heiligen Franz zu Assisi schon in seiner äußeren Erscheinung aufgeprägt. Aber während sich das von Assisi zwar wie eine vorgebaute Citadelle, aber doch mit der Stadt eng verbunden darstellt, liegt der burgartige Klosterbau von Monte Cassino hoch über dem bescheidenen Städtchen Cassino — S. Germano — unnahbar und einsam auf seinem stolzen Bergkegel. Der Gegensatz ist gleichsam vorbildlich für den Unterschied zwischen den demüthigen Franciskanern, die im engen Anschluß an das Volk ihre Stärke suchten und fanden, und den aristokratischen gelehrten Benedictinern, die sich vornehm von der Menge abschlossen, dadurch aber auch nach und nach deren Liebe einbüßten.

Auch Dante steht dem Orden unstreitig fremder gegenüber als dem des Franciscus und Dominicus und widmet ihm verhältnißmäßig nur wenige Worte, wenn man die wichtige segensreiche Arbeit bedenkt, die der Orden doch einst für Ausbreitung des Christenthums und der Gesittung geleistet hat.

Aber diese Verdienste lagen auch für Dante schon in weiter Vergangenheit; für seine Zeit standen Franciskaner und Dominikaner im Vordergrund, und er war eben ein Kind seiner Zeit.

Was er den heiligen Benedictus im Himmel des Saturn über die Gründung von Monte Cassino sagen läßt, ist Folgendes:

Das Berghaupt, dem Cassino in der Seiten,
Sah oft auf seinem Gipfel einst den Zug
Der irrgeführten und verstockten Heiden,

Und ich bin's, der zuerst nach oben trug
Den Namen deß, der in die Welt gebracht
Die Wahrheit, die uns leiht so hohen Flug.

Und mich umstrahlte so der Gnade Macht,
Daß ich die Weiler ringsumher empor
Gehoben aus des Heidengreuels Nacht. Par. 22, 37.

Auf eine Anwesenheit Dantes in Monte Cassino läßt die Stelle übrigens keinen Schluß zu. Sie ist einschließlich der topographischen Andeutung in der ersten Zeile der von Gregor dem Großen verfaßten Lebensbeschreibung des heiligen Benedict entnommen, in der es heißt[19]:

«Ein Ort, welcher Casinum genannt wird, liegt am Abhang eines hohen Berges (und dieser Berg nimmt in einer weiten Bucht selbigen Ort auf, reckt sich aber noch drei Miglien in die Höhe mit seinem himmelanstrebenden Gipfel). Dort war ein uraltes Heiligthum, in dem nach der Sitte der alten Heiden von dem thörichten Landvolk Apollo verehrt wurde u. s. w.»

Eher ließe sich vielleicht eine andere von Dante gebrauchte Wendung auf eine von ihm in Monte Cassino gemachte persönliche Erfahrung zurückführen, da, wo er Benedict, die Verderbniß seines Ordens rügend, sagen läßt:

Doch heut kehrt Niemand, sie empor zu klettern (die Himmelsleiter),
Der Erde seinen Rücken, und mein Orden
Blieb drunten nur zum Unheil noch den Blättern. Par. 22, 73.

Diese Stelle tritt nämlich in ein besonderes Licht durch eine Bemerkung, die Benvenuto Rambaldi, der so oft gut orientirte, ihr beifügt: «Und ich will hier zum bessern Verständniß dieses Wortes berichten, was mein verehrter Lehrer Boccaccio von Certaldo mir kurzweilig erzählt hat. Er sagte nämlich, er habe, während er in Apulien gewesen, von dem Ruf des Ortes angezogen, das erwähnte berühmte Kloster Monte Cassino aufgesucht. Und begierig, die Bücherei zu sehen, die er als ausgezeichnet hatte rühmen hören, fragte er mit der ihm eigenen Liebenswürdigkeit einen Mönch demüthig, er möchte aus Gefälligkeit ihm die Bibliothek öffnen. Jener aber antwortete ihm barsch, indem er ihm eine hohe Treppe zeigte: «Gehe hinauf, sie ist offen». Und als er froh hinaufeilte, fand er die Stätte eines solchen Schatzes ohne Thüre oder Schlüssel, und drinnen sah er Gras durch die Fenster hereinwachsen und alle Bücher sammt ihren Gestellen von hohem Staube bedeckt. Und verwundert hub er an, bald diefes, bald jenes Buch aufzufchlagen und zu durchblättern und fand allda viele und mancherlei Bände alter und fremder Bücher, aber aus dem einen waren einzelne Hefte geriffen, aus dem anderen die Ränder der Blätter abgefchnitten und die Bücher fo in vielfältiger Weife verunftaltet. Es jammerte ihn, daß die Arbeit und der Fleiß fo vieler hochberühmter Geifter in die Hände folch heillofer Menfchen gerathen fei, und weinend vor Schmerz ging er weg. Und einen Mönch, der ihm im Klofter begegnete, frug er, warum jene unfchätzbaren Bücher fo fchmählich verftümmelt feien. Der antwortete, daß die Mönche, um fich etwas Geld zu verdienen, manchmal ein Heft abfchabten und kleine Pfalter daraus machten, die fie den Knaben verkauften, und ebenfo machten fie aus den Rändern Evangelien und Breviere, die fie den Frauen verkauften. Nun geht hin, ihr Gelehrten, und zerarbeitet euch den Kopf mit Bücherfchreiben.»

Die landläufige Deutung diefer Stelle ift die: das Papier wird verfchwendet durch Abfchreiben und Wiederabfchreiben der Ordensregel, die Keiner beobachtet.

Wie viel tiefer fitzt der Hieb nach der durch Boccaccio gegebenen Deutung, daß der Orden, der fich früher doch die Bewahrung der wiffenfchaftlichen Schätze des Alterthums zur Aufgabe gemacht hatte, jetzt deren Untergang herbeiführe. Und den Anlaß zu der Rüge hätte dem Dichter dann — möglicher Weife — der Anblick gegeben, den auch ihm fchon die Bibliothek von Monte Caffino geboten.

Den Benedictinern ift es übrigens nicht zu verdenken, wenn fie, wie ihr gelehrter P. A. di Coftanzo gethan hat[20], die ganze Gefchichte auf Boccaccios Luft zu fabuliren zurückzuführen fuchen, und heute waltet auch wieder ein anderer Geift in Monte Caffino. Die Mönche find jetzt eifrig darauf bedacht, die reichen Schätze ihrer Bibliothek und ihres Archivs der Oeffentlichkeit zugänglich zu machen, und diefe Publicationen werden in der Druckerei, die im Sinne der Werkthätigkeit Benedicts mit dem Klofter verbunden ift, in muftergiltiger Weife ausgeführt.[21] Und in den feierlichen hochgewölbten Räumen der Bibliothek, durch deren Bogenfenfter lockend die fonnige Landfchaft hereinwinkt, fitzen die Brüder ftill über ihren Büchern, und Pater Ambrogio macht den wiffensdurftigen Fremden mit fo feiner, faft weltmännifcher Liebenswürdigkeit die Honneurs, daß felbft der höfliche Boccaccio damit hätte zufrieden fein müffen.

Erwähnt fei fchließlich noch, daß keine Beziehung zwifchen Dante und Monte Caffino durch die Vifion des Bruders Albericus hergeftellt wird[22], deren ehrwürdiges Manufcript aus dem zwölften Jahrhundert im Archiv des Klofters aufbewahrt wird. Es ift die Befchreibung der Gefichte, die diefer Mönch als zehnjähriger Knabe während einer Krankheit hatte, und die ihn in Begleitung des Apoftels Petrus durch Hölle, Fegfeuer und Himmel führten. Früher wurde lebhaft die Anficht verfochten, daß aus diefer Vifion Dante den Grundgedanken zur Divina Commedia gefchöpft habe. Heute dagegen find wir wohl einig darüber, daß es der Annahme eines folchen directen Einfluffes nicht bedarf, und daß eben die Vifion des Bruders Albericus, wie fo manche andere vor-Dante'fche poetifche oder bildliche Darftellung der letzten Dinge, nichts Anderes war als eine Aeußerung der gleichen mittelalterlichen Geistesrichtung, die schließlich in der Divina Commedia ihre höchste Blüthe hervorgebracht hat.

Ziehen wir noch einmal die Summe aus unserem Streifzug durch Süd-Italien, so müssen wir sagen, daß die positive Ausbeute außerordentlich klein ist. Aber ein glücklicher Zufall will, daß an allen drei Küsten — Bari, Gaeta, Crotona — sich unverkennbare Spuren Dantes finden und uns so bestätigen, was er im Convito[21] von sich sagt:

«Dieweil es den Bürgern der schönsten und berühmtesten Tochter Romas, Florenz, gefallen hat, mich aus ihrem holdesten Schooße zu verstoßen, in dem ich geboren ward und erzogen bis zum Scheitelpunkt meines Lebens und in dem ich, wenn mir's vergönnt ist, die müde Seele auszuruhen und die mir bestimmte Zeit zu vollenden von ganzem Herzen trachte, bin ich fast durch alle Gegenden, wohin sich unsere Sprache ausbreitet, ein Fremder, fast ein Bettler gewandert.»

Via Caſſia und Via Aurelia.

Die alte Heerſtraße, die Rom mit Toscana verband, zog nicht das Tiber-Thal aufwärts wie heute die Bahn, ſondern folgte — ausgenommen die Strecke zunächſt Rom, wo die Zerſtörung des Ponte Molle, wie wir geſehen haben, den Umweg über den Monte Mario nöthig machte — der Via Caſſia.

Die beiden erſten Marſchtage führen durch die einſame Campagna. Am erſten Tag geht es über die weiten verträumten Hügelwellen hin, deren ſchwermüthige Schönheit wohl erſt der moderne Menſch empfinden gelernt hat, am zweiten, wenn wir den Krater-See von Bracciano im Rücken haben, umſtarrt uns mit ihren tief in das ſcherbige Geſtein eingeriſſenen Schluchten die vulcaniſche Hochebene, deren düſtere Härte allerdings wunderbar gemildert wird durch die herrliche Fernſicht auf das Bergland zur Rechten, von der aber der Menſch des Mittelalters gewiß nur den Eindruck der feindſeligen Oede mit fortgenommen hat. Vom Tiber-Thal her winkt hochaufragend der Soracte. Doch Dante nennt ihn ohne jedes bezeichnende Merkmal als den ſagenhaften Zufluchtsort des Papſtes Sylveſter (Inf. 27, 95), und ſo grüßen auch wir ihn nur im Vorüberwandern.

Erſt wo der Boden nach dem ciminiſchen Walde zu anſteigt, nimmt die Landſchaft wieder einen milderen, wirthlicheren Charakter an.

Dann erklimmt die Straße die Höhe des Waldgebirges; unbeſchränkt fliegt der Blick über den waldumrahmten See von Vico und die weite Maremma bis auf das Meer hinaus, und der Anblick des gewaltigen Bergkammes lehrt eindringlich, warum an dem ciminiſchen Walde die Eroberungsluſt der alten Römer einſt ſo ſcheu Halt gemacht hat, bis der verwegene Quintus Fabius Rullianus es ſich beikommen ließ, einmal nach Etrurien hinüberzuſehen. Dann geht es langſam herab in mächtigen Windungen, und wie die Straße die bebaute Ebene erreicht hat, ſo ſtehen wir auch vor den Thoren von Viterbo. Es iſt die erſte bedeutende Stadt ſeit Rom und zugleich der erſte Punkt, an dem wir wieder eine Spur unſeres Dichters, und zwar eine höchſt merkwürdige, finden.

Da, wo Dante am Rand des Waldes der Selbſtmörder auf den heißen Blutſtrom trifft, der quer durch das feurige Sandfeld hinfließt, ſchildert er ihn mit folgendem Bilde:

Gleichwie der Bach entftrömt der Sprudelquelle,
Den dann getheilt die Sünderinnen leiten,
So durch den Sand nahm diefer fein Gefälle.

Sein Bett war und die Hänge an den Seiten
Verfteinert und auch rechts und links die Ränder,
Sodaß ich fah, hier laffe es fich fchreiten. Inf. 14, 79.

Das Vorbild zu dem Vergleich ift die heiße Schwefelquelle, «Bulicame», der Sprudel, wie er kat'exochen genannt wird, die eine halbe Stunde weftlich von Viterbo dem vulcanifchen Boden entquillt, und Dantes Schilderung ift wieder von einer verblüffenden Treue.

Die Quelle entfpringt auf einem kahlen flachen Hügel, der wohl nur den überaus reichen Ablagerungen des Waffers feine Entftehung verdankt. Sie ftellt fich dar als ein fprudelnder, dampfender Tümpel von etwa drei Meter Durchmeffer, deffen Waffer für die Hand faft zu heiß ift. Daraus fließen radial — zur Zeit — fünf Bächlein ab, alle lebhaft dampfend und rechts und links von einem etwa meterbreiten fchneeweißen Rand der Sedimente eingefaßt. Die Verfteinerung fchreitet offenbar fehr rafch fort. Einige Rinnfale liegen beträchtlich höher als der Wiefengrund des Hügels, von dem fie fich fcharf abheben. Zuweilen bauen die Ablagerungen die Rinnfale vollkommen zu, fodaß mit ihnen gewechfelt werden muß. Es finden fich Spuren von folchen alten hochangewachfenen, jetzt verlaffenen und zu grauem Geftein verwitterten Rinnen. Andere find künftlich tiefer gegraben, und in ihnen nehmen fich die dampfenden Cascaden zwifchen den blendend weißen, oben intenfiv gelb geränderten Ufern ganz befonders diabolifch aus.

Wenn man diefe Rinnen-Anlagen, deren Läufe leicht beliebig geändert und geteilt werden können, mit der übereinftimmenden Angabe der alten Commentatoren zufammenhält, die Buhlerinnen von Viterbo befäßen in der Nähe des Sprudels ihre Häufer, in denen fie zugleich Bäder eingerichtet hätten, fo ift die ganze Stelle fo klar und einleuchtend, daß es unbegreiflich ift, wie überhaupt jemals Zweifel über die Deutung aufkommen konnten.[1]

Die Stelle ift im Gegentheil ein höchft belehrendes Beifpiel dafür, mit welcher geradezu unglaublichen Schärfe und Genauigkeit Dante feine Bilder wählt und feine Worte wägt, und wie wohl wir deßhalb daran thun, uns bei der Deutung dunkler Stellen immer auf das Allerengfte an den Wortlaut zu halten.

Da wir Dante fo als Romfahrer auf der Via Caffia dahinziehen fehen, fo mag auch der in feiner Klangwirkung unüberfetzbar faftige Vers

Le anguille die Bolsena e la vernaccia
(Bolfenas Aale nebft dem Firnewein) Purg. 24, 24.

unbefchadet der von Boccaccio betonten Mäßigkeit Dantes im Effen und Trinken auf eine perfönliche Reminiscenz zurückzuführen fein. Der See von Bolfena, ein wenige Stunden nördlich von Viterbo gelegener Krater-See, birgt heute noch in feinem tiefen weiten Keffel die köftlichen Fifche, für die der biedere Papft Martin IV. im Fegfeuer noch faften muß, nachdem fie ihm oben schon das Leben gekostet haben. Der Papst erkrankte nämlich plötzlich, «nachdem er seine Mahlzeit eingenommen», und die Aerzte wußten seinen Tod nicht zu erklären. Und ein Spottvers auf ihn besagte:

> Gaudent anguillae, quod mortuus est homo ille,
> Qui quasi morte reas excruciabat eas,[2]

zu Deutsch etwa:

> Die Aale schnalzen vor Freuden,
> Ob jenes Menschen Scheiden,
> Der wie um Todes-Sünden
> Ließ diese Armen schinden.

Nicht ohne Bedeutung für Dantes Vers scheint mir auch, daß Martin seinen Lieblingsaufenthalt in Montefiascone, dem hochgelegenen Städtchen am Südufer des Bolsener Sees hatte.[3] Wenn wir der berühmten Grabschrift des Domherrn Fugger von Augsburg in der Unterkirche von San Flaviano gedenken, so brauchen wir uns nicht lange zu besinnen, wo der Firnewein gewachsen ist, den Martin zu seinen Aalen getrunken hat. Es war sicher die gleiche Sorte «est, est, est», die dem Domherrn wie dem Papst verhängnißvoll geworden ist.[4]

Die Vorliebe des Papstes für Montefiascone läßt sich übrigens begreifen, wenn wir den rüster-bestandenen freien Platz vor dem West-Thor betreten, wo wir das liebliche Bild des Sees zu unsern Füßen mit den Inseln Bisentina und Martana in dem Kranz seiner Berge, das Hügelland der Maremma bis zum Meer und dieses selbst mit seinem mattblinkenden Spiegel in einem Blick umfassen. Da mochte es wohl lieblich sein, die Kühle des Sommerabends bei dem Muskateller zu genießen.

Zum See hinab weist uns — wahrscheinlich wenigstens — noch eine andere Stelle der Divina Commedia. Im Himmel der Venus läßt Dante die Cunizza über den Bischof von Feltro sagen:

> Und Feltro weint, weil sich sein Hirt vergangen
> So schändlich gegen seiner Pflicht Gebot,
> Daß keinen gleichen Malta noch empfangen. Par. 9, 52.

Zweifellos ist, daß mit dem Namen Malta ein Gewahrsam für strafwürdige Verbrecher gemeint ist, und damit scheint mir ohne Weiteres die Deutung ausgeschlossen, die unter Malta ein von Ezzelino in Cittadella gebautes Gefängniß verstehen will. Denn dieses wäre ja doch nur zur Aufnahme der unschuldigen Opfer des grausamen Tyrannen bestimmt gewesen. Andere Erklärer verstehen unter Malta einen Strafort für Geistliche, die sich schwer vergangen haben, und dieser Ort wird von den meisten am Bolsener See gesucht.[5] An dessen Süd-West-Ecke, etwa anderthalb Stunden von Montefiascone, da, wo die Marta ausströmt, liegt das gleichnamige freundliche Städtchen, vor der Zeit der Eisenbahnen als Kreuzungspunkt mehrerer Landstraßen von einer gewissen Bedeutung und noch heute von ganz stattlichem Aussehen. Die Vertauschung von r und l in dem Namen bietet keine Schwierigkeiten; sie ist bis auf den heutigen Tag nichts Ungewöhnliches in Italien. Und in dem mächtigen achteckigen Castell-Thurm, der von hervorragendem Platze den Ort beherrscht, ließe sich etwa der Gefängniß-Thurm sehen, von dem die alten Commentatoren zu erzählen wiſſen. Einige ſprechen allerdings davon, das Prieſter-Gefängniß liege «in lacu» — was ja ebenſowohl «im See» als «am See» heißen kann —, und dann ließe ſich auch an die kleine Inſel Martana denken, die in der Hälfte des Sees gerade Marta gegenüber als hufeiſenförmiger Fels aus dem Waſſer aufſteigt. Der Gipfel trägt die maleriſchen Trümmer des Schloſſes, an dem die düſtere Erinnerung an Gefangenſchaft und Ende der armen Gothenkönigin Amalaſuntha haftet[6], und während nach Oſten durch den Fels ein unterirdiſcher Gang ſteil zu der verborgenen Bucht niederführt, deren blaue Fluth geheimnißvoll zwiſchen dem Buſchwerk von Lorbeer und Steineichen heraufleuchtet, gelangt man auf der Weſtſeite über freie Hänge zu einem ſchmalen oliven-bepflanzten Vorland hinab, wo neben dem einzigen bewohnten Hauſe der Inſel die Trümmer eines umfangreichen Baues liegen, der «das Kloſter» heißt. Das einſame Felſen-Eiland mochte wohl noch beſſer als das Städtchen am Ufer geeignet ſein, um unbotmäßigen Prieſtern als ſtrenges Gewahrſam zu dienen und ſie von der Welt verſchwinden zu laſſen. Doch ſind mir greifbarere Anhaltspunkte für die Annahme nicht bekannt, und namentlich bietet die Stelle der Divina Commedia keine Localfarben, die uns als Fingerzeig dienen könnten.

Wenn wir auf unſerer Via Caſſia nordwärts weiterziehen, ſo treffen wir auf das altehrwürdige Chiuſi, das, auf einer Anhöhe in das langgeſtreckte Chiana-Thal hereingeſchoben, die fruchtbare Ebene weithin überblickt. Dante erwähnt es in jener Betrachtung über die Vergänglichkeit, von der wir ſchon bei Urbiſaglia und Sinigaglia[7] zu ſprechen Gelegenheit hatten. Für Chiuſi wird die Vorſtellung noch lebendiger gemacht, wenn wir eine zweite Stelle der Divina Commedia hinzunehmen. Um den Jammer und den Peſthauch zu verdeutlichen, der die Klamm der Fälſcher erfüllt, gebraucht Dante das Bild:

Wie wenn man in des Heu- und Herbſtmonds Zeiten
Aus Val di Chianas Siechhaus alle Pein
Mit der Maremma und Sardiniens Leiden

In eine einz'ge Grube thät hinein. Inf. 29, 46.

Die Stelle enthält zugleich den Grund, aus dem Dante den Untergang der Stadt erwartet.

Chiuſis Blüthe liegt in der ſagengrauen Zeit, die der Gründung Roms vorhergeht. Das alte Cluſium war eine der mächtigſten Städte des etruskiſchen Bundes, und heute noch melden uns die reichen Gräberfunde, welch hochentwickeltes Leben dort einſt ſeinen Sitz hatte. Auch in der römiſchen Zeit bewahrte es noch ſeine Bedeutung. Der Zug der Via Caſſia, zahlreiche Inſchriften und ſtattliche Architektur-Reſte verkünden es. Mit den Stürmen der Völkerwanderung beginnt hier, wie an ſo mancher alten Culturſtätte, die Zeit des Niedergangs. Aber der Verfall der alten Cultur war hier ganz beſonders verhängnißvoll. Die Natur hatte ſich hier eine Aufgabe geſtellt, deren Löſung ihr nicht klar gelungen war, wenn wir nicht vielleicht uralten Eingriffen von Menſchenhand an der Verwirrung Schuld geben müſſen. Die Chiana hatte ſich vom Arno, da, wo er in der weiten Ebene von Arezzo den ſcharfen Bogen nach Weſten macht, abgezweigt und sich nach Süden dem Tiber zugewendet, den sie mit der Paglia bei Orvieto erreicht. Ihr Gefäll in diesem flachen geräumigen Thal muß von jeher unentschieden gewesen sein, da schon Tiberius mit dem Gedanken umging, zur Entlastung der Tiber-Hochwasser den Lauf des Clanis umzukehren.[8] Der Plan scheiterte damals theils am Widerstand des abergläubischen Volks, theils an der Schwierigkeit der Ausführung. Was aber dem römischen Cäsar versagt war, das setzte eine höhere Gewalt im stillen Lauf der Jahrhunderte in's Werk. In dem verworrenen armseligen Fehdeleben des Mittelalters gerieth die Strombaukunst der Alten in Vergessenheit, und die Chiana blieb sich selbst überlassen. Ihre Seitenbäche verschlämmten das Flußbett höher und höher; gleichzeitig ließ der Zufluß vom Arno her nach, und schließlich wendete ein Theil der Chiana wirklich den Lauf rückwärts dem Arno zu. Aber die langsame, regellose Art, mit der sich diese Umwandlung vollzog, brachte es mit sich, daß das ganze Thal sich in einen verderbenbringenden Sumpf verwandelte, in dem das fieberschwangere Wasser nur träge hinzog.

Auch für diesen letzteren Zustand finden wir bei Dante eine Erinnerung, wenn er, um die denkbar langsamste Bewegung zu bezeichnen, «der Chiana Gang» (Par. 13, 23) anführt. Diese Fieberluft hauste furchtbar unter der Einwohnerschaft von Chiusi, und je mehr die Zahl der Menschen zusammenschmolz, die das Feld bebauten, um so mehr Land verfiel der Herrschaft der Malaria. Das Schicksal Chiusis hätte sich ohne Frage der Prophezeiung Dantes gemäß erfüllt, wenn dem Verderben nicht in letzter Stunde noch Halt geboten worden wäre.

Die Großherzöge von Toscana, denen das Land so manche große Wohlthat verdankt, unternahmen seit 1551 die Entsumpfung des Chiana-Thals und führten das Riesenwerk mit ebensoviel Umsicht als Ausdauer durch. Die Theilung der Chiana in zwei entgegengesetzte Flußläufe wurde mit Entschiedenheit vollzogen, indem man bei Chiusi mit einem Zwischendamme eine künstliche Wasserscheide zwischen der römischen und der toscanischen Chiana herstellte, und durch planmäßige Auffüllung, wozu die Bergbäche das Erdreich liefern mußten, wurde allmählich das Sumpfland wieder in guten Boden verwandelt. Gesundheit und Fruchtbarkeit hielten wieder ihren Einzug in dem Thal, das heute eines der gesegnetsten von ganz Italien ist.[9]

Während die Via Cassia durch das Chiana-Thal nach Arezzo weiter zieht und dann dem Arno abwärts bis Florenz folgt, zweigt eine andere Strada Romana schon vorher bei Bolsena von ihr ab und führt über Siena nach dem gleichen Ziel. Auch sie war eine Haupt-Heerstraße und wird namentlich wegen der Malaria des Chiana-Thals

In des Heu- und Herbstmonds Zeiten

vorgezogen worden sein.

Auch als der Erbprinz Karl von Neapel im Frühjahr 1289 aus der aragonesischen Gefangenschaft heimkehrte, schlug er von Florenz aus den Weg über Siena ein, allerdings wohl weniger der Malaria wegen als um das ghibellinische Arezzo zu vermeiden, das dem Sohn des Erzfeindes nachstellte. Wegen dieser Gefahr hatten ihm die treuen Florentiner ein bewaffnetes Geleite mitgegeben, in dem sich die Blüthe der Bürgerschaft befand[10], und da Dante den Zug gegen Arezzo, der fich unmittelbar an diefe Escortirung des Prinzen Karl anfchloß und mit ihr im urfächlichen Zufammenhang ftand, unftreitig in der florentinifchen Reiterei mitgemacht hat, fo läßt fich wohl vermuthen, daß der Vierundzwanzigjährige auch in der Geleitsmannfchaft nach Siena mitgeritten ift.

Von einer wiederholten Anwefenheit Dantes in Siena fpricht Boccaccio, wo er jenes Beifpiel weltvergeffenen Studien-Eifers von Dante erzählt[11], und da das lebensluftige Siena den Hintergrund dazu bildet, mag der reizende Zug hier wiederholt werden, für den die fienefifche Tradition bei der ehemaligen Porta Salara, wo die Coftarella de' Barbieri auf die Piazza del Campo mündet, fogar den Schauplatz noch aufzuweifen fich erkühnt[12]:

«Von diefer vollftändigen Hingabe an Etwas, das ihm gefiel, erzählen glaubwürdige Leute folgendes Beifpiel: Als er wieder einmal in Siena war, kam er zufällig an den Laden eines Speereihändlers[13] und erhielt dort ein Buch, das ihm zuvor verfprochen worden und das bei den Kennern fehr berühmt war, das er aber noch nie zu Geficht bekommen hatte. Da er aber gerade keine Gelegenheit hatte, es fonft wohin mitzunehmen, fo lehnte er fich mit der Bruft auf die Bank vor dem Speereiladen, legte das Buch vor fich und begann mit allem Eifer zu lefen. Bald darauf begannen in diefem felben Stadttheil und gerade vor ihm, da ein allgemeines Feft in Siena war, edle Jünglinge ein großes Ringelreiten, und dabei lärmten die Zufchauer gewaltig (wie es in folchen Fällen zu gehen pflegt mit mancherlei Inftrumenten und Beifallrufen), und auch fonft gefchah noch gar Vieles, das die Schauluft hätte anziehen follen, wie Tänze holder Frauen und Spiele wohlgeftalteter, gewandter Jünglinge. Aber Niemand fah ihn ein einziges Mal fich von feinem Platze rühren oder auch nur die Augen von feinem Buch aufheben. Am frühen Nachmittag hatte er fich hingefetzt, und Vefper war fchon vorüber, als er aufftand. Aber er hatte es auch ganz durchgefehen und im Großen auch fchon erfaßt. Und als ihn dann Einige fragten, wie er es fich hätte verfagen können, einem fo fchönen Fefte zuzufehen, wie es vor ihm abgehalten worden fei, da verficherte er, er habe überhaupt Nichts davon gemerkt. Darob die Frager mit Fug dem erften Staunen ein zweites hinzufügten.»

O Einbildung, die oftmals uns fo fehr
Uns felbft entrückt, daß Einer fich nicht wendet,
Tönt's auch von taufend Tuben um ihn her. Purg. 17, 13.

Mit Recht bringt Benvenuto Rambaldi diefe Stelle der Divina Commedia mit jener Anekdote in Beziehung, die fie gleichfam im Extract wiedergiebt und gleichzeitig beftätigt oder mindeftens als echt Dante'fchen Geiftes kennzeichnet.

Daß die Freude der Sienefen an feftlichem Gepränge überhaupt nicht nach dem Sinn Dantes war, geht aus feinem Urtheil über ihren Charakter im Allgemeinen hervor, das er in die Worte zufammenfaßt:

Ich fah noch nie
So eitles Volk, wie das der Sienefen,
Selbft die Franzofen find Nichts gegen fie. Inf. 29, 121.

Der Sienese Aquarone empfindet schwer die scharfe Kritik, die seine Landsleute aus dem dreizehnten Jahrhundert durch Dante erfahren, und möchte den Neid des Florentiners gegen die Nebenbuhlerin von Florenz für das harte Urtheil über Siena verantwortlich machen, und der Franzose Ampère, dessen Landsleute «ihren Antheil mitbekommen», hat früher schon die Vermuthung ausgesprochen, daß die Sprache des Dichters hier durch «irgend eine Unannehmlichkeit» beeinflußt sein müsse.[14] Sollte hier nicht vielmehr die Kritik eine befangene sein, der Dichter dagegen, den wir in so vielen Fällen als scharfen Beobachter, als untrüglichen Herzenskündiger erprobt haben, auch diesmal wieder die gleichen Eigenschaften bewahrt haben?

Und in der That, soweit wir in Siena selbst die Spuren dieser fernen Zeit verfolgen können, bestätigen sie uns das Urtheil, das Dante ausgesprochen hat.

Burckhardt[15] betont an der sienesischen Malerei des gothischen Stiles besonders «den ausgesprochenen Sinn für Schwung und Rhythmus der Linien, Farbenpracht und ornamentale Zier an Architektur, Mustern der Gewänder, Heiligenscheinen und Goldgründen» und sagt von ihr: «Was die Florentiner rücksichtslos der Deutlichkeit des Ausdrucks opferten: die feierlichen Stellungen und Körperwendungen, die anmuthigen Gesichtstypen, die weichgeschwungenen Gewandmotive, deren Linien mit den Beugungen der Gliedmaßen gleichsam melodisch zusammenfließen, wird hier mit Vorliebe festgehalten und in einer sorgfältigen, miniaturartig feinen Technik der Färbung und Modellirung dargestellt, welche mehr auf einen schönfarbigen Schein der Rundung als auf Naturbeobachtung der Contraste von Licht- und Schattenflächen ausgeht».

Der Kunstgeschmack eines Volks ist aber immer ein Spiegel seines Charakters.

Eine Stimmung von süßer, weicher, fast weichlicher Schönheit ist über die ganze Stadt ausgebreitet. So dehnt sie sich in lässiger Anmuth vor uns über die drei Hügelrücken hingelagert, deren Buchten sich vor dem herannahenden Wanderer zu immer neuen und immer reizenderen Bildern verschieben, so empfängt sie uns mit ihren malerisch gewundenen Straßen voll reicher, zierlicher Bauwerke, so breitet sie vor unserem überraschten Blick plötzlich ihren unvergleichlichen Marktplatz aus, die Piazza del Campo, deren weites Amphitheater mit dem köstlichen Schmuck der Fonte gaja, des lustigen Brunnens, und im Kranz ihrer Paläste nur der festlichen Scharen zu warten scheint, sie würdig zu beleben, und so führt sie uns hinauf zu dem farbenprächtigen, formenreichen Bau des Domes, der bestimmt war, ein Wunder der Welt zu werden – und eben deßhalb jetzt unvollendet vor uns steht. Das Schicksal des Domes ist charakteristisch für die Stadt. Wohl ist die furchtbare Pest des Jahres 1348 die nächste Veranlassung gewesen, warum der Bau in's Stocken gerieth, aber die innerste Ursache ist doch die, daß die Bürgerschaft ihr Ziel zu hoch steckte, daß sie etwas unternahm, wozu ihre Kraft nicht ausreichte.

Diese beiden Eigenschaften, die übermäßige Freude am schönen Schein und die unbesonnene Ueberschätzung der eigenen Kraft, sind die Züge, die Dante bei den Sienesen auf's Korn nimmt.

Als eine Ausgeburt der ersten Eigenschaft führt uns Dante die Verschwender-Gilde vor (Inf. 29, 130), jene thörichte Vereinigung junger Sienesen, die es durch ihren unsinnigen Aufwand zu Wege brachten, zu zwölft in zehn Monaten mit 216000 Goldgulden fertig zu werden. Auch die Thorheit des Albero von Siena, «der arm an Witz, doch reich an Wahn» ſich von dem Gauner Griffolino glauben machen ließ, er könne

der Lüfte Bahn
Im Flug durchmeſſen, Inf. 29, 112.

gehört hier her.

Doch das ſind rein perſönliche Anſpielungen, die uns hier nicht beſchäftigen.

Die Unüberlegtheit, mit der ſich die Sieneſen an undurchführbare Unternehmen wagten, geißelt Dante, wenn er ſie bezeichnet als

Jenes Volk von Thoren,
Die Talamon' erſtrebend mehr verlieren,
Als bei Dianas Suche ſie verloren.

Doch mehr noch wird's die Admiralſchaft ſpüren. Purg. 13, 151.

Zur Erläuterung dieſer Stelle tragen die örtlichen Verhältniſſe Einiges bei. Die Sieneſen hatten wegen der hohen Lage ihrer Stadt von je mit Schwierigkeiten der Waſſerzuleitung zu kämpfen. Die meiſten öffentlichen Brunnen Sienas, Fonte Branda, Fonte di Follonica, Fonte Ovile, liegen tief an den Abhängen der Hügel. Da nun eine alte Sage meldete, unter der Stadt hin ziehe eine reiche Quelle, die Diana, und wenn es ſie zu faſſen glücke, ſo werde ganz Siena vollauf mit Waſſer verſorgt ſein, ſo machten ſich die Bürger Sienas daran und «gruben viel», ſagt Benvenuto von Imola, «um ſie zu finden; bis jetzt iſt ſie aber nicht gefunden worden». Nur der Brunnen, der im Kloſter del Carmine in den Tuff gegraben iſt und den Namen Diana führt, ſoll einem dieſer Verſuche ſeine Entſtehung verdanken.[16]

An den Namen Talamone knüpft ſich ein noch unglücklicherer Plan. Es iſt ein kleiner Hafen in der Maremma, noch ſüdlicher als die Ombrone-Mündung gelegen, den die Sieneſen erwarben, um ſich eine Stellung als Seemacht zu ſchaffen. Zunächſt ſcheint nicht einmal ihr Erwerbstitel zweifellos geweſen zu ſein. Wenigſtens erzählt der ſieneſiſche Chroniſt Andrea Dei[17] vom Jahr 1303: «Und in dieſem Jahre wurde durch die Gemeinde von Siena Talamone von dem Abt von San Salvadore angekauft und koſtete 8000 Goldgulden, und in Beſitz hatten es die Grafen von Santa Fiore und hielten es in eigenem Namen». Mit dieſem Geſchlecht, den Aldobrandeſchi, lebten die Sieneſen aber in ſtändiger Fehde. Ueberdies raubte die weite Entfernung Sienas von Talamone und die ſchlechte Beſchaffenheit des Hafens dem Plane von vornherein die Lebensfähigkeit, und die Sumpfluft der Maremma, die die armen ſieneſiſchen Admirale dort bedrohte, machte die Sache vollends undurchführbar. Es iſt zwar zuzugeben, daß ſelbſt die Florentiner einmal zur Zeit der Theuerung Getreide aus Sicilien über Talamone kommen ließen[18], und daß ſie nach dem Bruch mit Piſa im Jahr 1356 ſogar ihren ganzen Handel über Talamone leiteten.[19] Das war aber doch jedesmal eine außergewöhnliche Nothlage. Sobald wieder normale Verhältniſſe eintraten, verlor der ſieneſiſche Special-Hafen ſofort ſeine Bedeutung und hat ſie bis auf den heutigen Tag nicht mehr zurück erlangt.[20] Die Rhede der weiten wohlgeſchützten Bucht iſt verſandet und faſt völlig verwaiſt von Schiffen, und das kleine Städtchen, deſſen entzückende Lage auf der äußerſten Spitze des Vorgebirgs faſt an Gaeta erinnert, enttäuſcht den Nahenden durch alle Zeichen der armſeligſten Verkommenheit. Nur die großen Erdarbeiten, die zur Zeit längs des Randes der Bucht zur Entſumpfung vorgenommen werden, geben einige Hoffnung auf eine beſſere Zukunft.

Erwähnt ſei noch ein anderer, mehr verſteckter, aber darum nicht minder ſcharfer Ausfall auf die Thorheit der Sieneſen. Er hat die in Boccaccios Anekdote geſchilderten glänzenden Reiterfeſte zum Stichblatt, die alljährlich auf der Piazza del Campo unter der leidenſchaftlichſten Betheiligung der Bevölkerung ſtattfanden.[21] Sie beſtanden in Scheinkämpfen, die von reichgekleideten wohlberittenen Jünglingen mit ſtumpfen Waffen aufgeführt wurden, und ein Schatten von ihnen dauert fort in den auf dem hiſtoriſchen Platz alljährlich abgehaltenen Rennen um den Palio, die heute noch im Hochſommer, am 2. Juli und 16. Auguſt, die Stadt in Aufregung bringen.

Nun hatten im Jahre 1287 die guelfiſchen Städte Florenz und Siena einen Kriegszug gegen das ghibelliniſche Arezzo gemacht. Es war eine große Macht entfaltet, aber Nichts erreicht worden. Schließlich beſtimmte ein Gewitterſturm, der namentlich das ſieneſiſche Lager ſchwer mitnahm, die Belagerer ihr Unternehmen aufzugeben. Beim Abzug riethen die Florentiner den Sieneſen, ſich ihnen anzuſchließen und den Umweg über Montevarchi zu machen. Doch die Sieneſen dünkten ſich Manns genug und ſchlugen den für ſie allerdings kürzeren Weg durch das Chiana-Thal über Monte S. Savino ein. Die Aretiner, die wohl ihre Leute kannten, legten ſich auf dieſer Straße bei Pieve al Toppo in den Hinterhalt, und die Sieneſen, die ohne Sicherung und Ordnung daherzogen, erlitten eine Niederlage, bei der ſie dreihundert ihrer beſten Bürger und Edeln verloren.[22] «Das Waffenſpiel am Toppo» (Inf. 13, 121) nennt Dante mit bitterer Ironie dieſes Treffen, in dem die Sieneſen zu ihrem Schaden erfahren hatten, daß der Krieg ſich nicht wie ein leichtfertiges Luſtgefecht betreiben laſſe.

Aber Spott und Verachtung ſind nicht die einzigen Empfindungen, die Dante den Sieneſen entgegenbringt. Da, wo ſie es ihm zu verdienen ſcheinen, läßt er allerdings ſein Wort erbarmungslos niederfahren. Wer wollte das von einem Dante auch anders fordern. Wo er aber an einem ihrer Bürger einen rühmenswerthen Zug findet, iſt er ebenſo bereit, ihn rückhaltlos anzuerkennen.

Das zeigt das Beiſpiel des Provenzan Salvani. Er war einer der Führer der ghibelliniſchen Partei von Siena, die in Verbindung mit den vertriebenen florentiner Ghibellinen und den deutſchen Reitern des Königs Manfred bei Montaperti 1260

> Die florentin'ſche Wuth, die trotzig kühn
> Zu jener Zeit, Purg. 11, 112.

ſo blutig niederwarf,

> Daß roth davon der Arbia Fluth, Inf. 10, 86.

und daß kaum ein Haus in Florenz blieb, das nicht den Verluſt irgend eines Angehörigen zu beklagen gehabt hätte.[23] Und doch läßt ihm Dante volle Gerechtigkeit widerfahren, ja, wir ſehen ihn sogar durch ein gewisses Gefühl der Seelenverwandtschaft zu der stolzen Herrschernatur hingezogen und in ihr seine innersten Seelenstimmungen wiederspiegeln. Wohl verweist Dante den Provenzano auf den Sims der Hoffährtigen. Doch ein Zeichen der Abneigung kann darin gewiß nicht gefunden werden.[24] Weissagt der Dichter doch sich selbst die gleiche Buße (Purg. 13, 136). Aber dann zeigt er ihn uns auch in der edelsten Stunde seines Lebens, wo sich der Hoffährtige selbst demüthigt, um für den Freund, der in die Gefangenschaft des grausamen Karl von Anjou gerathen war, das Lösegeld zusammenzubetteln:

In seines Glanzes Zeit, versetzt er drauf,
Hat er sich willig aller Scheu begeben
Und stellte sich auf Sienas Campo auf,

Und um den Freund des Todes zu entheben,
Dem er in Karls Verließ sonst ward zur Beute,
Ertrug er es, an jedem Nerv zu beben. Purg. 11, 133.

Einen directen Beweis von Provenzanos Hochmuth gibt uns die Geschichte nicht. Wohl aber ist uns ein Umstand überliefert, der auf diese Eigenschaft seines Charakters hinweist. Als Manfred auf der Höhe seiner Macht stand, hatten die Sienesen und Ghibellinen bei Montaperti triumphirt. Als Conradin bei Tagliacozzo erlegen war, neigte sich auch für die Ghibellinen Toscanas die Wage zum Niedergang. 1269 erlag das sienesische Heer vor Colle im Elsa-Thal dem überraschenden Angriff der französischen und florentinischen Reiterei, und Provenzan Salvani, der es geführt hatte, wurde gefangen genommen und enthauptet. Da erzählt nun Villani[25]: «Der Kopf wurde ihm abgeschnitten und auf einem Lanzenschaft durch das ganze Lager getragen. Und so erfüllte sich die Prophezeiung und Enthüllung, die ihm der Teufel gemacht hatte. Dieser Herr Provenzano hatte nämlich durch Beschwörungen den bösen Geist zwingen lassen ihm zu verkünden, wohin und welcher Gestalt der Heereszug für ihn auslaufen werde. Der aber gab eine trügliche Antwort und sprach: „Du wirst hinziehen kämpfen siegen nicht sterben in der Schlacht und dein Haupt wird das höchste sein im ganzen Felde". Nach diesen Worten glaubte er, der Sieg werde ihm zu Theil werden, und er werde die Herrschaft behalten über Alle, und vollführte drum das Unternehmen. Aber er hatte die Trugrede nicht abgetheilt, die da besagte: „Du wirst siegen nicht, sterben u. s. w." Und darum ist es große Thorheit, an einen solchen Rath zu glauben, der des Teufels ist.»

Die Sage, die doch sicher auf Ueberlieferungen aus Provenzanos Zeiten zurückgeht, hat, wie mir scheint, die stolzen Pläne des Provenzano zur Voraussetzung, mit denen eben der Teufel sein höhnisches Spiel treibt, und wenn man zudem den italiänischen Ausdruck für Lager und Feld «Campo» noch in der Nebenbedeutung des Marktplatzes von Siena nimmt, so ist damit noch deutlicher auf Provenzanos Wunsch angespielt

Zu werden Sienas völliger Gebieter. Purg. 11, 123.

Sowohl die Schlacht von Montaperti, als die von Colle finden wir in der Divina Commedia erwähnt. Doch beide liegen soweit zurück, daß Dante nur durch Ueberlieferung von ihnen Kunde gehabt haben kann.

Ob er das Schlachtfeld von Montaperti gesehen hat, das eine starke Stunde östlich von Siena an der Arbia liegt, läßt sich aus der Art, wie er dessen Erwähnung thut, nicht ersehen. Es ist nur das Andenken an die furchtbare Niederlage der älteren florentinischen Generation, was in Dantes Versen nachklingt.

Das Schlachtfeld von Colle dagegen muß Dante wohl gekannt haben. Das ergibt ein zufälliger Umstand.

Das sienesische Heer, das Colle bedrängte, hatte im Süden der hochgelegenen Stadt bei der Badia a Spugna sein Lager bezogen, und als die französisch-florentinische Reiterei unerwartet von Poggibonsi her sich zeigte, wollte es sich durch das hier «Val buona» genannte Elsa-Thal noch nordwärts um die Stadt nach der westlich gelegenen Ebene delle Grazie ziehen. Aber während die Sienesen in der Ausführung der Bewegung begriffen waren, überschritten die Franzosen die Elsa-Brücke und begannen ihren tollkühnen Angriff, der ihnen so vollständig glückte.[26] Die Action hat sich also offenbar an dem linken Elsa-Ufer südlich von Colle abgespielt.

Diese Gegend finden wir aber in der Divina Commedia noch einmal wieder. In den Lehren, die Beatrice ihrem Dante im irdischen Paradies gibt, gebraucht sie die Wendung:

Und legten sich nicht wie der Elsa Fluth
Um deinen Geist die eitelen Gedanken. Purg. 33, 67.

Das Gleichniß bezieht sich auf die versteinernde Kraft des Wassers der Elsa. Diese Eigenschaft besitzt sie aber nicht schon an ihrem Ursprung in den Bergen westlich von Siena, sondern erst, nachdem eine reiche klare Quelle, die bei Onci in dem Bachbett eines Seitenthälchens ganz überraschend aufquillt, die «Elsa viva» oder einfach «la vena», sich etwa eine Stunde oberhalb Colle in den bis dahin «Elsa morta» genannten Fluß ergossen hat, und er verliert die Eigenschaft nordwärts von Colle nach und nach wieder, wenn das Wasser der Elsa viva, das mit erhöhter Temperatur zufließt, sich abgekühlt hat.[27]

Am schärfsten tritt die Erscheinung hervor in der Nähe der Brücke von San Marziale, eine kurze Strecke unterhalb Onci und weiter bis Colle, wo die seltsame Fluth in einem Bett hinfließt, das sie sich selbst mit einer Tuffsteinschichte völlig ausgefüttert hat, und nach diesem Tuffstein (spugna) ist auch die südliche Vorstadt von Colle sammt jener Abtei genannt, wo die Sienesen ihr Lager geschlagen hatten. Mit dieser Strecke der Elsa kannte Dante also auch das Schlachtfeld, und daraus erklärt sich die auffallende Anschaulichkeit, mit der wir das Treffen von Colle in der Divina Commedia geschildert finden. Die Erzählung ist jener Sienesin Sapia in den Mund gelegt, der Dante auf dem Simse der Neidischen begegnet. Sie gehörte einem edeln Geschlecht der guelfischen Partei an und war deßhalb zur Zeit der Schlacht von Colle aus Siena verbannt. Am wahrscheinlichsten ist, daß sie der Familie der Soarzi angehörte, die das Schloß de' Bigozzi bei Strove, etwa vier Miglien füdlich von Colle befaß.[28] Dagegen fcheint es mir mit den thatfächlichen Verhältniffen unvereinbar, wenn Benvenuto berichtet, Sapia habe von dem Thurm diefes Schloffes aus der Schlacht bei Colle zugefehen. Von dem Hügel bei Strove, der heute noch den Namen Bigozzi führt, wenn auch von dem Schloffe keine Spur mehr vorhanden ift, hat man allerdings eine herrliche Fernficht und zwar nicht nur bis Colle, fondern fogar bis zu dem doppelt fo weit entfernten San Gimignano mit feinem Wald von Thürmen. Aber wenn auch die hochgelegenen Häufer der Altftadt von Colle deutlich hervortreten, fo ift doch die Entfernung zu groß, als daß es denkbar wäre, daß Sapia von ihrem Schloffe aus die Wechfelfälle des Treffens, das fich in der Ebene an der Elfa abfpielte, wirklich hätte unterfcheiden können. Man wird deßhalb eher der andern Ueberlieferung[29] Glauben fchenken müffen, welche berichtet, Sapia habe in Colle felbft und zwar von einem Thurm an der Porta al Canto bei dem Prato del Baluardo, wo der Hügel der Altftadt fchroff nach dem Elfa-Thal abfällt, den Kampf beobachtet. Dante läßt fie den Hergang folgendermaßen fchildern:

Es hatte meine Bürgerfchaft entrollt
Im Feld bei Colle vor dem Feind die Zeichen,
Und ich bat Gott um das, was er gewollt.

Das Heer erlag und mußte elend weichen,
Und als ich fah die Hetzjagd durch's Gefilde,
Erfaßte mich Frohlocken fonder Gleichen,

Daß ich das Antlitz hob, das trotzig wilde
Und Gott zurief: «Jetzt fürcht' ich dich nicht mehr»,
Gleich wie die Amfel thut ob kurzer Milde. Purg. 13, 115.

Die Verfe verfetzen uns ungemein lebendig in die Situation, wie die Sapia auf die Ebene zu ihren Füßen hinausblickt, und dazu wird den Dichter der Befuch diefer Stätte angeregt haben, wie ihm auch bei diefer Gelegenheit die Kunde geworden fein mag von jenem dämonifchen Weib, der unnatürlichen Tochter Sienas, in der die Parteileidenfchaft felbft die Vaterlandsliebe erftickte.

Noch unzweifelhafter erzählt uns eine andere Stelle der Divina Commedia, daß Dante diefe Gegend gekannt hat. Es ift die oft citirte Stelle, wo er, dem letzten Höllenfchachte zufchreitend, die Riefen, die rings am Rande als Wächter aufgeftellt find, für die Thürme einer Stadt hält, und feinen Eindruck mit den Worten fchildert:

Denn gleich wie über feinem Mauerring
Montereggione fich mit Thürmen krönt,
So ftand am Bord hin, der den Schacht umfing,

Ihn mit dem halben Leibe überhöh'nd
Der Riefen Schaar. Inf 31, 40.

Das Caftell Montereggione liegt halbwegs zwifchen Siena und Colle auf einem freiftehenden Hügel zwifchen der großen Heerftraße und dem Torrente Staggia. Die abgeftumpfte Spitze des

Hügels umgibt der epheu-umſponnene, aber noch wohlerhaltene Mauerring, an dem in ziemlich gleichmäßigen Abſtänden vierzehn[30] maſſige Thürme vortreten. Doch ſind dieſe Thürme der Mehrzahl nach nicht mehr höher als die Mauer; die Zeit hat ſie eingeebnet. Nur zwei an der Nordweſt-Ecke und die beiden am Süd-Thore ragen noch empor und erleichtern es, den Anblick zu reconſtruiren, den ſie unſerem Dichter einſt gewährt haben.[31] Damals war es ein hervorragend feſter Platz und ſpielte in den Kriegen Sienas als Außenwerk der Stadt an einer ihrer Haupt-Heerſtraßen eine wichtige Rolle. Jetzt birgt ſein Inneres ein Dutzend Bauernhäuſer und einige Olivengärten, und nur die ehernen Verſe Dantes bewahren ſeinen Namen vor der Vergeſſenheit.

Solchen anſchaulichen Schilderungen aus Sienas Umgebung gegenüber muß es auffallen, daß in Siena ſelbſt, abgeſehen von der geheimnißvollen Undine Diana, nur die Piazza del Campo — in der oben beſprochenen Stelle von Provenzan Salvani — von Dante erwähnt wird. Dies könnte um ſo mehr befremden, als, wie wir geſehen haben, die Anſpielungen perſönlicher Natur ſehr zahlreich ſind und eine große Vertrautheit mit den ſieneſiſchen Verhältniſſen verrathen.

Das beweiſt aber nur, daß Dante trotz dem encyklopädiſchen Charakter ſeiner Dichtung ſeine Bilder und ſeine Motive unbefangen wählt, wo und wie ſein künſtleriſcher Inſtinct es ihn heißt,

um ſodann,
Was er ihm innen vorſpricht, zu bekunden. Purg. 24, 53.

Und in dem äußerlichen Siena ſcheint ihn eben das Aeußere weniger intereſſirt zu haben als das Innere, als der Charakter ſeiner Bürgerſchaft.

Als wir vom Schloßberg von Strove nach Colle ſchauten, hob ſich dahinter im Nord-Weſten das bethürmte San Gimignano deutlich vom Horizont ab. In der Divina Commedia iſt die Stadt nicht erwähnt, aber gleichwohl müſſen wir ihr einen kurzen Beſuch abſtatten. Denn ſie gehört, wie San Godenzo im Sieve-Thal, zu den wenigen Orten, für die urkundlich feſtſteht, daß ſie Dante beherbergt haben.

Am 7. Mai 1299 erſchien er dort als Geſandter der Stadt Florenz in feierlicher Sitzung vor den Bürgern von San Gimignano, um ſie zur Beſchickung einer von dem toscaniſchen Guelfen-Bunde geplanten Verſammlung aufzufordern. Von hervorragender Wichtigkeit ſcheint die Sendung nicht gerade geweſen zu ſein. Denn offenbar betraf ſie nur Vorverhandlungen zu jenem allgemeinen Partei-Tag, auf dem dann die thatſächlichen Beſchlüſſe erſt gefaßt werden ſollten. Und daraus mag ſich erklären, warum dieſer Geſandtſchaft ſo wenig Beachtung geſchenkt wurde, daß ſogar an ihrer Realität Zweifel entſtehen konnten.[32] Doch es hat ſich das Protokoll über die Sitzung erhalten, in der ſich Dante ſeines Auftrags entledigte[33], und dieſe actenmäßige Gewißheit gibt dem Vorgang, der uns den Dichter in einer, immerhin diplomatiſchen Tact erfordernden, Miſſion im Dienſte ſeiner Vaterſtadt zeigt, eine beſondere Bedeutung.

An dem alten Städtchen abſeits der Heerſtraße iſt die Zeit faſt ſpurlos vorübergegangen. Noch heute wie vor ſechshundert Jahren blickt es, von ſeinen Mauern umhegt, von der Berghöhe in das ftille, liebliche Hügelland nieder; noch ungebrochen ragen die Streit-Thürme der Gefchlechter auf, und um die Piazza della Collegiata fchließen fich der Dom mit feiner breiten Freitreppe, das Gemeindehaus mit feinem kühnen Glockenthurm und der gleichfalls bethürmte Palaft des Podestà zufammen zu einem Bild der toscanifchen Stadt des Mittelalters, wie man kaum ein zweites findet. Der Verfammlungsfaal im Palazzo del Popolo, wo eine moderne Marmortafel an Dantes Gefandtfchaft erinnert, ift gleichfalls noch derfelbe Raum wie einftmals, und fo hat uns ein günftiges Gefchick zu diefer wohlverbürgten Epifode aus Dantes Leben auch den Schauplatz in hiftorifcher Treue aufbewahrt.

Von Siena hat fich unfer Blick fchon einmal meerwärts gewendet, als wir von den maritimen Beftrebungen Sienas und dem Hafen Talamone zu reden hatten.

Aber noch an mehreren anderen Stellen kommt Dante auf den etrurifchen Küftenftrich zu fprechen, und wenn die Anfpielungen auch nur kurz und flüchtig find, fo dürfen wir doch aus einigen von ihnen fchließen, daß unfer Dichter auch diefen Theil Italiens mit eigenen Augen gefehen hat. Eine alte Römer-Straße, die Via Aurelia, zieht von Rom dem Meere entlang nordwärts, und auch auf ihr mag Dante einmal feinen Weg genommen haben. Diefe Straße wendet fich von Rom direct nord-öftlich und läßt die Mündung des Tiber weit zur Linken. Es mag darum dahingeftellt bleiben, ob Dante ein felbftgefchautes Bild der Oertlichkeit mit jenen Worten verbindet, wo er den Cafella von dem Engel-Fährmann fagen läßt:

So nahm auch mich, gekehrt zu den Geftaden,
Wo in des Tiber Waffer Salz fich mengt,
Er jetzt an jener Mündung auf in Gnaden,

Wohin er heim den Zug der Schwingen lenkt.
Denn dorthin pfleget immerdar zu kehren,
Weß Pfad fich nicht zum Acheronte fenkt. Purg. 2, 100.

Die Stelle ift fehr wohl denkbar ohne eine beftimmte locale Vorftellung. Doch gewinnt fie ein feltfames Leben, wenn wir das Tiber-Delta zwifchen Fiumicino und Oftia felbft betreten.

Schon der Name, den es von Alters her führt, die «facra infula», fügt fich gut zu Dantes Zwecken, und diefe unabfehbare Heide-Fläche, umfaßt von den öden Ufern der trüb und fchwer hinrollenden Tiber-Arme und dem Strand des Meeres, diefe Stätte fehnfüchtiger Schwermuth, wo die verfandeten Ruinen Oftias die Vergänglichkeit predigen und der fchrankenlofe Blick fich in ahnenden Fernen verliert: nach Raum und Stimmung hätte Dante an keinen befferen Platz die Schaaren der Abgefchiedenen zufammenführen können, die nach dem himmlifchen Fährmann ausfpähen.

Zweifellos dagegen berichtet Dante wieder Selbftgefchautes, wo er auf den nordwärts ziehenden Theil der Küfte zu fprechen kommt und zur Verdeutlichung des Waldes der Selbftmörder das Bild der Maremmen-Wälder vor uns hinftellt:

So ftruppig dichtes Holz dient nicht zum Nefte
Des Waldes Thieren, die das Bauland meiden,
Zwifchen der Cecina und Cornets Vefte. Inf. 13, 7.

Und dazu kommt noch die andere Stelle, wo er von dem schlangenumringelten Centauren Cacus sagt:

Nicht die Maremma, glaub' ich, ist erfüllt
Von soviel Schlangen, als sich Jenem regen
Im Kreuz, bis wo beginnt das Menschenbild, Inf. 25, 19.

sowie die bei Chiusi schon angeführte Stelle Inf. 29, 46, wo er der Fieberpest der Maremma gedenkt.

Unter Maremmen im weiteren Sinne versteht man den ganzen Landstreifen längs der West-Küste Italiens vom Golf von Spezia bis hinab zum Golf von Salerno, von Luni bis Paestum. Und wie die beiden versunkenen Städte die Grenze dieses Küstenstrichs bilden, so verkörpern sie auch seine Geschichte. In grauen Zeiten blühte hier eine reiche Cultur, die aber schon früh unter dem giftigen Anhauch der Fieber-Luft zu welken begann und nach und nach ganz abstarb. Wohl war dieser flache, den Bergen vorgelagerte Saum mit seinem großentheils vulcanischen Boden, auf dem die Wasserläufe des Gefälls ermangelten, immer geneigt, zu versumpfen. Doch zur Zeit des etruskischen Städtebundes und der griechischen Colonien überwand eine intensive Cultur siegreich diese Gefahr. Aber schon zur römischen Kaiserzeit, nachdem der üppige Boden als Weideland der Latifundien verwildert und verdorben war und die rohe Abholzung der Bergwälder mit Verschlämmen und Ueberschwemmen die Flußmündungen versumpft hatte, begann die Küste wegen des verderblichen Einflusses der Sumpfluft zu veröden, und die wilden finsteren Zeiten des frühen Mittelalters vollendeten die verhängnißvolle Umwandlung.

Natürlich ist nicht der ganze Küstenstreif ein ununterbrochenes Sumpfland. Von einzelnen Strecken hat die Gunst der Natur oder die Arbeit der Menschen den Fluch abgewendet. Aber in weiten Gebieten ist die Malaria unumschränkte Herrscherin, und diese liegen ganz verödet, oder es wagen sich doch nur in den Wintermonaten die Hirten und Kohlenbrenner in die Niederungen. Die weiteste Ausdehnung und die festeste Herrschaft hat dies Verderben an der Küste von Süd-Toscana erlangt, und darum führt auch diese Gegend

Zwischen der Cecina und Cornets Veste

den Namen Maremmen im engeren Sinn.

Zwar auch hier wird heute viel gethan mit Erdarbeiten, Colmaten-System, Canalisirung und Wasserleitungen. Manche Strecken sind auch scheinbar der Cultur gewonnen, so der ganze nördliche Küstenstrich von Cecina bis halbwegs Piombino oder das Land um Grosseto. Aber auch da schieben sich immer wieder Buschholz (Macchie), Sumpf- und Heideland zwischen Felder und Wiesen ein, und allenthalben mahnen die Eucalyptus-Pflanzungen, daß die Gegend noch unter dem Bann des Fiebers liegt. Ja selbst das freundliche Grosseto ist im Hochsommer völlig verödet.[34] An andern Stellen dagegen fließen die Büsche wieder zu großen Wäldern zusammen, die weite Gebiete mit ihrer einförmigen Wildniß überdecken, so von Massa marittima südlich und die Bruna entlang, von dem alten Rusellae landeinwärts gegen Campagnatico oder von dem Sumpfland am Monte Argentaro bis hin zum bethürmten Corneto. Ich habe namentlich die Wälder füdlich von Maffa marittima näher kennen lernen, und auf fie paßt nur allzugut noch das Bild, das Dante von der Maremma entwirft. Ein unheimlich beklemmendes Gefühl überkommt uns, wenn uns diefe Bufchwälder umfchließen. Da ift nichts von der feierlichen milden Poefie unferes Waldes, keine ftolzen Hochftämme, keine laufchigen Büfche, keine weiten Durchblicke und moofigen Lagerplätze. Wo wir uns hinwenden, umgibt uns dichtes feindfeliges Unterholz, meift Steineichen und Korkeichen mit ihrem verworrenen Aftwerk und dem düfteren Dunkelgrün ihrer harten Lederblätter. Ohne Ende und Lücke begleitet es unfern Pfad, und wenn einmal ein Baum darüber hervorfieht, fo ift's ein verwachfenes Ungeheuer, das fich mit zornig verrenkten Gliedmaßen aus dem Wirrfal emporringt. Noch heute kann man die Maremmenwälder nicht beffer befchreiben als mit den Worten Dantes:

Nicht grüne Blätter — nein, von tiefem Schwarz
Nicht fchlanke Zweige — knorriges Geäfte
Nicht Früchte — nein, von gift'gen Dornen ftarrt's, Inf. 13, 4.

und unwillkürlich wird die Phantafie angeregt, die feltfamen Baumformen, die aus dem Dickicht auftauchen, zu beleben, wie es Dante gethan hat.

Daß Dante in jener Gegend gut Befcheid weiß, zeigen uns auch noch einige Anfpielungen mehr perfönlicher Art.

Von den Plänen Sienas auf den Hafen Talamone haben wir fchon gefprochen. Dort lernten wir auch fchon die Grafen Aldobrandefchi kennen, die mächtigen Rivalen Sienas in der Maremma. Von diefem Gefchlecht begegnet Dante einem Sproffen auf dem Sims der Hochmüthigen, der feine und feines Haufes Gefchichte folgendermaßen zufammenfaßt:

Latiner war ich; ein toscan'fcher Grande,
Wilhelm Aldobrandesco zeugte mich.
Ich weiß nicht, ob man je ihn bei Euch nannte.

Des alten Bluts und Thatenruhms war ich,
Deß überkommen, fo voll Hoffahrt froh,
Daß der Allmutter Bild dem Geift erblich.

Und ich verachtete die Menfchen fo,
Daß ich drob ftarb, wie die Sienefen wiffen
Und jeder Knapp' in Campagnatico.

Ich bin Umberto, und zu Bitterniffen
Ward nicht nur mir der Stolz. In feine Noth
Hat all die Meinigen er mitgeriffen. Purg. 11, 58.

Campagnatico liegt etwa vier Stunden landeinwärts von Groffeto wenig feitwärts der Heerftraße nach Siena auf freier Höhe über dem Ombrone, deffen gewundenen tief eingefchnittenen Lauf es auf- und abwärts weit überblickt. Der Ort, der überaus feft gewefen fein muß und noch zahlreiche Refte mittelalterlicher Befeftigungen befitzt, war ein wichtiges Caftell der Grafen

Aldobrandeschi und wohl geeignet, dem Verkehr der Sienesen auf der genannten Straße einen Riegel vorzuschieben. Im Mittelpunkt des Städtchens, wo sich offenbar die Hauptbauten des Castells befanden, ragt aus den Trümmern ein starker Thurm auf, der noch heute «torre di Aldobrandesco» heißt und von der Phantasie des Volks mit einem grausamen Verließe ausgestattet wird. Das mächtige Geschlecht, das auch den Titel der Pfalzgrafen von Toscana führte, besaß den größten Theil der toscanischen Maremma südlich vom Ombrone, und außerdem erstreckte sich seine Herrschaft noch über eine Reihe von Orten nördlich des Ombrone bis Massa marittima, ja bis zum Oberlauf der Cecina.[35] Wie groß die Zahl ihrer Castelle war, läßt der ruhmredige Ausspruch ermessen, der von den Grafen überliefert wird, sie könnten jeden Tag im Jahr ein anderes zum Aufenthalt wählen.[36]

Ursprünglich hatten sie ihren Sitz in der alten Etruskerstadt Rusellae, deren letzte Trümmer noch heute von den Bergen hinter Grosseto niedersehen, und nachdem diese im zehnten Jahrhundert von den Saracenen zerstört worden war, ließen sie sich mehr landeinwärts nieder in Santa Fiora und Soana. Von diesen zwei Orten nannten sich später auch die beiden Hauptzweige des Geschlechts, die Grafen von Santa Fiora und die von Soana.[37]

Wie allenthalben am Ausgang des Mittelalters die Feudalherren mit den aufblühenden Städten, so geriethen auch die Aldobrandeschi mit ihrer Nachbarstadt Siena hart aneinander. Die Sienesen, die, im Norden von Florenz umschlossen, das Bedürfniß haben, sich nach Süden auszudehnen, sind dabei im Allgemeinen die Angreifenden, obwohl auch die Grafen von den Unglücksfällen der Sienesen nach Kräften Vortheil zu ziehen suchen und immer auf Seiten der Feinde Sienas zu finden sind. Es war eben ein Kampf um's Dasein, wenigstens um die Selbständigkeit, und wurde mit aller Erbitterung eines solchen geführt. Ueber die Art und Weise, wie der von Dante redend eingeführte Umberto gestorben, berichtet die mehrerwähnte sienesische Chronik unter'm Jahr 1259[38]:

> «Und in diesem Jahre wurde Graf Uberto von Santa Fiore in Campagnatico umgebracht und wurde im Bette erstickt von Stricha Tebalducci, von Pelacane di Ranieri Ulivieri und von Turchio Maragozzi. Und die Gemeinde von Siena bezahlte die Mörder.»

Gegenüber dieser bestimmten Auskunft scheint mir den Notizen der Commentatoren, er sei bei einem verwegenen Ausfall aus Campagnatico gefallen, kein weiteres Gewicht zuzukommen.[39]

Und gerade der Umstand, daß Dante dieses Ereigniß herausgreift und so bedeutsam hinzusetzt:

Wie die Sienesen wissen,

scheint mir dafür zu sprechen, daß es sich um etwas auch für jene blutigen Zeiten Unerhörtes und zugleich um Etwas handelt, das die Sienesen nicht Wort haben wollen.

Auch Umbertos Worte, daß er sich seinen Tod durch Verachtung der Menschen zugezogen habe, sind ja mit dieser Art seines Todes wohl vereinbar.

Die Bemerkung endlich, um das Geheimniß wiſſe auch «jeder Knapp' in Campagnatico», iſt ſpeciell für unſere Zwecke von Wichtigkeit, weil darin, wie mir ſcheint, ein unzweideutiges Zeugniß liegt, daß Dante ſelbſt in Campagnatico die Ueberlieferung von jener ſchmachvollen That im Volksmund lebendig gefunden habe.

Was Dante über das fernere Schickſal des Geſchlechtes ſagt, findet ſich auch in der Chronik des Andrea Dei beſtätigt. Die Kämpfe gehen mit wechſelndem Glücke weiter. Aber gegen Ende des Jahrhunderts ſcheint die ſtolze Kraft der Feudalherren gebrochen, und Schlag auf Schlag wird ihnen eine ganze Reihe ihrer Beſitzungen von den Sieneſen entriſſen. Das iſt offenbar der Zeitpunkt, den Dante auch im Auge hat, wenn er in jener grandioſen Ueberſicht,

> Wie zur Wüſte ward des Reiches Garten,

den Kaiſer Albrecht anruft:

> Komm, Unbarmherz'ger, komm, ſchau der Geſchlechter
> Bedrückungen und heile die Unreinen
> Und ſchau, wie ſicher Santa Fiores Wächter. Purg. 6, 109.

Im vierzehnten Jahrhundert ſehen wir dann die Sieneſen faſt in der ganzen Breite ihres binnenländiſchen Gebietes bis an die Küſte vorgerückt und die Grafen vom Ombrone faſt bis zum Monte Argentaro zurückgedrängt. Der Zweig der Aldobrandeſchi, der in Santa Fiora ſaß, hatte noch bis in's fünfzehnte Jahrhundert Beſtand. Dagegen erloſch der der Herren von Soana im Mannsſtamm ſchon in der Generation unſeres Umberto. Nur eine Frau ſetzte dieſes Geſchlecht fort, Margherita, die Tochter des Ildebrandino il Roſſo, des «Rothen», eines Bruders von Umberto; aber ſie ſcheint die ganze wilde Lebenskraft dieſes Longobardenſtammes in ſich vereinigt zu haben.[40]

Bei Dante iſt ihr Name nicht genannt, aber in eine der ſchönſten Epiſoden der Divina Commedia ragt ihre finſtere, üppige Geſtalt ſo verhängnißvoll herein, daß wir an ihr nicht vorübergehen dürfen.

Die ſchöne Erbtochter beſaß in den immer noch ausgedehnten Gütern der Linie von Soana eine glänzende Mitgift, und ſo ſehen wir ſie der Reihe nach von den vornehmſten Freiern heimgeführt. Ihr erſter Gatte war kein Geringerer als Guido von Montfort[41], der gewaltige Feldhauptmann Karls von Anjou im Kampf gegen die Hohenſtaufen und dann ſein allmächtiger Statthalter in Tuscien, derſelbe, der 1271 in der Kirche von Viterbo an dem Prinzen Heinrich, dem Sohn Richards von Cornwall, für den Tod ſeines Vaters Blutrache nahm und den Dante im Blutſtrom der Gewaltthätigen es büßen ſieht, daß er

> in Gottesſchooß das Herz zerſpalten,
> Das an der Themſe man noch heute ehrt. Inf. 12, 119.

Er ſtirbt 1287 in ſiciliſcher Gefangenſchaft, und ſchon bald darauf ſehen wir Margherita mit dem römiſchen Granden Urſus Orſini vermählt, der durch die Herrſchaft Soriano, die ihm ſein Bruder, der Papſt Nicolaus III., gegeben hatte, ihr Nachbar war.

Und nochmals Wittwe geworden, läßt sich Margherita um 1295 von Loffredo heimführen, dem Sohn des Petrus Gaetani, des mächtigen Nepoten Bonifaz des VIII.[42]

Der machtvolle herrische Montfort war der richtige Mann für dieses Weib. Die zwei späteren Verbindungen, die nur dynastische Berechnung geschlossen hatte, scheinen ihrem heißen Herzen nicht genügt zu haben. In der Einsamkeit der Maremmen, wo sie, unabhängig wie die anderen Feudalherren, als Pfalzgräfin von Toscana herrschte und ihre Fehden führte, hemmte sie auch kein Gefühl der Verantwortung, ihrer Leidenschaft die Zügel schießen zu lassen, und hier tritt sie jetzt in den Kreis der Divina Commedia.[43]

Auf der zweiten Vorstufe des Reinigungsberges tritt aus der Schaar der Büßenden, die Dante umdrängen, eine Seele vor und bittet ihn mit rührender Schüchternheit um seine Fürsprache:

O, kehrst du wieder zu der Erde Weiten
Und wirst du ausgeruht vom Wandern sein,
Hub jetzt der dritte Geist an nach dem zweiten,

Die Pia bin ich, o, gedenke mein.
Siena war Wiege mir, Maremma Grab.
Er weiß es, der mir seinen Edelstein
Als Ring vordem zum Ehgelöbniß gab. Purg. 5, 130.

Der Zauber dieser Gestalt hat von je die Ausleger angezogen, und er wurde noch erhöht durch den Schleier des Geheimnisses, worein sie gehüllt ist.

Darin stimmen die alten Berichte überein, daß die Pia die Gattin des Grafen Nello Pannochieschi, Herrn auf Pietra bei Massa marittima gewesen ist, und auf diesem Schlosse in geheimnißvoller Weise ihren Tod gefunden hat, und noch heute schwebt ihr Schatten um die alten Mauern. Drei Stunden süd-östlich von Massa marittima, auf dem letzten Vorsprung des Höhenzugs zur Rechten der Bruna, dort, wo er gegen die Ebene von Montepescali und Grosseto steil abfällt, liegen die Trümmer des Castello di Pietra. Wie eine Insel taucht die freie Kuppe aus dem grünen Meer des Buschwaldes auf, und der sehnsüchtige Ausblick auf die bebauten Felder und die lieblichen Städte und Dörfer, die sich in der Ebene draußen und an den Bergen jenseits des Thals zeigen, läßt die Verlassenheit dieser einförmigen Wildniß um das Schloß her doppelt empfinden. Der abgeplattete Gipfel der kegelförmigen Erhebung bietet eine ziemlich ausgedehnte Fläche. Auf der West-Seite liegt ein ansehnliches Steinhaus, bewohnt von den Landleuten, die die Hänge des Burgbergs bebauen. Den übrigen Raum bedecken die Trümmer des Schlosses. Besonders in der Südost-Ecke des Plateaus steht noch viel Mauerwerk aufrecht, und dort befindet sich die Stelle, die heute noch allgemein beim Volk «il salto della Contessa» genannt wird. Ueber einer phantastischen, von immergrünem Strauchwerk umwachsenen Felsschroffe, durch deren Kluft man schwindelnd bis in's Thal der Bruna hinabsieht, erhebt sich ein thurmartiger Ausbau, an dem noch die Fensteröffnung gezeigt wird, aus der die Pia hinabgestürzt worden sein soll. Die Ueberlieferung scheint der Anonimo Fiorentino gekannt zu haben, wenn er berichtet, die Pia sei «in der Weise gestorben, daß Herr Nello, als sie am Fenster ihres Palastes über einem Thal in der Maremma ſtand, einen Knappen ſchickte, der ſie von hinten an den Beinen faßte und ſie zum Fenſter hinabſtürzte in dieſes überaus tiefe Thal, ſodaß man nie mehr etwas von ihr erfuhr».

Ueber ihre Herkunft iſt viel geſtritten worden. Die Angabe der alten Commentatoren, daß ſie aus der ſieneſiſchen Familie der Tolomei ſtamme, glaubte man durch verſchiedene Urkunden des ſieneſiſchen Staatsarchivs, in denen eine Pia aus dem Geſchlecht der Guaſtelloni, Wittwe des Baldo Tolomei, in den Jahren 1290 bis 1294 als Vormünderin ihrer Kinder erſchien, als irrthümlich nachweiſen zu können.[44]

Und man war um ſo mehr geneigt, in dieſer Wittwe die Gattin des Nello zu ſehen, als ſich dann die ſprachliche Schwierigkeit der beiden Schlußzeilen ſcheinbar gut löſte:

«Salsi colui che innanellata pria
Disposando (oder wie man den beſten Handſchriften und Drucken zum Trotz las:)
Disposata m'avea con la sua gemma»,

hieß eben nun einfach: «Er weiß es, der mich, die ſchon früher (mit dem erſten Ehering) beringte, ſich angetraut hatte mit ſeinem Edelſtein». Oder:

Er weiß es, der mir ſeinen Edelſtein
Als zweiten Trauring zu dem erſten gab.

Aber leider iſt neuerdings noch ein Document über dieſe Pia Guaſtelloni, Wittwe des Baldo Tolomei, aus dem ſieneſiſchen Archiv zu Tage gefördert worden, wonach ſie noch im Jahr 1318 als biedere Familienmutter einen Liegenſchaftsverkauf ihres Sohnes Andrea ratificirt.[45] Es war ihr alſo heiliger Ernſt geweſen, als ſie bei Uebernahme der Vormundſchaft in der Urkunde vom Jahr 1290 auf eine Wiederverheirathung ausdrücklich verzichtete, und die brave Frau hatte nie daran gedacht, in der gefährlichen Maremma auf Abenteuer auszugehen.

Jetzt kommt wieder die Behauptung der alten Commentatoren zu Anſehen, daß die Pia ſelbſt aus dem Hauſe der Tolomei ſtamme. Wenigſtens läßt ſich dieſer Ueberlieferung nichts Anderes entgegenſetzen. Es iſt die einzige Nachricht, die wir über ihre Abſtammung beſitzen.

Etwas beſſer ſind wir über Nello Pannocchieſchi unterrichtet.[46] Das edle Geſchlecht der Pannocchieſchi war in der Maremma reich begütert und ſtand im Lehensverhältniß zu den Grafen Aldobrandeſchi. Für Nellos ritterliche Tugenden ſpricht die Thatſache, daß er 1279 Podeſtà von Volterra und 1313 Podeſtà von Lucca war. Daneben wird aber auch ein Verrath von ihm gemeldet. Im Treffen bei Pieve al Toppo ſoll er durch tückiſche Flucht die Niederlage der Sieneſen hauptſächlich veranlaßt haben.[47] In ſeinem Teſtament vom Jahr 1322[48] blickt er zurück auf ein Leben voll Raub und Gewaltthat, da er an Kirchen und Klöſter tauſend Goldgulden vermacht «für ungebührlich weggenommenes und widerrechtlich zurückbehaltenes und entzogenes Gut», auf ſündige Liebe, da er dem Sohn der Clarina von Lucca — wo er Podeſtà war — Pferd und Waffen und Landgut vermacht, «falls er ſich zu ſeinem Sohn bekenne», und auf ein zerrüttetes Familienleben, da er der einen ſeiner drei Töchter, der Freſca, deren Mann Bindinus de Sticciano mit ſeinen Söhnen Nellus und Buſtercius ihm das Caſtell von Monte-Maſſi weggenommen, nur die Nutznießung an ihrem Erbtheil gibt. Nello gedenkt in dem Teſtamente zweier Gattinen, ſeiner erſten Frau, einer Madonna Nera, und ſeiner noch lebenden, der Madonna Bartola, der Tochter des Baldo della Toſa von Florenz. Der Pia geſchieht keine Erwähnung; doch iſt Aquarones Vermuthung ſehr anſprechend, daß die mit ihrem Vater verſeindete Fresca die Tochter der Pia ſei, da wir bei einem ihrer Kinder den Namen Pia wiederfinden.

Was aber war der Grund, der Nello zur Ermordung ſeines Weibes trieb?

Die Behauptung mancher Commentatoren, Pia habe ihrem Manne Grund zur Eiferſucht gegeben, ſteht vollkommen in der Luft und mag, wie in ſo vielen andern Fällen, dem Bedürfniß einer Erklärung ihr Daſein verdanken. Wir wiſſen überhaupt nicht, ob ſie ſelbſt eine Schuld trägt an ihrem Unglück. Der Platz, wo wir ſie im Purgatorio treffen, ſetzt dies nicht nothwendig voraus. Dagegen weiſen mancherlei Spuren auf eine Schuld des Nello. In der uralten Kirche San Francesco in Massa marittima, die von dem ſchönſten Punkt des hochgelegenen Städtchens weit über Land und Meer ſieht, meldet ein ſchlichter Grabſtein: Hier liegt Binduccio, der Sohn der Frau Pfalzgräfin Margarita und des Herrn Nello von Pietra, derer von Pannochieſchi. 1. Mai 1300.[49]

Dieſe Thatſache ſtimmt merkwürdig zu dem Bericht einer noch ungedruckten Dante-Handſchrift der Laurenzianiſchen Bibliothek aus dem vierzehnten Jahrhundert, auf die ſchon L. Scarabelli in ſeiner Ausgabe des Jacopo della Lana hinweiſt, die aber damals keine weitere Beachtung ſand, und erſt jetzt, nachdem man aufgehört hat, die Pia mit der Wittwe Guaſtelloni zu identificiren, wieder mit Recht in den Vordergrund gerückt wird.[50]

«Dieſe Pia», heißt es dort, «war ein ſehr ſchönes Mädchen vom Stamme der Tolomei von Siena und vermählt mit einem Herrn Nello dalla Pietra aus dem Geſchlecht der Pannochieſi. Der war ein ſchöner und kluger Ritter, und im Waffenhandwerk machte er gewaltigen Aufwand. Aber er war ein niedriger, ungetreuer Mann, und es heißt, er habe dieſes ſein Weib ſterben laſſen in der Maremma, und es tödtete ſie Einer mit Namen Magliata von Piombino, ein Dienſtmann des Herrn Nello, und dieſer Magliata war es auch, der, als ſich die beſagte Frau mit Herrn Nello verlobte, als deſſen Vertreter ihr den Ring für ihn gab. Und darum ſagt ſie: «Salsi collui che inanellata pria disposata m'avea colla sua gemma», und beſagter Magliata ſei es geweſen, der ſie zu Tode gebracht. Und der Grund, warum Herr Nello ſie umbringen ließ, war, weil er die Gräfin Margherita liebte, die die Gattin des Grafen von Montfort geweſen war. Und es kam ſo weit, daß er, um die Gräfin heimführen zu können, Madonna Pia, ſein Weib, tödten ließ; dann nahm er die Gräfin. Nun höre, wie Gott es vergalt! Die Gräfin ſchenkte ihm einen ſchönen Knaben, und als der zwölf Jahre alt war, ertrank er in einem Brunnen. Dann geſchah es, daß der Papſt, als er erfuhr, wie und unter welchen Umſtänden ihre Ehe zu Stande gekommen, ſie ſchied, worauf die Gräfin Margherita Herrn Nello verließ und lange Zeit durch die Welt zog in äußerſter Trübſal, und es geht die Rede, ſie habe in großem Elend ihr Leben geendet, wenn ſchon die Stätte nicht gemeldet wird. Dann wurde dem Herrn Nello ein

Schloß weggenommen, das Montesasso oder Montemasso hieß, durch einen seiner Enkel mit Namen Nello di Bandino di Sticciano, und der vertrieb Herrn Nello daraus, darnach dieser nur noch kurze Zeit lebte und dann in großem Wirrsal sein Leben beendet haben soll; und das war baß gerecht.»

Die Erzählung klingt phantastisch, verräth aber doch eine biedere Gewissenhaftigkeit, und die Bestätigung, die zwei der berichteten Thatsachen durch den Grabstein des Binduccio und die gegen Bindino di Sticciano gerichtete Testamentsbestimmung finden, macht auch die übrigen Angaben höchst beachtenswerth.

Verblüffend einfach würde hiernach der Sinn der beiden Schlußzeilen, die, wenn auf den Gatten selbst bezogen, dem Vorwurf des Pleonasmus kaum entgehen, und gerade diese Einfachheit legt ein gewichtiges Wort für diese Deutung ein. Immerhin widerstrebt es, das nachdrucksvolle «Salsi colui» auf das untergeordnete Werkzeug der That statt auf ihren eigentlichen Urheber zu beziehen.

Eine bedeutsame Bestätigung finden einzelne Angaben des alten Commentators in Tommasis Istorie di Siena, der, leider ohne Quellenangabe, ausführlich über diesen wilden Roman berichtet. Wenn die Behauptung des Commentars der Laurenziana richtig ist, daß der Sohn von Nello und Margherita zwölf Jahre alt war, als er starb (1300), so reicht die Sünde bis in das Jahr zurück, wo der tapfere Montfort auszog, um nicht mehr heimzukehren. Dasselbe behauptet aber auch Tommasi. Nach seiner Darstellung waren Beide schon vor Montforts Ende einig und werden später nur durch die Verwandten Margheritas, die Orso heirathen soll, gewaltsam getrennt, wobei Nello die heldenhafte Frau kleinmüthig im Stich läßt. Und auch von einem Kinde dieser Liebe weiß Tommasi zu erzählen. Wie Orso schon 1295 stirbt, versucht Nello mit einem seltsamen, auf Gewalt und Mutterliebe gebauten Anschlag die Geliebte wieder zu gewinnen, indem er ihrer Beider Kind sammt hundert Reisigen nach ihr ausschickt. Aber der Plan wird vereitelt, und kurz darauf ist Margherita die Gemahlin des Loffredo Gaetani.[51]

Nach Gigli[52], der den Nello übrigens schon 1299 gestorben sein läßt, hat Nello aber doch noch eine rechtmäßige Ehe mit Margherita geschlossen, und das Gleiche behauptet ja auch wieder unser Commentator der Laurenziana.

Was dieser ferner über die Ehescheidung durch den Papst sagt, beruht zwar auf einer Verwechslung, hat aber einen wahren Kern. Das wird noch deutlicher durch einen andern Codex der Laurenziana[53], wo zunächst auch berichtet wird, Nello habe die Pia aus dem Weg geräumt, um Margherita heirathen zu können, und es dann weiter heißt: «Aber auf Anordnung des Papstes Bonifazius wurde die Gräfin Herrn Nello entzogen und dem Nepoten des Papstes übergeben. . . . Oder es wird auch erzählt, der Nepote des Bonifazius habe sie schon heimgeführt gehabt, und dann habe sie ihm nicht mehr gefallen, und darnach habe sie Bonifazius dem Herrn Nello übergeben.»

Sicher ist, daß Papst Bonifaz im Jahr 1297 die erst kurz zuvor geschlossene Ehe zwischen Margherita und Loffredo Gaetani wieder schied und ihn mit Johanna, der Tochter Richards von Aquila, der Erbin von Fundi vermählte.[54] Unſtreitig hat Gregorovius recht, wenn er darin einen Act «planvoll angelegter Hauspolitik» erblickt; aber ebenſo beſtimmt dürfen wir annehmen, daß der Papſt mit Umſicht einen möglichſt triſtigen Scheidungsgrund gewählt hat, und der Scheidungsgrund hieß «Bigamie». Wer aber der Nebengatte war, wiſſen wir.

Ohne äußere Stütze, aber von großer innerer Wahrſcheinlichkeit iſt endlich die mit dem Commentator wieder übereinſtimmende Angabe Tommaſis, im Jahr 1295 habe Nello die Pia ermorden laſſen, als für ihn nach Orſos Tod noch einmal jählings die Hoffnung aufblitzte, Margherita zu gewinnen, wenn er ſelbſt frei war.

Wie aber auch im Einzelnen das Drama ſich abgeſpielt haben mag, jedenfalls waren es dieſe dämoniſchen Gewalten Nello und Margherita, zwiſchen welche das Verhängniß die ſanfte Pia geſtellt hat, und ihrer zermalmenden Wucht iſt ſie erlegen.

Von ihrem eigenen Leben und ihrer Art iſt uns nichts überliefert. Unſer einziger Gewährsmann für ſie bleibt Dante, und die wunderbare Kraſt der geheimnißvollen Zeilen zeigt, daß er ſelbſt ſich vollkommen klar war über die Geſtalt der Pia und ihr Schickſal.

Dem ſteht auch die dunkle Wendung der Schlußzeilen «Er weiß es etc.» nicht entgegen. Wohl vermögen wir die Anſpielung nicht mehr mit Sicherheit zu deuten. Aber Dante, der ſie ſchrieb, wußte doch klar, worauf er anſpielte. Seine Worte wollen hier ebenſowenig ein Dunkel laſſen, wie an jener anderen Stelle, wo er die Ermordung des Umberto Aldobrandesco mit der Wendung andeutete «wie die Sieneſen wiſſen».

Beide Vorgänge ſind finſtere Geheimniſſe der Maremma, die ſie wohl für alle Zeiten hüten ſollte. Aber Dante reißt von beiden den Schleier weg mit feſtem Ruck und weiſt mit ausgeſtrecktem Finger auf den Schuldigen. Und daß er dies vermag, daß er in dieſen einſamen Maremmen-Schlöſſern ſo gut Beſcheid weiß, das ſcheint mir weſentlich dafür zu ſprechen, daß Dante die wilde Einöde dieſer verſchollenen Gebiete ſelbſt durchwandert hat.

Lunigiana.

Daß Dante den geographischen Stoff zu seiner Dichtung zum weitaus größten Theil nicht aus Büchern, sondern aus der lebendigen eigenen Anschauung geschöpft hat, erhellt am klarsten aus dem Umstand, daß sich die geographischen Andeutungen nicht gleichmäßig über Italien vertheilen, sondern daß sich bestimmte, von den Wechselfällen seines Wanderlebens bedingte Mittelpunkte nachweisen lassen, um die sich die Spuren auffallend häufen, während andere Strecken kaum erwähnt oder vollkommen übergangen sind.

Ein solcher Mittelpunkt, fast möchte ich sagen, Herd von Dante-Spuren findet sich in dem nördlichsten Winkel von Toscana, dort, wo die Magra

> mit kurzem Lauf
> Den Genuesen vom Toscaner scheidet, Par. 9, 89.

und zwar sind dort die Reminiscenzen so zahlreich und manchfaltig, daß dieses Gebiet zu den bedeutsamsten Punkten der Dante-Geographie gehört.

Ich habe die Gegend von der genuesischen Seite,* von Spezia, her kennen gelernt, und für unsere Zwecke stellt sie sich auch auf diesem Wege am besten dar.

Zunächst interessirt uns da das kleine Hafenstädtchen Lerici, das noch am Golf von Spezia gelegen ist. Dante erwähnt es, wo er die Steilheit des untersten Felshanges des Fegfeuerberges mit dem Klippenrand der Riviera vergleicht:

> Von Lerici bis nach Turbia hin
> Ist selbst der schroffste Absturz eine Steige,
> Bequem und frei zugänglich gegen ihn. Purg. 3, 49.

Das östlich von Nizza am Anfang der Route de la corniche gelegene Turbia ist Jedem unvergeßlich, der die Riviera bereist hat. Mit seinem seltsamen Wahrzeichen, dem thurmartigen Mauerkern des stolzen Römerdenkmals, der Tropaea Augusti, die dem Orte den Namen gegeben hat, eignet es sich trefflich zum westlichen Marksteine jenes an Schönheit fast überreichen Küstenstrichs, der mit seinen hart bis an das Meer sich drängenden, jäh abfallenden Felsenschranken östlich und westlich von Genua den ligurischen Meerbusen umfaßt.

Als südlichen Endpunkt der Riviera nennt Dante nun Lerici.

Ich kam mit dem Dampfboot von Spezia her über den herrlichen Golf, vorbei an den ftolzen Panzerfchiffen und gewaltigen Strandbatterien, den vertrauenerweckenden Hütern der italiänifchen Einheit, deren frühefter und größter Apoftel Dante gewefen ift. Wir hielten uns am öftlichen Ufer des Golfes und bogen endlich in eine kleinere Seitenbucht ein, wo der Fifcherhafen Lerici wohlgeborgen vor uns lag. Behaglich fchmiegt fich das Städtchen mit feinen hellen Häufern der runden Bucht entlang, fchützend fteigen dahinter in fchönem Amphitheater die Berge auf, und trotzig und herrifch erhebt fich auf einem Vorfprung gegen die See-Seite ein wettergraues, aber noch wohlerhaltenes Caftell mit ausgedehnten Werken, von denen einft das Banner der Doria wehte.[1] Ein entzückendes Bild; aber es gab keine Antwort auf die Frage, warum Dante gerade Lerici als das Süd-Ende der Riviera nennt. Soweit man fehen konnte nach rechts oder links, überall treten die Berge mit fchroffen Abhängen dicht an das Meer heran, wie es eben der Charakter der Riviera ift. Sobald wir gelandet waren, wandte ich mich deßhalb den Bergen zu, deren Kamm nicht übermäßig hoch erfchien. Trotzdem war es ein fcharfer Anftieg, zuletzt über Geröll und durch immergrünes Geftrüpp ohne Weg bergauf zu einer Höhe, die Rocchetta, die rechts von meinem Fußpfad verheißungsvoll winkte. Als ich oben war, hatte ich aber auch die Antwort auf meine Frage vor Augen. Ich ftand auf dem äußerften Bollwerk der Riviera, dem Monte Caprione.[2] Tief unten blinkte die Magra herauf, die diefem Wall entlang ihren Weg in's Meer fucht, und jenfeits des Fluffes traten die Berge — es find die Marmorberge von Carrara — zurück und ließen eine ziemlich breite Ebene frei, die fich, von dem fchimmernden Meeresfaum begleitet, langgeftreckt nach Süden dehnte. Hier war wirklich das Ende der Riviera. Deutlicher konnte die Natur nicht reden als mit diefem Gegenfatz von Berg und Flachland, und gewiffenhafter konnte Dante die Worte feiner großen Lehrmeifterin nicht nachfprechen.

Weniger einleuchtend war mir dagegen, warum Dante fagte, daß die Magra

Mit kurzem Lauf — per camin corto —
Den Genuefen vom Toscaner fcheidet. Par. 9, 89.

Die Magra, die da unten fo breit und ftattlich vorbei kam, fah gar nicht aus, als ob fie erft einen kurzen Lauf hinter fich habe, und thatfächlich kommt fie ja auch über dreißig Miglien weit aus den Bergen hinter Pontremoli her, eine Länge, die namentlich für das an kurzlebigen Küften-Flüffen fo reiche Italien ganz beträchtlich zu nennen ift. Die Schwierigkeit dürfte fich dadurch löfen, daß Dante gar nicht den ganzen Lauf der Magra meint, fondern nur fagen will, daß eine kurze Strecke ihres Laufs das genuefifche vom toscanifchen Gebiet fcheidet. Und das entfpricht auch den thatfächlichen Verhältniffen zu Dantes Zeiten. Die Genuefen hatten wohl Lerici in Befitz genommen. Aber für diefe Seefahrer war nur die Küfte von Intereffe. Landeinwärts hat fich damals ihre Herrfchaft nie über die Vara hinauserftreckt[1], und diefe mündet in die Magra erft kurz vor ihrem Eintritt in die Küftenebene. Alfo nur in ihrem unterften Lauf, da, wo fie den Bergen von Lerici entlang fließt, kann die Magra als Grenzfluß zwifchen

Genua und Toscana bezeichnet werden, und so ist jedenfalls auch das «camin corto» bei Dante zu verstehen. Die topographische Angabe ist hier geradezu eine Ergänzung zu der Stelle von Lerici und offenbar von demselben Standpunkt aus geschaut wie diese.

Die Ebene zu meinen Füßen war mir aber nicht nur als Grenzland und als Gegensatz zu den Bergen der Riviera von Bedeutung. Auf ihrem Grund und Boden stand einstmals das sagenhafte Luna oder Luni, die uralte Etrusker-Stadt, deren Blüthe in grauer Vorzeit liegt, die im classischen Alterthum schon durch ihr Alter ehrwürdig war und sich ausgelebt hatte, die im Laufe des Mittelalters fast bis auf den Namen verschwand und deren einstige Größe auf das ferne Heute doch noch so stark herüberwirkt, daß ihr Name jetzt noch die ganze Landschaft, die Lunigiana, überschattet. Auch auf Dante hat sie ihren Eindruck nicht verfehlt.

Um nach der Stätte von Luni zu gelangen, mußte ich die Magra überschreiten. Sie windet sich hier in ihrem unteren Laufe, bald in mehrere Arme getrennt, bald zu einem Strom vereinigt, zwischen mächtigen Kiesbänken hin, führte aber selbst in dem trockenen Herbst noch eine ganz achtunggebietende Wassermenge. Auf dem rechten Ufer setzt ihr der Bergwall von Lerici, der hart neben ihr aufsteigt, eine ununterbrochene Schranke, die Ebene zur linken Hand dagegen bietet sich vollkommen ungeschützt den Ueberfluthungen und empfängt von ihnen Segen und Unheil. Heute scheint es zwar dem Fleiß der Menschen gelungen, den Einfluß des Wassers vorwiegend zum Segen zu wenden. In zahllosen, sorgfältig angelegten Gräben durchzieht es das Land und tränkt die schwarzerdigen, tiefgründigen Felder, die in beständigem Keimen und Reifen begriffen sind. Es ist eine Fruchtbarkeit, die den Nordländer ganz mährchenhaft anmuthet, und die üppigen Trauben-Ranken, die an Ulmen und Feigen die Felder einhegen, scheint das Land noch zum Schmuck so nebenher zu tragen. Wenn dann von diesem Vordergrund das Auge nach dem Kranz von Ortschaften hinüber fliegt, die von den Hängen auf dies Gartenland herabsehen, und zu den Bergen, die dahinter gegen Nord und Ost eine schützende Wand bilden, so begreift man, daß die Alten diesen Platz vor anderen zur Niederlassung wählten und daß er rasch zur Blüthe gelangte.

Aber im Lauf der Zeiten trat durch Naturgewalt oder durch Schuld der Menschen hier wie an so vielen anderen Punkten der italiänischen Küste ein Wandel ein, der den Wasserreichthum zum Fluch für die Gegend machte.[1] Wann und wie das gekommen, ist bei dem Mangel an Nachrichten schwer zu sagen. Schon gegen Ende der römischen Republik scheint die Bevölkerung von Luni zurückgegangen zu sein. Aber ob das die Ursache oder die Folge davon war, daß das Gebiet von Luni nach und nach ungesund wurde, ist zweifelhaft. Der Sturm der Völkerwanderung, unter dem die ganze alte Kultur zusammenbrach, beschleunigte jedenfalls den Niedergang, und die Verwüstungen durch Saracenen und Normannen besiegelten das Schicksal der Stadt. Das Land versumpfte mehr und mehr, an der Magra-Mündung bildete sich ein vollständiger See, und die Fieberdünste, die das stehende Wasser aushauchte, brüteten in dem bergumschlossenen Dreieck verderbenbringend über der Stadt. Die Bevölkerung wich vor dem Unheil in die an den Berghängen gelegenen Orte zurück, 1204 gab auch die Geistlichkeit den Kampf auf und verlegte die Kathedrale von Luni nach Sarzana, und hundert Jahre später konnte Dante von dieser Stadt als von etwas Vergangenem reden.

Es ist erstaunlich, wie gründlich das Zerstörungswerk vollbracht ist. Nur wenige Trümmer sind noch erhalten, und man hat lange zu suchen, bis man sie in den üppigen Feldern findet. Nur ein mäßig großes Amphitheater ist noch zu sehen, im Grundriß wohlerhalten und bis zur Höhe der ersten Sitzreihe aufrecht stehend, und in der Nähe ein formloser Mauerblock, der wie der Kern eines Grabmals aussieht; am Boden noch hie und da Säulenbasen von Marmor oder Trümmer marmorner Wandverkleidung, das ist Alles. Aber es hat einen eigenen Reiz, wenn auch nichts mehr von ihr übrig ist, über den Boden solch einer verschollenen Stadt hinzuschreiten. Wir suchen aus den Bodenwellen und den Feldwegen uns wiederherzustellen, was einst gewesen, und dabei überschauert uns wieder einmal eine Ahnung von der zermalmenden Macht der allgewaltigen Zeit.

Auch Dante hat diese Empfindung gekannt, und auch er muß ihr auf den Trümmern Lunis nachgehangen haben. Das zeigt uns jene melancholische Stelle, wo er von dem Verfall mächtiger Städte auf die Vergänglichkeit alles Irdischen exemplificirt:

Wenn Luni wir und Urbisaglia sehen,
Wie sie vergangen sind und ihnen nach
Chiusi und Sinigaglia heute gehen,

So kann, daß ein Geschlecht darniederbrach,
Uns neu nicht dünken oder ungeheuer,
Da selbst den Städten wird ihr letzter Tag.

Denn seinen Tod hat Alles das, was Euer,
Wie Ihr; nur hehlt's oft lange Frist dem Blick;
Denn rasch verglimmet unsres Lebens Feuer. Par. 16, 73.

Der Name von Luni ist an dieser Stelle allerdings nur erwähnt. Aber die Stimmung der Verse ist von einer so ergreifenden Wahrheit, wie sie dem Dichter nur die Wirklichkeit zu leihen vermag.

Schärfer tritt Dantes Ortskenntniß an einer anderen Stelle hervor, wo wir noch einmal auf den Namen von Luni stoßen.

In der Klamm der Wahrsager sieht Dante den etruskischen Seher Aruns, dessen Heimath er auf Grund einer Stelle bei Lucan[1] in Luni annimmt und von dem er deßhalb sagt:

Der in den Bergen Lunis (wo das Feld
Die Carraresen aus dem Thal beschicken)

Einst hauste in der weißen Marmor-Welt,
Dort schweifte schrankenlos auf Meer und Küste
Sein Blick und schrankenlos zum Sternen-Zelt. Inf. 20, 47.

Diese Verse gewinnen ein überraschendes Leben, wenn wir es an Ort und Stelle vor Augen haben, wie frei und kühn die Berge von Carrara — eben «die Berge Lunis», in denen schon die alten Lunesen ihre Marmorbrüche hatten[6] — fast unvermittelt aus der Ebene aufsteigen, und wie sich den Saum dieser Ebene entlang die Ortschaften an den Fuß der Berge anschmiegen.

Von Luni ging ich noch nach der Marinella, dem Strand an der Magra-Mündung, der gerade durch seine Lagunen-Bildung besonders verderblich gewirkt hat. Noch heute zeigt dieses Gebiet nicht die blühende intensive Fruchtbarkeit wie die Felder landeinwärts. Aber auch seine Gewässer sind durch ein gewaltiges Netz wohlunterhaltener Gräben geregelt, und in Mitten liegt ein stattlicher Hof und sieht so behäbig und zuversichtlich drein, daß auch hier der Fluch, der einst über dem Lande lag, endgültig gebrochen scheint.

Wenn man nun auf dem sandigen Vorland an der Magra-Mündung steht, so hat man jenseits des Flusses, der breit und langsam in's Meer hinausströmt, das Cap Corvo vor sich, oder eigentlich die Punta Bianca, wie die äußerste Spitze heißt, in die der Bergwall von Lerici ausläuft, und dort drüben saßen einst die Mönche, deren Prior der Frater Hilarius unseligen Andenkens gewesen sein soll.[7] Zwar überschlich mich ein heimliches Grauen, wenn ich an all das Unheil dachte, das er mit seinem Brief in der Dante-Litteratur angerichtet hat, aber ich durfte doch auch der denkwürdigen Stätte nicht vorübergehen, und so ließ ich mich übersetzen. Das ehemalige Kloster Santa Croce del Corvo, auf einem Bergvorsprung dicht über der Magra-Mündung gelegen, ist jetzt in einen vornehmen Landsitz umgewandelt, und außer dem zwischen den Neubauten noch erhaltenen romanischen Backsteinbau der Kirche gemahnt nichts mehr an die frühere fromme Bestimmung. Dagegen behauptet die Inschrift einer Marmortafel noch in aller Harmlosigkeit, daß «der göttliche Alighieri, ausgesperrt aus seiner schönen Hürde, hier Frieden gesucht habe», als ob niemals Witte und Scartazzini geschrieben und die Geschichte ein für allemal mit Feuer und Schwert in das Gebiet der Fabel verwiesen hätten. Ich habe keineswegs die Absicht, für den Frater Hilarius in die Schranken zu treten. Die rührsame Schilderung, wie Dante vor seiner Fahrt nach Frankreich als müder Fremdling an das Thor des Klosters kommt und all sein Begehren in dem einen Wort «Frieden» zusammenfaßt und wie er dem unbekannten Klosterbruder das Manuscript des Inferno für seinen Gönner Uguccione della Faggiola einhändigt und von der ganzen Commedia in einer Weise spricht, als wenn er auch Purgatorio und Paradiso schon fertig in der Tasche hätte, diese ganze Schilderung macht schon durch ihre rhetorische Färbung einen sehr verdächtigen Eindruck, und durch die Widersprüche, in die sie mehrfach mit historisch feststehenden Thatsachen geräth, wird sie vollends unglaubwürdig.

Aber unter Gottes freiem Himmel urtheilt man milder als am Schreibtisch, und der wunderbare Blick über Fluß und Meer und Landschaft stimmte mich fast dankbar gegen den Verfasser jenes Briefes, der gerade diesen Punkt zum Schauplatz für das Spiel seiner Einbildungskraft gewählt hatte. Ueberdies hat es etwas Rührendes, wie solche Dante-Traditionen gehegt werden, und die Marmor-Tafel in Santa Croce wird sicher niemals aufhören, gläubige Leser zu finden. Und wenn man genau zusieht: einen Kern von Wahrheit enthält sie immerhin. Denn Santa Croce läßt uns den äußersten Rand der Riviera und die Magra und die Ebene von Luni und seine Berge mit einem Blick umfassen, es versetzt uns mitten hinein zwischen die Oertlichkeiten, auf denen Dantes Auge geruht hat, über denen Dantes Geist für den Wissenden heute noch schwebt, und darum ist es trotz des bösen Hilarius — den es vielleicht niemals gekannt hat — doch würdig, die Gedächtnißtafel des Dichters zu tragen.

Als Luni unterging, zog sich die Mehrzahl seiner Bürger nach der kleinen Stadt Sarzana, die am Fuße der Carrarischen Berge gelegen ist, da, wo diese der Magra sich nähernd die Küsten-Ebene in das Flußthal zu verengern beginnen. Es erhebt sich zwar auf dem schon leicht ansteigenden Boden über die Niederung, und eine beträchtliche Entfernung trennt es von der einstigen Heimath der Lunesen. Aber der unheimliche Feind, dem diese erlegen war, streckte seine Arme bis nach der neuen Zufluchtsstätte aus. Wer in Dantes Namen wandert, der wird beim Anblick von Sarzana doppelt lebhaft an diese tückische Gewalt erinnert. Denn auch Dante hat ihr mittelbar einen schmerzlichen Tribut zahlen müssen.[8]

Nach Sarzana war Dantes «erster Freund», wie er ihn selbst nennt[9], Guido Cavalcanti, internirt worden, als damals aus dem zwiespältigen Florenz — ein letzter Versuch zur Erhaltung des Friedens — die größten Heißsporne der beiden Parteien verbannt wurden, in Sarzana hatte er sich den tödtlichen Fieberkeim geholt, dem er unmittelbar nach seiner Rückkehr erlegen ist, und der Tod des Freundes mußte für Dante um so erschütternder sein, als er selbst bei dem verhängnißvollen Urtheilsspruch mitgewirkt hatte. Dante war einer der Prioren vom 15. Juni bis 15. August 1300, welche die Verbannung der Parteihäupter verfügten[10], und es wird kein Zufall sein, daß sich gerade diese Regierungs-Maßregel der Weißen vor Allem, was sie sonst in diesen Wirren thaten, durch besonnene Energie und echte Vaterlandsliebe gleichmäßig auszeichnet.

Und was für einen Freund hat Dante in Cavalcanti verloren! Bianchi und Neri, Geschichtschreiber und Novellen-Erzähler sind einig in der Bewunderung dieses unvergleichlichen Sonderlings.[11] Ein tiefsinniger Denker und Dichter und dabei doch ausgestattet mit allen Eigenschaften einer glänzenden Ritterlichkeit; trotzig und aufbrausend und scheu in sich zurückgezogen und doch anmuthig und gewandt in allem höfischen Thun, und wenn er wollte, der gesprächigste Gesellschafter. Das Bild vervollständigt noch ein Zug von Sarkasmus und der Verdacht des Unglaubens, der ihm wegen seiner Philosophie beim Volke anhaftete. So steht er im Decamerone nachdenklich zwischen den Steinsärgen von San Giovanni, ein florentinischer Hamlet, und wie ihn die lauten Gesellen umdrängen, entzieht er sich ihnen mit einem gewandten Wort und einem gewandten Sprung, und so schildert ihn Dino Compagni in einer Canzone, mit der er den Aristokraten zum ehrsamen Bürger bekehren möchte:

Wär Loben etwas nutz: in all den Tagen,
Da über dich sie klagen,
Wär, Freund, von meinem Lob dir was verblieben.
Wie du voll Geist, pfleg ich der Welt zu sagen,

Gewandt, ſtark, kühn im Wagen,
Gleich fertig zur Attaque und zu Hieben,
Und wieviel Schriften du weißt herzuſagen,
Die allerſchwerſten Fragen,
Und Sprung und Lauf und Ringen ſtets getrieben.
Doch Nichts vermag dir all Das einzutragen
Bei Einem, der beſchlagen,
Ob Adel oder Handwerk mehr zu lieben.[12]

Als Dichter iſt Cavalcanti nicht ſo über ſeine Zeit erhaben wie ſein wenige Jahre jüngerer[13] Genoſſe Dante. Seine philoſophirende Lyrik bildet die Dichtweiſe weiter, die er von dem andern Guido, dem Bologneſen Guinicelli, überkommen hat. Sie iſt vielfach in nüchternen Wort- und Begriffs-Spielereien beſangen, und in ſeiner einſt ſo berühmten Canzone über das Weſen der Liebe wird die Poeſie geradezu erdrückt von Gelehrſamkeit. Auch Dante iſt aus dieſer Schule hervorgegangen, aber er hat die beiden Guidi, ſeine Meiſter, weit hinter ſich gelaſſen[14], und er war ſich deſſen bewußt. Denn offenbar hat er ſich ſelbſt im Sinn, wenn er auf dem Sims der Hochmüthigen in ſeiner Betrachtung über

Den eitlen Ruhmesglanz der Menſchen-Macht — Purg. 11, 91.

ſagt:

Ein Guido hat den anderen geſchlagen
An Ruhm der Sprache, und ſchon lebt vielleicht,
Der den und jenen wird vom Neſte jagen.[15] — Purg. 11, 97.

Gleich wohl darf das Verdienſt Cavalcantis nicht unterſchätzt werden. Er iſt ein Bahnbrecher des «dolce stil nuovo» (Purg. 24, 57), und auch er hat Lieder von jener glücklichen Unmittelbarkeit, die Dante in die Worte faßt:

Ich bin Einer, der in Stunden,
Wenn Liebe weht, aufmerke, um ſodann
Was ſie mir innen vorſpricht zu bekunden. — Purg. 24, 52.

Ganz ergreifend wirkt dieſe Wahrheit der Empfindung in jener Ballade voll Liebesſehnſucht und Todesahnung, die aller Wahrſcheinlichkeit nach als ſein Schwanengeſang eben in unſerem Sarzana entſtanden iſt. Einige Strophen daraus mögen hier ſtehen:

Da ich nicht hoffe jemals heimzukehren
In's Vaterland, mein Sang,
Nimm leicht und leis den Gang
Hin zu der Frauen mein,
Die minniglich und ſein
Viel Ehr gewiß dir beut.

Ich will mit dir ihr meine Seufzer ſchicken,
In denen Weh ſich tiefem Bangen eint;
Doch hüte wohl dich vor den Späher-Blicken
Der Menge, welche edlem Weſen feind;
Denn weil das Schickſal ſchlimm es mit mir meint,

So müßteſt du's entgelten,
Sie würden ſo dich ſchelten,
Deß wär mir große Noth,
Daß noch nach meinem Tod
Sich Klag und Schmerz erneut.

Du fühlſt, mein Sang, wie mich in heißem Kampfe
Der Tod bedrängt, daß Leben mich verläßt,
Und fühleſt, wie das Herz mir zuckt im Krampfe
Von aller Geiſter Widerſtreit gepreßt.
Mein Leib iſt nur noch ein ſo armer Reſt,
Daß ich nicht mehr kann dulden,
Und ſoll ich Dank dir ſchulden,
Nimm meine Seele mit,
O thu es doch, ich bitt,
Wann ſie zum Flug bereit.[16]

Wie innig Dante dieſem wunderbaren Menſchen zugethan war, geht aus einem ſeiner ſchönſten Sonette hervor, das nach Inhalt und Stimmung auf die ſchwärmeriſche Zeit der Vita nuova zurückweiſt:

Guido, ich wollte, Lapo, dich und mich,
Uns thäte unverſehns ein Zauberſegen
Jetzt in ein Schiff, das jedem Wind entgegen
Die See durchführ, wie Ihr es wollt und ich,

Und weder Sturm noch Wetter dürfte ſich
Entgegenſtellen uns auf unſern Wegen
Und Aller Herz ſchlüg in ſo gleichen Schlägen,
Daß Tag um Tag ſtets ſchönrem Feſte glich.

Frau Vanna und Frau Bice im Verein
Mit ihr, der die Zahl dreißig iſt beſchieden,
Wär durch die gute Fee mit uns an Bord;

Von Liebe ſprächen wir da immerfort,
Und jede von den Dreien wär zufrieden,
Und wir, ſo glaub ich, würden's gleichfalls ſein.[17]

Fürwahr ein Freundespaar, wie die Welt wenig ähnliche aufzuweiſen hat. Aber bei aller Harmonie der Neigungen und Fähigkeiten liegt doch ein großer Gegenſatz in beiden Charakteren.

Beide waren ariſtokratiſche Naturen im höchſten Sinn des Worts. Aber während Guido Cavalcanti vornehm und läſſig ſeine eigenen Wege ging, rückſichtslos ſich ſelbſt durchſetzte und lieber grollend ſeitwärs ſtand, als daß er dem herrſchenden Spießbürgerthum eine Conceſſion gemacht hätte, ordnete Dante ſeine Eigenart dem Gemeinwohl unter und beugte ſeinen ſtolzen Nacken unter das Joch der Zünfte, um ſeine Kraft dem Staate nutzbar machen zu können.[18] Und dieſer Gegenſatz war es auch, der zwiſchen Beiden den tragiſchen Conflict herbeiführte. Der Haß gegen Corſo Donati hatte Guido in die Reihe der Weißen getrieben[19], und in ſeiner

Leidenschaft, der er keinen Zügel anlegte, lag eine Hauptgefahr für den Frieden der Stadt. Dante stellte aber auch hier das Wohl des Ganzen über die Neigung seines Herzens, und als er jene Gefahr erkannte und die Pflicht ihn zu handeln berief, opferte er den Freund dem Vaterlande.

Aber nicht nur schmerzliche Erinnerungen sind für Dante mit dem Magra-Thal verbunden. Er hat dort rasten dürfen auf seiner langen Wanderschaft und hat dort Menschen gefunden, die er achten und lieben konnte.

Im blumigen Thal der Fürsten trifft Dante einen Schatten, der ihn lange unverwandt ansieht und dann folgendermaßen zu ihm spricht:

Wenn zu Gehör dir wahre Mähren
Vom Magra-Thal und seinen Gauen kamen,
Erzähl. Dort stand ich einst in hohen Ehren.

Corrado Malaspina war mein Namen,
Nicht bin der Alte ich, doch er mein Ahn.
Hier klärt die Liebe zu der Meinen Samen.

Und Dante erwidert:

Noch nie ging meine Bahn
Durch Euer Land. Doch wem im weiten Kreis
Europens hätt' es nicht sich kund gethan?

Der Ruf, der geht zu Eures Hauses Preis,
Rühmt laut so Herrn wie Landschaft solcher Dinge,
Daß, wer auch noch nicht dort war, davon weiß.

Auch schwör ich Euch: So wahr hinauf ich dringe,
Wird Euer edler Stamm nie von sich legen
Die Ehrenzier des Beutels und der Klinge.

Sitt' und Natur gab ihm so sondern Segen,
Daß, wie das schlimme Haupt die Welt mißleitet,
Er einzig grad geht, abhold krummen Wegen.

Und Corrado schließt:

Nun geh. Nicht sieben Male gleitet
In's Bett die Sonne, das mit allen Vieren
Der Widder überdecket und beschreitet,

So wirst solch günst'ge Meinung du verspüren
Mit größern Nägeln dir in's Hirn geheftet,
Als wie durch Reden, welche Andre führen,

Wenn des Gerichtes Lauf sich nicht entkräftet. Purg. 8, 115.

Die Stelle ist ein Denkmal der Dankbarkeit, das Dante seinen Wohlthätern gesetzt hat. Die Markgrafen Malaspina saßen seit uralten Zeiten in der Lunigiana auf ausgedehnten Gütern zu beiden Seiten des Magra-Thals. Von ihrem weitverzweigten Stammbaum sei hier nur foviel erwähnt: Im Jahr 1221 theilte fich das Gefchlecht in zwei Zweige, den «Spino fecco», der einen dürren Dorn im fchwarzen Feld, und den «Spino fiorito», der einen blühenden Dorn im goldenen Feld als Wappen führte.[20] Der Spino fecco behielt die Güter rechts der Magra und dazu noch das links gelegene Villafranca, dem Spino fiorito fielen alle übrigen Güter links der Magra zu. Auch in der Politik der bisher gut kaiferlichen Familie machte fich bald die Spaltung fühlbar.[21] Nur der Spino fecco blieb — von Ausnahmen abgefehen — der ghibellinifchen Sache treu, der Spino fiorito trat auf Seiten der Guelfen. Wir haben es hier nur mit dem Spino fecco zu thun, deffen erfter Vertreter jener Corrado der Alte ift, den Dante nennt.[22]

Die Nachkommen Corrados des Alten theilen ihr Erbe nochmals nach vier Stämmen, und fo entftehen vier felbftändige Markgraffchaften: von Mullazzo, von Villafranca, von Giovagallo und von Val di Trebbia und Bobbio. Der von Dante redend eingeführte Corrado ift ein Enkel des alten Corrado und gehört zu dem Haufe Villafranca. Für feine allzugroße Liebe zu feiner Familie, die er im Jenfeits zu büßen hat, wird als Beleg fein letzter Wille angeführt, in dem er mangels männlicher Nachkommen zu Gunften feiner Verwandten teftirt und fie eindringlich zur Eintracht ermahnt.[23] Für uns kommt zunächft Mulazzo in Betracht, wo zu Dantes Zeiten Herr Francefchino, ein Enkel Corrados des Alten, faß.

Mein Weg dorthin führte mich von Sarzana das Magra-Thal aufwärts. Bei Aulla, wo eine Straße über Fivizzano durch die Garfagnana nach Lucca abführt, verengert fich das Thal. Aber fein Charakter bleibt milder und reicher als der der Garfagnana. Das Bett des Fluffes ift nicht fo tief eingefchnitten wie das des Serchio, fein Lauf weniger ftürmifch, die Berge niederer und ihre Hänge minder fchroff und meift angebaut oder wenigftens mit Kaftanien-Wäldern bedeckt. Die bei den Ortfchaften gelegenen Caftelle find auffallend groß und fchön, fo die hochgelegene Vefte von Aulla und die malerifche Tiefburg[24] von Villafranca, und geben Kunde von der Macht ihrer Bauherren. Bei Villafranca ging ich auf das rechte Ufer der Magra und wandte mich ihren Nebenfluß, den Torrente Mangiola, aufwärts in die Berge. Da, wo ein Seiten-Bach fein Waffer mit dem Torrente vereinigt, erhebt fich, gerade den Winkel zwifchen den beiden Thälern ausfüllend, ein Berg-Vorfprung, von deffen Höhe das verwitterte Städtchen Mulazzo aus uralten Kaftanien herabficht. Auf der Bergfeite des Städtchens find die weitläufigen Trümmer des eigentlichen Caftells zu fehen; auf der dem Thal zugekehrten Ecke ragt weithin fichtbar eine ungeheure Steintrommel, der untere Theil eines achteckigen Thurms, der einft ein wahrhaft gewaltiger Bau gewefen fein muß. Der Thurm heißt noch heute beim Volk «Torre di Dante», und an deffen Fuß wird ein Haus gezeigt, in dem Dante gewohnt haben foll.[25]

Gegen folche Dante-Ueberlieferungen pflegt man im Allgemeinen mißtrauifch zu fein. Aber in diefem Falle hat ein günftiges Gefchick eine Beftätigung der Tradition bis auf uns kommen laffen.

In dem öffentlichen Archiv von Sarzana wurden im vorigen Jahrhundert zwei Notariats-Urkunden vom Jahr 1306 entdeckt, wonach Dante Alegerius von Florenz am 6. October «ante missam» zu Sarzana durch Herrn Franceſchinus Markgrafen Malaſpina zum Abſchluß eines allgemeinen Friedens mit Antonius durch Gottes Gnade Lunenſiſchen Biſchof mit der weiteſten Vollmacht ausgeſtattet wurde und am gleichen Tag «um die dritte Stunde» in dem biſchöflichen Palaſt zu Caſtelnuovo bei Sarzana dieſen Frieden auch zu Stande gebracht hat.[26]

Die beiden Urkunden, die jetzt noch in dem ſtädtiſchen Archiv von Sarzana aufbewahrt werden, ſind, auf Papier geſchrieben, in einem dicken Langfolio-Band enthalten, der zu den Acten des Notars Parente Stupio gehört. Der Notar hat darin die vor ihm abgeſchloſſenen Verträge einen nach dem andern eingetragen, und in dieſer Reihe finden ſich auch die Vollmachts-Urkunde und der Friedens-Vertrag, die ſich auf Dante beziehen. Merkwürdig iſt dabei, daß wir zunächſt auf die wortreiche Einleitung der Haupt-Urkunde ſtoßen, in der nur die genauere Zeitbeſtimmung «in hora tertia» fehlt. Dann bricht ſie plötzlich ab[27], und es beginnt nun erſt die Vollmachts-Urkunde mit dem Zuſatz «ante missam». Hierauf hebt von Neuem die Haupt-Urkunde an mit den gleichen feierlichen Formeln, Wort für Wort wie das erſte Mal, nur mit dem Zuſatz «in hora tertia».[28] Offenbar war ein für den Notar unerwartetes Hinderniß eingetreten: er hatte geglaubt, daß die Malaſpinas in Perſon erſcheinen würden, oder daß Dante ſchon bevollmächtigt ſei, und den Kopf des Vertrags einſtweilen vorbereitet, und erſt nachträglich ergab ſich die Nothwendigkeit, die Bevollmächtigung Dantes nachzuholen.

Die Urkunde iſt in einem jammervollen Zuſtand. Frommer Uebereifer, der bis zur Pietätloſigkeit ging, hat da und dort nach einer Original-Unterſchrift Dantes geſucht und hat ſich nicht geſcheut, chemiſche Mittel anzuwenden, um die vermeintlich verbleichten Züge wieder hervorzurufen. Die Unterſchrift wurde nicht gefunden; aber große Theile der Urkunde ſind ſo gut wie völlig zerſtört und ganze Stücke des ſchwarz und mürbe gewordenen Papiers ausgebrochen.

Die Vollmachts-Urkunde iſt von Sarzana datirt, «in platea calcandulae», dem Hauptplatze der Stadt, der ehemals nach dem Torrente Calcandula benannt war[29] und heute Piazza Vittorio Emanuele heißt. Die Haupt-Urkunde iſt in dem Biſchofs-Palaſt in Caſtelnuovo abgefaßt, einem in dichten Oliven-Wäldern gelegenen Berg-Städtchen etwa eine Stunde ſüd-öſtlich von Sarzana. Caſtelnuovo iſt ſtolz auf ſeine wohlverbürgte Dante-Tradition. Am Eingang empfängt uns die Via Dante und führt uns als Hauptſtraße durch die ganze Länge des Städtchens bis zu dem höchſten Plateau, das hinter uralten prächtigen Steineichen ausgedehnte Caſtell-Trümmer zeigt. Mit wieviel Berechtigung das letzte Haus in der Via Dante die Ehre für ſich in Anſpruch nimmt, der Ort des Vertrags-Abſchluſſes zu ſein, wage ich nicht zu entſcheiden. Jedenfalls aber hatte ſich in Caſtelnuovo, wo hoch über der ſumpſigen Maremma die Biſchöfe von Luni zu reſidiren pflegten, Dante mit dem Notar am 6. October 1306 um die dritte Stunde — etwa um neun Uhr Morgens — eingefunden, nachdem in Sarzana vor dem Früh-Gottesdienſt noch die Vollmacht für ihn ausgeſtellt worden war, und dort oben kam der Frieden zwiſchen den beiden Parteien zu Stande.

Die Urkunden sind ebenso ein Zeugniß des Vertrauens, das Dante bei seinem Auftraggeber genoß, als der diplomatischen Gewandtheit, die ein so heikles Geschäft erforderte. Ueberdies zeigen sie uns auch wieder, wie genau Dantes Worte zu nehmen sind. Nicht sieben Mal werde die Sonne ihren Lauf vollenden, läßt er sich im Frühjahr 1300 prophezeien, bis er die Trefflichkeit der Malaspinas selbst erproben werde, und im Herbst 1306 finden wir ihn bei eben diesem Geschlecht in einer hervorragenden Vertrauensstelllung.

Bei dem Friedensschluß mit dem Bischof von Luni vertrat Dante nicht nur den Franceschino Malaspina, sondern auch noch andere Glieder des Geschlechts, und nach der ganzen Art, wie sich Dante im Purgatorio über die Malaspina ausspricht, dürfen wir auch wohl annehmen, daß er sich längere Zeit im Magra-Thal aufgehalten und daß er mehr als einen der Markgrafen kennen gelernt hat. Aber doch erscheint in den beiden Urkunden Franceschino weitaus als der Haupt-Auftraggeber, als derjenige, der seine Verfügungs-Gewalt auf Dante überträgt und dann die Obliegenheit übernimmt, von seinen mitbetheiligten Verwandten die Zustimmung zu den von Dante stipulirten Vertragspunkten zu erwirken.

Die Urkunden in Verbindung mit der Ueberlieferung von Mulazzo scheinen mir keinen begründeten Zweifel darüber zu lassen, daß Franceschino der erste und hauptsächlichste Gastfreund Dantes im Magra-Thal gewesen ist.[30]

In Mulazzo hätte also Dante nach der Unrast der ersten Verbannungs-Jahre und nachdem mit dem Tod Bartolommeos della Scala auch Verona für ihn ein unwirthlicher Platz geworden war, zum ersten Mal wieder Athem holen können. Dorthin wäre aber auch die Wiederaufnahme seiner Arbeit an der Divina Commedia zu verlegen, von der Boccaccio in seiner Lebensbeschreibung Dantes, sowie in seinem Commentar zu erzählen weiß.[31]

Es ist ein merkwürdiger Bericht, und er bringt uns so recht zum Bewußtsein, welch unvergleichliche Quellen dem vielgescholtenen Dante-Biographen zur Verfügung standen und wie unendlich schwierig es doch für ihn war, die Wahrheit zu ermitteln.

Boccaccio war befreundet mit einem Schwestersohn Dantes, Andrea Poggi, der in Gesicht und Haltung seinem großen Oheim auffallend glich, übrigens zwar ungebildet, aber verständig und bieder war. Von diesem erfuhr er «unter Anderem» (wer das «Andere» doch auch wüßte!): Nach Dantes Verbannung war sein Haus der Plünderung preisgegeben worden und Madonna Gemma hatte einige Kisten mit ihren werthvollsten Sachen und mit Schriftstücken ihres Mannes an geweihte Stätte geflüchtet. Mehr als fünf Jahre später, als wieder geordnete Zustände zurückgekehrt waren, unternahm sie es, von den confiscirten Gütern Dantes wenigstens ihre Mitgift herauszubekommen, und zu diesem Zweck sollte nach Documenten in jenen geflüchteten Kisten gesucht werden. Damit betraute sie eben ihren Neffen Andrea, dem sie einen Sachwalter zur Seite gab. Und «während der Sachwalter suchte» — ist es dem Andrea offenbar zu langweilig: er stöbert in andern Papieren, findet «Sonette, Canzonen und derlei Dinge», am meisten gefällt ihm aber ein Heftlein von Dantes Hand, das angeblich die sieben ersten Gesänge des

Inferno enthielt. Er liest es und liest es wieder und versteht nicht viel davon und findet es gleichwohl «etwas Wunderschönes». Darum bringt er es zu dem berühmten florentinischen Dichter Dino Frescobaldi, und dieser — wie Dante ein Anhänger des «dolce stil nuovo»[32] — erkennt bewundernd den Werth des Bruchstücks und dringt darauf, daß es Dante zugestellt werde. Die Nachforschungen ergaben, daß sich Dante in der Lunigiana bei dem Marchese Malaspina — der bei Boccaccio allerdings Moruello heißt — aufhielt, «der ein verständiger Mann und sein besonderer Freund war». An diesen wurde das Manuscript geschickt. Er las es mit gleicher Bewunderung wie Dino Frescobaldi, brachte es Dante und drang in ihn, das Angefangene weiter zu führen. Dante willigte ein, «und darum wieder eintretend in den alten Gedankengang und das unterbrochene Werk wieder aufnehmend, sagte er zum Beginn des achten Gesangs:

So fahr' ich jetzo weiter».

Boccaccio erhebt nun selbst Bedenken gegen seine Erzählung. Aber gerade diese Zweifel, mit denen er sich den Effect seiner Geschichte verdirbt, sind der beste Beweis für seine eigne Aufrichtigkeit.

Sein Hauptkummer ist, daß ihm ganz die gleiche Geschichte auch von Ser Dino Perini erzählt worden ist, wieder einem verständigen Mann, der ein vertrauter Freund Dantes zu sein behauptete, und daß dieser die Ehre, das Manuscript gefunden zu haben, für sich in Anspruch genommen hat. Es ist wirklich ein tückisches Verhängniß, daß die wichtige Nachricht durch diesen Widerspruch entstellt wird. Doch möglicher Weise könnte auch Dino Perini der Sachwalter gewesen sein, der den Andrea begleitet hat. Dann hätten alle Beide recht. Jedenfalls thut diese nur allzu erklärliche Personen-Frage der Glaubwürdigkeit der erzählten Thatsachen, in denen ja sonst die Beiden übereinstimmen, weiter keinen Eintrag.

Ein zweites Bedenken schöpft Boccaccio aus dem Umstand, daß, wenn das Heftlein das Manuscript der sieben ersten Gesänge enthalten hätte, auch die Prophezeiung des Ciacco im sechsten Gesang (V. 64 ff.) vor Dantes Verbannung geschrieben sein müßte; das sei aber nicht möglich, da sie den Sturz der Weißen als bekannt voraussetzt.

Doch auch diese Schwierigkeit löst sich mit der Annahme, daß das Manuscript eben nicht den endgültigen Text, sondern nur einen ersten Entwurf enthielt, der später noch die manchfachsten Aenderungen erfahren konnte.[33]

Ich möchte dem Bericht soweit noch Glauben schenken, daß, wenn auch nur skizzirt, es doch der Hauptsache nach gerade die sieben ersten Gesänge waren, die aufgefunden wurden, und daß Dante in der That beim achten Gesang wieder eingesetzt hat. Die Anfangsworte «So fahr ich jetzo weiter» scheinen mir dies entschieden zu verlangen. Denn es läßt sich nicht leugnen, daß ihre bisher übliche Deutung als ein Hinweis darauf, daß der achte Gesang zunächst noch den am Ende des siebten Gesanges vorgenommenen Gegenstand weiter behandle, nur ein mühseliger Nothbehelf ist, um die seltsam überflüssige Wendung zu entschuldigen. Ja, als ich in Mulazzo am Dante-Haus stand und die gewaltige Masse des alten Wart-Thurms über mir hatte, wollte es mir gar nicht unmöglich ſcheinen, daß auch dieſer Thurm in Dantes Phantaſie hereingeſpielt habe, als er wieder zur Feder griff, und daß die ganzen beiden erſten Zeilen:

So fahr' ich jetzo weiter: Lang bevor
Wir an dem Fuß des hohen Thurmes ſtanden,

nur eine Spiegelung der Situation ſind, in der ſie niedergeſchrieben wurden. Wer den geheimen Canälen der dichteriſchen Ideen-Aſſociation ſchon nachgegangen iſt, wird das Zuſammentreffen jedenfalls nicht für unbedeutſam halten, und daß in der letzten Zeile des ſiebenten Geſanges ſchon von dem Thurm die Rede iſt, würde der Annahme nicht im Wege ſtehen, da ja auch die vorhergehenden Geſänge damals noch nicht endgültig redigirt waren. Allerdings wäre es ja nur eine ſpielende Nebenbedeutung, die nur für den Eingeweihten Sinn hätte. Aber mit der Vorliebe Dantes für das Vieldeutige iſt eine ſolche Anſpielung ſehr wohl zu motiviren.

Doch darüber mögen, um mit Boccaccio zu reden, die Leſer denken, was ihnen am wahrſten oder am wahrſcheinlichſten dünkt.

Soviel dürfen wir als ſicher annehmen, daß Dante längere Zeit in Mulazzo gelebt und dort in — verhältnißmäßig — glücklicher Muße an ſeinem Werk gearbeitet hat.

Nicht unerwähnt will ich laſſen, daß man von Mulazzo aus einen wunderbaren Blick auf die Apuaniſchen Alpen hat, auf die Pietra Apuana, deren Dante Erwähnung thut, wo er das dicke Eis des Cocytus beſchreibt:

Denn fiel auch Tabernick,
Auch Pietrapana drauf mit ganzer Wucht,
Noch nicht einmal am Rande macht es Krick. Inf. 32, 28.

Die Apuaniſchen Alpen liegen zwar ziemlich weit ſüdlich, etwa zwiſchen der Magra-Mündung und Caſtelnuovo di Garfagnana. Aber der Zug des Seitenthals, in dem Mulazzo liegt, geſtattet es, eine weite Strecke des Magra-Thals flußabwärts zu überſchauen, und hinter den niederen Bergen, die das Thal umgeben, ragt zum Greifen nah der rieſige Gebirgsſtock auf. Mit ſeinen alpenartig kühnen Formen iſt er von einer ganz gewaltigen Wirkung, und in Mulazzo mag Dante den Eindruck von ihm empfangen haben, der in dem grandioſen Vergleich nachklingt.

Boccaccio nennt, wie wir geſehen haben, den Gaſtfreund Dantes Moroello Malaſpina, und zwar thut er dies nicht nur bei Erzählung jener Anekdote von der Wiederauffindung der ſieben erſten Geſänge, ſondern auch da, wo er in ſeiner Lebensbeſchreibung im Allgemeinen von den Irrfahrten Dantes berichtet.[34] Und wenn wir auch für den Anfang des Aufenthaltes in der Lunigiana Franceſchino von Mulazzo als den Gaſtfreund betrachten müſſen, ſo dürfen wir doch dieſe Angabe Boccaccios nicht ohne weiteres als bedeutungslos bei Seite ſchieben. Es wäre wohl möglich, daß ſich gerade während Dantes Aufenthalt in Mulazzo eine Freundſchaft zwiſchen ihm und dieſem fraglichen Moroello entwickelt hätte, hinter der dann für den örtlich und zeitlich fernſtehenden Geſchichtſchreiber Boccaccio die erſte Gaſtfreundſchaft verſchwunden wäre.

Erwähnt sei hier auch noch der in dem Witte'schen Codex enthaltene Brief mit der Ueberschrift: «Dante an den Markgrafen Maroello Malaspina», der, wenn er ächt ist, von einem längeren Aufenthalt Dantes bei dem Adressaten und von einer großen Herzlichkeit des Verkehrs zwischen Beiden Zeugniß gibt.[15]

Wer aber dieser Moroello oder Maroello gewesen, dafür fehlt uns jeder feste Anhaltspunkt. Der Name Moroello ist in dem Geschlecht der Malaspina sehr zahlreich vertreten, und zu Dantes Zeiten lebten nicht weniger als vier Träger dieses Namens:

Es konnte Moroello von Val di Trebbia und Bobbio gewesen sein, ein Vetter des Franceschino von Mulazzo, den gleiches Alter und gleiche politische Gesinnung zum Freund Dantes geeignet machte.

Es konnte Moroello von Villafranca sein, allerdings etwas jung, aber ein Neffe des Corrado des Jüngeren, dem Dante im Purgatorio begegnet, und in dem oben erwähnten Friedensschluß mit dem Bischof von Luni an der Seite des Franceschino genannt.

Es konnte auch Moroello von Mulazzo sein, der Sohn des Franceschino, gleichfalls jung für einen so gewaltigen Freund, aber in ständigem Verkehr dem Gast seines Vaters nahe.

Und es konnte endlich Franceschinos Vetter von Giovagallo sein, dessen Stammschloß ganz hinten in dem engen rauhen Thal des Torrente Penolo, eines Zuflusses der Magra, gelegen, auf einem quer in's Thal hereingeschobenen Vorsprung mit schroff abfallenden Hängen und gegen die Bergseite durch einen mächtigen Graben gesichert, auch noch in Trümmern durch die Kühnheit und Festigkeit seiner Anlage imponirt und so recht zum Sitz des Bezwingers von Pistoja paßt.

Auf den ersten Blick scheint zwar der Feldhauptmann der Schwarzen sich nicht gerade besonders zu einem Freunde Dantes zu eignen. Aber es lassen sich auch hierfür Gründe anführen. Auch er ist in dem Friedensschluß mit dem Bischof von Luni genannt, und Dante führt auch seine Sache, wenn er auch mit vielsagender Zurückhaltung bei ihm die Beibringung der Genehmigung, ausdrücklich nur mit dem Zusatz «wenn möglich» verspricht.[16] Bald nach der Niederwerfung von Pistoja gerieth er in Gegensatz mit den Neri von Florenz. Zu Ende des Jahres 1307 finden wir ihn wieder auf dem Heimweg in die Lunigiana[17], und später scheint auch er zu den alten kaiserlichen Traditionen seines Geschlechts zurückgekehrt zu sein. Denn er ist wahrscheinlich identisch mit dem Moroello Malaspina, der dem Kaiser Heinrich VII. in der Lombardei huldigte und von diesem als Vicar nach Brescia geschickt wurde.[18] Ja, es hätte einen eigenen Reiz, Boccaccios Angaben gerade auf den Moroello von Giovagallo zu beziehen. Unstreitig ist er der hervorragendste unter seinen Namens-Vettern. Ueberdies enthalten die Worte, die Dante im Inferno gegen das Wetter aus dem Magra-Thal spricht, nichts persönlich Feindseliges, sondern bekunden eher Bewunderung für den gewaltigen Kriegshelden. Die zwei bedeutenden Menschen konnten wohl, erhoben über den Dunst des Partei-Haders, ihre Ebenbürtigkeit erkannt und sich in Freundschaft gefunden haben. Ja, es konnte Dantes Feuergeist gewefen fein, an dem fich Morocllos Eifer für die Sache des hohen Heinrich entzündete. Doch ich führe dies nur an, um zu zeigen, daß auch diefer fchwarze Morocllo als Freund Dantes keineswegs undenkbar wäre.

Beftimmte Beweife befitzen wir, wie gefagt, weder zu Gunften des Einen noch des Anderen, und die Frage, ob und mit welchem Morocllo Dante in freundfchaftlichen Beziehungen geftanden hat, kann heute noch nicht entfchieden werden.[19]

Immerhin dürfen wir mit unferer Ausbeute an Dante-Spuren im Gebiet der Lunigiana zufrieden fein. Locale und perfönliche Anfpielungen der Divina Commedia weifen hierher, alte Urkunden treten beftätigend hinzu, anekdotifche Züge aus des Dichters Leben führen uns den gleichen Weg, und die Tradition des Volkes ftellt uns frifch vor die greifbare Wirklichkeit und fagt: Hier ift Dante gewandelt. So fällt ein helles Licht auf diefe Gegend und zeigt uns Dantes Geftalt in einer Klarheit, wie es uns felten fie zu fehen vergönnt ift.

Ober-Italien.

Nördlich der Lunigiana werden Dantes Spuren mit einem Schlage überaus selten, aber doch erinnern uns in größeren Zwischenräumen einzelne Streiflichter, daß auch diese Strecken seines Vaterlandes ihm nicht fremd waren, wenn er dort auch keine so ruhigen Tage verlebt hat, wie im Magra-Thal.

Es ist gar keine so üble Idee, daß der Frater Hilarius unsern Dichter von der Lunigiana aus seine Reise nach Frankreich antreten läßt. Thatsächlich versiegen nach dem Aufenthalt bei den Malaspinas, über dessen Dauer wir gleichfalls nichts Bestimmtes wissen, die sichern Nachrichten über Dantes Schicksale vollständig, und die meisten Vermuthungsgründe sprechen dafür, daß er um diese Zeit, da alle Hoffnung auf günstigere Gestaltung seines Looses in seinem Vaterland vorläufig geschwunden war, etwa um 1308, sich nach Paris gewendet habe, von wo er erst auf die Kunde, daß Kaiser Heinrich zur Romfahrt rüste, nach Italien heim eilte. Sein Weg nach Frankreich hat ihn aber offenbar die Riviera entlang geführt.

Schon bei Lerici wurde die Stelle der Divina Commedia besprochen, die mit einem Zug die ganze Riviera di levante und ponente umfaßt und charakterisirt:

Von Lerici bis nach Turbia hin
Ist selbst der schroffste Absturz eine Steige,
Bequem und frei zugänglich gegen ihn. Purg. 3, 49.

Auf der Riviera di levante macht Dante nur noch einmal Halt, an dem Thal der Lavagna. Er gedenkt dieses Flusses auf dem Sims der Geizigen, unter denen er den Papst Hadrian V., nach seinem weltlichen Namen Ottobono dei Fieschi antrifft. Die Fieschi führten auch noch den Namen der Grafen von Lavagna, und Hadrian faßt dies in die Worte:

Dort zwischen Chiavari und Sestri gleitet
Ein schöner Fluß zu Thal, von dem die Zierde
Zu meines Stammes Titel hergeleitet. Purg. 19, 100.

Die wenigen Worte schildern wieder mit einer merkwürdigen Treue.

Wenn man von dem Riviera-Ort Sestri levante dem Meer entlang nordwärts geht, kommt man nach etwa einstündiger Wanderung kurz vor Chiavari an den von Dante bezeichneten Fluß, der, wie die meisten dieser Küstenflüsse, an der Mündung aus seinen Geröllablagerungen ein ziemlich ausgedehntes Vorland geschaffen hat. Rechts zur Seite, an die Berge gelehnt, die das Vorland umſchließen, liegt Lavagna, der Stammſitz der Grafen. Eine Via Dante in dem kleinen freundlichen Städtchen dankt dem National-Heros, daß er auch ihm mit einem Federſtrich die Unſterblichkeit verliehen hat.

Sobald man von der Riviera abbiegt, um dem Lauf des Fluſſes aufwärts zu folgen, verſchwindet der ſchroffe Fels-Charakter der Landſchaft, und ein freundliches Thal thut ſich uns auf. Eine ſtattliche Poſtſtraße aus der guten alten Zeit iſt unſer Weg, und daneben fließt der Torrente in breitem Bett, für einen Bergſtrom nach unſeren Begriffen recht ſanft und gemächlich, hin[1], wenn auch die Geröllbänke zu beiden Seiten anzeigen, daß er auch zu Zeiten Ernſt machen kann.

Das Thal, das Anfangs ſehr weit iſt, verengt ſich etwa nach einer Stunde, dort, wo es plötzlich von ſeiner nördlichen Richtung nach Weſten umbiegt und dann bei dem kleinen alten Städtchen Carasco der Torrente Sturla ſich mit dem Hauptſtrom vereinigt. Erſt von hier an aufwärts führt heutigen Tags der Fluß den Namen Lavagna; im Unterlaufe heißen die vereinigten Gewäſſer Entella. Aber auch in dem engeren Oberlauf verliert das Thal ſeinen fruchtbaren Charakter nicht. Der ganze Thalgrund iſt ein Gartenland, ſo üppig wie die Felder von Luni. Weinranken ſchwingen ſich von Baum zu Baum, das mächtige Welſchkorn trägt zu den eigenen ſchweren Kolben noch die luſtigen Pomidoro, die daran emporklettern, und wo ſonſt ein Fleckchen frei iſt, drängt ſich noch irgend ein Kraut oder eine Frucht hervor aus dieſem unerſchöpflichen Füllhorn. Die Höhen ſind gut bewaldet und erhalten etwas ungemein Anmuthiges durch die vielen Kirchlein, die hoch oben gelegen von Berg zu Berg ſich zuzuwinken und den Wandrer mit ihrem Schutze das Thal entlang zu begleiten ſcheinen. Und wie das Thal ſind ſeine Bewohner, von jener frohen Freundlichkeit, die wohl thut wie Sonnenſchein, und dabei erfüllt ſie ein dankbarer Stolz auf ihre Heimath, die ſie mit Vorliebe «val di fontana buona» nennen.

Wenn man das Thal von Lavagna geſehen hat, verſteht man erſt, mit wie viel Recht Dante das Epitheton «ſchön» dem Fluſſe beilegt, und faſt möchte man bis in die Tonmalerei des weichen Verſes hinein das Dahinſtrömen der bella fiumana durch die reiche liebliche Landſchaft wiederfinden.

An Lavagna knüpft Dante noch eine intereſſante Anſpielung perſönlicher Art. Nachdem an der erwähnten Stelle des Purgatorio Papſt Hadrian Auskunft über ſein Leben und über ſeine Strafe gegeben hat, fügt er noch bei:

Alagia lebt noch drüben, meine Nichte,
Von Herzen gut, wenn meines Hauſes Treiben
Den guten Kern in ihr nicht macht zu nichte.

Nur dieſe durfte drüben mir verbleiben. Purg. 19, 142.

Mit einer auffallenden Abſichtlichkeit bringt hier Dante die Sprache auf dieſe Alagia, die nach dem Zuſammenhang der Stelle ebenſo gut unerwähnt bleiben könnte, und dieſe Abſichtlichkeit iſt für uns um ſo merkwürdiger, als die Nichte Hadrians zugleich auch die Gattin des Moroello Malaſpina, des Markgrafen von Giovagallo, war. Ueber die Beziehungen Dantes zu ihr beſitzen wir keine andern Anhaltspunkte als diese Stelle. Aber da er ihre Güte preist und zugleich eine Warnung vor dem schlimmen Einfluß ihres Hauses beifügt, so scheint er ein lebhaftes Interesse für Frau Alagia empfunden zu haben. Und wann kann er dies eher gefaßt haben als zu jener Zeit, da er die Gastfreundschaft der Malaspinas genoß? Ja, diese Stelle fällt schwer dafür in's Gewicht, daß wirklich das Wetter aus dem Magra-Thal der Moroello gewesen sei, der mit Dante befreundet war. Troyas Ansicht[2], daß eben Alagia die Annäherung zwischen Dante und ihrem Gatten vermittelt habe, ist eine Hypothese, aber eine, die alle Beachtung verdient. Sie würde in der einfachsten und ansprechendsten Weise die mahnende Huldigung erklären, die der Dichter der edlen Frau in seinen Versen darbringt.

In der eben besprochenen Stelle sahen wir Dante abfällig über das genuesische Geschlecht der Fieschi urtheilen. Noch schlimmer verfährt er mit einem andern Genuesen, dem Branca d'Oria, der seinen eigenen Schwiegervater beim Gastmahl verrätherisch ermordet hat. Dante trifft dessen Seele im Eis der Verräther, während sein Leib von einem Teufel besessen noch auf Erden wandelt. Es ist wohl das unerhörteste Strafgericht, das je ein Dichter über seinen lebendigen Mitmenschen verhängt hat. Und im Anschluß an diese Episode bricht er gegen die ganze Bürgerschaft Genuas in die berühmten Worte aus:

O Genuesen, aller Sitt' entblößt
Und überreich an Makel! Daß doch Euch
Die Erde nicht von ihrem Rund verstößt. Inf. 33, 151.

An diese Stelle knüpft sich die Ueberlieferung, daß Dante in Genua eben durch Branca d'Oria eine tödtliche Beleidigung erfahren habe.[3] Aber die Erzählung ist vollkommen unverbürgt und kann ebenso wohl dem Wunsche, diesen grimmigen Ausfall Dantes gegen die Genuesen zu erklären, ihre Entstehung verdanken. Daß diesem tiefen Groll schlimme persönliche Erlebnisse zu Grunde liegen, ist zwar sehr wahrscheinlich, und ebenso wahrscheinlich, daß Dante sie in Genua selbst gehabt hat. Aber, welcher Art sie waren, sind wir völlig außer Stand, zu vermuthen, und auch keine landschaftlichen Erinnerungen geben in der Divina Commedia Kunde von der stolzen Stadt, deren Anblick doch Jedem sich unvergeßlich einprägt.

Westlich von Genua dagegen treffen wir wieder eine unverkennbare Spur Dantes: Noli, das er zusammen mit San Leo und Bismantova zur Verdeutlichung des steilen Aufstieges zum Reinigungsberg anführt und dessen schon bei Bismantova eingehend gedacht worden ist.[4]

Lerici, Lavagna, Noli, Turbia — über die ganze ligurische Küste vertheilen sich die Punkte, an denen Dante Halt macht, und sie bezeichnen zugleich die uralte Heerstraße, die von Italien nach Frankreich führte. Sie wird auch Dante auf seiner Fahrt nach Paris eingeschlagen haben[5], und auf ihr gelangte er, nachdem er die Riviera im Rücken hatte, dann weiter nach dem alten Arles, «wo Rhodans Fluthen stauen» und wo ihm die Champs élysées mit ihren Sarkophagen eines der Vorbilder zu seinem Feld der glühenden Särge lieferten (Inf. 9, 112).

Doch dort hinaus geht nicht unser Weg. Wir kehren zurück nach Italien.

Das eigentliche Nord-Italien iſt ſehr ungleichmäßig in der Divina Commedia bedacht. Während wir im Oſten Spuren der manchfachſten Art von Dante finden werden, bietet der weſtliche Theil, in den wir, von Genua nördlich wandernd, jetzt eintreten, nicht ein lebendiges Zeugniß von der Anweſenheit Dantes.

Wohl ſind auch aus dieſer Gegend eine Reihe von Punkten in der Divina Commedia erwähnt. Aber keine dieſer Anſpielungen ſetzt voraus, daß Dante ſelbſt an Ort und Stelle geweſen ſei.

Die Lombardiſche Ebene als Ganzes bezeichnet er ungemein treffend als den

Plan[6],
Der von Vercelli fällt nach Marcabò. Inf. 28, 74.

Aber die Elemente der Bezeichnung: die zwei Endpunkte der Ebene, die Stadt Vercelli an der Seſia an der Grenze Piemonts und das jetzt verſchwundene venezianiſche Caſtell Marcabò[7] an der Mündung des Po Primaro, ſowie das ſtäte Gefäll dieſer Ebene, ſind mehr geographiſcher Natur und konnten Dante auch ohne Augenſchein bekannt ſein.

Die Anſpielung auf Aleſſandria, Monſerrat und die Landſchaft Canaveſe, Alles im oberen Po-Gebiet gelegen (Purg. 7, 135), ſind ganz und gar politiſch. Ebenſo ſind die Novareſen (Inf. 28, 59) nur gelegentlich des gewiß weithin berühmten Kampfes gegen Fra Dolcin genannt. Caſale im Monſerratiſchen iſt nur als Geburtsort des Franciskaners Ubertino erwähnt (Par. 12, 124), die Kirche Cieldauro (S. Pietro in Cielo d'Oro) in Pavia nur als Grabſtätte des Boïethius (Par. 10, 127).[8] Und auch das zweimal genannte Mailand (Purg. 8, 80 und Purg. 18, 120) erfreut ſich keines Beiworts, das dem Augenſchein entnommen wäre.

Dieſe Wahrnehmung ſtimmt mit den Nachrichten überein, die wir von Dantes Leben beſitzen. Auch von dieſen führt keine einzige in den weſtlichen Theil von Nord-Italien. Um ſo dichter häufen ſich dagegen wieder die Spuren, wenn wir uns Verona nähern. Und mit gutem Grund. Denn wir haben hier wieder einen jener Punkte vor uns, die die großen Fermaten in Dantes Leben bilden, in denen die Unraſt des Heimathloſen für eine Zeit zur Ruhe kommt und die aus dem trüben Einerlei ſeines Wanderlebens bedeutſam gliedernd hervortreten.

In Verona herrſchte zu Dantes Zeiten das Geſchlecht der Scaliger, das, durch kriegeriſche Tüchtigkeit raſch emporgekommen, nach Ezzelinos Untergang deſſen Erbſchaft in dieſer Stadt angetreten und durch die gleiche Eigenſchaft ſeine Macht behauptet und weiter ausgedehnt hatte. Um das Jahr 1300 war Alberto della Scala an der Regierung. Ihm folgte im Jahr 1301 ſein älteſter Sohn Bartolommeo. Doch ſtarb dieſer ſchon im März 1304, und an ſeine Stelle trat Alberts zweiter Sohn, Alboin. Seit 1308 ſteht dann der jüngſte Sohn Alberts, Canfrancesco oder Cane, als Mitregent an Alboins Seite, um nach Alboins Tod im Jahr 1311 allein die Regierung weiter zu führen.

Bei dieſem Herrſchergeſchlecht hat Dante zweimal Gaſtfreundſchaft genoſſen, und ſeinen Dank dafür hat er in jenen berühmten Worten abgeſtattet, die er ſeinem Ahnherrn Cacciaguida im Himmel des Mars als Prophezeiung in den Mund legt:

Zum erften Schirm und Dach ift dir gekürt
Des hoh'n Lombarden Huld, der auf der Leiter
Im Wappenfchild den heil'gen Vogel führt.

Er wird ein Freund dir, ein fo hilfsbereiter,
Daß von Vollziehn und Bitten bei Euch zweien
An erfter Stelle kommt, was fonft an zweiter.

Mit ihm fchauft ihn du, den der ftarke Schein
Des Sterns hier fo von Mutterleibe an
Geprägt, daß ruchbar einft die Thaten fein.

Noch hat fich's nicht den Völkern kund gethan
Ob feiner Jugend. Denn erft feit neun Jahren
Schwingt fich um ihn her diefer Kreife Bahn.

Doch eh' der hohe Heinrich noch erfahren
Des Basken Trug, gibt feine Kraft fchon Funken
Und wird nicht Silber je noch Mühfal fparen.

Und feine Ruhmesthaten werden prunken
In Zukunft noch fo weithin durch das Land,
Bis felbft der Feinde Fluch in Lob ertrunken.

Auf ihn vertrau und feine milde Hand,
Durch ihn wird große Wandelung ergehen
Und Reich- und Armer taufchen ihren Stand.

Und dir im Geifte laß gefchrieben ftehen
Von ihm, doch meld' es nicht — und er fprach Dinge
Unglaublich Dem felbft, der fie einft wird fehen. Par. 17, 70.

An diefen Verfen, die als Prophezeiung abfichtlich dunkel gehalten find, ift Manches zweifelhaft. Namentlich die Frage ift viel umftritten, wer unter dem als erfter Gaftfreund genannten «hohen Lombarden» zu verftehen fei. Doch fcheinen die alten Commentatoren Recht zu haben, die in ihm den Bartolommeo fehen.[9]

Alboin kann um deßwillen nicht der erfte Gaftfreund Dantes in Verona fein, weil fich gegen ihn in Dantes «Gaftmahl»[10] ein Ausfall der überrafchendften Art findet. In einem feltfamen etymologifchen Excurs über das Wort «nobile» (edel) fagt er dort nämlich zum Beweis dafür, daß diefes Wort nicht, wie einige «Thoren» glaubten, von «nosco» (kennen) herzuleiten fei: «Denn fonft wären die Dinge, die in ihrer Art am meiften genannt und gekannt find, in ihrer Art auch die edelften: und fo wäre der Obelisk vom Sanct Peter der edelfte Stein der Welt und Asdente, der Schufter von Parma, wäre edler als irgend einer feiner Mitbürger, und Alboin della Scala wäre edler als Guido da Caftello von Reggio, was Alles grundfalfch ift». Der Mann, von dem Dante fo fchrieb, konnte weder Dantes Gaftfreund gewefen fein, noch es werden, und niemals konnte Dante in ihm den hohen Lombarden fehen, den Cacciaguida preift.

Da aber Alberto della Scala schon todt war, als Dante in die Verbannung ging, so bleibt als erster Gastfreund Dantes in Verona schlechterdings Niemand anders als Bartolommeo, und daran knüpft sich die ansprechende Vermuthung[11], daß Dante nach Bartolommeos Tod durch dessen Nachfolger Alboin irgend eine Kränkung erfahren und deßhalb Verona verlassen habe.

Ueber den zweiten von Cacciaguida genannten Scaliger kann dagegen kein Zweifel sein. Mit ihm ist jedenfalls der jüngste der drei Brüder, Can Grande, gemeint, und wenn es auch nicht ausdrücklich gesagt ist, daß Dante unter ihm einen zweiten Aufenthalt in Verona nahm, so geht es doch aus dem ganzen Zusammenhang der Stelle hervor, daß auch Can Grandes Freundschaft für Dante sich eben darin bethätigte, daß er ihm an seinem Hofe Aufnahme gewährte.

Eine Bestätigung findet diese Annahme noch in der uns, wenn auch nur mittelbar, überlieferten[12] Schilderung des gewissenhaften Chronisten Sagacius della Gazata, der selbst bei Can Grande Aufnahme gefunden hatte und ausdrücklich bemerkt, daß auch Dante dort gewesen und von Can Grande öfters zur Tafel gezogen worden sei. Die Stelle des Gazata ist auch zur Charakterisirung von Cans Hofhalt sehr merkwürdig. Alles, was geistig bedeutend war, sagt er, fand an diesem gastfreien Hof eine Zuflucht und auf's Feinsinnigste wußte der Fürst auf die Eigenheit eines jeden seiner Gäste einzugehen; sogar ihren Wohnungen gab er Sinnbilder auf die Lebensverhältnisse der Inhaber als Schmuck: Triumph den Kriegsleuten, die Hoffnung den Verbannten, den Musenhain für die Dichter, Mercur den Künstlern, den frommen Predigern das Paradies, und selbst die gewirkten Teppiche der Prunksäle ließ er in ihren Schildereien von der Unbeständigkeit Fortunas reden.

Wir sehen hier in Can Grande schon völlig den Vorläufer der schöngeistigen Tyrannen der Renaissance, und es wäre deßhalb ungemein naheliegend, wenn Dante gerade ihm sein Gedicht — oder wenigstens einen Theil desselben — gewidmet und ihn der Darlegung dessen, was den Schlüssel zu seiner ganzen Dichtung bildet, gewürdigt hätte. Doch dieser unter dem Namen des Dedicationsschreibens an Can Grande bekannten Einführung in die Divina Commedia wird trotz der Trefflichkeit ihres thatsächlichen Inhaltes die Echtheit seit längerer Zeit bestritten, und es ist bis jetzt noch nicht gelungen, die Zweifel wirklich zu beseitigen.[13]

Die Herrschertugenden und die Erfolge Can Grandes, die ihn unstreitig zu dem bedeutendsten der Scaliger machen, und die dunkel prophetischen Worte, die Dante den Cacciaguida über ihn sagen läßt, gaben Anlaß in ihm auch den Veltro zu erblicken, den Virgil (Inf. 1, 101), und den DVX, den Beatrice (Purg. 33, 43) prophezeit, jenen geheimnißvollen Messias, von dem Dante das Heil des armen Welschlandes erwartete. Aber wenn gleich Can Grande durch seine Kraft und Gewandtheit, die gelegentlich auch vor bedenklichen Mitteln nicht zurückscheute, die Glanzzeit seines Hauses heraufführte, so müssen wir doch immer vor Augen behalten, daß er auch auf dem Gipfel seiner Macht nie aufhörte ein Stadt-Tyrann zu sein, wie deren — wenn auch nicht von gleicher Macht, so doch von gleicher Art — Italien damals so viele besaß, der in hartem Kampf um die Existenz froh sein mußte, wenn es ihm gelang, die Grenzen seines Stadtgebietes einige Meilen weiter hinauszufchieben, der aber niemals die Arme und den Blick fo weit frei bekam, um Politik in wirklich großem Stil zu treiben. Diefe Thatfache konnte auch Dante nicht verkennen, und er konnte darum unmöglich in Can Grande feinen politifchen Heiland erblicken.

Dazu kommt noch — was für uns von speciellem Intereffe ift —, daß die angeblich geographifche Anfpielung, die man in der Prophezeiung vom Veltro gefunden haben wollte, auf die Perfon Can Grandes überhaupt nicht paßt. Denn wenn man auch die Worte «tra feltro e feltro», wo der Veltro geboren fein foll, trotz der mangelhaften Uebereinftimmung der Namen auf Feltre in Friaul und Monte Feltro in der Romagna deuten wollte, fo könnte man darin, ohne den Thatfachen Zwang anzuthun, nie einen Hinweis auf das Gebiet von Verona finden, das weder durch die beiden Punkte begrenzt wird, noch auch nur in der Mitte zwifchen beiden gelegen ift. Die weitere Erörterung diefer Frage gehört nicht hierher.[14] Uns genügt, zu conftatiren, daß mit dem Veltro — und dem mit diefem identifchen DVX — Can Grande nicht gemeint fein kann.

Trotz der großartigen Huldigung, die Dante in der Prophezeiung Cacciaguidas dem Gefchlecht der Scaliger darbringt, liegt doch Etwas wie eine Wolke über diefem Verhältniffe. Zu der oben befprochenen bittern Bemerkung Dantes über Alboin kommt noch ein überaus fcharfer Ausfall gegen den Baftard-Bruder der drei Scaliger, Giufeppe, den Abt von San Zeno in Verona und zugleich gegen ihren gemeinfamen Vater Alberto, der ihn zum Abt gemacht hat.

Von einem Vorgänger diefes Abtes läßt fich Dante im Purgatorio berichten:

«Veronas Abt war ich in Zenos Haus,
Als noch der gute Rothbart auf dem Thron,
Deß Namen heute Mailand noch ein Graus.

Und Einer hat den Fuß im Grabe fchon,
Der diefes Klofters willen bald fich quält
Und Weh fich fchafft, der Eigenmacht zum Lohn.

Weil feinen Sohn er, der am Leib verfehlt,
Am Geift verfehlter und verfehlt geboren,
An feines rechten Hirten Statt gewählt».

Ob mehr er fprach, ob fchwieg, ging mir verloren.
So flog er hin. Doch dies hatt' ich vernommen
Und feft zu halten hab' ich's gern erkoren. Purg. 18, 118.

Wir finden ja oft, daß Dante ohne Anfehen der Perfon Sünder herausgreift und Exempel ftatuirt. Aber namentlich die letzten Worte:

Und feft zu halten hab' ich's gern erkoren (e ritener mi piacque),

geben der Stelle einen eigenthümlich animofen Charakter, der mit der Stimmung der Prophezeiung des Cacciaguida fcharf contraftirt.

Dann hat uns Petrarca in feiner Sammlung «denkwürdiger Dinge» noch eine Anekdote von Can Grande und Dante überliefert, die auch das Verhältniß der Beiden in keinem freundlichen Lichte erfcheinen läßt.[15]

Als der Verbannte, erzählt Petrarca, bei Can Grande fich aufhielt, dem Troft und Schutz aller Bedrängten, wurde er zuerft zwar in Ehren gehalten, dann aber begann er mehr und mehr an Boden zu verlieren und dem Herrn von Tag zu Tag weniger zu gefallen. Es waren in diefem Hofhalt auch Gaukler und Windbeutel aller Art, wie es Brauch ift, und Einer von ihnen, der der frechfte war, genoß ob feiner unflätigen Worte und Gebärden viel Anfehen und Gunft bei Allen. Da nun Cane vermuthete, daß Dante daran Anftoß nehme, rief er Jenen vor fich, überhäufte ihn mit Lob und fprach zu Dante: «Ich wundere mich, wie es kommt, daß Diefer, der doch ein Narr ift, uns Allen doch zu gefallen verfteht und von Allen gern gefehen ift, was Du, den fie einen Weifen nennen, nicht zu erreichen vermagft». Jener aber verfetzte: «Keineswegs würdeft Du Dich wundern, wenn Du wüßteft, daß die Gleichheit der Sitten und die Aehnlichkeit der Seelen die Grundlage der Freundfchaft ift».

Bartoli[16] bezweifelt bei diefer Anekdote, ob Petrarca fich nicht in dem Namen des Scaligers geirrt habe, und ift geneigt, in ihr eine Reminiscenz an jene Verftimmungen bei Dantes erftem Aufenthalt zu finden. Möglich wäre auch das. Aber die Annahme eines folchen Irrthums ift doch eigentlich ganz willkürlich, und wenn die Anekdote auch mit Can Grandes Aufmerkfamkeit gegen feine Gäfte im Widerfpruch zu ftehen fcheint, fo paffen doch wieder die Geftalten der Gaukler und Windbeutel fehr gut in Canes Hofhaltung, wie fie Gazata fchildert.

Das Lob Can Grandes ift merkwürdig dunkel gehalten, an manchen Stellen fo fehr, daß man fogar einen verfteckten Tadel darin hat finden wollen. Jedenfalls fteht es an Wärme gegen die begeifterten Worte, die dem hohen Lombarden gewidmet find, beträchtlich zurück, und höchft auffallend bleibt es unter allen Umftänden, daß Dante an dem reichen, gaftfreien Hofe von Verona nicht bis zu feinem Lebensende geblieben ift, fondern noch einmal feinen Stab weiter gefetzt hat. Wir kommen in diefer Frage wieder nicht über Vermuthungen hinaus. Aber wenn wir uns Dante an dem Hofe der Scaliger vorftellen wollen, fo darf auch diefer Schatten, fo wenig fefte Umriffe er hat, auf dem Bilde nicht fehlen.

Diefe doppelte Stimmung, die das Verhältniß Dantes zu den Scaligern beherrfcht, liegt auch heute noch über der Stadt. Wohl dünkt fie dem Nordländer der Inbegriff italiänifchen Lebens und italiänifcher Schönheit, wenn fie ihn am Eingang der reichen lombardifchen Ebene empfängt, lieblich hingelagert an die allerletzten Ausläufer der Alpen, von der Etfch durchftrömt unter all ihren malerifchen Brücken, mit dem entzückenden Werktags-Gewimmel der Piazza delle Erbe und dem fonntäglichen Staatszimmer von Verona, der Piazza dei Signori, und endlich mit den weithinfchauenden Cypreffen des Zaubergartens Giufti. Daneben hat aber die Stadt auch einen herben, faft nordifchen Zug. Das maffige Gebäude des Amphitheaters, das mehr an die Burg Dietrichs von Bern oder den graufigen Zwinger Ezzelinos gemahnt, als an den Prachtbau der römifchen Kaiferzeit; das düftere Caftel Vecchio, das mit feinem fcharfen Zinnenkranz der Stadt gleichfam die Zähne zeigt und die breite Etfch unter das Joch feiner kriegerifchen Brücke zwingt; die Gräber der Scaliger felbft, nicht fromm in eine Kirche eingefügt, fondern in trotzigem Bewußtfein des eignen Werthes felbftändig zum Himmel ftrebend, ruhmredig und doch ohne Ebenmaß, die unentwickelten Vorläufer des Gattamelata und Colleoni: etwas Brutales, Barbarifches liegt in diefen Zeugen der vergangenen Zeit, ebenfo wie es uns in den Scaligern felbft entgegentritt, und diefes Element weht uns heute noch in Verona fremd und unharmonifch an, wie es eben jener Zug im Charakter der Scaliger gewefen fein wird, der die Zuneigung Dantes nicht in der Wärme andauern ließ, die der hohe Lombarde in ihm entzündet hatte.

Von der Stadt Verona felbft ift in der Divina Commedia eigentlich keine Oertlichkeit genannt. Das Einzige, was man hierher zählen könnte, ift die Stelle, wo Dante von dem enteilenden Brunetto Latini fagt:

Dann wandt' er fich zurück und flog dahin,
Wie durch Veronas Feld die Läufer fliegen
Um's grüne Tuch, und unter diefem fchien
Zu fiegen er und nicht zu unterliegen. Inf. 15, 121.

In Verona beftand ähnlich wie in anderen italiänifchen Städten der Brauch, alljährlich Wettläufe zu halten, bei denen Stücke werthvollen Tuchs, der Palio, den Preis bildeten.[17] Das veronefer Rennen war zur Erinnerung an einen Sieg im Jahr 1207 eingefetzt und fand am erften Faften-Sonntag ftatt. Das Thor am Ende des Corfo führt heute noch den Namen «del Palio», oder vielmehr es hat ihn wieder angelegt, nachdem es lange Zeit «Porta ftuppa», das verfchloffene Thor, geheißen hat. Doch kann es uns nicht von Dante erzählen: es ift mit feinen mächtigen dorifchen Säulen ein Werk Sanmichelis aus dem fechzehnten Jahrhundert. Vor diefem Thor dehnt fich nach Süden eine fchöne Ebene gegen den Vorort Santa Lucia, wie gemacht zur Rennbahn und heute großentheils durch den Exercierplatz eingenommen. Die ausführlichen Statuten, die über Zahl und Bedingungen der Rennen noch vorhanden find, ftehen in einzelnen Punkten mit Dantes Worten im Widerfpruch. Namentlich lag nach den Statuten bei fämmtlichen Rennen der Ablauf innerhalb der Stadt längs dem Corfo, und nur das Pferde-Rennen ging von Santa Lucia aus, während Dante offenbar von Wettläufen zu Fuß fpricht, die auf dem Feld, der Campagna, vor Verona draußen ftattfanden. Die Bräuche fcheinen fich demnach mit der Zeit geändert zu haben. Jedenfalls aber dürfen wir in der Ebene gegen Santa Lucia das Feld Veronas wiedererkennen, über das Dante einft die Läufer fliegen fah.

Erwähnt fei noch, daß Dante auch der beiden veronefifchen Familien Montecchi und Cappelletti gedenkt. Er thut dies nur flüchtig in jener Klage über den Jammer der «Magd Italien» (Purg. 6, 106), und es läßt fich aus der Stelle keine klare Vorftellung über das Schickfal und die gegenfeitigen Beziehungen der beiden Familien gewinnen, über die auch die Ausleger und Hiftoriker nur wenig zu fagen wiffen. Doch fcheinen fie fich feindlich gegenüber geftanden zu haben, und zweifellos liegt in Dantes Zufammenftellung diefer beiden Namen der Keim zu jener Märe, der in Shakefpeares Drama fich zur Blüthe entfaltet hat.

Das sind die einzigen Anspielungen auf die Stadt Verona selbst, die sich in der Divina Commedia finden. Doch wir können uns daran genügen lassen, da ja Dante selbst so unumwunden, wie kaum für irgend einen andern Ort, seine Anwesenheit in Verona bezeugt.

Dagegen bietet uns die weitere Umgebung von Verona eine reiche Ernte von Spuren Dantes.

Zunächst finden wir eine ganze Gruppe von Oertlichkeiten zusammen genannt in jener so viel besprochenen Stelle, wo Dante den Virgil, in dem Bericht von der Gründung Mantuas, Ursprung und Lauf des Mincio ausführlich beschreiben läßt:

Ein See prangt droben in dem welschen Land
Am Fuß des Bergwalls gegen Deutschlands Gauen,
Tyrol nah, der Benacus wird genannt.

Aus übertausend Quellen wohl läßt thauen
Von Garda bis Val Monica Pennin
Die Fluthen, die in diesem See sich stauen.

In seiner Mitte ist ein Fleck, darin
Von Trento, Brescia und Verona her
Der Hirte segnen dürfte, käm' er hin.

Es liegt Peschieras schöne, starke Wehr
Brescia und Bergamo zu Trutz und Schrecken
Dort, wo der Strand sich senket mehr und mehr.

Dort muß all das, was des Benacus Becken
Nicht fassen kann, ausströmen und wird so
Zum Fluß, hinzieh'nd durch grüne Wiesen-Strecken.

Sobald das Wasser seiner Haft entfloh,
Heißt's statt Benacus Mincio jetzt und zieht
So bis Governo weiter in den Po.

Nach kurzem Lauf schon tritt es in ein Ried,
Darinnen es zu einem Sumpf sich weitet,
Zur Sommerszeit oft ein unhold Gebiet.

Als hier die wilde Magd vorüber schreitet,
Ersieht sie Land vom Sumpfe rings umfaßt,
Das unbebaut und menschenleer sich breitet, Inf. 20, 61.

und dort gründet Manto Mantua. Im Großen und Ganzen ist die Stelle klar; aber sie enthält doch einige vielumstrittene Punkte, auf die hier näher einzugehen ist.[18]

Im höchsten Grade schwierig ist die zweite der Terzinen über den Garda-See, und die Schwierigkeit wird noch dadurch erhöht, daß über die Lesart Zweifel bestehen.

Die Einen lesen:

Per mille fonti, credo, e più si bagna
Tra Garda e Val Camonica e Apennino
Dell' acqua che nel detto lago stagna.

Diefe Lesart muß offenbar unrichtig fein, da fie überhaupt keine erträgliche Conftruction zuläßt. Andere laffen zwifchen Val Camonica und Apennino das «e» weg, wodurch Apennin zum Subject des Satzes wird: «Apennino si bagna», und eine weitere Gruppe lieft dann noch ftatt «Apennino» «Pennino».

Bei Seite laffen können wir die Erklärer, die Apennino oder Pennino mit dem Gebirgszug identificirten, der das Rückgrat Italiens bildet. Von diefem kann in unferer Stelle natürlich nicht die Rede fein.

Man fuchte am Garda-See, und in der That gelang es an dem Weft-Ufer des Sees einen Berg diefes Namens nachzuweifen. Nach Witte heißt er «Apennino», die Generalftabs-Karte bezeichnet ihn als «Pennino». Und fo fchien diefe Frage gelöft. Wenn man aber an der Hand einer guten Karte an Ort und Stelle die Sache prüft, fo ergibt fich als undenkbar, daß Dante diefen Monte Pennino gemeint habe. Der Berg liegt nicht am See, fondern ein beträchtliches Stück landeinwärts, am Oberlauf des Toscolano. Zudem gehört er nicht zu den bedeutenderen Spitzen diefer Berg-Gruppe: er zählt 1074 m, während fich zwifchen ihn und den See der Monte Denervo mit 1460 m einfchiebt und ihn im Norden der Monte Puria mit 1476 m und weiterhin der Monte Caplone mit 1977 m weit überragt. Und diefe eingefchloffene Lage des Pennino bringt es mit fich, daß der Toscolano, allerdings einer der bedeutenderen Zuflüffe des Garda-Sees, die einzige Wafferader ift, die diefer Berg nach dem See entfendet. Da kann Dante doch unmöglich von den taufend Quellen fprechen, in denen fich der Pennin badet und deren Waffer in dem See fich ftaut.

Eine weitere Schwierigkeit tritt noch hinzu durch die Beftimmung «tra Garda e Val Camonica». Garda ift das auf dem Oft-Ufer des Sees an dem Süd-Ende des langgeftreckten Monte Baldo gelegene Städtchen, das dem See den Namen gab, Val Camonica, das große Thal, das weftlich vom Garda-See parallel mit deffen Längs-Achfe nach Süden zieht und in dem der Oglio dem Lago d'Ifeo zufließt. Offenbar follen jedoch mit den zwei Namen die Grenzpunkte bezeichnet werden, innerhalb deren fämmtliche Quellen dem Garda-See zufließen. Aber auch den gewundenften Erklärungen gelingt es nicht, Val Camonica in diefen Gedanken einzuordnen.

So fchreibt Philalethes: «Val Camonica (das obere Thal des Oglio, der zugleich mit der Sarca, dem Hauptzufluß des Garda-Sees, dem Monte Tonal entfpringt) und Garda, wo der Monte Baldo mit der füdlichen Spitze an den See ftößt, find gewiffermaßen der nord-weftliche und füd-öftliche Grenzpunkt des großen Baffins, deffen Wäffer, nachdem fie das Gebirge befpült, fich im Benacus fammeln».

Allerdings entfpringt die Sarca, der Hauptzufluß des Garda-Sees, an der Adamello-Gruppe, die den Oftrand des Val Camonica bildet. Aber durchaus nicht alles Waffer, das von diefem Oftrand niederfließt, geht in den Garda-See. Noch zwei Parallel-Thäler fchieben fich dazwifchen, Val Trompia und Giudicaria beziehungsweife Sabbia, aus denen die Flüffe Mella und Chiefe direct füdwärts dem Oglio zufließen.

Noch unklarer ist Wittes Erklärungsversuch: «Die Bezeichnung: zwischen Val Camonica und Garda begreift also außer dem See selbst den ganzen Gebirgsstock, von dessen östlicher Abdachung der See allen Zufluß erhält, den ihm nicht an seinem nördlichen Ende die Sarca zuführt». Der «See selbst» kommt hier für uns gar nicht in Betracht, sondern nur die Zuflüsse, die in ihm zusammenkommen. Und warum soll Dante nur von denjenigen Zuflüssen reden, die ihm die östliche Abdachung des Gebirgsstocks zwischen Val Camonica und Garda-See zusendet, nicht aber von der Sarca und ihren Seiten-Bächen und nicht von den Quellen des Monte Baldo?

Alle diese Schwierigkeiten werden beseitigt, wenn man statt «Val Camonica» «Val di Monica» liest. Monica, heute Moniga[19], ist ein Ort am Südwest-Ufer des Sees, auf einem Hügel gelegen und mit seinem wohlerhaltenen mittelalterlichen Castell und seiner langen Häuser-Flucht, namentlich vom See aus, von ganz stattlichem Ansehen. Die Bezeichnung Val di Monica existirt zwar heute nicht mehr. Aber eine ausgeprägte Thalmulde zieht hinter Moniga vorüber und läuft etwas südlich der energisch aufragenden Punta Manerba am See aus. Dieses Vorgebirg ist die letzte bedeutendere Erhebung auf der westlichen Ufer-Seite, und südlich von ihm empfängt der See auch keinen irgendwie namhaften Zufluß mehr. Moniga ist darum ebenso wie das gegenüber liegende Garda sehr wohl geeignet, den Punkt zu bezeichnen, wo das Ufer aufhört, das bergige Quellgebiet des Sees zu sein, und zur Ebene wird, über die er seinen Abfluß nimmt.

Vellutello vertritt die Lesart mit viel Verständniß und Wärme. Aber er kommt noch zu keiner ganz befriedigenden Lösung, da er unter dem Pennin auch nur einen einzelnen Berg zu verstehen scheint. «Er (der See) dehnt sich», sagt er, «längs dem Fuße eines dieser Berge, der von den Eingeborenen Pennin genannt wird, wo die schönsten und anmuthigsten Citronen-Gärten sind etc.» Warum soll Dante diesen einen Berg unter den Quellenspendern des Garda-Sees besonders herausgreifen? Es ist dafür schlechterdings kein Grund ersichtlich.

Mir scheint, daß Dante ganz klar die Lage dessen bezeichnet hat, was er unter Pennin verstanden wissen will: tra Garda e Val di Monica. Die ganze Uferstrecke, die zwischen diesen beiden Punkten liegt, ist ihm «Pennino». Dante folgt eben dem Geographen Ptolemaeus, der in dieses Gebiet und zwar sowohl westlich als östlich des Garda-Sees die Alpes Poenae, die Penninischen Alpen, verlegt[20], und deßhalb bezeichnet er alles Bergland, das den See berührt, mit diesem Namen. Die Terzine will also nichts Anderes sagen, als daß die Berge von Garda bis Val di Monica den See umfassen und ihn aus unzähligen Quellen speisen. Das ist einfach und klar und entspricht genau der Wirklichkeit.

Für die folgende Terzine möchte ich auch einer einfachen Deutung das Wort reden:

> In seiner Mitte liegt ein Fleck, darin
> Von Trento, Brescia und Verona her
> Der Hirte segnen dürfte, käm' er hin.

Es ist eine ganze Reihe von Punkten an den Ufern des Garda-Sees namhaft gemacht worden, für die diese dreifache Zuständigkeit zutreffen soll, und die große Zahl zeigt gerade den zweifelhaften Werth dieser mit Aufbietung eines großen historischen Apparats versuchten Nachweise. Sollte Dante vielleicht gar keinen wirklich vorhandenen, sondern nur einen imaginären Punkt gemeint haben? Die drei Gebiete treffen sich mitten im Wasser in der Hälfte des Sees etwas nördlich von Limone und Navene. Warum soll nicht Dante einfach diesen Punkt im Auge gehabt haben, den er dann in seiner concreten anschaulichen Art kennzeichnete? Diese Annahme wird auch durch den Umstand unterstützt, daß in den Zeitwörtern das irreale Verhältniß zum Ausdruck kommt:

segnar potria, se fesse quel cammino.

Namentlich der Zusatz «se fesse quel cammino» hätte eigentlich keinen Sinn, wenn es sich um einen Platz handelte, an dem thatsächlich der Hirte jedes der drei Sprengel Anlaß hätte, zu Zeiten seines Amts zu walten. Er dürfte segnen, wenn er hinkäme: aber er kommt nicht hin, weil eben der Punkt mitten im Wasser liegt.

Dante fährt fort:

Es liegt Peschieras schöne, starke Wehr
Brescia und Bergamo zu Trutz und Schrecken
Dort, wo der Strand sich senket mehr und mehr.

Dort muß all das, was des Benacus Becken
Nicht fassen kann, ausströmen und wird so
Zum Fluß, hinzieh'nd durch grüne Wiesen-Strecken.

Und darin haben wir eine ungezwungene Fortsetzung des Gedankens, den uns die Lesart «Val di Monica» gegeben hat.

Der Inhalt der scheinbar so complicirten Stelle läßt sich darnach auf ein sehr einfaches Schema zurückführen. Die Seeufer von Garda bis Val di Monica (a—b) sind bergig, und aus diesen Bergen kommen die Zuflüsse des Sees.

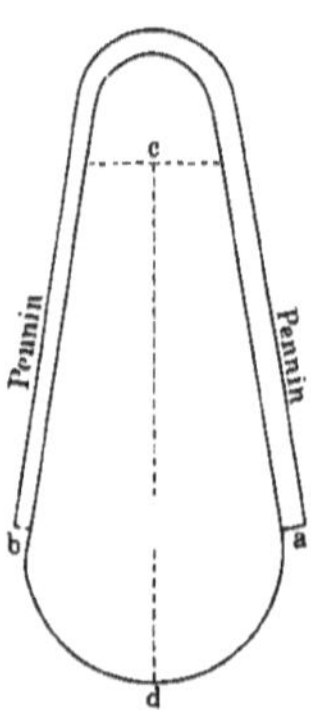

In der Mitte zwischen beiden Ufern ist der Punkt, wo die drei Sprengel zusammenstoßen (c).

Gegen Peschiera zu senkt sich der Strand, und dort ist der Abfluß (d).

Das einzige, allerdings schwerwiegende Bedenken gegen diese Auffassung ist, daß die ihr zu Grunde liegende Lesart die Autorität der Codices nicht für sich hat. Zwar für «Pennino» finden sich genügende Gewährsmänner.[21] «Val di Monica» ist dagegen kaum verbürgt. Immerhin läßt sich nicht sagen, daß diese Lesart vollständig ohne Stütze sei. Denn Landino kennt sie, und seine kurze Bemerkung «Valmonica ist ein Thal im Brescianischen» ist ein um so glaubwürdigeres Zeugniß, als Landino der ganzen Stelle verständnißlos gegenübersteht und deßhalb durch keine bestimmte Absicht veranlaßt worden sein kann, eher Val di Monica als Val Camonica zu lesen. Hierzu kommt noch die Erwägung, daß nirgends leichter sich Irrthümer in einem Text einnisten als bei Eigennamen, und daß zudem die Bekanntheit des Val Camonica ganz besonders leicht dazu verleiten konnte, diesen Namen an die Stelle des nur den Kennern des Garda-Sees geläufigen Val di Monica zu schieben. Vellutello ist sich bei seiner Vertheidigung der Lesart «Val di Monica» vollkommen bewußt, daß er der Autorität der Codices widerstrebt. Aber ich finde seine Bemerkung sehr zutreffend: «Wir wissen, daß es eine große Anmaßung ist, einen Text verändern zu wollen. Aber für noch größer halten wir die Unverständigkeit, in einem Irrthum beharren zu wollen, vor Allem, wenn er so klar zu Tag liegt, daß kein Widerspruch möglich ist.»

Von Peschiera an bietet die Beschreibung weiter keine Schwierigkeiten. Peschiera ist heute noch wie ehemals eine «schöne starke Wehr», und zwar nur das und Nichts weiter, und die wenigen Häuser des stillen alten Städtchens scheinen zu nichts Anderem da, als den kleinen Raum auszufüllen, der innerhalb der mächtigen Werke frei geblieben ist, und dem Waffenplatz das nöthige bürgerliche Lebensmark zu liefern. Das Seeufer, das sich hier scharf nach Süden einbuchtet, ist zu beiden Seiten der Stadt weithin flach. Der Ausfluß des Sees erfolgt mitten durch die Stadt und ist durch zwei mächtige Massive der Festungswerke festgelegt. Das krystallklare Wasser ist eben noch stiller See und fängt dann, während es sich zwischen den Festungsmauern hereinschiebt, ganz sachte zu fließen an, «a correr mette co'». Jenseits der Festung strömt es unter den Pfeilern des hohen Eisenbahndamms durch und wird dann

Zum Fluß, hinzieh'nd durch grüne Wiesenstrecken.

Zunächst ist das Thal ganz flach. Später tritt rechts und dann auch links ein Hochufer heran. Immerhin bleibt aber ein breites Vorland frei, und während das Gelände des Hochufers Feldbau zeigt, ist das Vorland heute noch von Wiesen bedeckt und ebenso die schmalen Werder, die den Fluß immer wieder in einzelne Arme theilen. Der Fluß zieht ganz still und klar und sachte hin, so milde, wie es die Dante'schen Verse malen.

Auch die Umgebung von Mantua ist noch so, wie Dante sie schildert. Im Norden und Osten der Stadt bildet der Fluß weite Lagunen, und auch im Westen und Süden ist sie von einer Niederung umzogen, die jetzt zwar trocken liegt, aber durch die Festungsschleußen jederzeit unter Wasser gesetzt werden kann. Einförmig breitet sich rings umher die Ebene, und nur im Norden winken aus weiter Ferne, wie aus einer andern Welt, die Alpen, unser Pennin, herüber. Ein Zug von müder Schwermuth liegt über der Gegend, die durch die Sumpfluft noch heute zu den ungesundesten Italiens gehört und durch die Mückenplage im Sommer vollends zu einem «unholden Gebiet» wird.

An der Stadt selbst geht Dante vorüber. Für uns ist in ihr nur ein altes Steinbild an der Rückseite des Palazzo della Ragione von Interesse, das den großen Mantuaner Virgil darstellen soll, und das uns vor Augen rückt, wie lebendig, wenn auch in seltsamer Umbildung in der Vorstellung des Mittelalters die Gestalt des römischen Dichters fortlebte, den Dante sich zum Vorbild und Führer auf seiner mystischen Wanderung erkoren hat. Die ungefüge Gestalt mit dem blöden Gesichtsausdruck, die unter einem reichen, von zwei Doppelsäulen getragenen Spitzbogen sitzt, verräth ein sehr hohes Alter und könnte wohl identisch sein mit jener Statue Virgils, die Carlo Malatesta im Jahr 1392 wegen der ihr dargebrachten abgöttischen Verehrung hatte beseitigen wollen, aber von der Entrüstung des Volkes gezwungen wieder aufrichten lassen mußte.[22] Noch heute wird ein gewisser Cultus mit Virgil in Mantua getrieben. Der weite Platz am Lago di mezzo führt den Namen Piazza Virgiliana, und auch das moderne Amphitheater daneben ist nach ihm benannt. In dem nahen Dorfe Pietola, das die Ehre für sich in Anspruch nimmt, das alte Andes, der Geburtsort Virgils, zu sein und das um seinetwillen

Berühmt vor allen mantuaner Orten, Purg. 18, 83.

ist ihm ein überlebensgroßes Bronce-Standbild errichtet, das augenscheinlich mit viel Liebe gepflegt wird, und in dem eine halbe Stunde abseits gegen den Mincio zu gelegenen großen Hofgut, der Corte Virgiliana, das Pietola seine Ehre streitig macht und selbst auf dem ureigensten Grund von Andes zu stehen behauptet, wird hinter dem alten palastartigen Haupthause eine Mauernische, die Grotta di Virgilio, gezeigt, wo der Dichter meditirt haben soll.

Ja sogar eine Wirthschaft gegenüber dem Mantuaner Bahnhof hat ihn sich zum Schutzpatron gewählt und empfiehlt sich mit der Aufschrift «Trattoria Virgilio con alloggio».

Auch den Namen Sordellos finden wir in Mantua noch heute lebendig, des ritterlichen Sängers, der auf der zweiten Vorstufe des Fegfeuerberges den Dichtern begegnet und seinen classischen Landsmann in so inniger Heimath-Liebe begrüßt. Sordello war eine Generation älter als Dante, und Dante hat ihn persönlich sicher nicht gekannt. Doch spricht er von ihm mit einer auffallenden Wärme und leiht seinem Bilde Züge von einer Großartigkeit, die von der tiefsten Verehrung eingegeben sein müssen:

O lombard'scher Geist,
Wie standest du in hohem, herbem Muth,
Wie stolz und langsam hat dein Blick gekreist!

Kein Wort zu uns zu sprechen fand er gut;
An unserm Gang nur ließ den Blick er hangen
Nach eines Löwen Weise, wenn er ruht. Purg. 6, 61

Nach der Tradition war Sordello allerdings nur das Musterbild des abenteuernden Troubadours, dessen ganze Thätigkeit und ganzer Ruhm darin bestand, Helme und Herzen zu brechen, und wenn auch nachgewiesen worden ist, daß er nicht nur zu Liebesliedern, sondern auch zu ernsten kühnen Streitgesängen politischer Natur seine Leyer zu stimmen wußte, daß er von den provençalischen Dichtern als eine Art Schiedsrichter anerkannt war, und daß selbst Papst Clemens IV. in einem Schreiben an Karl von Anjou den Werth und die Verdienste Sordellos hervorhebt, so sind wir doch nicht im Stande, uns geschichtlich die Gestalt Sordellos so zu reconstruiren, wie sie der Dichter vor uns hinstellt.[23] Der Umstand legt die Vermuthung nah, daß es wieder höchst persönliche Quellen sind, die des Dichters Wort so reich und warm fließen lassen, und wir werden später noch auf Beziehungen Dantes stoßen, die diese Annahme wohl zu unterstützen vermögen.[24]

Den Namen Sordellos trägt die Piazza vor dem alten Herzogs-Palaſt; der weite Platz iſt ſtill und mißmuthig wie die ganze Stadt, die ſich ſeit der furchtbaren Plünderung durch die Oeſterreicher im Jahr 1630 nicht mehr zu erholen vermocht hat, und wenn wir aus den Prunkſälen der Gonzaga herabkommen, die in ihrem grellen Gegenſatz von edelſter Pracht und häßlichſtem Verfall eindringlich predigen von dem «Sacco di Mantova» und der ohnmächtigen Eintags-Herrlichkeit jener kleinen Fürſten-Höfe, und wieder auf den Platz heraustreten, überkommt uns unwillkürlich die Erinnerung an die wilde Klage, die Dante dem Sordello in den Mund legt:

Weh dir, du Magd Italien, Leidens Zell,
Schiff ohne Steuermann in Sturmesnoth,
Nicht Herrin von Provinzen, nein, Bordell. Purg. 6, 76.

Solche Combinationen lehren uns verſtehen, warum die italiäniſchen Patrioten Dante als ihren Apoſtel und die Divina Commedia als ihr Evangelium verehren. Denn er hat auf Jahrhunderte hinaus erkannt, woran Italien litt und was ihm noth that.

Die Mündung des Mincio endlich erwahnt Dante nur als geographiſchen Punkt. Bei dem unbedeutenden Ort Governolo, von deſſen Alter uns nur ein ehrwürdiger Backſtein-Campanile erzählt, regulirt ein großes Schleußenwerk den Lauf des Fluſſes, und dann geleiten ihn ſtarke Dämme noch eine halbe Stunde durch die Niederung nach Süd-Oſten, bis ihn der Po aufnimmt. Ob Dante dort war, läßt ſich aus ſeinen Worten nicht erſehen, aber auch falls er dort war, wäre es ihm nicht zu verdenken, wenn er dem Punkt kein anderes als das geographiſche Intereſſe abzugewinnen vermocht hätte.

Während ſich Dante ſonſt in ſeinen der Landſchaft entnommenen Bildern und Gleichniſſen immer auf das knappſte Maß beſchränkt, geſtattet er ſich hier in der auf Mantua bezüglichen Stelle eine ganz ungewohnte Breite. Dabei kann auch nicht als Rechtfertigung angeführt werden, daß er hier länger verweilen dürfe, weil es ſich um den Geburtsort Virgils handle, der in der Divina Commedia eine ſo hervorragende Stelle einnimmt. Denn gerade die ſo ausführliche Beſchreibung des Mincio-Laufes ſteht damit doch nur in ſehr loſem Zuſammenhang. Sonderbar iſt auch der Umſtand, daß die Geſchichte der Gründung Mantuas, wie Dante ſie ſeinen Virgil erzählen läßt, nicht im Einklang ſteht mit dem, was der wirkliche Virgil in der Aeneis darüber berichtet, der Mantua von Ocnus, dem Sohn der Manto und des Tiberinus, gegründet werden läßt,[35] und daß ſich Virgil alſo ſelbſt widerlegt, wenn er ſagen muß:

Drum wirſt du anders je den Urſprung hören
Von meiner Stadt, ſo weißt du's nun hinfort,
Damit dir Lügen nicht die Wahrheit ſtören. Inf. 20, 97.

Und das Allerüberraſchendſte iſt, daß Dante wegen der alten Zauberin ſchließlich noch mit ſich ſelbſt in Widerſpruch geräth. Denn während wir ſie im Inferno in der Klamm der Wahrſager treffen, wird ſie im zweiundzwanzigſten Geſang des Purgatorio unter den Seelen des Limbus aufgezählt. Natürlich ſind die verzweifeltſten Verſuche gemacht worden, dieſen Widerſpruch aus der Welt zu ſchaffen. Doch mit keinem iſt dem Dichter wirklich gedient. Quandoque dormitat Homerus, wollen wir mit Philalethes ganz offen sagen. Es wäre traurig um Dantes Größe bestellt, wenn ihr eine so kleine Schwäche Eintrag zu thun vermöchte.

Eine andere Spur führt uns von Verona nach Norden, die Etsch aufwärts. Es ist die berühmte Stelle, wo Dante zur Verdeutlichung des Bergsturzes, der zum Kreis der Gewaltthätigen hinabführt, den Vergleich gebraucht:

Wie jener Bergsturz, der diesseits Trient
Die Etsch in ihre Seite hat getroffen,
Durch Erdstoß oder Abrutsch losgetrennt,

— Denn wo er losbrach an den Gipfel-Schroffen,
Dort fällt so jäh der Fels ab nach dem Lande,
Daß sonst kein Pfad von dort herab zu hoffen[26] —

So war der Abstieg von dem Felsen-Rande. Inf. 12, 4.

Auch dieser Punkt ist wieder viel umstritten. Drei Bergstürze sind es, die sich die Ehre streitig machen, von Dante gemeint zu sein:

einer, der in der Veroneser Klause 1309 oder 1310 niederging[27];

ein anderer bei Marco, in der Nähe von Mori, wahrscheinlich vom Jahr 883, «Slavino di Marco» genannt[28];

und ein dritter nördlich von Rovereto bei dem Castello della Pietra, der «Cengio rosso» heißt.[29]

Die Erklärung zeigt in dieser Frage bis in die neuste Zeit die bedenklichsten Schwankungen.[30]

Der Bergsturz in der Veroneser Klause hat auf den ersten Blick viel für sich. Die Art und Weise, wie das Ereigniß gemeldet wird, scheint dafür zu sprechen: «In diesem Jahr, am zwanzigsten Tage des Juni, der ein Samstag war, stürzte zu männiglichem Erstaunen (da man zu dieser Zeit weder ein Erdbeben verspürte, noch irgend welchen Wind), ein großer Theil des Berges oberhalb der Klause gegen Verona, und dessen Trümmer sieht man zum großen Theil heute noch». Und auch der Umstand, daß dieser Bergsturz erst zu Dantes Zeiten stattfand, reizt zu der Annahme, daß gerade dieses merkwürdige Ereigniß von Dante erwähnt worden sei.

Wenn man aber die Sache genauer betrachtet, so ergeben sich doch manche Bedenken dagegen, den Bergsturz des Inferno mit dem vom Jahr 1309(10) zu identificiren.

Die Klause ist ganz in der Nähe von Verona, wie sie ja auch nach dieser Stadt benannt ist, und auch die Chronik gebraucht die Bezeichnung «gegen Verona zu» (verso Verona), Dante dagegen bezeichnet den Bergsturz mit der Wendung «diesseits Trient» (di quà da Trento), und einen so bezeichneten Ort wird der unbefangene Leser unstreitig näher bei Trient als bei Verona suchen.

Noch in einem weiteren Punkt stimmt Dante mit dem Chronisten nicht überein. Während dieser ein Erdbeben ganz ausschließt, läßt es Dante ausdrücklich dahingestellt sein, ob Erdbeben oder mangelnde Stütze die Ursache des Bergsturzes gewesen sei.

In Betreff dieſer Bemerkung Dantes über die Urſache des Bergſturzes iſt von großem Intereſſe eine Stelle aus Albertus Magnus, die ſchon Benvenuto Rambaldi, allerdings etwas verſtümmelt, anführt. In ſeiner Schrift Meteororum (Methaurorum ſagt Benvenuto), die in Liber III tractatus II von den Erdbeben handelt, ſtellt Albertus im Allgemeinen die Theorie auf, daß das Erdbeben durch einen «vapor» oder einen «ventus subterraneus» verurſacht werde. Daneben gibt er aber auch eine Möglichkeit des Einſturzes «sine vapore ventoso» zu und fährt dann fort[31]: «Die Berge ſtürzen aber ohne wind-erzeugte Erdbeben aus einem zwiefachen Grunde ein: einmal, wenn ihr Fuß aus einem Grunde» — aus dem Vorhergehenden erhellt, daß dies durch Waſſer oder Feuer geſchehen kann[32], — «weggenagt wird und ſie ſchließlich, weil ſie keine Grundfeſten mehr haben, ganz oder theilweiſe fallen. Zuweilen aber werden ſie auch, weil ſie ſich hoch erheben, ausgetrocknet und in den oberſten Theilen riſſig, und in dieſe Klüſte dringen die fließenden Gewäſſer und brechen mit Wucht den abgeſpaltenen Theil von dem übrigen Theil des Bergs hernieder, und es fällt ein großer oder ein mäßiger Theil, je nach dem Verhältniß jener Klüftung, und auf dieſe Weiſe fiel ein großer Berg in dem Gebirge, das zwiſchen den Städten Trient und Verona liegt, und fiel in den Fluß, der Etſch heißt, und verſchüttete auf deſſen Ufer Dörfer und Menſchen auf eine Strecke von drei oder vier Meilen.»

Es ſcheint mir außer allem Zweifel, daß Dante dieſe Theorieen und dieſes Beiſpiel des Doctor universalis im Auge hatte, als er ſeine Stelle über den Bergſturz diesſeits Trient ſchrieb, und wir haben an dieſem Fall ein treffliches Muſter, in welcher Weiſe Dante ſeine gelehrten Quellen für ſein weltumfaſſendes Gedicht verwerthete. Wenn dem aber ſo iſt, ſo hat Dante nicht den Bergſturz von 1309(10) gemeint. Denn Albertus Magnus iſt bereits 1280 geſtorben.

Dann hätte Dante am Ende allein nur aus Albertus Magnus geſchöpft, ohne überhaupt den Bergſturz mit eigenen Augen geſehen zu haben? Ganz gewiß nicht. Das Bild, wie er es für ſeinen Vergleich brauchte, kann ihm die gelehrte Abhandlung von den Meteoren nicht eingegeben haben. Das konnte ihm nur die lebendige Anſchauung verſchaffen. Wohl aber mag durch Albertus Magnus Dantes Aufmerkſamkeit auf dieſen Bergſturz gelenkt worden ſein.

Ein letzter Grund gegen den Bergſturz an der Klauſe iſt noch der, daß er von verhältnißmäßig untergeordneter Bedeutung geweſen ſein muß. Man wird heute vergeblich verſuchen, an Ort und Stelle den Punkt nachzuweiſen, wo er erfolgt iſt. In der eigentlichen Klauſe ſteigen die Felswände überall jählings auf, und nirgends zeigt ſich dem Auge eine Schutthalde, die einen Zugang vermitteln könnte. Weiter nordwärts dagegen, am Monte Paſtel und Monte Paſtelletto, ziehen ſich zwar vielfach Geröllhalden von den Bergſeiten herab, ſind aber nicht ſo, wie wir ſie brauchen. Sie ſcheinen nicht durch einen einmaligen Bergſturz, ſondern allmählich entſtanden; es fehlt der Contraſt zwiſchen der unzugänglichen Wand und der den Weg bildenden Halde, da auch im Uebrigen die Hänge manchfaltig gebrochen ſind, und vor Allem laſſen ſie das flache Vorland zwiſchen Straße und Etſch vollkommen unberührt. Das ſind aber Erforderniſſe, die für den Bergſturz Dantes völlig unentbehrlich ſind.

Erſt bei Serravalle, der alten Klauſen-Feſte, gewinnt das Thal noch einmal den Charakter einer gewaltigen Klamm, und mauergleich treten die himmelhohen Wände heran. Jenſeits des Engpaſſes weichen die Berge zur Rechten mehr zurück, bilden jedoch zunächſt immer noch die unwegſamen Abſtürze wie vorher. Dahinter aber zieht ſich quervor, vom oberen Rand der Felshöhen der «Zugna torta» ausgehend, eine mächtige Trümmerhalde, die «Coſta stenda» und «Slavini» oder «Lavine», in mäßiger Neigung weit in's Thal hinein bis zu dem Fluſſe, den ſie zwiſchen Marco und Mori erreicht und zu einem ſtarken Bogen nach Weſten zwingt.[33] Auf den erſten Blick drängt ſich dem Wanderer das Fremdartige, Außerordentliche dieſes Landſchaftsbildes auf. Es kommt Einem ſofort zum Bewußtſein, daß man hier das Denkmal einer jener großartigen Kataſtrophen vor ſich hat, die mit ihrer elementaren Gewalt das ganze Angeſicht einer Gegend auf Jahrtauſende hinaus umprägen. Von der ganzen Furchtbarkeit dieſer Gewalt bekommt man allerdings erſt eine Vorſtellung, wenn man dem Bergſturz nahe kommt und in dem Trümmerfeld ſelbſt aufwärts ſteigt. Das abenteuerliche Gewirr dieſer haushohen geborſtenen Kalkſteinfelſen, das ſich nur mit den zerklüfteten alten Lavaſtrömen des Veſuv vergleichen läßt, umgeben uns wie ein im wildeſten Sturm erſtarrtes Meer, und uns ſchwindelt bei dem Gedanken an den Tag, da dieſe Maſſen von ihrer Höhe zu Thal gedonnert ſind.

Offenbar iſt dies der Bergſturz, von dem Albertus Magnus ſpricht. Ebenſo zweifellos iſt es aber auch, daß er es ſein muß, den Dante gemeint hat. Er beſitzt alle charakteriſtiſchen Eigenſchaften, die Dante durch den Vergleich verdeutlichen will, und iſt dabei von einer ſo dämoniſchen Großartigkeit, wie ſie kein zweiter im ganzen Etſch-Thal und vielleicht in ganz Italien ihm bietet.

Nach den Slavini di Marco weiſt noch eine andere Dante-Spur, die wenigſtens im Zuſammenhang mit den Anhaltspunkten, die der Bergſturz ſelbſt bietet, keineswegs zu unterſchätzen iſt. Es lebt noch in dieſer Gegend die Ueberlieferung, daß Dante auf dem Schloß von Lizzanna zwiſchen Marco und Rovereto ſich aufgehalten habe, und dieſe Annahme wird dadurch ganz glaubhaft, daß das Schloß den Grafen von Caſtelbarco gehört hat, die an dem Hof der Scaliger eine hervorragende Stellung einnahmen.[34] Das Schloß, das heute den Namen Caſtello Dante führt, liegt über dem Dorf Lizzanna auf einem Bergklotz, der ſteil aufragend ſich in die Ebene des Lagarina-Thals vorſchiebt. Zwiſchen weißen Weinberg-Mauern geht es hinauf, die der Ausſicht wehren. Nur Eidechſen huſchen entlang, und drüber herein winkt das junge Grün der Ulmen. Umſo wunderbarer iſt es oben. Der jetzige Beſitzer hat nur ein Landhaus dort. Von der Burg iſt nichts weiter als einzelne Mauerreſte und Gewölbe erhalten. Aber die ganze abgeplattete Spitze des Berges iſt ein blühender Garten, und unter der brütenden Sonne war die Luft geſchwängert von Wohlgerüchen. Wie auf dem Gipfel des Fegfeuerberges ſchreitet man

Auf Fluren hin, die ringsum Düfte hauchen. Purg. 28, 6.

Und unvergleichlich ſchön iſt auch die Ausſicht. Das ganze fruchtbare Etſch-Thal hinauf und hinab fliegt der Blick; zu unſern Füßen liegt das freundliche Rovereto, nach der andern

Seite, etwas weiter hinaus, Mori, und links nach den Bergen hinauf ſtreckt ſich das graue, öde Trümmerfeld von Marco. Man kann es hier in ſeiner ganzen Ausdehnung überſchauen, wie wohl kaum von einem andern Punkt. Bei jedem Blick in die Ebene hatten die Bewohner des Schloſſes den Bergſturz vor ſich, und wenn die Tradition Recht hat, der diesmal ſelbſt Bartoli Glauben ſchenkt[35], ſo iſt einer dieſer Bewohner Dante geweſen.

Nach dem Ergebniß meines Beſuchs der Slavini di Marco ſtand mein Urtheil eigentlich ſchon feſt, und der Anblick des Cengio roſſo, an dem ich auf meiner Wanderung nach Trient etwa anderthalb Stunden nördlich von Rovereto vorbeikam, gab mir nur die Beſtätigung dieſer Ueberzeugung. Der Bergſturz iſt zwar keineswegs unbedeutend. Eine ungeheure Felsmaſſe iſt hernieder gebrochen und bedeckt mit ihren imponirenden Trümmern weithin das Thal. Ja, dieſe ſind an der Straße noch ſo hoch gethürmt, daß Caſtel Pietra ſie zu ſeinem Burgberg gemacht hat. Auch die Einwirkung auf die Etſch würde bei dieſem Bergſturz nicht fehlen. Ein altes verlaſſenes Flußbett zieht noch deutlich erkennbar im großen Bogen bis dicht an die Schutthalde heran. Dagegen findet ſich eine ſchroffe Wand nur an der Stelle des Bergſturzes ſelbſt, während rechts und links davon die Hänge ziemlich geneigt, theilweiſe mit Grün bewachſen und ſehr wohl zugänglich ſind. An der Wand häufen ſich die Trümmer etwa bis zur Hälfte der Höhe hinauf. Von da an ragt aber die röthliche Abbruchſtelle unerſteiglich empor, und man hat die Empfindung, daß ſie gerade erſt durch den Bruch ſo unerſteiglich geworden ſei. Dieſer Umſtand ſteht aber in direktem Widerſpruch mit dem Bilde, das Dante geben will, und ſchließt deßhalb völlig aus, daß ihm der Cengio rosso zum Modell des hölliſchen Bergſturzes gedient habe.

Ganz nahe dem Etſch-Thal bietet ſich uns noch eine Dante-Spur, die Brenta-Quellen, zu denen man von Trient aus das Thal der Ferſina aufwärts in wenigen Stunden hinübergelangt. Aber ſo klar und überzeugend das Reſultat iſt, das uns das Etſch-Thal gewährt, ſo zweifelhaft bleiben wir dieſer Frage gegenüber.

Es handelt ſich um jene Stelle, wo Dante zur Verdeutlichung der Dämme des Blutſtroms den Vergleich gebraucht:

Wie Paduas Volk, den Dörfern und den Thürmen
Zum Schutz, der Brenta Rand mit Dämmen dichtet,
Eh Chiarentana ſpürt des Föhnes Stürmen. Inf. 15, 7.

Was iſt Chiarentana?

Nach dem Sinn der Terzine muß es eine Oertlichkeit ſein, der auf das Maß der Zuflüſſe der Brenta ein entſcheidender Einfluß zukommt. Chiarentana müßte alſo offenbar im Quellgebiet der Brenta geſucht werden. Dort hat ſich dieſer Name aber trotz des eifrigſten Suchens nicht finden laſſen. Chiarentana iſt der alte Name für Kärnthen, den wir auch bei den Chroniſten der Dante'ſchen Zeit gebraucht finden. Doch das Herzogthum Kärnthen liegt viel zu weit nördlich und öſtlich und hat ſich auch niemals weit genug nach Weſten erſtreckt, um irgendwie für den Urſprung der Brenta in Betracht zu kommen. Ebenſo wenig nützt es, unter Chiarentana die Carniſchen Alpen verſtehen zu wollen. Denn wenn wir mit ihnen der Brenta-Quelle auch etwas näher rücken, so sind sie von ihr doch immer noch durch so weite Gebiete getrennt, daß sie unmöglich gemeint sein können. Unzulässig scheint mir ferner die Ausflucht, Dante habe es mit diesem Namen nicht so genau genommen, und habe wohl auch hier, jenseits der italiänischen Grenze, nicht so genau Bescheid gewußt. Der Bergsturz von Marco hat uns gezeigt, daß Dante ganz in die Nähe der Brenta-Quelle gekommen ist und also sehr wohl Gelegenheit gehabt hat, sich zu orientiren. Und Dante ist nicht der Mann, der sich mit unklaren Gedanken und unpräcisen Ausdrücken zufrieden gibt. So hat er auch hier sicherlich eine ganz bestimmte Oertlichkeit im Sinn, die die oben erwähnten Eigenschaften besitzt.

Wenn wir bei dem ansehnlichen Städtchen Pergine von der Fersina abbiegen, führt uns ein kurzer Marsch auf der Poststraße nach dem Levico-See hinab, der zwischen den Bergen eingebettet sehr lieblich daliegt, und nur durch einen schmalen, bergigen Landstreifen getrennt, liegt westlich davon dicht daneben der etwa dreifach so große See von Caldonazzo. In diesen beiden Seen entspringt die Brenta, und in ihrem Bereich muß Chiarentana liegen. Es ist, als ob ein Kobold den Sucher necke, so blitzt da und dort eine Aehnlichkeit des Klanges auf. Aber bei näherer Prüfung will sie bei keinem Namen Stand halten. Die mächtige Bergwand, die im Nordosten des Levico-Sees aufsteigt, heißt Calzana oder Canzana[16], der zweite See selbst Caldonazzo, und im Süden dieses Sees liegt ein Ort Namens Calceranica. Am meisten scheint mir noch der Name des Sees für sich zu haben. Er ist, wie Dalla Vedova richtig bemerkt[17], weniger weit von dem Wort Chiarentana entfernt, als es den Anschein haben möchte, und die alte Form dieses Namens, Cardonatia, die ich auf einer Karte des sechzehnten Jahrhunderts gefunden habe[18], läßt diese Aehnlichkeit noch deutlicher hervortreten.[39]

Auch der Sache nach gäbe Caldonazzo die einleuchtendste Lösung. Denn als der größere und etwas höher gelegene der beiden Seen ist der Caldonazzo im eigentlichen Sinn der Ursprung der Brenta, und der Zeitpunkt, wo er Thauwetter bekommt, muß in erster Linie für das Hochwasser der Brenta entscheidend sein.

Doch all diese Erwägungen sind nur Hinweise, wo die Lösung zu finden sein müßte, die Lösung selbst geben sie uns nicht in die Hand. Aber an dieser Ungewißheit ist nicht Dante Schuld, sondern die Zeit, die hier die Spur verwischt hat.

Die bisher besprochenen Oertlichkeiten lagen alle noch gewissermaßen im Bereich von Verona, und für sie ergibt sich von selbst die Annahme, daß Dante sie während eines seiner Besuche bei den Scaligern kennen gelernt hat.[40] Indem wir uns jetzt von deren Residenz entfernen, verlieren wir nach und nach diese Basis, und gleichzeitig machen wir die Beobachtung, daß die Landschafts-Bilder wieder seltener und zugleich minder lebenswarm werden, die Dante diesen Gegenden für seine Dichtung entnommen hat. Doch treffen wir immerhin einzelne Stellen, wo wir festen Boden fühlen.

Unser Weg führt uns die Brenta abwärts durch das schöne Val Sugana, in dem die Oede des Hochgebirgs mit dem stolzen deutschen Bergwald und der lieblichen Fruchtbarkeit der italiänifchen Landfchaft manchfaltig wechfelt. Da, wo das braufende Bergwaffer in die Ebene heraustritt, begrüßt uns mit epheu-umzogenen Mauern das alte Baffano, in deffen Nähe Romano, der Geburtsort des Ezzelino, gelegen ift.

Ihm felbft, dem furchtbaren Parteigänger der Hohenftaufen, deffen Graufamkeiten viele Seiten der Chroniken füllen und durch ihre Unerhörtheit wieder faft etwas von Größe bekommen, fchenkt der Dichter nur wenige Worte, wo er ihn uns im heißen Blutftrom unter den bis an die Brauen eingetauchten Tyrannen zeigt:

> Die Stirne hier umwallt von fchwarzem Haar
> Ift Azzolin. Inf. 12, 109.

Die Heimath feines Gefchlechts wird uns durch Ezzelinos Schwefter, Cunizza, der Dante im Himmel der Venus begegnet, etwas eingehender gefchildert.

> Im böfen welfchen Land an jener Stelle,
> Der der Rialto ihre Grenze zog
> Und der Piave und der Brenta Quelle,
>
> Hebt fich ein Hügel, doch er ragt nicht hoch,
> Von dem ein Feuerbrand fich einft gefchwungen,
> Der fengend auf die Lande niederflog. Par. 9, 25.

In der erften Terzine wird durch die drei Punkte: Venedig, Piave- und Brenta-Quelle diefer äußerfte Winkel Italiens feftgelegt, über den Ezzelino feine Herrfchaft ausgebreitet hatte.[41] Die zweite gibt das topographifche Bild von Romano, wieder mit unübertrefflicher Knappheit und Treue. Romano liegt etwa dreiviertel Stunden nordöftlich von Baffano an der Straße, die den Alpen entlang der Piave zu führt, und füdlich des Dorfes erhebt fich der Hügel, von dem Cunizza fpricht. Eigentlich ift es eine Gruppe von drei Gipfeln, und deren mittlerer, den heute die Kirche mit dem Kirchhof und dem ftattlichen modernen Campanile einnimmt, trug einft das Stammfchloß Ezzelinos. Beim Herannahen wird Einem klar, warum Dante den Zufatz macht:

> Doch er ragt nicht hoch.

Der Gegenfatz zwifchen dem mächtigen Alpen-Wall und dem Hügel, der, nicht als Vorberg, fondern ganz felbftändig für fich, wenige Minuten vom Fuß der Berge aus der Ebene aufragt, ift fo eigenthümlich, daß die geringe Höhe wirklich als das bezeichnendfte Merkmal des Hügels gelten kann.

Derfelben Cunizza legt Dante noch eine Reihe von Terzinen in den Mund, mit denen er in kurzen Zügen die wichtigften Städte des venezianifchen Feftlandes und ihre Hauptfchickfale in feiner Zeit uns vorführt. Nachdem Cunizza von unferer Pflicht, uns zu veredeln, gefprochen hat, fährt fie fort:

> Und das bedenket nicht das Volk von heut,
> Das Tagliamento hält und Etfch in Hut
> Und das, fchon heimgefucht, doch nicht bereut.

Doch bald wird Padua des Sumpfes Fluth
Verfärben, der ſich bei Vicenza breitet,
Dieweil das Volk von unbotmäß'gem Muth,

Und wo den Sile der Cagnan begleitet,
Herrſcht heute Einer noch mit ſtolzem Prangen,
Zu deſſen Fang man ſchon das Netz bereitet.

Und Feltro weint, weil ſich ſein Hirt vergangen
So ſchändlich wider ſeiner Pflicht Gebot,
Daß keinen Gleichen Malta noch empfangen.

Und gar zu breite Wanne würde Noth,
Um all das ferrares'ſche Blut zu faſſen,
Und müde, wer es wöge Loth um Loth,

Das, um Geſinnungstreue ſehn zu laſſen,
Des Hirten Gunſt verſchenkt und die dort wohnen,
Zu deren Brauch wird ſolche Gabe paſſen. Par. 9, 43.

Es iſt eine jener ſtreitbaren geographiſchen Ueberſichten, in denen der Dichter mit ſeiner verderbten Zeit in's Gericht geht. Die Genauigkeit der Anſpielungen bekundet, daß Dante mit den Ereigniſſen in jener Landſchaft näher vertraut war. Die Ausbeute an topographiſchen Zügen dagegen, aus denen wir auf eine perſönliche Anweſenheit Dantes an den Orten mit Sicherheit ſchließen könnten, iſt nicht ſehr groß.

Tagliamento und Etſch ſind nur als geographiſche Grenzlinien des Gebietes genannt, das Dante in's Auge faßt.[42]

Die Terzine von Vicenza bezieht ſich auf die Fehden, die Can Grande mit den Paduanern um den Beſitz dieſer Stadt führte. Welchen unter den vielen wechſelvollen Kämpfen um Vicenza Dante im Auge hat, war der Gegenſtand vieler Erörterungen. Ich möchte der Anſicht Scartazzinis den Vorzug geben, daß er überhaupt kein einzelnes Ereigniß, ſondern die ganze Periode dieſer für Vicenza und Padua gleich verluſtreichen Kämpfe bezeichnen wollte.

Wo der Sumpf zu ſuchen ſei, läßt ſich nicht mit Beſtimmtheit entſcheiden. Mit der meiſten Wahrſcheinlichkeit wird er im Süden von Vicenza in der Niederung zwiſchen den Monti Berici und den Colli Euganei angenommen. Dorthin pflegten die Vicentiner das Waſſer abzuleiten, wenn ſie mit den Paduanern in Fehde lagen und ihnen den Bacchiglione ſperrten, den dieſe für ihre Mühlen nöthig hatten. Bei Longare hatten ſie ſogar feſte Thürme zum Schutz dieſer Fluß-Sperre errichtet, und da es natürlich das Streben der Paduaner war, dieſe Schädigung abzuwenden, ſo konnte es nicht fehlen, daß es dort häufig zu blutigen Zuſammenſtößen kam.[43]

Heute ſind die Waſſer-Verhältniſſe zwiſchen Vicenza und Padua ſo trefflich geordnet, daß der Augenſchein zur Klärung unſerer Frage nichts mehr beitragen kann. Der Bacchiglione fließt unterhalb Vicenza in tief eingeſchnittenem Bette. Da dies aber doch nicht genügt, die Frühjahrs-Hochwasser zu faſſen, ſo iſt noch zu beiden Seiten ein breites Wieſen-Vorland mit Dämmen eingehegt, über das ſich der Fluß ausdehnen kann, und ſteigt das Waſſer auch dann noch, ſo wird es durch die Schleußen bei Longare in den Kanal Biſatto gegen Eſte zu abgeleitet. So hat ſich dieſe Anlage des Neides und der Feindſeligkeit im Lauf der Zeiten in eine Wohlthat verkehrt. Aber das Eine lernt man beſſer verſtehen, wenn man ſieht, wie viel Sorgfalt und Umſicht auf die Regelung des Waſſer-Weſens in dieſer Gegend verwendet wird, und welch reichen Segen dafür der Fluß als Triebkraft für Fabriken und Mühlen und durch Befruchtung der Felder ſpendet: daß der Bacchiglione für ſeine Anwohner thatſächlich eine unſchätzbare Lebensader iſt, die es ſchon verlohnt mit dem eigenen Blute wieder zu füllen.

Noch eine andere Stelle ſei hier mit angeführt, in der Vicenza erwähnt wird, dort wo es von dem eben ſo thörichten als ausſchweifenden Biſchof Andrea de' Mozzi, der wegen ſeines anſtößigen Wandels von Florenz nach Vicenza verſetzt wurde, heißt:

Ihn, den der Knechte Knecht vom Arno-Strand
Zum Bacchiglione ſchickte, wo die Brunſt,
Die ſchnöde, endlich ihre Ruhe fand. Inf. 15, 112.

Aber auf eine Anweſenheit Dantes in Vicenza läßt ſich aus keiner der beiden Stellen ſchließen.

Die Wendung, mit der Treviſo bezeichnet iſt, zeugt dagegen von perſönlicher Wahrnehmung:

Und wo den Sile der Cagnan begleitet.

Durch den Süden der Stadt kommt der Sile, ein köſtlich klarer, tiefgrüner Bergſtrom, dahergefloſſen, und wo er unter einer Brücke, die jetzt mit einem Denkſtein dem Dichter geweiht iſt, nach rechts biegend ſich anſchickt die Stadt zu verlaſſen, da führt ihm von links her der mühlentreibende Cagnan — heute Botteniga —, der gleichfalls Treviſo durchſtrömt hat, ſein milchig trübes Waſſer zu. Auf eine weite Strecke hin laſſen ſich noch die beiden Gewäſſer verfolgen, wie ſie unvermiſcht im gleichen Bette neben einander hinfließen, und Philalethes hat wohl Recht mit der Annahme, daß Dante dieſer Erſcheinung eingedenk den Ausdruck «begleitet» (accompagna) gewählt hat.

Der Herrſcher von Treviſo, auf den angeſpielt wird, iſt Rizardo von Camino, der im Jahr 1312 auf Anſtiſten einiger edeln Treviſaner, die er ſchwer beleidigt hatte, ermordet wurde. Der Ahnungsloſe wurde von dem gedungenen Mörder beim Schachſpiel zu Tode getroffen, und die Anſtiſter wußten ſich auch nach der That trefflich zu ſichern. Unter dem Schein, Rache nehmen zu wollen, fielen ſie ſofort über ihr Werkzeug her und machten den gefährlichen Zeugen ſtumm, der nur noch rufen konnte «Das iſt wider die Abrede».[44] Die Wendung, mit der Dante dieſes Vorfalls gedenkt, zeigt, daß er um den Hergang wohl Beſcheid wußte.

Die Terzine auf Feltre entbehrt jeder topographiſchen Anſpielung auf dieſe Stadt. Von Malta haben wir ſchon am Bolſener See geſprochen.[45]

Die Unthat, deren Dante den Biſchof von Feltre zeiht, beſtand darin, daß er mehrere Mitglieder des edlen Ghibellinen-Geſchlechts della Fontana von Ferrara, die im Sommer 1314 nach dem Scheitern eines Anſchlags auf ihre Vaterſtadt ſich nach Feltre geflüchtet hatten, dem Statthalter Roberts von Neapel in Ferrara, dem Pino della Toſa von Florenz, auslieferte, der ſie dann ſämmtlich in Ferrara hinrichten ließ.[46] Das Geſchlecht della Fontana hieß mit ſeinem vollen Namen Aldigerii de Fontana[47], und nach einer ſehr verbreiteten, wenn auch nicht beſtimmt erwieſenen Annahme gehört dieſer Familie Dantes Stammmutter an, von der er ſich durch Cacciaguida berichten läßt:

Die Gattin kam mir von des Padus Wogen,
Und ſie ließ den Zunamen dir entſtehen. Par. 15, 137.

Jedenfalls würde die Schärfe Dantes gegen den Biſchof von Feltre in einer verwandtſchaftlichen Beziehung des Dichters zu den Opfern eine ſehr intereſſante Motivirung finden.[48]

Eine Erwägung ähnlicher Art macht die Hypotheſe noch zur Beurtheilung eines anderen auffallenden Zuges werthvoll, der an einer Reihe von Stellen der Divina Commedia zu Tage tritt. Dante verfolgt mit außergewöhnlich nachhaltigem Groll die Markgrafen von Eſte. Im Blutſtrom der Tyrannen zeigt er uns das blonde Haupt Obizzos II. (Inf. 12, 111) und läßt uns zugleich erfahren, daß der Sohn den Vater ermordet hat; in der Klamm der Kuppler erzählt er uns, wie der gleiche Obizzo ſich die Gunſt der Ghiſolabella erkauft hat (Inf. 18, 56); auf der Vorſtufe des Reinigungsberges hören wir, wie Azzo VIII. dem Jacopo del Caſſero ſeine Meuchelmörder nachgeſchickt hat (Purg. 5, 77); die Wittwe des Nino Visconti, gegen deren Untreue dieſer im Thal der Fürſten ſo bittere Worte findet, war eine Eſte (Purg. 8, 73), und mit der Erwähnung des ſchmachvollen Schachers, durch den Azzo VIII. die Tochter Karls II. von Neapel als Gattin erhandelte, brandmarkt Dante auf dem Sims der Geizigen ebenſo den Käufer wie den Verkäufer (Purg. 20, 80). Da iſt es ein merkwürdiges Zuſammentreffen, daß Obizzo II. ſich gegen einen Mann von dem Geſchlecht der ferrareſiſchen Aldigerii des furchtbarſten Undanks ſchuldig gemacht hat. An Azzos VII. Hof, ſo berichtet die Chronik, war Aldigerius de Fontana der einflußreichſte Mann, zudem unter den Edlen Ferraras ausgezeichnet durch Vermögen und Erfahrung. Als nun Azzo 1264 zu ſterben kam und ſeinen ſiebenzehnjährigen Enkel Obizzo als einzigen männlichen Erben zurückließ, trug die Bürgerſchaft Bedenken, dem Unmündigen die Regierung zu überlaſſen. Aldigerius ſetzte aber ſein ganzes Anſehen für ihn ein, und ſeinem ſtaatsmänniſchen Geſchicke gelang es, ihm die Herrſchaft zu retten. Mit Rath und That ſtand er dann in den erſten Jahren dem jungen Fürſten noch zur Seite. Aber nach und nach ſcheint dieſem der Miniſter zu mächtig geworden zu ſein, und er befreite ſich von ſeiner Furcht und zugleich von ſeiner Dankespflicht, indem er ihn 1270 vergiften ließ. Ein Aufſtand, mit dem der Bruder und die Söhne des Aldigerius auf dieſe That Obizzos antworteten, wurde blutig niedergeſchlagen, und die Aldigerii zogen in die Verbannung.[49] Gewiß gehören die Markgrafen von Ferrara auch für den objectiv Urtheilenden zu den abſtoßendſten Geſtalten jener Zeit. Aber ſeltſam bleibt es immerhin, mit welcher Hartnäckigkeit Dantes Gedanken bei der Auswahl ſeiner Exempel wieder und wieder zu dem Haus Eſte zurückkehren, und dafür könnte wohl die nagende Erinnerung an die feinen Stammes-Genoffen angethane Unbill viel beigetragen haben. Auch der Umftand würde zu diefer perfönlichen Feindfchaft ftimmen, daß die Divina Commedia keinen Anhaltspunkt dafür bietet, daß Dantes Fuß jemals die Stadt Ferrara betreten hat.

An der polemifchen Ueberficht, welche Dante über die Städte des venezianifchen Feftlandes gibt, ift für uns noch von befonderem Intereffe die Perfon, die der Dichter hier als Sprecherin auftreten läßt, Cunizza von Romano. Es hat den Commentatoren immer große Schwierigkeiten gemacht zu erklären, warum Dante gerade diefer Frau eine fo hervorragende Rolle zugewiefen, ja warum er fie überhaupt in feinem Paradiefe zugelaffen hat. Cunizza ift die würdige Schwefter Ezzelinos. Auch fie geht über den gewöhnlichen Maßftab hinaus und hat fich nicht mit Kleinigkeiten abgegeben. Wie ihr Bruder an Graufamkeit alle feine Zeitgenoffen übertraf, fo fuchte fie in der Liebe ihres Gleichen. Benvenuto Rambaldi nennt fie eine Tochter der Venus, und Jacopo della Lana faßt ihr Wefen in die Worte zufammen: Sie war Zeit ihres Lebens verliebt und von folcher Freigebigkeit in ihrer Liebe, daß fie es für Unfreundlichkeit gehalten hätte, fie irgend wem zu verfagen, der fie höflich darum bat. Und wenn wir von dem ritterlichen Troubadour Sordello angefangen, der fie ihrem erften Gemahl entführte, die lange Reihe der Glücklichen überblicken, die mit und ohne Segen des Priefters ihre Gunft gewannen, fo können wir das Bild, das uns der alte Commentator von ihr entwirft, kaum übertrieben nennen.[50]

Wie konnte Dante diefe Frau mit einem folchen Glorienfchein umgeben? — Auf die Frage wirft ein Zufall ein merkwürdiges Licht.

Nach dem jähen Sturz ihres ganzen Haufes wandte fich die arme Cunizza nach Florenz und fcheint den Reft ihres Lebens in Toscana verbracht zu haben. Aus diefer Zeit find uns nun zwei Urkunden von ihr erhalten. Die eine vom erften April 1265[51], in der fie die Mannen vom Gefinde ihrer Brüder aus der Leibeigenfchaft entläßt, ift in dem Haufe des Cavalcante Cavalcanti abgefaßt. Die andere vom 10. Juni 1279[52] ift in Cerbaja im Bifenzio-Thal errichtet und enthält eine Schenkung zu Gunften des Grafen Aleffandro und feiner Söhne Alberto und Nerone von Mangona, von jenem unfeligen Gefchlecht, deffen wildes Blut auch Ezzelinos und Cunizzas Mutter Adeleida in ihren Adern hatte.[53]

Wenn aber Cunizza bis 1279 in Toscana gelebt hat und mit Cavalcante Cavalcanti, dem Vater Guidos, befreundet war, fo ift es höchft wahrfcheinlich, daß in diefem Haufe der Knabe Dante die greife Cunizza kennen gelernt hat[54], und in dem Eindruck, den er von ihr damals empfangen hat, dürfen wir vielleicht den Grund zu dem auf den erften Blick feltfamen Urtheil Dantes fuchen.

Ebenfo wie Ezzelino den Stoff in fich hatte zu einem großen Herrfcher und nur durch ein unfeliges Zufammenwirken feiner unbändigen Natur und der wilden Zeit, in der er lebte, zur Gottesgeißel feines Jahrhunderts geworden ift[55], fo mag auch feine Schwefter unter der

Wucherung maßloser Leidenschaft Anlagen zum Guten und Edeln besessen haben. Benvenuto Rambaldi schildert sie als «fromm, gütig, mitleidig und voll Theilnahme gegen die Elenden, die ihr Bruder so grausam schlug», und auch die Freilassung der Mannen ist ein Zug, der diese Schilderung bestätigt. Als die Jahre der Leidenschaft hinter ihr lagen, mag diese Seite ihres Wesens mehr in ihr hervorgetreten sein, und so mag sie auch in Dantes Jugend-Erinnerungen gelebt haben, in abgeklärter heiterer Ruhe auf die Stürme ihrer Jugend und auf die Verirrungen ihres Fleisches zurückblickend. Wie sehr gewinnen die Verse Dantes an Leben, wenn wir in ihnen nicht ein Gebilde seiner Phantasie, sondern einen Nachglanz dessen sehen dürfen, was der Dichter selbst einst vor Augen gehabt hat:

Von einem Stamm ist er und ich entsprungen.
Cunizza heiß' ich, und ich glänze hier,
Weil dieses Sternes Helle mich bezwungen.

Doch heiter üb' ich Nachsicht selbst mit mir
Ob meines Schicksals Ursach ohne Pein,
Dünkt es auch Eurer Menge seltsam schier. Par. 9, 31.

Ja, auch in den ferneren Worten Cunizzas möchte man einen lebendigen Zug ihres Wesens finden. Die Vorkommnisse, auf die darin angespielt wird, stehen zwar in keiner Beziehung zu ihren oder ihres Bruders Schicksalen, sondern sind einem späteren Abschnitt der Geschichte ihres Heimathlandes entnommen. Aber der Ton, in dem Dante sie sprechen läßt, dürfte nicht ohne Absicht gewählt sein. Dieser eifernde Ton befremdet einigermaßen inmitten der himmlischen Chöre, in der Sphäre des Sterns der Liebe, in dem Munde einer Frau. Aber er stimmt vortrefflich zu dem Charakter der Frau, die in jener selben Urkunde, in der sie um der Liebe des allmächtigen Gottes willen und zum Heil der Seelen von Vater, Mutter, Brüdern und ihrer eigenen ihrem Gesinde die Freiheit schenkt, in Erinnerung an den grausigen Untergang ihres Bruders Alberich und der Seinen[56] in die Worte ausbricht: «Die ihm aber die Treue gebrochen in jenem Schloß und Thurm, die überlasse ich den Teufeln der Hölle mit Leib und Seele». Mit Recht bemerkt Troya, daß der Zug an ihren Bruder erinnert. Es ist der Grundsatz, den Ezzelino einmal in die Worte faßt: «Von Natur ist es dem Menschen hienieden in Geist und Sinn gelegt, daß er die Liebenden lieben und die Hassenden hassen darf».[57] Die Gesinnung entspricht nicht recht der christlichen Lehre, aber in ihrer alttestamentarischen Härte liegt Etwas, das Dante verwandt anmuthen mußte, und die unmenschliche Grausamkeit der Feinde ihres Hauses und die Wucht ihres Unglücks gibt ihrem Hasse und ihrer ganzen Gestalt eine tragische Größe, die von allen Schlacken läutert.

Darum kann ich Bartoli[58] nicht Recht geben, wenn er sagt: «Es scheint uns außer Zweifel, daß eine solche Einreihung der üppigen Schwester Ezzelinos den Beweis liefert, wie Dante gewissen Absichten zu lieb sich wenig an die objective Gerechtigkeit kehrt und häufig seinen eigenen selbstherrlichen Willen an ihre Stelle setzt». Nach der «objectiven Gerechtigkeit» hat Dante allerdings nicht gerichtet. Welcher Richter darf ſagen, daß er die gefunden habe! Aber die Geſtalt der Cunizza gibt uns nicht das Recht zu der Annahme, daß Dante durch äußere, poetiſch-techniſche Gründe ſeiner innerſten Ueberzeugung zuwider ſich in Ausübung ſeines Richteramtes habe beeinfluſſen laſſen.

Wir haben gar keinen Grund zu bezweifeln, daß die fürſtliche Matrone unſerm Dichter gerade ſo ſich dargeſtellt hat, wie er ſie uns ſchildert. Und wenn ſie auch eine große Sünderin geweſen iſt und die zwanzig Jahre von der Zeit ihres Todes bis zu dem Tag, da ſie Dante im Paradieſe trifft, für ihre Buße etwas kurz bemeſſen ſcheinen, ſo betont Dante doch immer wieder die Satzung ſeines Jenſeits, daß die Sühnezeit der Seelen durch die Gebete der Lebenden abgekürzt werden könne:

Denn mächtig fördern hier uns die von drüben. Purg. 3, 145.

Und Cunizza mag ſich durch ihre Güte manchen Fürbitter im Leben geworben haben, an ihrem Lebensabend noch die Knechte, denen ſie die Freiheit ſchenkte, und zuletzt ihren mächtigſten, den jungen Dante ſelbſt.

Hier ſei noch rückgreifend eine Bemerkung eingefügt. Der Mann, der Cunizza auf die Bahn der Leidenſchaft führte und den wir neben ihr ſehen auf der Sonnenhöhe ihres Lebens, iſt Sordello[59], und er wird auch in ihrer Erinnerung einen Abglanz des Zaubers von ehemals bewahrt haben. Wenn aber Cunizzas Perſönlichkeit ſo mächtig auf den jungen Dante wirken konnte, daß ſich dem Dichter noch die Sünderin zur Seligen verklärte, ſo mag ſie wohl auch von dem ritterlichen Sänger ein Bild zu entwerfen gewußt haben, das in der Seele des Knaben haſtete, und vielleicht iſt es dasſelbe, deſſen heroiſche Züge uns aus der Dichtung des Mannes ſo wunderſeltſam und doch ſo lebendig anſehen.

Die topographiſchen Anſpielungen in den Worten Cunizzas ſind nicht eben ſehr zahlreich und nicht ſehr hervorſtechend. Doch was über Romano und Treviſo geſagt iſt, genügt immerhin, uns die Ueberzeugung zu geben, daß Dante auch dieſe Gegenden ſelbſt geſehen haben muß.

Wieder mehr im Vordergrund von Dantes Intereſſe ſteht die Stadt, die dieſe Gruppe im Süden abſchließt, Padua. Der anmuthige Ort hat noch viel Alterthümliches, und der waſſerreiche Bacchiglione, der in vielen Armen die Stadt durchzieht, und die Menge ihrer Gärten ſchmücken ſie mit einer Fülle maleriſcher Züge. Aber ſie hat etwas Stilles, Müdes und vermag bei weitem nicht mehr den Kreis der alten Wälle auszufüllen. Sie ſieht aus, als ob ſie an Blutleere leide und ſich heute noch nicht von den furchtbaren Aderläſſen Ezzelinos erholt habe.

Zwei Wahrzeichen beſitzt Padua noch, die an ſeinen Peiniger gemahnen. Bei der Brücke, die von Süden her in die innere Stadt führt, bezeichnet heute noch ein blaßrother Marmor die Stelle, wo Ezzelino bei ſeinem Einritt im Jubel darüber, daß er ſein Ziel endlich erreicht hatte, den Helm zurückwarf und ſich zur Seite beugend die Mauerquader küßte.[60] Und in der Süd-Oſt-Ecke der Alt-Stadt ragt noch ein Thurm von Ezzelinos Zwingburg, der einen Theil ſeiner ungezählten Gefangenen auf Nimmerwiederſehen verſchlang. Der gewaltige Bau blickt, von Grün umgeben, frei über den breiten Spiegel des Bacchiglione und trägt noch unverwischbar den riesenhaften, trotzigen Charakter seines Bauherrn. Aber heute dient er dem schönen friedlichen Zweck einer Sternwarte und trägt die sinnige Inschrift:

Quae quondam infernas turris ducebat ad umbras,
Nunc venetum auspiciis pandit ad astra viam.

Zu deutsch:

Die da vor Zeiten geführt hinab zu den Schatten der Hölle,
Weist in Veneziens Hut jetzt zu den Sternen den Weg.

Ein anderes Wahrzeichen der Stadt führt uns zu Dante. Aehnlich wie Mantua seinen Virgil, hat auch Padua seinen heidnischen Schutzpatron, den sagenhaften Gründer der Stadt, den Trojaner Antenor, und noch heute ist an einer Straßen-Ecke in der Nähe des Ponte San Lorenzo unter einem romanischen Baldachin ein uralter Sarkophag zu sehen, der als das Grab des Local-Helden gilt. Auf diese Tradition spielt Dante an, wenn er den Jacopo del Cassero, der im Gebiet von Padua durch Meuchelmörder fiel, sagen läßt:

Die Wunden, drauß gebrochen
Das Blut, darin mein Sitz war, wurden mir
Im Schooße der Antenors-Brut gestochen. Purg. 5, 73.

Ganz in der Nähe dieses Grabes, unmittelbar neben der Brücke ist ein Haus durch feierliche Inschrist als das Haus Dantes bezeichnet, und man möchte ihn sich gern an Antenors Grab vorüberwandelnd vorstellen. Doch die Auszeichnung dieses Hauses steht und fällt mit der Echtheit einer Urkunde, die bisher für Dantes Aufenthalt in Padua angeführt worden war, und diese Stütze scheint neuerdings in's Schwanken gerathen zu sein. Die Paduaner beriefen sich bisher mit Stolz auf eine Schuld-Urkunde des Archivs Papafava vom 27. August 1306, in der unter den Zeugen auch ein «Dantino, Sohn des Alligerius selig von Florenz, zur Zeit wohnhaft in Padua im Viertel von San Lorenzo», aufgeführt war.[61] Das Zusammentreffen von Vornamen, Vatersnamen und Geburtsort ist ja ungemein auffallend, und an der Echtheit der Urkunde ist nicht zu zweifeln. Aber schon lange hatte die Diminutiv-Endung des Namens Bedenken erregt, und neuerdings sind gewichtige Gründe dafür vorgebracht worden, daß dieser Dantino nicht identisch sei mit der Person unseres Dichters, sondern noch lange nach ihm gelebt habe.[62]

Doch, auch abgesehen von dieser Urkunde, besitzen wir Zeugnisse für eine Anwesenheit Dantes in Padua. Boccaccio[63] sagt es in seinem Leben Dantes ganz bestimmt, und auch die Anekdote, die Benvenuto Rambaldi von einem Besuch Dantes bei Giotto in Padua erzählt[64], verdient Beachtung, wenn man daraus auch keinen Einfluß des Dichters auf Giottos Compositionen in der Madonna dell' Arena abzuleiten braucht.[65]

Dazu kommt noch der Umstand, daß sich Dante selbst in der Divina Commedia mit den Paduaner Verhältnissen vertraut zeigt.

Zwar außer Betracht lassen wollen wir den Jacopo da Sant' Andrea, dem Dante unter den Verschwendern im Wald der Selbstmörder begegnet. Er ist auch ein Paduaner; doch lebte er ſchon zu Anfang des dreizehnten Jahrhunderts, und ſeine Verſchwendungs-Sucht und -Fähigkeit ging ſo ſehr in's Rieſenhafte, daß ſein Ruf ſehr wohl auch jenſeits der Grenzen von Jacopos Vaterſtadt zu Dante gedrungen ſein könnte.[66]

Dagegen iſt die Stelle von Bedeutung, wo er auf dem glühenden Sandfeld unter den Wucherern einem Paduaner begegnet:

Da ſprach ein Geiſt, dem eine trächt'ge Sau
In Blau gemalt den weißen Beutel ſchmückt,
Zu mir: «Was thuſt du in dem Höhlenbau?

Nun geh, und da dich Leben noch beglückt,
Vernimm, daß Vitalian, der Nachbar mein,
Bald hier an meine linke Seite rückt.» Inf. 17, 64.

Mit Beſtimmtheit wiſſen wir zwar nur, daß das beſchriebene Wappen, die «scrofa azzurra e grossa», das Wappen der Scrovegni iſt, der reichen paduaniſchen Familie, zu der jener Enrico gehört, der 1303 die Kirche Madonna dell' Arena erbaute und deren Ausſchmückung zu ſeinem eigenen ewigen Ruhme Giotto übertrug.[67] Und auch über Vitaliano ſchwanken die Angaben.[68] Doch ändert das Nichts an der Thatſache, daß Dante in Padua zwei Wucherer mit dieſem Namen gekannt haben muß.

Noch wichtiger als dieſe perſönlichen ſind ſeine örtlichen Anſpielungen.

Die eine derſelben iſt die Stelle, wo Dante zur Veranſchaulichung der Dämme längs dem Blutſtrome den Vergleich gebraucht:

Wie Paduas Volk, den Dörfern und den Thürmen
Zum Schutz, der Brenta Rand mit Dämmen dichtet. Inf. 15, 7.

Benvenuto Rambaldi ſpricht ſeine Verwunderung aus, warum Dante für ſeinen Vergleich den Dämmen der Brenta vor den doch weit bedeutenderen des Po den Vorzug gegeben habe, und Giuſeppe dalla Vedova[69] ſucht den Grund dafür darin, daß eben gerade das Profil der Brenta-Dämme der Vorſtellung entſprochen haben möchte, die ſich Dante von ſeinen Höllen-Dämmen gemacht hatte. Aber bei allem Reſpect vor Dantes Beſtimmtheit in derartigen Angaben ſcheint mir dieſe Annahme doch eine allzu peinliche Genauigkeit vorauszuſetzen, und auf eine beſondere Mächtigkeit der Dämme kam es ihm auch nicht an. Denn er ſagt ausdrücklich:

Dem ähnlich waren dieſe hier errichtet,
Nur daß ſie nicht in gleicher Höh' und Breite
Der Meiſter, wer es nun auch war, geſchichtet. Inf. 15, 10.

Dante wird ſich wohl weniger nach den Maßen des Dammes als nach dem Geſammtbild das Modell zu den Dämmen ſeines Blutſtroms gewählt haben, und hierfür iſt zu berückſichtigen, daß die Dämme des Po trotz ihres Volumens wegen der Breite des Stroms landſchaftlich bei Weitem nicht die Wirkung thun und vor Allem nicht ſo als zuſammengehörig zur Geltung kommen wie die der Brenta. Das Bett der Brenta dagegen — wie es ſich in der Nähe von Padua darſtellt — iſt nicht ſonderlich breit, und ohne jedes Vorland ſind zu beiden Seiten gleichmäßig die Dämme aufgeworfen und begleiten den Fluß eng anschließend mit ihrem parallelen Zuge, wie geschaffen dazu, in Dantes mathematischer Höllen-Landschaft einen Platz einzunehmen.

Eine andere Oertlichkeit aus der Umgebung Paduas ist noch in der oben schon angeführten Stelle erwähnt, wo von der Ermordung des Jacopo del Cassero die Rede ist. Matteo Visconti hatte ihn im Jahr 1298 zum Amt eines Podestà nach Mailand berufen, und da er mit Azzo VIII. von Este auf den Tod verfeindet war, wählte er, um dessen Gebiet zu vermeiden, von seiner Vaterstadt Fano aus zunächst den Seeweg nach Venedig. Doch Azzo hatte ihm seine Mörder nachgeschickt, und als er nun von Venedig seinen Weg über Padua fortsetzen wollte, ereilte ihn am Ufer der Brenta sein Schicksal:

> Nach Mira aber hätt' ich sollen jagen,
> Als bei Oriago sie mir kamen nach;
> Dann wär' ich heut noch, wo die Pulse schlagen.
>
> Dem Sumpf zu floh ich. Doch mein Renner brach
> In Moor und Röhricht nieder, und mein Blut
> Sah ich zur Erde rinnen wie 'nen Bach. Purg. 5, 79.

Mira und Oriago liegen beide nördlich des canalisirten Brenta-Armes, der bei Fusina in die Lagune mündet. Heute ist das Land zu beiden Seiten des Wasserlaufes wohl angebaut, und ihm entlang zieht eine treffliche Straße, an der Dörfer, Gärten und Landhäuser wie eine reiche Perlenschnur aufgereiht sind. Für Dantes Zeiten hat man einen Sumpf bei Oriago nachzuweisen gesucht, der später durch Francesco I. von Carrara ausgetrocknet worden sei.[70] Auch auf eine alte venetianische Urkunde berief man sich, die ein bei Oriago gelegenes Röhricht erwähnt.[71] Doch bei Oriago selbst braucht der Sumpf gar nicht angenommen zu werden. Da Jacopo von Oriago erst dem Sumpfe zuflieht, so muß dieser sogar nothwendiger Weise in einiger Entfernung von dem Orte gelegen haben, und da er im Gegensatz zu Mira genannt ist, so wird er auch in der entgegengesetzten Richtung zu suchen sein. Die führt uns aber, da bei Oriago Canal und Straße südlich abbiegen, querfeldein nach dem Meere zu, und dort ist in der That der versumpfte, röhricht-bewachsene Strand etwa ebenso weit von Oriago entfernt, wie Mira auf der anderen Seite. Wie dem aber auch sei, jedenfalls ist die Episode mit einer Lebendigkeit geschildert, die darauf schließen läßt, daß Dante die besprochene Oertlichkeit aus eigener Anschauung gekannt habe.

Bei kaum einer andern Stadt hat die Kritik in gleichem Maße wie bei Padua in die Dante-Tradition Bresche gelegt und scheinbar fest erworbenen Besitz wieder in Nebel zerfließen lassen. Aber wenn wir auch nicht mehr sagen können, in welchem Jahr Dante in Padua war und in welchem Hause er dort gewohnt hat, so bietet doch die Divina Commedia, unterstützt von der glaubhaften Ueberlieferung, noch genügende Anhaltspunkte dafür, Padua den Städten beizuzählen, die Dante beherbergt haben.

Noch eine Stadt dieses nordöstlichen Winkels von Italien haben wir zu erwähnen, und zwar die bedeutendste des ganzen Gebietes, Venedig.

Dante gedenkt ihrer zwar nur an einer Stelle[72], aber die packende Lebendigkeit seiner Worte läßt keinen Zweifel darüber, daß er Selbstgeschautes schildert. In der Klamm der Bestechlichen erinnert ihn der Pechbrei, in dem die Sünder stecken, an die Werfte der Venezianer, das Arsenal:

Wie wenn im Winter voll von den Geschwadern
Venedigs Zeughaus und sie Pech dort kochen,
Die seeuntücht'gen Schiffe zu kalfatern,

(Denn weil die Schifffahrt ruht auf viele Wochen,
Baut Der sein Fahrzeug neu, Der stopft die Lecke,
Die an dem seinen lange Fahrt gebrochen;

Der klopft am Bug, Der hämmert an dem Hecke,
Der splißt ein Thau, Der schafft an einer Stenge,
Der setzet auf Besan und Klüver Flecke.)

So kochte dort in dicklichem Gemenge,
Durch Kunst der Allmacht, nicht durch ird'sche Gluth
Ein Pechbrei, überkleisternd rings die Hänge.

Wohl sah ich ihn, doch sonst nichts in dem Sud,
Als daß er sich in Blasen brodelnd blähte,
Aufschwoll und in sich sank mit dicker Fluth. Inf. 21, 7.

Immerhin könnte es auffallend scheinen, daß die Wunderstadt der Lagunen, die damals noch ihrer ganzen jungen zukunftsreichen Macht und Herrlichkeit sich freute, unserm Dichter nur den Stoff zu einem einzigen Vergleich gegeben hat. Doch äußere Gründe, und wenn sie noch so verlockend waren, haben ihn nie in der Wahl seines Stoffes bestimmt. Seine Dichtung ist nicht da, um die ganze Welt nachzubilden, sondern die Welt macht er sich tributpflichtig, um seine Dichtung nach seinem Gutdünken auszugestalten, und nur weil seine Dichtung so unermeßlich ist, hat die ganze Welt in ihr Platz. Wenn es übrigens auch nur verhältnißmäßig wenige Zeilen sind, die Dante Venedig widmet, so greift er doch mit seinem Vergleich gerade das heraus, was die Lebensader, das Herz der Königin der Adria ausmacht, die Stätte, wo sie sich das Mittel ihrer Macht schuf und den Quell ihres Reichthums. Und wie glücklich hat der Dichter den reichsten Moment zu wählen verstanden, den Moment der höchsten Thätigkeit mit dem Rückblick auf die überstandenen Gefahren und der Vorbereitung auf neue Wagnisse, die Venedigs Banner in die fernsten Meere führen und die Schätze aller Länder in seine Kaufhallen heimbringen.

Die Zeiten haben sich geändert, und Nichts wird mehr im Stande sein, den Strom des Welt-Verkehrs in das verlassene Bett zurückzuzwingen. Es ist still geworden in dem weiten Hafen der Lagunen-Stadt und in dem zinnen-umhegten Gebiet des Arsenals. Aber wenn ein Vergleich mit der Wirklichkeit auch nicht mehr möglich ist: aus jeder Silbe dieser Terzinen tönt uns das lärmende, wimmelnde Treiben der venezianischen Schiffswerft mit überzeugender Lebenswahrheit entgegen.

Wann Dante diese Eindrücke in Venedig empfangen hat, wissen wir nicht. Doch müssen wir ebenso wie bei den Stellen von Verona, Mantua, Garda-See, Lagarina-Thal, Brenta-Quelle und Padua auch für Venedig einen frühzeitigen Besuch Dantes annehmen, da all diese Oertlichkeiten schon im Inferno erwähnt sind.

Nach Venedig ist Dante noch ein zweites Mal zurückgekehrt, als Gesandter seines Gastfreundes Guido da Polenta im Herbst 1321, um die von der mächtigen Nachbarstadt drohende Kriegsgefahr abzuwenden.[73] Aber die Eindrücke dieses zweiten Besuchs zu verarbeiten, war ihm nicht mehr vergönnt. Sein Tagewerk war zu Ende. Auf der Heimreise durch die sumpfigen Niederungen jener Küstengegend holte sich Dante den Keim zu einem Fieber, dem er bald nach seiner Ankunft in Ravenna am 13. September 1321 erlag.

Pola und die Julifchen Alpen.

Wenn wir uns von Dante auf unferer Wanderung durch Italien führen laffen, fo dürfen wir an der heutigen politifchen Grenze feines Heimathlandes nicht Halt machen. Die Irredentiften können fich unzweifelhaft auf ihren großen Landsmann berufen, wenn fie Trieft und Iftrien für Italien in Anfpruch nehmen. Denn Dante bezeichnet ganz ausdrücklich den Quarnaro, jenen Meeresarm, der fich von der Südfpitze Iftriens nach Fiume zieht, als die Grenze Italiens. Es ift jene berühmte Stelle, wo er den Anblick der feurigen Gräber befchreibt, in denen die Ketzer gebettet find:

> Gleich wie bei Arles, wo Rhodans Fluthen ftauen,
> Bei Pola auch, wo des Quarnaro Port
> Die Marken brandend fchließt von Welfchlands Auen,
>
> Von Gräbern weithin überfät der Ort,
> So wies auch hier fich ringsum das Gebiet;
> Nur war die Ruhftatt herber hier als dort. Inf. 9, 112.

Arles mag Dante, wie fchon erwähnt[1], auf feiner Reife nach Paris um 1308 gefehen haben. Wann und bei welcher Veranlaffung er dagegen nach Pola gekommen ift, läßt fich nicht fagen. Es wird auf Dantes angebliche freundfchaftliche Beziehungen zum Patriarchen Pagano della Torre hingewiefen und erwähnt, daß ein Neffe des Patriarchen, Francefchino della Torre, Markgraf von Iftrien war.[2] Doch Pagano trat erft 1319 das Patriarchat an[3], und diefe Jahreszahl ift mit dem Zeitpunkt der Vollendung des Inferno nicht zu vereinen.[4] Aus dem gleichen Grund kann auch Ravenna, von wo aus Pola zu Schiff unfchwer zu erreichen gewefen wäre, wo fich aber Dante erft in den letzten Jahren feines Lebens aufhielt, hier nicht für uns in Betracht kommen. Wir wiffen nicht, wann und wie Dante nach Pola gekommen ift, aber daß er dort war, fagen uns feine Verfe. Auch von dem Gräberfeld, das Dante bei Pola gefehen hat, findet fich heute keine einzige Spur mehr, doch befitzen wir beftimmte Anhaltspunkte dafür, daß es einft vorhanden gewefen.

Pola[5], die Pietas Julia der Römer, im füdlichften Winkel Iftriens an einer tief eingefchnittenen Bucht gelegen, diente fchon in der Augufteifchen Zeit wegen feiner vortrefflichen Hafenverhältniffe als Hauptflottenftation des Adriatifchen Meeres. Im Mittelalter, bei den Kämpfen zwifchen

Venezianern und Genuesen, konnte die blühende Stadt dann an sich die Erfahrung machen, daß, wenn Zwei sich streiten, der Dritte nicht immer Ursache hat sich zu freuen.[6] Es wurde bald von den Einen, bald von den Anderen zerstört, sank nach und nach immer tiefer und dämmerte schließlich abseits von den großen Ereignissen zwischen den Trümmern seiner stolzen Vergangenheit halbvergessen für sich hin. Erst in neuester Zeit ist es aus seinem Dunkel wieder hervorgetreten. Die österreichische Kriegsmarine hat seit dem Verlust von Venedig ihren Hauptwaffenplatz hierher verlegt. Stattliche Hafenbefestigungen, Schiffswerfte, Docks, Kasernen, Verwaltungsgebäude sind entstanden. Die Stadt selbst ist in dies etwas weitzugeschnittene neue Kleid noch nicht recht hineingewachsen, aber man sieht es ihr doch an, sie ist aufgewacht von ihrem vielhundertjährigen Schlaf, sieht wieder hoffnungsfroh in die Welt, die Zeit der Armseligkeit ist vergessen wie ein schwerer Traum, und zuversichtlich knüpft sie wieder an an die Zeit, da schon einmal kaiserliche Kriegsschiffe, wenn auch etwas anderer Construction, auf den Wellen der Bucht sich schaukelten.

Die Ueberreste aus der römischen Kaiserzeit sind ganz überraschend reich: am Marktplatz der wohlerhaltene korinthische Doppel-Tempel des Augustus und der Roma, am Ende der Hauptstraße, der Via Sergia, die graziöse Porta Aurea, weiterhin die Porta Erculea, die Porta Gemina, sämmtlich zu der antiken Stadtmauer am Fuß des ansehnlichen Hügels gehörig, der jetzt an Stelle des alten Capitols das Castell trägt, vor Allem aber das mächtige Amphitheater in seiner herrlichen Lage an der Bucht, deren blaue Fluth durch die hohen Bogen der wohlerhaltenen Außenmauer hereinschimmert, während im Innern über die Oede und Zerstörung eine köstliche Vegetation versöhnend ihren dichten, würzig duftenden Mantel breitet.

Die Via Sergia setzt sich außerhalb der Porta Aurea als Via Consularis fort und führt gegen Südosten nach Medolino, einem kleinen Orte fast am Strande des Quarnaro. Unmittelbar nachdem sie die Stadt verlassen hat, läuft sie auf dem Südabhang eines Hügels hin, den jetzt das Fort San Michele krönt, während früher das Benedictiner-Kloster gleichen Namens diesen Platz einnahm, und der Straße zur Seite streckt sich lang hin der Prato grande, eine flache Thalmulde, welcher die ringsumlaufende Höhe das Ansehen eines weiten Amphitheaters oder eher einer Rennbahn gibt. Auf diesem Prato grande lag die Nekropolis von Pola[7], die sich, ähnlich wie bei der Via Appia außerhalb Roms oder der Gräberstraße von Pompeji, der Heerstraße entlang zog. Heute sind die Gräber sämmtlich verschwunden, und nur in dem kleinen Museum des Augustus-Tempels sind noch einzelne Steinsärge zu sehen. Aber wie zahlreich sie gewesen sein müssen, ersehen wir aus dem alten Reisetagebuch eines Ser Mariano von Siena[8], der im Jahr 1431 auf der Fahrt in's heilige Land nach Pola kam und über dessen Merkwürdigkeiten folgendermaßen berichtet: «Am 26. April kamen wir nach Istrien in die Stadt Pola, wo wir ein Gebäude, ähnlich dem Colosseum von Rom, fanden und viele andere ansehnliche Bauwerke. Auch fanden wir dort eine so große Menge von Gräbern, alle aus einem Stück gemacht wie Schreine (arche), daß es unglaublich wäre ihre Zahl zu nennen, und sie enthielten viele Knochen.» Der auffallende

Umſtand, daß von der Bürgerſchaft des alten Pola offenbar durchweg ſolche Steinſärge aus einem Stück verwendet wurden, die an anderen Orten nur den Reichen zu Gebote ſtanden, erklärt ſich daraus, daß die nahen Steinbrüche von Vitriano einen weichen Stein lieferten, der leicht zu bearbeiten war, aber an der Luſt hart wurde, und ſomit das denkbar beſte Material zu dieſen «Schreinen» darbot.[9] Was aus den Steinſärgen ſpäter geworden iſt, darüber gibt uns ein Statut des Rathes von Pola aus dem Jahr 1458 Aufſchluß[10], das den Bürgern verbietet, ſolche Särge «zu erwerben, oder erwerben zu laſſen, oder zu verkaufen, oder zu zerſchlagen». Dem Verbot wurde durch Strafandrohung von 100 Lire Nachdruck zu geben verſucht. Doch die Armſeligkeit der Verhältniſſe überwog wohl bald wieder den guten Willen, und der Handel mit den Steinſärgen, nach denen bei den Seefahrern immer große Nachfrage war, ging weiter, bis der Vorrath zu Ende war.

Hier haben wir alſo unzweifelhaft Dantes Gräberfeld. Und wenn wir der in Pola beſtehenden Ueberlieferung Glauben ſchenken wollen, Dante ſei in der oben erwähnten Benedictiner-Abtei von San Michele in Monte, die den ganzen Prato grande überſchaut, beherbergt worden, ſo haben wir auch den Standpunkt, von dem aus Dante das eigenartige Bild dieſes Gräberfeldes in ſeine Seele aufgenommen hat. Zu beweiſen iſt dieſe Tradition nicht, jedenfalls aber deckt ſie ſich mit der auch ohnedies unabweisbaren Ueberzeugung, daß Dante dieſe Stelle nicht geſchrieben haben kann, ohne das Gräberfeld von Pola geſehen zu haben.

Noch weiter nach Oſten führten mich Dantes Fußſtapfen diesmal, in ein Gebiet, wo nicht mehr der vertraute Wohlklang des «Si» das Ohr umſchmeichelt, ſondern wo die ſlaviſchen Räthſellaute es bitter klar machen, daß wir die Grenze Italiens nun wirklich überſchritten haben. Doch ein paar Stunden Bahnfahrt konnten mich an's Ziel bringen, und die Spur, der ich folgte, war zu verlockend.

Die Richtung gab mir jene Stelle des Inferno, wo Dante den gefrorenen See ſchildert, den der Cocytus in der tiefſten Tiefe der Hölle bildet, und, um eine Vorſtellung von der Mächtigkeit des Eiſes zu geben, ſagt:

Denn fiel auch Tabernik,
Auch Pietrapana drauf mit ganzer Wucht,
Noch nicht einmal am Rande macht' es Krick. Inf. 32, 28.

Pietrapana haben wir in der Lunigiana ſchon kennen gelernt.[11] Was für einen Berg dagegen Dante mit dem Tabernik gemeint habe, iſt ſehr beſtritten. Die Commentatoren haben auf die Frage die verſchiedenſten Antworten gegeben, wobei die Schreibweiſe des ſeltſam klingenden Namens, über den ja auch die Feder des Abſchreibers gar leicht geſtolpert ſein mochte, ſich die manchfachſten Abänderungen gefallen laſſen mußte. Der Eine verlegt den Berg nach Armenien[12], der Andere nach Dalmatien[13], die Mehrzahl ſucht ihn in Slavonien[14], wo er mit der Fruska Gora bei Tovarnik identificirt wurde.[15] Wir wiſſen aber, wie vorſichtig Dante ſeine topographiſchen Bilder wählt. Alſo wird er auch den Tabernik nicht auf's Geradewohl genannt, ſondern eine beſtimmte Vorſtellung mit dem Namen verbunden haben, und wie in aller Welt ſollte aus dieſen Gegenden «hinten weit in der Türkei» ſichere Kunde von einem ganz abſonderlich maſſigen Berge zu Dante gedrungen ſein, die den gewiſſenhaften Dichter berechtigt hätte, ihn als gleichwerthig der Pietrapana an die Seite zu ſtellen. Mehr im Bereich von Dantes Geſichtskreis hält ſich dagegen eine andere Erklärung, die unter dem Tabernik den Javornik bei Adelsberg in Krain verſteht.[16] Ihn beſchloß ich jetzt aufzuſuchen.

Die Fahrt von Pola nach Adelsberg über die Hochebene des Čičenbodens bot mir ſchon reichliche Gelegenheit, den Charakter der Karſt-Landſchaft kennen zu lernen, in deren Gebiet mein Ziel ja lag. Eine unfruchtbare, troſtloſe Einöde iſt es; aber ein ganz eigenartiger Zauber liegt über ſie ausgebreitet. Weite Strecken zeigen nur eintöniges Geröll oder ungeſchlachte Blöcke von Kalkgeſtein, auf dem der ſcharfe Nordſturm, die Bora, nur kümmerliches Gras und Buſchwerk fortkommen läßt. Nur zuweilen wird das Einerlei unterbrochen durch ſeltſame tiefe trichterartige Mulden, Dolinen, die gewaltige Klüfte im Inneren des Gebirges ahnen laſſen. Dann kommen wieder wild eingeriſſene Schluchten mit brauſenden Waſſern, und mit einem Schlage öffnet ſich zur Seite ein Blick in die Tiefe, und weit, weit drunten ſieht man blühende Ländereien und Wälder und Ortſchaften und das blinkende Meer im Abendſchein, und dann iſt wieder Alles weg, und der Zug ſauſt weiter über die Hochebene, und das Auge erblickt wieder Nichts als Stein und Geſtrüpp und Nebel. Uebrigens ſah ich nirgends ſonſt Abendbeleuchtungen von gleich herrlichen Farbentönen, außer in der Campagna di Roma, mit der der Čičenboden auch die ſchwermüthige Poeſie der Einſamkeit gemein hat.

Von Sanct Peter an ſchwindet nach und nach dieſer Charakter der Einöde, die Höhen ſind zum Theil bewaldet und gewinnen dadurch ein milderes Ausſehen; doch bleibt auch hier die zerriſſene, zerklüftete Geſtaltung des Bodens. Wir ſind im Gebiet der Juliſchen Alpen. Adelsberg ſelbſt liegt ſehr anmuthig in einem weiten wohlangebauten Thalkeſſel. Die umgebenden Berge ſind theils echter Karſt, ſchroff und wild und baumlos, theils mit ſchönem Tannen- und Buchenwald bedeckt. Zu den letzteren gehört namentlich auch der im Oſten des Städtchens aufſteigende Javornik, deſſen Name (der Ahornberg) auch auf einen alten Waldbeſtand hinzudeuten ſcheint. Zunächſt mußte ich mir aber meine Enttäuſchung eingeſtehen. Denn der Javornik hatte durchaus nichts Außergewöhnliches. Ziemlich ſachte ſtieg er aus der Ebene auf und lag mit ſeinem breiten Höhenrücken in ſeinem grünen Rock recht harmlos und behaglich da. Doch die Sache bekam ein anderes Ausſehen, als ich mir am nächſten Tag bei einem Ausflug nach dem Zirknitzer See den Javornik von der entgegengeſetzten Seite betrachtete. Dieſer altberühmte See, eines der ſeltſamſten Wunder des an Räthſeln ſo reichen Karſt-Gebirges, im Winter ein fiſchreiches Waſſer, im Sommer ein üppiges Acker- und Wieſenland, liegt dicht am Fuß des Javornik, der hier unmittelbar vom Ufer jäh und gewaltig aufſteigt und mit ſeiner Wand von finſteren Tannen gar trotzig dreinſieht. Das war's, was ich ſuchte; ſo konnte ich ihn brauchen; ſo hatte Dante ſein Bild brauchen können, als er nach Verſen ſuchte,

> so grimm und rauh,
> Wie sie der Jammerhöhle angemessen,
> Auf welcher ruht der ganze Felsenbau. Inf. 32, 1.

«Da cosa nasce cosa», sagt der Italiäner, Eins gibt das Andere. Wie ich so über den blumigen Wiesengrund des Seebodens hinschritt und mein aufgeweckter Führer in der begeisterten Schilderung der Reichthümer dieses Sees auch erwähnte, im December und Januar sei er fest zugefroren, und von der Eisernte gingen viele, viele Wagenladungen nach Triest, da sah ich plötzlich Dante auf dem zugefrorenen Zirknitzer See stehen, und der verschneite Javornik ragte düster und drohend über ihn herein, der See aber war der Cocytus. Und dann kamen wir an die Saug-Löcher, durch welche im Frühling das Wasser abfließt und im Herbst, durch seltsames unterirdisches Dröhnen lange vorher angekündigt, wieder heraufquillt, und mein Führer setzte mir eifrig auseinander, wie diese verborgenen Wasserläufe unter sich zusammenhängen und all die mährchenhaften geheimnißvollen Höhlen-Räume des Karst durchziehen. Eine der bedeutendsten dieser Höhlen, die im Mittelalter schon bekannte[17] Adelsberger Grotte, hatte ich Tags zuvor besucht, und die abenteuerlichen Tropfstein-Gebilde, die mächtigen Hallen mit ihrer verdämmernden Wölbung, das ferne Rauschen der Poik, das aus ahnungsvollem Dunkel herauftönt, hatten mich mit schauernder Bewunderung erfüllt. Nun kam sie mir wieder in den Sinn, und gleichzeitig mußte ich der Verse gedenken, wo Dante den «verborgenen Pfad» beschreibt, der ihn vom Mittelpunkt der Erde nach der Oberwelt zurückführt:

> Ein Raum von Belzebu dort unten geht
> So fernhin, wie sich dehnet seine Gruft,
> Den nicht dem Auge, nur dem Ohr verräth
>
> Ein kleines Bächlein, das dort murmelnd ruft
> Und sachten Falls in ausgewaschnen Stein
> Gewundnen Laufes kommt herab die Kluft. Inf. 34, 127.

Es ist eine der herrlichsten Stellen, von geheimnißvollem Zauber und packendster Wirklichkeit. Wie wäre es, wenn wir in der Adelsberger Grotte die Wirklichkeit besäßen, in der Dante diesen Zauber an sich selbst erlebt hätte? — Gewiß muß ich den strengen Beweis schuldig bleiben. Aber es ist doch ein gar seltsames Zusammentreffen, daß der Javornik und der Zirknitzer See und die Adelsberger Grotte so nahe beisammen liegen und alle drei sich so trefflich in die Schilderung einfügen, die Dante von den tiefsten Tiefen seines Weltalls entwirft. Allerdings spricht er weder vom Zirknitzer See, noch von der Adelsberger Grotte, wohl aber vom Javornik. Wenn er diesen aber gesehen hat, so wäre es unbegreiflich, wenn die zwei gewaltigen Wunder jener Natur von einem Dante unbeachtet, auf einen Dante ohne Eindruck geblieben wären.

Und wie Dante nach Adelsberg gekommen sein mag? Die Möglichkeit ist gar nicht so fernliegend, wie es auf den ersten Blick scheinen könnte. Zu der Zeit, die für uns in Betracht kommt, hatte sich in dem Krieg Aller gegen Alle, der auch jene östlichen Grenzbezirke Italiens zerfleifchte, Graf Heinrich von Görz, offenbar ein Mann von großer Thatkraft und Klugheit, zu einer hervorragenden Machtftellung emporgefchwungen. Er herrfchte von 1304 bis 1323, trat aber fchon zu Lebzeiten feines Vaters Albert feit Ende des dreizehnten Jahrhunderts als Führer der Görz'fchen Heerfchaaren in den Vordergrund. Sein Hauptgegner, Patriarch Ottobono von Aquilea, der von 1302 bis 1318 die Würde bekleidete, mußte ihn im Jahr 1309 in feiner Bedrängniß zum Capitaneus generalis von Friaul ernennen, und 1313 nach einem neuen unglücklichen Feldzug kam es fogar fo weit, daß Ottobono dem Grafen von Görz die Einkünfte des Patriarchats überließ und fich felbft mit der Zuficherung eines Jahrgehalts von dreitaufend Mark begnügen mußte.[18] In diefer Schärfe hatte das Abkommen zwar keinen Beftand, aber thatfächlich währte das Abhängigkeitsverhältniß, bis es Ottobonos bedeutenderem Nachfolger Pagano della Torre gelang, in dem Vertrag vom 24. Juli 1319 fich mit Graf Görz auseinanderzusetzen.[19] In der Reihe der Städte und Burgen nun, die den Gegenftand jener Kämpfe und Friedensverträge bildeten, finden wir Adelsberg. — oder Arisperch, wie es damals hieß[20] — mehrfach genannt. Es muß ein wichtiger Punkt gewefen fein; das bekunden auch die anfehnlichen Trümmer, die noch heute vom Schloßberg weit in's Land fehen. Da es aber immer wieder unter den an den Patriarchen herauszugebenden Plätzen aufgezählt wird, fo fcheint es Graf Görz damals in ftändigem Befitz gehabt zu haben. Ihn oder feinen Schloßhauptmann hätten wir uns demnach als Dantes Wirth in Adelsberg vorzuftellen. Dazu ftimmt aber fehr gut der Umftand, daß Heinrich von Görz kaiferlich gefinnt und in jenen Jahren mit Dantes Gönner Can Grande noch eng befreundet war. — Der Bruch zwifchen Beiden erfolgte erft 1319, als Heinrich von Görz vom Gegenkaifer Friedrich von Oefterreich zum Reichsvicar ernannt wurde.[21] — Ja, wir finden den Grafen fogar gerade Ende October 1316 zu feierlichem Befuch bei Can Grande in Verona, um eine Ehe zwifchen dem Sohn des Guecceli von Camino und einer Nichte des Scaligers zu vermitteln[22], alfo zu ebenderfelben Zeit, wo Dante nach der gewöhnlichen Annahme mit dem aus Lucca vertriebenen Uguccione della Faggiola dort eingetroffen fein konnte.

Diefe Thatfachen beweifen allerdings nicht die Annahme, daß Dante in Adelsberg gewefen, aber fie find doch wohl geeignet, die inneren, der Divina Commedia entnommenen Gründe, die uns in diefer Richtung weifen, wefentlich zu unterftützen.

Die überrafchende Beziehung, in welche die Adelsberger Grotte für mich zur Divina Commedia getreten war, lockte mich, den Spuren Dantes in diefer Höhlenwelt noch weiter nachzugehen. Dabei leitete mich aber keine Stelle aus dem Gedicht, fondern nur eine Tradition, die nämlich, welche berichtet, Dante habe fich einige Zeit in Tolmein im Ifonzo-Thal aufgehalten, und welche einer Höhle bei jenem Ort den Namen «Dantowna-Jama», Dante-Höhle, beilegt.

Mein Weg von Adelsberg nach Tolmein führte mich der Küfte entlang an Duino vorbei, das gleichfalls feine Dante-Sage hat. Das fchöne wohlerhaltene Schloß liegt auf freier Felshöhe am Meer, überragt von einem alten mächtigen Thurm, der den Kern der ganzen Anlage bildet. Auch hier foll Dante zu Gaft gewefen fein[23], und ein Fels, der unterhalb des Schloffes, vom Ufer faſt völlig losgetrennt, in's Meer vorſpringt, führt heute noch den Namen «Sasso di Dante». Doch weder aus der Geſchichte noch aus Dantes Dichtung läßt ſich eine feſtere Grundlage für dieſe Tradition gewinnen, und ſo ziehen wir unſeres Weges weiter, über das ſtattliche Görz den Iſonzo hinauf.

Unſer Ziel Tolmein iſt einer der ſchönſten Punkte dieſes ſchönen Thales. Das freundliche Städtchen liegt an einer Stelle, wo die Berge mehr zurücktreten und für wohlangelegte Felder Raum bieten, und neben ihm ſteigt aus dieſer Fläche keck und ſelbſtändig der kegelförmige Burgberg auf, den die Trümmer der uralten Veſte Pockenſtein krönen, während die reich gegliederten Berge zu dem Ganzen die prächtigſten Couliſſen bilden. Dicht hinter Tolmein öffnet ſich die Tolminska-Dolina, eine tief eingeſchnittene Schlucht, welche ihr brauſendes Gewäſſer dem Iſonzo zuſendet, und nach ihr wurde ich auf meine Frage nach der Dante-Grotte gewieſen. Nach halbſtündigem Steigen war ſie erreicht, am Abhang einer Bergnaſe gelegen, bei welcher ſich von der Tolminska-Dolina eine zweite Schlucht abzweigt. Mein Führer hatte vor dem Aufbruch die ſonderbarſten Vorbereitungen getroffen, ſeine alten Kleider mit noch älteren vertauſcht, mir gerathen, wenigſtens meinen Rock umzuſtülpen, und uns beide mit Kopfbedeckungen verſehen, an denen wirklich nichts mehr zu verderben war. Jetzt, vor dem niederen Loch, das den Eingang der Höhle bildet, wurden auch noch Schuhe und Strümpfe ausgezogen, jeder zündete ſein Licht an, und die Fahrt begann. Die Vorkehrungen waren nicht übertrieben geweſen. Einen ſolchen Weg hatte ich in meinem Leben noch nicht gemacht. Denke Dir, lieber Leſer, Du ſeiſt von einem Walfiſch verſchlungen, der habe ſich, noch ehe Du in den Magen gelangt, in ein Foſſil verwandelt und Du müßteſt durch die erſtarrten Eingeweide jetzt Deinen Weg ſuchen, ſo haſt Du ungefähr eine Vorſtellung meiner Lage. Zuerſt krochen wir wagrecht vorwärts, dann ging's in einer ſenkrechten Spalte abwärts, und da hier an ein Wenden nicht zu denken war, nun die Füße voran auf dem Rücken weiter, dann rutſchte man wieder ſtehend abwärts, angeſtemmt wie ein Kaminſeger und ſo fort in verwirrender Abwechslung, und während dieſes ganzen Weges ſchürfte buchſtäblich Bruſt und Rücken immer an den Felſen und Tropfſteinen. Endlich nach einer halben Stunde kamen wir in den Magen des Walfiſchs, eine hohe weite Halle mit Tropfſtein-Säulen und -Vorhängen und einem kleinen See, die ich nach des Weges drangvoll fürchterlicher Enge aufathmend begrüßte. Doch blieb es ein eigenartig phantaſtiſches Gefühl, ſich ſo recht im eigentlichen Sinne in den Eingeweiden der Erde zu wiſſen, aus denen Einem nur eine tüchtige Kletterleiſtung wieder befreien konnte. Aber ich hatte keine Zeit darüber nachzudenken. Mich beſchäftigte die Frage: in welche Beziehung läßt ſich Dante zu dieſer Höhle bringen? Und ſchon während des Kletterns hatte ich die Antwort gefunden: ſie lag in jener Schilderung im letzten Geſang des Inferno, wo Dante und Virgil an der Seite Lucifers abwärts klettern

Stets zwiſchen Eiſes Rind' und dichtem Felle,

und wo es weiter heißt:

Doch als wir dort jetzt, wo die Hüfte breiter,
Just wo fich dreht der Schenkel, uns befanden,
Da wandte mühfam keuchend mein Begleiter

Dorthin den Kopf, wo erft die Beine ftanden,
Und griff in's Haar, wie wer nach oben klimmt.
Mir fchien's, daß wir auf's neu zur Höll uns wandten. Inf. 34, 76.

Das war diefelbe Situation, die ich durchgemacht, wie man fie nicht treuer fchildern kann. Ja felbft die Formation des Gefteins, das faft überall flach gewölbte, mit leichter, glatter Sinterfchichte überzogene Flächen zeigt, legte den Gedanken an etwas Organifches, z. B. einen Riefenfchenkel, an dem man entlang rutfcht, fehr nahe. Hier konnte das Vorbild zu der Höhlung fein, in der fich Lucifer bei feinem Sturz vom Himmel im Mittelpunkt der Erde feftgerannt. Mit diefer Erkenntniß war der Zweck meiner Höhlenfahrt erreicht. Wir kehrten um, noch einmal galt es ein mühfeliges, athemraubendes Winden und Klettern. Dann ging's hinaus zum Wiederfehen, zwar nicht der Sterne, aber der Sonne und des entzückenden Thalgrundes, den der Höhlenausgang gerade überblickt.

Die gefchichtlichen Anhaltspunkte dafür, daß Dante in Tolmein gewefen, find die gleichen wie bei Adelsberg. Auch Tolmein gehört zu den Plätzen, die der Oberhoheit des Patriarchen von Aquileja unterftanden, und gleich wie Adelsberg ift es von Heinrich von Görz ihm vorenthalten worden.[24]

Auch der Udinefifche Gefchichtfchreiber Giovanni Candido vom Jahr 1521 und ihm folgend Jacopo von Valvafone berichten von einem Aufenthalt Dantes in Udine, beziehungsweife in Tolmein, den fie jedoch in die Zeit Paganos della Torre verlegen. Zudem find fie durch eine fo große Zeitfpanne von Dante getrennt, daß man fie nur mehr als Zeugen für das Vorhandenfein einer Tradition gelten laffen kann.[25]

Höchft bedeutfam ift es, daß diefe Tradition in der Gegend fo feft eingewurzelt ift[26], obwohl die faft ausfchließlich flovenifche Bevölkerung keine Ahnung davon hat, wer Dante war. Mein Führer meinte, er fei wohl ein italiänifcher Signore gewefen, der fich vor feinen Feinden in diefe Höhle geflüchtet und eine Zeitlang da gehauft, dann aber auf dem Schloffe Pockenftein Aufnahme gefunden habe, und feine muntere Tochter, die etwas Italiänifch fprach und als Dolmetfcherin die ganze Tour mitmachte, fetzte hinzu, die Bauern hätten ihn immer da oben an dem Höhlen-Eingang in feinem rothen Mantel fitzen fehen, und Alles habe Angft vor ihm gehabt, denn es fei ein großer Zauberer gewefen; das fei aber jetzt fchon über zweihundert Jahre her.

Eigenthümlich ift es ferner, daß der Name Dantes ganz beftimmt an der einen Oertlichkeit, der Dante-Höhle, haftet. Als Haupt-Argument gegen die Ueberlieferung ift angeführt worden, daß fich in der Divina Commedia keine Reminiscenz an Tolmino nachweifen laffe.[27] Aber die Ueberlieferung felbft hat den Weg gewiefen, wo die Reminiscenz zu fuchen fei: eben in der Dante-Höhle.

Auch die vielgeſchmähten «Antra Julia» des Boccaccio, die Juliſchen Höhlen, gewinnen jetzt wieder an Bedeutung. In ſeinem poetiſchen Briefe, mit dem er an Petrarca einen Codex der Divina Commedia ſchickte, ſind ſie unter den Oertlichkeiten aufgeführt, die Dante beſucht habe. Bisher war man geneigt, ſie ebenſo wie den Parnaß und die Aoniſchen Quellen, die gerade vorher genannt ſind, als oratoriſchen Schmuck aufzufaſſen, der nicht ernſt zu nehmen. Jedoch unmittelbar hinter «Antra Julia» nennt Boccaccio «Pariſios» und «extremos Britannos», bei denen er doch wohl an die irdiſche Geographie gedacht hat. So kann das Gleiche auch für die «Antra Julia» der Fall ſein.[28] Adelsberg und Tolmein liegen aber beide in den Juliſchen Alpen, und es iſt ein ſeltſames Zuſammentreffen, daß gerade dieſe beiden Höhlen ſich ſo gut zu Modellen Dante'ſcher Bilder eignen.

Ich muß darauf gefaßt ſein, daß man dieſen Unterſuchungen in «Wald und Höhle» die wiſſenſchaftliche Grundlage beſtreiten wird. Aber Dante ſelbſt hat neben vielen anderen Büchern doch vor Allem eines gehabt, in dem er immer wieder und wieder las, das Buch der Natur. Deſſen Autorität dürfen wir getroſt neben die von Archiven und Bibliotheken ſtellen, und es iſt berechtigt, wenn auch wir den ehrwürdigen Band aufſchlagen und mit all unſerem Fleiß darin nach Stellen ſuchen, die uns das Gedicht ihres begeiſterten Jüngers erklären helfen. Hier ſind zwei ſolche Stellen, auf die wir den Finger legen können. Zug für Zug ſtimmen Vorbild und Abbild überein, und Dante'ſcher Geiſt iſt es, der uns anweht aus der Unterwelt der Juliſchen Alpen.

Orvieto.
Dante und die Kunst.

Wenn wir im Namen Dantes Italien durchwandern, so finden wir die auffallende Thatsache, daß an den verschiedensten Orten mit Werken der bildenden Kunst Dantes Persönlichkeit oder seine Dichtung in Beziehung gebracht wird.[1] So soll er seinem Freund und Landsmann Giotto zu dessen Fresken in Assisi und in Neapel — die letzteren sind untergegangen — die Motive gegeben haben, und es wird erzählt, er habe den Künstler in Padua besucht, während dieser seinen Cyklus in Madonna dell' Arena malte, und sei die Veranlassung gewesen, daß Giotto nach Ravenna berufen wurde, wo in S. Giovanni Evangelista noch die Kirchenlehrer und Evangelisten von dessen Hand erhalten sind.[2] In Volano im Lagarina-Thal besteht die Tradition, auf einer Wand der Kirche S. Maria habe sich einst eine Darstellung der letzten Dinge nicht nur nach den Ideen, sondern nach der eigenen Zeichnung des Dichters befunden.[3] Ein Weltgerichtsbild in dem kleinen Fossa bei Aquila wird mit dem angeblichen Vorbild der Divina Commedia, der Vision des Mönches Alberich, in Beziehung gebracht[4], und das jüngste Gericht in Pisa[5] gleichwie viele andere Darstellungen des gleichen Gegenstandes werden auf eine Inspiration durch Dantes Gedicht zurückgeführt.

Auch diese Traditionen sind Spuren Dantes, denen wir nachgehen müssen, und mögen sie nun im Einzelnen wahr oder falsch sein, jedenfalls liegt ihnen allen die richtige Empfindung zu Grunde, daß ein mächtiges Band Dante und die Kunst verbindet, daß der Dichter mit einem künstlerischen Sinn, wie kaum ein zweiter, der Welt der Erscheinung gegenübergestanden ist und daß darum sein Werk immer wieder anregend auf die Phantasie der bildenden Künstler gewirkt hat. Da aber bei Prüfung der einzelnen Fälle, die hier in Betracht kommen, doch immer wieder die gleichen Gesichtspunkte maßgebend sind, so schien es sich zu empfehlen, die Kunstwerke nicht — wie Ampère gethan hat — jeweils an ihrem Standort zu besprechen, sondern sie alle in einer Darstellung zusammenzufassen. Indem wir so von einem einheitlichen Standpunkt überblicken, was in Italien da und dort in Kirchen, Gallerien und Bibliotheken von solchen mit Dantes Ideen-Kreis in Beziehung stehenden Gebilden der Malerei und Plastik vorhanden ist, gewinnen wir zugleich eine Anschauung davon, wie die Künstler der verschiedenen Epochen von Dante angeregt worden ſind, was ſie Verſchiedenes geſchöpft haben aus dem Unerſchöpflichen und was von ſeinen Schätzen bis jetzt ungehoben geblieben iſt.

* * *

Zum Ausgangspunkt nehmen wir die alte Bergſtadt Orvieto, wo Dantes Gedanken- und Geſtaltenwelt mächtig befruchtend gewirkt hat auf eine gleichgeſtimmte Künſtlerſeele, wo der Dichter mittelbar mitgeſchaffen hat an einem der gewaltigſten Werke der Renaiſſance, an der Darſtellung der letzten Dinge, mit der Luca Signorelli zu Ende des fünfzehnten Jahrhunderts die S. Brizio-Capelle des Doms ausgeſchmückt hat.[6]

Es iſt ein ungeheuer reiches Werk, das Signorelli da geſchaffen hat. Die ganze Decke, ſämmtliche Wände von der Wölbung bis auf den Fußboden, ja ſogar die Laibungen der drei Fenſter ſind bedeckt mit ſeinen Gebilden. Aber dieſe Fülle iſt in ihrer Vertheilung ſo weiſe abgewogen, daß ſie uns keineswegs bedrängt und verwirrt, ſondern uns den reinſten freieſten Genuß verſtattet.

Der Hauptſache nach, an der Decke und der oberen Hälfte der Wände, iſt das jüngſte Gericht dargeſtellt, und getragen wird dieſes Panorama — wenn ich dieſen Ausdruck, der heute eine üble Sonderbedeutung für eine rohe unkünſtleriſche Ausgeburt des illuſionsdurſtigen, naturaliſtiſch verderbten Geſchmacks beſitzt, für ein künſtleriſch weiſe gegliedertes Rundbild gebrauchen darf — von einem gemalten Sockel mit einem reichen, faſt überreichen Syſtem von Medaillons, deren nach Sitte der Renaiſſance gewiß in allen Theilen mit ſehr feinen Beziehungen zum Haupt-Thema ausgeklügelte Gegenſtände ſich nicht durchweg mit Beſtimmtheit deuten laſſen. Die Hauptbilder dagegen ſind von einer wunderbaren Klarheit und Beredſamkeit. Die ganze Geſchichte des Welt-Endes iſt in eine Reihe von ſelbſtändigen Acten gegliedert und zuſammengefaßt, die, in mächtigem Zuge fortſchreitend und jeder doch für ſich ein geſchloſſenes Ganze bildend, die gewaltige Kataſtrophe uns vorführen.

Das doppelte Kreuzgewölbe, durch deſſen Einfluß der ganze Raum in zwei Theile zerfällt, iſt beſtimmend für die ganze äußere Anordnung.

Der Theil zunächſt dem Eingang erzählt die Vorgeſchichte zum jüngſten Gericht: an der Langſeite links die Herrſchaft des Antichriſten in der zum Untergang reifen Welt und ſeinen Sturz; an der Eingangswand ſelbſt das eigentliche Ende der Dinge mit Aufruhr von Erde und Meer, Verſinſterung und Fall der Himmels-Lichter und dem Flammen-Regen, der die Menſchheit niederwirft (die grandioſen Fulminati); an der Langſeite rechts die Auferſtehung des Fleiſches.

Das eigentliche Gericht iſt auf den beiden Bildern der Altar-Wand und auf den beiden anſtoßenden Hälften der Langſeiten geſchildert: links vom Beſchauer die Seligen, von lieblichen Engeln gekrönt und mit Saitenſpiel emporgeleitet, rechts die Verdammten, von gerüſteten Engeln des Gerichts hinabgewieſen und von den Teufeln mit grauſig geſchäftigem Henkers-Eifer in Empfang genommen.

Die Decke, die Signorelli zum Theil ſchon von Fieſole gemalt vorfand und nach deſſen Entwürfen weiterführte, iſt naturgemäß der Ehrenplatz für den Weltenrichter ſammt ſeinem himmlischen Gefolge von Engeln und Auserwählten, für deren verschiedene Kategorien die Gewölb-Felder eine übersichtliche, fast steife Anordnung bedingen.

* * *

Wie ist diese Schöpfung in die Reihe der von Dante beeinflußten Kunstwerke einzuordnen?

Es gab eine Zeit, wo kaum ein Weltgerichtsbild in Italien davor sicher war, mit Dante in Beziehung gebracht zu werden. Batines, der ehrwürdige Dante-Bibliograph, zählt noch eine lange Reihe von Bildern auf, deren Maler sich alle an der Divina Commedia inspirirt haben sollen. Allmählich wurde es aber kritischen Augen klar, daß, was man für Inspiration des Malers durch den Dichter hielt, bei vielen Bildern sich einfach durch die Verwandtschaft des behandelten Gegenstandes, durch die Gemeinsamkeit der den Künstler wie den Dichter nährenden Gedanken-Welt erklären ließ, und man ging daran, alle diejenigen Bilder auszuscheiden, die, von dieser allgemeinen Aehnlichkeit abgesehen, keine mit der Divina Commedia gemeinsamen Züge aufweisen oder in der Auffassung des Jenseits dem Gedicht vielleicht gar widersprechen.

Wenn wir von diesem Gesichtspunkt aus eine Musterung über die Bildwerke Italiens halten, so findet sich in der Zeit vor Signorelli eigentlich nur ein Bild, das sich mit voller Bestimmtheit auf Dante zurückführen läßt: die Hölle des Nardo Orcagna, in dem Weltgerichtsbild der Capella Strozzi in S. Maria Novella in Florenz (Tafel 1). Nardo hat sich äußerlich ganz und gar an Dante gehalten, ist aber auch ganz in den Aeußerlichkeiten stecken geblieben. Sein Bild ist nichts Anderes als ein Inhaltsverzeichniß des Inferno in Figuren. Nur die trichterförmige Anlage hat er der besseren Uebersicht halber aufgegeben und dafür seine Sünder-Classen in nebeneinanderliegenden Felsen-Compartimenten[7] untergebracht. In diesen aber läßt sich Schritt für Schritt jede Sünde und jede Strafe des Dante'schen Systems nachweisen. Mit Annahme dieser Schubfach-Eintheilung hat Nardo auf eine künstlerische Gesammtwirkung von vornherein verzichtet. Aber auch innerhalb jedes einzelnen Felsrahmens bietet er nichts Erfreuliches. Es sind durchweg steife Gruppen von nichtssagenden Gestalten, die in der nüchternsten Weise und ohne einen einzigen Zug von charakteristischem Leben die grausigen Hauptvorgänge des Inferno zur Darstellung bringen.

Auch das florentiner Dombild des Domenico di Michelino (Tafel 2), das nach einer Zeichnung des Alesso Baldovinetti Dante in Mitten der drei Reiche seines Jenseits darstellt, gehört noch in die Zeit vor Signorellis Weltgericht (1465). Aber da die Schöpfungen des Dichters hier nur als Hintergrund zu der porträtmäßig behandelten Gestalt Dantes zu dienen haben, hat sich der Maler mit einer so oberflächlichen Andeutung begnügt, daß er eigentlich kaum mehr als den Titel der drei Werke in Bilderschrift gibt, bei der von einem selbständigen künstlerischen Werth überhaupt nicht die Rede sein kann.

Neben Nardos Bild haben wir dann noch eine ganze Kategorie von Darstellungen des Jenseits, die neben unverkennbaren Widersprüchen mit Dante doch auch mancherlei Anklänge an ihn aufweisen. Es sind dies diejenigen Bilder, auf denen in der Hölle der dreiköpfige Lucifer den Mittelpunkt bildet, umgeben von den durch Felsdämme geschiedenen Abtheilungen von Verdammten, die, meist wohl rubricirt, ihre phantastischen Strafen erleiden. Das Paradies kommt dagegen niemals in Betracht, da bei dessen Schilderung sich die Maler fast durchweg auf die Darstellung einer andächtigen, mit seligem Ausdruck aufwärts blickenden Menge beschränken und von Anlehnung an Dante keine Spur zeigen.

Der best erhaltene Vertreter dieses Typus ist das jüngste Gericht im Campo Santo in Pisa (Tafel 3). Dann ist hierher zu zählen dasjenige des Antonio Alberti in S. Petronio zu Bologna; das des Fra Angelico in der Accademia in Florenz (Tafel 4) und die von ihm herrührenden mehr oder weniger ausführlichen Wiederholungen des gleichen Gegenstandes in den Uffizien in Florenz und im Palazzo Corsini in Rom; sodann ein sehr zerstörtes in der Vorhalle der Kirche S. Maria in Silvis in Sesto bei Casarsa[8], und eines in S. Francesco von Terni[9]; in San Gimignano ein Bild des Taddeo Bartoli, das sich im Mittelschiff der Collegiata breit macht, und eine kleine Predelle des Giovanni di Paolo in der Accademie von Siena. Vermuthlich hat hierher auch jene schon erwähnte Darstellung der Hölle an der Kirche S. Maria in Volano nördlich von Rovereto gehört, von der Tartarotti spricht, die aber heute verschwunden ist.[10]

Der Stammbaum dieses Typus geht weit in die Zeit vor Dante zurück.

Dem allgemeinen Charakter nach findet sich eine ähnliche Auffassung der Hölle schon in dem lange vor Dantes Zeit entstandenen Fresko in S. Angelo in Formis bei Capua und in dem Mosaik in der Cathedrale zu Torcello (Tafel 5).

Auch das vorerwähnte Weltgericht in Fossa bei Aquila ist hier einzureihen.[11] Die vor dem Dorf gelegene uralte, kleine, einschiffige Kirche Madonna delle Grotte, die das Bild enthält, ist ganz mit Malereien bedeckt, die auf der linken Längswand giottesk sind, während sie auf der rechten an byzantinische Vorbilder erinnern. In der Darstellung des Weltgerichts auf der Eingangswand begegnen sich die beiden Stile. Das erste Bild, das mit den feierlichen Gestalten, monotonen ovalen Gesichtern und grünen Fleischtönen an S. Angelo in Formis erinnert, ist auf der Seite der Verdammten von dem jüngeren Künstler zum Theil übermalt. Doch ist die steife Eintheilung, die Reihen der Apostel und Seligen und Verdammten durch Ornamentstreifen getrennt und darunter querüber eine Reihe sich öffnender Gräber, von der ersten Darstellung beibehalten. Ueber die ganze Breite dieser Wand läuft eine barbarisch eingebaute Holz-Empore, durch die große Theile des Bildes schwer beschädigt wurden. Namentlich die eigentliche Hölle rechts unten hat so sehr gelitten, daß kaum noch Etwas zu unterscheiden ist. In der äußersten Ecke rechts eine Gestalt mit Krug und Becher (Schlemmer?), weiter links der Schwanz einer Schlange, eine Frauengestalt, die eine andere im Genick packt, eine Gestalt, die eine andere am Schopf nach vornen über einen viereckigen Block herzieht, darüber zwei dunkler gehaltene Teufelsgestalten und zu oberst wieder eine Frau mit Schlangen. Immerhin lassen die vorhandenen Ueberreste und der vorgesehene Raum annehmen, daß die Darstellung der Hölle, die übrigens offenbar von dem jüngeren Maler herrührt, sich weder durch Bedeutung noch durch Reichhaltigkeit ausgezeichnet haben kann, vielmehr ganz in der herkömmlichen Weise den Gegenstand wiedergegeben hat, und es ist demnach gar kein Grund vorhanden, sie mit der Vision Alberichs oder mit der Divina Commedia in Zusammenhang zu bringen.

Nach der herrschenden Ansicht sind auch die Weltgerichtsbilder Giottos in der Madonna dell' Arena zu Padua (Tafel 6) und im Bargello zu Florenz zu einer Zeit entstanden, wo die Divina Commedia noch nicht begonnen war.[12] Der Umstand, daß Dante und Giotto nicht nur Zeitgenossen, sondern nach bestimmter Ueberlieferung auch persönlich befreundet waren[13], ist der Grund, daß man in Giottos Bildern gern nach den Einflüssen des Dichters suchte. Es wäre ja denkbar, daß Dante noch vor der Niederschrift seines Gedichtes dem Freunde Bruchstücke oder Gedanken daraus mitgetheilt hätte. Aber thatsächlich läßt sich in den beiden Weltgerichtsbildern ebenso wenig wie in den Fresken von Assisi irgend ein Zug nachweisen, der einen Einfluß Dantes wirklich voraussetzte. Sie beweisen nur bei der Aehnlichkeit des behandelten Stoffes die höchste Geistesverwandtschaft zwischen diesen beiden Heroen des vierzehnten Jahrhunderts. Aber seinen Weg ist jeder von beiden unabhängig gewandelt.

Ob die Hölle in dem Kuppelmosaik des florentiner Baptisteriums (Tafel 7) wirklich dem dreizehnten Jahrhundert zuzuschreiben ist, wie Volkmann will, oder ob nicht vielmehr für ihren jetzigen Charakter die Restauration verantwortlich zu machen sei, möchte ich dahingestellt sein lassen. Sie hat etwas Giotteskes und erinnert in der Auffassung stark an das Weltgerichtsbild in Padua.[14] Jedenfalls bleibt sie von Dante aber eben so frei wie das Bild Giottos.

Auch die Sculptur hat schon vor Dante, beziehungsweise ehe die Divina Commedia eine Wirkung üben konnte, den gleichen Gegenstand, wenn auch in lapidarer Abkürzung, behandelt, so namentlich die Kanzel-Reliefs des Niccolò Pisano im Baptisterium zu Pisa und im Dom zu Siena und die des Giovanni Pisano im Dom von Pisa und in S. Andrea zu Pistoja, sowie das Giebelfeld an der Dom-Façade in Ferrara.

Bei dem figurenreichen, ungemein lebendigen Relief an der Dom-Façade zu Orvieto (Tafel 8), das in mancher Beziehung sogar eine Vorstufe zu Signorelli genannt werden kann, wäre der Einfluß Dantes der Entstehungszeit nach wohl möglich. Doch ist er schlechterdings nirgends ersichtlich. Selbst Lucifer zeigt eine von dem sonst der Kunst und Dante gemeinsamen Typus abweichende Auffassung. Er ist ausschließlich passiv gedacht, an Händen und Füßen gefesselt, und die zwei Drachen, die rechts und links je nach einem Sünder greifen, halten zugleich den Höllenfürsten selbst an den Schenkeln umschnürt, eine seltsame infernale Laokoon-Gruppe.

Bei all diesen Darstellungen der Hölle finden wir unabhängig von Dante schon den Grundgedanken der Dante'schen Auffassung: Lucifer, als Gegenstück der Gottheit, als Kaiser inmitten des wehevollen Reiches, umgeben von Sündern und Teufeln. Gleichwohl halte ich es nicht für ausgeschlossen, daß nach dem Erscheinen der Divina Commedia einzelne Züge der Dichtung auch in diese Weltgerichtsbilder Eingang gefunden haben, und es scheint mir zu schroff, wenn Volkmann[15] eine solche Beziehung nur um deßwillen leugnet, weil sich bei den an Dante erinnernden

Geſtalten im Einzelnen wieder Abweichungen von der Dichtung nachweiſen laſſen. Wenn zum Beiſpiel auf der Predelle des Giovanni di Paolo in Siena von zwei Sündern einer dem andern den Kopf zernagt wie bei Dante, ſie aber nicht wie bei Dante im hölliſchen Eiſe ſitzen, wie Ugolino und Ruggieri, ſo kann man in ſolchen Fällen, glaube ich, ebenſo gut noch eine Beziehung zu Dante annehmen, wie Jedermann doch gewiß zugeben wird, daß dem Signorelli ſowohl wie dem Michelangelo bei der Darſtellung des Teufels mit den weitgeſpreiteten Schwingen und der rittlings aufgeladenen armen Seele die grandioſe Stelle aus dem einundzwanzigſten Geſang des Inferno vorgeſchwebt habe:

Ich ſchaute vollen Laufs auf unſre Fährte
Den Fels daher 'nen ſchwarzen Teufel ſtieben.

Wie grimmig ſchien mir jegliche Geberde,
Wie wild ſein Anblick. Weiten Schwunges pfiff
Der Flügel Schlag, kaum ſtreiſt ſein Fuß die Erde.

Auf ſeiner Schultern ragend hohem Riff
Trug einen Sünder er wie einen Reiter.
Die Fußgelenk' umſpannt ſein ſcharfer Griff. Inf. 21, 29.

Und doch hat weder Signorelli noch Michelangelo in dem Sünder den luccheſiſchen Rathsverwandten dargeſtellt, den Dantes Teufel ſchleppt. Kein Künſtler braucht ſich ja knechtiſch an ſein Vorbild zu halten. Die Motive, die ihm auffallen, wird er immer frei verwerthen, und doch können wir in ſolchen Fällen ſagen, daß er fremde Vorbilder benützt habe.

In einzelnen Fällen ſcheint mir die Anlehnung jedenfalls nicht zu beſtreiten, ſo wenn in der Hölle des Taddeo Bartoli in San Gimignano gerade die Kuppler gegeißelt werden, wie bei Dante, oder wenn auf der erwähnten Predelle des Giovanni di Paolo in Siena, abgeſehen von dem an Ugolino und Ruggieri erinnernden Sünderpaar, noch in der erſten Felshöhle, alſo im Eingang der Hölle ein unverkennbarer Minos zu ſehen iſt und vor ihm drei Seelen, von denen eine von einem Teufel ergriffen wird. Solche Uebereinſtimmungen laſſen ſich meines Erachtens durch einen bloßen Zufall nicht mehr erklären. Für viele andere Geſtalten, die ſcheinbar an Dante erinnern, vor Allem den dreiköpfigen Höllenfürſten ſelbſt, dann die Sünder mit aufgeſchlitztem Leib und verſtümmelten Gliedmaßen, von Schlangen gepeinigt, von Teufeln in ſiedendes Pech geſtoßen, läßt ſich allerdings entgegnen, daß all dies Vorſtellungen ſind, die der Gegenſtand mit ſich brachte und die den Menſchen des Mittelalters geläufig waren. Ja ſogar der mehrfach wiederkehrende Sünder, der ſein eigenes Haupt «gleich der Laterne trägt», eine Geſtalt, die Dante (Inf. 28, 112) als etwas ganz Unerhörtes hinſtellt, braucht nicht gerade nothwendigerweiſe vom Maler dem Dichter entlehnt zu ſein.

Wie dem nun auch ſei, von Bedeutung iſt dieſe Gattung von Weltgerichtsbildern jedenfalls, wenn Dantes Verhältniß zu der Kunſt feſtgeſtellt werden ſoll. Denn wenn wir auch bei der Mehrzahl dieſer Werke keine directe Anlehnung an Dante nachweiſen können, ſo zeigen ſie uns doch, welches die Punkte waren, in denen Dante mit der Kunſt ſeiner Zeit Fühlung hatte.

Die Verbindung zwischen diesen Weltgerichtsbildern und Dante wird hergestellt durch Nardos obenerwähnte Hölle in S. Maria Novella. Denn einerseits fügt sie sich ganz ungezwungen in die Reihe dieser Höllendarstellungen ein, vor denen sie sich höchstens durch eine schärfere Specialisirung der Sünden- und Strafarten auszeichnet, und andererseits gibt sie auf das Gewissenhafteste den ganzen Grundriß des Dante'schen Höllenreiches wieder. Der Anschluß könnte, so scheint es, nicht enger sein, und doch, welch unendlicher Abstand zwischen jenen gemalten Höllen und der gedichteten.

In der Janus-Natur Dantes liegt die Lösung dieses Zwiespalts. Dante steht auf der Grenzscheide zwischen Mittelalter und Renaissance. Sein Riesengeist faßt noch einmal die ganze Gedankenwelt des Mittelalters zusammen und verleiht ihr ein unvergängliches Gepräge. Aber er wittert auch schon die Morgenluft einer neuen Zeit und drängt gewaltig, fast gegen seinen Willen, in die neuen Bahnen.

Dem Mittelalter gehört seine ganze Vorstellung vom Jenseits an, die Schrecken der Hölle und die finstere Unerbittlichkeit ihrer Gesetze, die Zerknirschung der Büßer und ihre fanatische Selbstentäußerung, die Chöre der Seligen und ihre ekstatischen Wonnen; dem Mittelalter seine Lust an ausgeklügelter, wesenloser, trockener Allegorie, an scholastischen Spitzfindigkeiten und encyclopädischer Lehrhaftigkeit; dem Mittelalter der ganze Bau seiner Dichtung in seiner grandiosen Folgerichtigkeit und gothischen Starrheit. Dagegen verräth es den Bahnbrecher einer neuen Zeit, modern ist es, wie er die Gesetze des Jenseits psychologisch vertieft, wie er Strafe und Buße und Lohn verinnerlicht, zum lebendigen symbolischen Ausdruck für den Seelenzustand macht, in den sich der Mensch durch sein Handeln bringt. Modern ist seine Freude an ausgeprägten Individualitäten, die der Dichter in ihren feinsten Zügen erforscht und in wunderbarer Schärfe und Klarheit uns vor Augen stellt, für die er selbst da noch Partei nimmt — allerdings ohne es sich selbst einzugestehen und gegen sein eigenes mittelalterliches Verdammungsurtheil —, wo diese Selbstherrlichkeit zu prometheischem Trotz aufschwillt. So bei dem heldenhaften Gottesleugner Farinata, bei dem titanischen Capaneus, bei dem vermessenen Weltentdecker Ulysses. Ja sogar bei dem Gotteslästerer Vanni Fucci fühlen wir eine mehr als gewöhnliche Wärme in des Dichters Worten, die mir weniger der Entrüstung über den Frevler als dem Interesse an dem unbändigen Pistojesen zu entstammen scheint. Modern endlich ist seine geniale Hinwendung zur Natur, die ihn für jeden Gedanken das anschaulichste Bild und für jedes Bild den bezeichnendsten Ausdruck finden läßt, die zum unversiegbaren Jungbrunnen wird für seine ganze Dichtung.

Zwar auch durch die Welt der Kunst zog damals schon der Hauch der neuen Zeit; auch sie wandte sich begeistert zur Natur zurück,

Gleich wie der Schüler folgt des Meisters Lehren; Inf. 11, 104.

auch sie begann die Erscheinungen tiefer zu erfassen, sie begann zu charakterisiren, zu verinnerlichen; auch sie fand das Geheimniß, ihren Gestalten eine lebendige Seele einzuhauchen und sie mit ſprechenden Geberden zu begaben. Aber was ſie noch nicht kannte, das war Dantes ſtolze Freude an der Individualität und ſeine tiefe Kenntniß des Menſchen-Herzens.

Sie hatte ſich nur neue Mittel des Ausdrucks geſchaffen. Was ausgedrückt wurde, blieb zunächſt der altüberkommene Vorſtellungskreis, dem die Künſtler, auch wo ſie ihrer Kunſt Gewalt anthun mußten, einen heiligen Ernſt und Eifer entgegenbrachten.

So ſetzte Giotto in Aſſiſi ſeine ganze jugendfriſche Geſtaltungskraft ein, um die ſterile Mönchs-Idee von der Hochzeit zwiſchen dem heiligen Franz und der Armuth künſtleriſch fruchtbar zu machen. So mühte ſich der Maler des Triumphes des Thomas von Aquino und der ſtreitenden und triumphirenden Kirche in der Cappella degli Spagnuoli bei S. Maria Novella in Florenz, redlich, die «Buchphantaſie»[16] ſeiner Auftraggeber, der Dominikaner, in lebendige Anſchauung zu überſetzen, und der liebenswürdige, ſinnige Ambrogio Lorenzetti im Palazzo Pubblico in Siena die ſteiſen Allegorien des guten und ſchlechten Regiments mit friſchen Zügen aus der leibhaftigen Wirklichkeit zu beleben. Und ſo machte ſich auch Nardo friſch daran, den ganzen Apparat der Dante'ſchen Hölle, Kreis für Kreis, nachzumalen und war gewiß mit ſeinem Werke um ſo zufriedener, als es ſich gerade ſo vortrefflich an die hergebrachten Darſtellungen des Gegenſtandes anſchloß.

Der gebundene Geiſt des Mittelalters lebte eben noch in jenen Malern, und nur ſoweit Dante ſelbſt noch in deſſen Banne ſtand, konnte die Kunſt ſeiner Zeit mit ihm Fühlung gewinnen.

* * *

Die Poeſie iſt von jeher der bildenden Kunſt vorausgegangen. Homer hat die Götter und Heroen in all ihrer Macht und Schönheit geſchaut, lange bevor es dem Meißel des Phidias gelang, den vollen Ausdruck dafür zu finden, und Dante ſtellt Menſchen ſo voll Eigenart und Wahrheit des Leibes und der Seele vor uns hin, daß ihnen erſt ein Signorelli und Michelangelo gewachſen war.

Ehe der Geiſt eines Dichters die Kunſt befruchten kann, muß aber nicht nur die Zeit reif für ihn ſein, es muß auch die Kunſt auf's Innigſte ſich mit ihm beſchäftigt haben, in ſein Verſtändniß eingedrungen ſein. Gerade bei Dante ſind wir nun im Stand es genau zu verfolgen, wie das Verſtändniß dem Können den Weg gebahnt hat, und es iſt ungemein lehrreich, dieſer Entwicklung nachzugehen.

Dieſe Vorarbeit vollzog ſich in dem beſcheidenen Rahmen der Miniaturmalerei und Illuſtration der Handſchriften und Drucke, und wenn dieſe Künſtler — und Nicht-Künſtler — ihrer Rieſenaufgabe auch durchaus nicht gewachſen waren und vielfach ſchon am Beginn ihres Wegs zuſammenbrachen unter der Laſt, ſo haben eben doch die immer und immer wieder und von den verſchiedenſten Seiten aus erneuten Verſuche, des Gegenſtandes Herr zu werden, den Stoff unmerklich immer mehr durchgearbeitet und handgerecht und urbar gemacht, und die Frucht der Arbeit zeigte ſich in den von echt Dante'ſchem Geiſte durchwehten Meiſterwerken der Renaiſſance.

Die große Zahl der illuſtrirten Dante-Handſchriften und der Eifer und die Sorgfalt, womit die meiſten der Illuſtratoren an ihre Arbeit gingen, beweiſt, wie lebhaft das Bedürfniß war, den großen Dichter, der mehr als irgend einer mit ſeinem Wort zu formen und zu malen verſtand, mit bildlichen Darſtellungen zu begleiten. Und gerade das liebevolle Intereſſe, das ſich meiſt in dieſen Arbeiten verräth, müſſen wir uns immer wieder vor Augen halten, wenn uns von Anfang ein Gefühl der Enttäuſchung darüber befallen will, wie wenig all dieſe Künſtler im Stand ſind, mit Dante Schritt zu halten.

Vorwegnehmen wollen wir die Legion derjenigen Miniatoren, die ſich darauf beſchränken, die drei Cantiken mit Titelblättern zu verſehen, die mehr oder weniger ausführlich immer wieder die gleichen Motive wiederholen:

Inferno: Dante im Walde mit den drei Thieren und Virgil und im Hintergrund den ſonnbeſchienenen Berg, manchmal auch nur einen Theil dieſer Situation oder auch gar nur Dante mit dem aufgeſchlagenen Buch, der Divina Commedia;

Purgatorio: Dante und Virgil am Fuß des Fegſeuerberges mit Cato zuſammentreffend, oder Virgil und Dante im Schifflein, «das hinter ſich nun läßt ſo grauſes Meer», oder auch einfach Seelen im Fegfeuer;

Paradiſo: Gott oder den Himmel, zu dem Dante an der Hand Beatricens aufſchwebt, oder auch einfach eine Glorie oder eine einzelne himmliſche Geſtalt.

Am reinſten zeigt ſich dieſe Gattung in einer ſehr alten Handſchriftengruppe von auffallend ausgeprägter Familien-Aehnlichkeit. Dieſe Codices, die in klarer halbgothiſcher Rund-Schrift urſprünglich nur den Text, meiſt in zwei Colonnen geſchrieben, ohne jede Anmerkung enthalten, weiſen nur auf der erſten Seite jeder Cantica eine miniirte Initiale auf, deren Arabesken-Ausläufer ſich nach oben und unten mehr oder weniger weit erſtrecken und zuweilen ſelbſt drei oder auch alle vier Seiten des Blattes umfaſſen. Die Miniaturen ſind ſorgfältig in Deckfarben (hellroth, blau, grauroth, grün und gelb) ausgeführt, zeigen meiſt viel Schwung und Phantaſie und verweben oft ſehr ſinnig die Geſtalten der Dichtung in ihr Rankenwerk.

Der glänzendſte Vertreter dieſer Familie iſt der Codex Nr. 1080 der Trivulziana in Mailand.[17] Das erſte Blatt zu jeder Cantica iſt ganz umrahmt. Das Blatt des Inferno (Tafel 9) zeigt unten rechts Dante im Wald ſchlafend, in der Mitte Virgil, der aus einem Felſen hervorkommt, und links Dante mit den drei Thieren auf einem Felſen, der ſich bis zur Initiale hinauf zieht. Durch dieſe ſelbſt ſchreitet Dante mit Virgil im Geſpräch. Das Blatt zum Purgatorio (Tafel 10) zeigt Virgil mit dem vor Cato knieenden Dante, Virgil Dante mit Binſen gürtend, Dante aufwärts blickend zu den in der Mitte der oberen Arabeske angebrachten vier Sternen, Virgil Dantes Geſicht mit Thau waſchend, und in der Initiale Dante und Virgil zu Schiff. Das Blatt zum Paradiſo (Tafel 11) endlich iſt reich umrändert mit einem Kranz von Engel-Bruſtbildern. In der Initiale iſt eine Krönung Mariae durch Chriſtus dargeſtellt, am unteren Rand die Krönung Dantes durch die von den Sphären niederſchwebende Beatrice.

Ein einfacheres, aber ungemein anmuthiges Beifpiel aus der gleichen Gruppe bietet Codex Plut. 40 Nr. 12 der Laurenziana in Florenz (Tafel 12), wo das Titelblatt zum Paradifo Beatrice zeigt, die mit Dante zu Chriftus in der Initiale auffchwebt.

In der weiteren Entwicklung diefer Titelblatt-Illuftrationen treten vielfach an Stelle der von Arabesken umrankten Initialen felbftändige Bilder. Es wird meift viel Fleiß und Mühe auf fie verwendet und theilweife ganz Gutes geleiftet, fo vom Ende des vierzehnten Jahrhunderts die hübfche Illuftration zum Purgatorio im Codex Plut. 40 Nr. 3 der Laurenziana in Florenz (Tafel 17) oder die an Mantegna erinnernden faft überreichen Titelblätter des Codex Nr. N VI. 11 der Univerfitätsbibliothek in Turin (Tafel 13, 14 und 15). Aber für unfere Zwecke genügt es, im Allgemeinen auf diefe Gattung hingewiefen zu haben. Die Wahl der Gegenftände ift bei diefer Art von Illuftrationen fehr befchränkt, und die Darftellung wird fehr bald traditionell und trägt nicht weiter dazu bei, die Divina Commedia der Kunft zu erfchließen.

Damit das erreicht werde, war es nöthig, daß die Kunft in ein innigeres Verhaltniß zu der Dichtung trete, daß fie, anftatt nur fchmücken zu wollen, anfange, mit ihren Darftellungsmitteln die Dichtung zu interpretiren, daß fie anfange wirklich zu illuftriren. Es dauerte auch nicht lange, bis dies Verlangen in ihr rege wurde. Aber die Wenigften waren der Aufgabe gewachfen. Bei der Mehrzahl der Illuftratoren erlahmt die Kraft fchon nach wenigen Gefängen und zwar um fo früher, je weitfchichtiger das ganze Unternehmen angelegt war. Leiftungsfähigere erledigen das ganze Inferno, dringen auch wohl noch in's Purgatorio vor. Eine noch kleinere Zahl wagt fich bis über das Purgatorio hinaus, und nur den Allerwenigften ift es gegeben, die dritte Cantica vollftändig zu bewältigen.

Wenn wir den Inhalt diefer Darftellungen überblicken, fo machen wir zunächft die eigenthümliche Beobachtung, daß in der Regel das Verftändniß für den Gegenftand der Darftellung im umgekehrten Verhältniß fteht zur technifchen Fertigkeit des Darftellers. Die künftlerifch ausgeführten eigentlichen Miniaturen verrathen meift eine ängftliche Befangenheit, die mühfelig und verftändnißlos den Hauptmomenten der Dichtung folgt unter handwerksmäßiger Wiederholung der nach und nach traditionell werdenden Geftalten und Situationen. Es ift die oben charakterifirte Titelblatt-Malerei auf die Illuftration der einzelnen Gefänge angewandt. Daneben gibt es eine andere Gattung von Illuftrationen, weniger forgfältig ausgeführt, manchmal nur flüchtig mit der Feder hingezeichnet und leicht oder gar nicht colorirt und oft von einer wahrhaft kindlichen Ungefchicklichkeit in der Ausführung. Vielfach nehmen fie auf eine einheitliche Compofition nicht weiter Bedacht und begleiten, dem unmittelbaren Eindruck der Erzählung folgend, fozufagen mit ihrer Darftellung das Wort des Dichters. Dabei befitzen diefe Schildereien aber großentheils eine merkwürdige Frifche und Selbftändigkeit der Auffaffung und überrafchen durch das verftändnißvolle Eingehen auf den Bilder- und Gedankenreichthum der Dichtung.

Volkmann[18] folgert aus diefer Erfcheinung, daß die begrenzten Mittel der Miniatur nicht dazu geeignet gewefen feien, etwas «Abgefchloffenes, Endgültiges für die Illuftration der Divina

Commedia» zu leisten und daß nur mit der «discursiven Malerei», mit der Schilderung, die durch eine Reihe ineinander verschwimmender Scenen dem Fortgang der Handlung folge, die Aufgabe der Dante-Illustration bewältigt werden könne. Ich glaube, daß der Grund wo anders liegt. Es ist der eigentlich selbstverständliche Satz, daß ohne das ästhetische Verständniß der Dichtung eine würdige Illustration nicht geliefert werden kann.

In der Regel ermangelten nun sicherlich die Miniatoren, die ihre Kunst handwerksmäßig betrieben, einer eingehenden Kenntniß der Dichtung, die sie mit Malereien ausstatteten. Sie hielten sich deßhalb an die groben, augenfälligen Züge, die ihnen eben ihre geringe Bildung zu erfassen gestattete, und übertrugen sie gleichförmig von einer Handschrift in die andere. Die Darstellungen der zweiten Art verdankten dagegen ihre Entstehung wohl meist dem besonderen Wunsch des Bestellers, des Eigenthümers der schon vorhandenen Handschrift. Denn vielfach ist bei ihnen von vornherein gar kein Raum für sie im Text vorgesehen. Bei manchen ist es sogar augenscheinlich, daß erst die hinreißende plastische Gewalt des Dichterworts dem Leser selbst die Zeichenfeder in die ungeübte Hand gedrückt hat. Daneben machen wir aber die Bemerkung, daß auch der eigentliche Miniator da, wo er ein besseres Verständniß für den Dichter besitzt, oder wo ihm gar der Besteller selbst die Gedanken für die Miniaturen an die Hand gegeben hat, vollkommen die gleich gute Wirkung erreicht wie der Künstler, der sich eine leichtere Darstellungsweise gestattet.

Die Art der Ausführung ist nicht von grundlegendem Einfluß auf die Stellung, die einem Codex in der Entwicklung der Dante-Illustration zukommt, und wir können deßhalb die eigentlichen Miniaturen, wie die Federzeichnungen und sonstigen Illustrationen ohne Sonderung in einer Uebersicht zusammenfassen.

Die ersten unscheinbaren Keime solcher künstlerisch fruchtbaren Motive aus Dante zeigt zum Beispiel ein Codex der Laurenziana in Florenz aus der ersten Hälfte des vierzehnten Jahrhunderts, Plut. 40 Nr. 7, dessen flüchtig an den untern Seitenrand hingemalte Illustrationen noch überaus roh sind, aber so recht erkennen lassen, wie sie unmittelbar der Lectüre ihre Entstehung verdanken. Von dem höllischen Fährmann dieses Codex (Tafel 16) ist ein weiter Weg bis zum Charon des Michelangelo. Aber als der alte Illustrator seinem Teufel die Augen gewissenhaft roth malte, um die Flammenräder wiederzugeben, von denen Dante (Inf. 3, 99) spricht, hat er eben doch die Gestalt um einen Schritt auf diesem Weg, wenn auch um einen ganz kleinen, gefördert.

Noch unbedeutender erscheint ein fragmentarischer Codex der Magliabecchiana in Florenz aus dem vierzehnten Jahrhundert, Codici dei Conventi C 3 Nr. 1266. Aber die kleinen, in den Text eingeschobenen Bildchen mit den verblichenen Farben verrathen doch zum Theil eine originelle Auffassung. So ist die Zeichnung, wie Jason Hypsipyle verläßt und dem Widder mit dem goldenen Vließ entgegenfährt (Inf. 18, 86. — Tafel 17), so kindlich die Darstellung auch sein mag, eines der ersten Beispiele, daß der Illustrator nicht aus der Haupthandlung, sondern aus den Epifoden der Divina Commedia feinen Stoff wählt, und fteht damit wieder am Anfang einer ungemein entwicklungsfähigen Reihe.

Schon erheblich beffer find die Federzeichnungen, die fich in einem der zweiten Hälfte des vierzehnten Jahrhunderts angehörigen, ebenfalls nur bruchftückweis erhaltenen Codex der National-Bibliothek in Neapel, XIII C. 4[19] auf den breiten unteren Rändern der Seiten befinden. So ift die Scene, wie der Teufel den Navarefen aus dem Pech zieht (Inf. 22, 34. — Tafel 18), fo gut wiedergegeben, daß das Bild als eine unmittelbare Vorftufe zu der Zeichnung erfcheint, mit der Flaxman diefe Stelle illuftrirt hat. Manchmal geht er allerdings auch zu weit, fo, wenn er den Meifter Adam, der wegen feiner Wafferfucht mit einer Laute verglichen wird (Inf. 30, 49), wirklich mit einem als Laute geftalteten Rumpfe ausftattet (Tafel 19). Oder er mißverfteht auch den Dichter, fo, wenn er zu der Stelle, wo Agnello Brunellefchi mit dem Drachen zu einer Geftalt zufammenwächft und Dante fagt:

> Als die zwei Häupter fich in eins verbanden,
> Sah'n wir vermifcht fich zwei Gebilde gatten
> Zu einem Angeficht, drin zweie fchwanden, Inf. 25, 70.

zwei Menfchengeftalten mit einem Kopfe zeichnet, an die fich der Drache ankrallt (Tafel 20).

Mißverftändniffe find übrigens bei der Schwerverftändlichkeit des zu behandelnden Stoffes erklärlicher Weife nichts Seltenes. Und gerade die originellen Illuftratoren, die ihre eigenen Wege gehen und neue Motive aus der Dichtung herausgreifen, find es vornehmlich, bei denen wir fie finden.

So find dem auf die Mitte des vierzehnten Jahrhunderts gefchätzten Codice Filippino der Biblioteca Oratoriana in Neapel[20], der in feinen kleinen, noch recht kindlich gemalten Bildchen eine Fülle guter Züge bringt, auch eine ganze Reihe Irrthümer nachzuweifen. Zu der Stelle, wo der Gegenzug der Kuppler und Verführer gefchildert wird:

> Gleich wie die Römer des Gedränges wegen
> Im Jubeljahr geforgt, den Uebergang
> Des Volks zu regeln auf der Brücke Stegen,
>
> So daß die Einen diefe Seit' entlang
> Die Burg vor Augen gen Sanct Peter wallten,
> Die auf der andern nach dem Bergeshang, Inf. 18, 28.

gibt er eine aufgezogene Zugbrücke, durch welche die beiden Gruppen von Sündern getrennt find (Tafel 21), während thatfächlich die Brücke der Länge nach durch eine Schranke gefchieden und nicht von den Verdammten, fondern von den Jubiläumspilgern bevölkert zu denken ift. Zwar wenn der Illuftrator den Minotaurus (Inf. Gef. 12) als eine Art Stier-Centauer darftellt (Tafel 22), fo können wir ihm dies nicht als eigentlichen Fehler anrechnen. Denn diefe von der Antike abweichende Auffaffung war im Mittelalter weit verbreitet und findet fich in den Abbildungen einer langen Reihe von Dante-Handfchriften wieder.[21] Jedoch im Uebrigen enthält unser Codex in seinen Bildern noch manche Unebenheiten, wenn auch meist solche, die um eines eigenartigen Zuges willen doch wieder unser besonderes Interesse verdienen. So vermengt er bei der Strafe der Simonisten (Inf. 19. 16) in höchst sonderbarer Weise das Gleichniß mit dem Verglichenen (Tafel 23). Dante vergleicht die Felslöcher, aus denen diese Sünder die brennenden Beine strecken, mit den röhrenförmigen Löchern im Taufstein des Baptisteriums von Florenz. Unser Illustrator steckt nun die Simonisten einfach in die Taufstein-Löcher selbst. Das ist ja unrichtig, aber das Bildchen erklärt uns doch besser, was Dante gemeint hat, als ein langer Commentar. Uebrigens macht der Taufstein einen so realistischen Eindruck und erinnert so lebhaft an den heute noch vorhandenen des Baptisteriums von Pisa, daß man versucht ist, ihn als eine Nachbildung des untergegangenen florentiner Originals anzusprechen, woraus sich dann wieder Schlüsse auf die Heimath des Künstlers ziehen ließen. Bemerkenswerth ist es auch, wie die Darstellung des Lucifer (Tafel 24) von der Dichtung abweicht. Wohl hat er drei Gesichter und Fledermausflügel, aber er steckt nicht mit dem halben Leib im Eise, sondern steht mit seinen Krallenfüßen über einem Haufen Sünder. Er zerkaut auch nicht die drei Erzverräther, sondern hält nur mit den Händen zwei Sünder gefaßt, und auch die schlangen-umwundenen, von Teufeln gepeinigten Sünder neben ihm passen nicht in die Giudecca Dantes. Die ganze Darstellung ist Nichts weiter als die Wiederholung des Lucifer-Typus der Weltgerichtsbilder. Der Umstand, daß er hier in dieser frühen Dante-Illustration sammt seinen Abweichungen von Dantes Auffassung so genau festgehalten ist, bestätigt klar, daß der Künstler diese Gestalt fertig vorgefunden haben muß, daß sie älter ist als die Divina Commedia.

Ein schon etwas späterer, der zweiten Hälfte des Jahrhunderts angehöriger Codex der Angelica in Rom No. 1102 (früher S. 2. 10) zeigt bei einem etwas größeren Format der Miniaturen und bei größerer Kunstfertigkeit und Sorgfalt in der Ausführung eine ähnliche Originalität in der Auswahl der Scenen, die er dann mit einer ganz achtungswerthen Lebendigkeit darzustellen versteht.[22] So ist die Begegnung Virgils mit den Teufeln, während Dante

im Geklippe
Der Brücke sitzet ganz und gar verkrochen, Inf. 21, 88.

recht ausdrucksvoll (Tafel 25). Doch vom Ueberfluß ist im Hintergrund der Teufel mit dem lucchesischen Rathsherrn auf dem Rücken, in dem sich schon das fehlerhafte Streben bekundet, möglichst viele Scenen des Gedichtes auf einem Bilde zu vereinigen. Ein schlimmes Mißverständniß ist diesem Miniator in seinem Bilde zum siebten Gesang des Inferno begegnet (Tafel 25). Dante erzählt dort von den Schaaren der Geizigen und Verschwender, die sich in entgegengesetzter Richtung bewegen «voltando pesi per forza di poppa» (V. 27), d. h. indem sie Lasten mit der Wucht der Brust fortwälzen. Dem Wortlaut nach könnte es aber auch heißen: «indem sie mit der Wucht der Brust Gewichte drehen», und so ist es in der Miniatur dargestellt. Es sind unverkennbar altmodische sogenannte Schnellwagen mit Laufgewichten, die die Sünder zusammenstrecken, während sie ihren Rundlauf machen.

Die Künstler dieser beiden Codices sind keineswegs arm an Erfindungsgabe, aber beide haben ihre Aufgabe nicht durchgeführt. Das Inferno ist von beiden vollständig illustrirt, vom ersten sogar mit zweiundneunzig Bildern. Das Purgatorio bietet nur dem ersten noch Stoff, aber auch nur noch zu dreiundfünfzig Bildern, und im Paradiso versagt ihm ebenso die Kraft wie dem Anderen.

Nicht immer allerdings ist der Illustrator darum zu loben, daß er sein Werk durchgeführt hat. So hat der Maler des modenesischen Codex VIII, G. 6 der Biblioteca Estense in der zweiten Hälfte des vierzehnten Jahrhunderts jeden oberen Seitenrand mit einem Bilde versehen. Aber die flüchtigen, überaus rohen Illustrationen halten sich an die alleräußerlichsten Hauptzüge, und wenn einmal ein eigener Zug hinzukommt, so ist er von einer überraschenden Armseligkeit, zum Beispiel die Seelen, die vermittelst eines Laufbrettes vom Strand in den Nachen Charons gelangen, oder Minos, der am Pulte sitzt und die Sünden-Register aufgeschlagen hat. Der Triumph der Kirche ist von einer mühseligen Gewissenhaftigkeit, und das einzige Mittel des Illustrators gegen die Monotonie der Bilder zum Paradiso besteht darin, daß er die musicirenden Engel mit den Instrumenten wechseln läßt und durch gesteigerte rothe Schraffirung die Zunahme des Lichtglanzes andeutet. Es ist mir unverständlich, wie Volkmann (p. 22) sagen kann, diese Handschrift gehöre «zu den interessantesten Lösungen der Aufgabe, die Divina Commedia zu illustriren».

Eine der seltenen Ausnahmen, wo die Illustration in den drei Cantiken wirklich gut durchgeführt ist, bietet der Codex Nr. 1005 der Riccardiana in Florenz[23] von der Mitte des vierzehnten Jahrhunderts, zu dem noch das in dem Mailänder Codex (Biblioteca Nazionale A. G. XII. 2) enthaltene Paradiso gehört. Der große Codex ist trefflich geschrieben und conservirt und enthält den Text der Dichtung in der Mitte der Seite, umgeben von dem kleiner geschriebenen Commentar des Jacopo della Lana. Der Miniator begleitet mit seinen minimalen Bildchen in sinnig frischer Weise Text und Commentar auf Schritt und Tritt, und Kraft und Fleiß der Ausführung bleiben bis zum Schluß auf gleicher Höhe. Allerdings hat sich in diesem Falle offenbar der Besteller auch lebhaft für die Ausführung der Miniaturen interessirt. Das zeigen auf den Rändern der Handschrift die verblichenen Bleistift-Anweisungen über das, was in den einzelnen Bildern dargestellt werden sollte. Besonders vortheilhaft wirkt in diesem Codex die Uebung, nicht nur die Seelen im Jenseits darzustellen, sondern auch Schuld und Verdienst ihres irdischen Lebens, so das Treiben des Verführers (Inf. Ges. 18. — Tafel 26), des Falschmünzers (Inf. Ges. 29. — Tafel 27), die Absolution Guidos von Montefeltro durch Bonifaz in der Initiale des Textes neben dem Kampf des heiligen Franziscus und des Teufels um die Seele Guidos in der Initiale des Commentars (Inf. Ges. 27. — Tafel 28), den Verrath des Tribaldello (Tafel 29),

Der aufgethan Faenza bei der Nacht.[24] Inf. 32, 123.

Auch andere Gegenstände, wie sie die Gesänge gerade bieten, greift dieser Miniator keck auf, so bei Purgatorio Ges. 7 den Limbus, charakterisirt durch den niedersteigenden Christus, obwohl von diesem selbst an der Stelle nicht gesprochen wird (Tafel 30), den drastischen Geiz bei Purgatorio Gef. 20 (Tafel 31), den Gottgefandten, der die Hure und den Riefen tödtet, bei Purgatorio Gef. 33 (Tafel 32).[25] Volkmann hat ja wohl Recht (p. 13), daß diefe Miniaturen in ihrer Ausführung, namentlich auch wegen ihres kleinen Maßstabes, Manches zu wünfchen übrig laffen. Aber es darf doch auch nicht überfehen werden, daß fich in der Wahl der Motive, die den Allegorien nach Möglichkeit aus dem Wege geht und fich dafür lebendigen Typen zuwendet, ein fehr feines Verftändniß für das künftlerifch Darftellbare bekundet, und daß damit für die Dante-Illuftration eine Vorarbeit geliefert wurde, die durchaus nicht zu unterfchätzen ift und auf der von den Späteren nur gar zu wenig weiter gebaut wurde.

Ebenfo befchränkt und primitiv in feinen Ausdrucksmitteln und ebenfo anerkennenswerth in feinem Wollen ift der Miniator einer um 1400 gefertigten prächtigen Handfchrift der Magliabecchiana, Palch. I, 29, der in dem engen Rahmen feiner, als Ornamente ganz vollendeten, Initialen mit liebevollem Eingehen auf den Dichter eine Fülle origineller Züge zufammendrängt. Erftaunlich ift es zum Beifpiel, was er alles über den Beginn des zweiten Gefanges des Inferno zu fagen weiß (Tafel 33): links die neun Mufen, die ja Dante am Eingang des Gefanges anruft, als eine Corona von holden Fräulein, in deren Mitte ein Minnefänger mit der Laute wohl den Mufagetes Apollo bedeuten foll, obwohl der eigentlich nicht hierher gehört; davor Dante und Virgil in ihrem ernften Expofitionsgefpräch; rechts oben die «drei benedeiten Frauen» und unten Virgil, der aus einem Erdloch, dem Limbus, hervorfieht, und Beatrice zu ihm niederfchwebend. Die letzte Situation wiederholt fich auf dem zweiten zu demfelben Gefang gehörigen Bilde (Tafel 34), auf dem überdies noch Dante höchft gewiffenhaft dargeftellt ift, wie er

mit dem Tod im Strome ringt. Inf. 2, 107.

Die gleiche, uns faft humoriftifch anmuthende und doch rührende, Gewiffenhaftigkeit kehrt noch oft bei diefem Miniator wieder. Eines der auffallendften Beifpiele fei hier noch erwähnt; es ift die Initiale zum vierten Gefang des Paradiefes (Tafel 34). Sie zeigt zu unterft Beatrice und Dante zwifchen zwei Fruchtbäumen:

Zwifchen zwei gleich entfernt, gleich leckern Speifen
Wird Einer eh den Tod durch Hunger finden,
Eh frei er eine wählte drein zu beißen;

darüber ein Schaf zwifchen Wölfen:

So ftünd' ein Lamm mit gleichem Furchtempfinden
Inmitten zweier Wölfe gier'gem Toben;

und zu oberft ein Hund zwifchen zwei Dammhirfchen:

So ftünd' ein Hund inmitten zweier Hinden.

Es ift Zeile um Zeile illuftrirt.

Sehr glücklich vermeidet er auch im weiteren Verlauf des Paradiefes die Klippe der Einförmigkeit, indem er unter der Scene im Himmel jeweils die irdifchen Vorgänge andeutet, die den Hauptinhalt des Gefanges bilden, eine Darftellungsweife, die fpäter in den kleinen Holzfchnitten der venezianifchen Ausgabe genau nachgeahmt wurde (Tafel 54). Der Hauptfehler dieses Miniators ist, daß er sich zuviel zumuthet, über die Grenzen des Darstellbaren hinausgeht, sich allzu ängstlich bemüht, dem Dichter zu folgen und namentlich zu viel auf einem Bilde sagen will, ein Fehler, der noch Manchem nach ihm verhängnißvoll werden sollte.

Vollkommener in seinen Ausdrucksmitteln und besonnener in der Wahl und Anordnung seines Stoffes bei der gleichen naiven Frische im Erfassen der Dichtung ist der Künstler, der zu Ende des vierzehnten Jahrhunderts den Codex Nr. 4776 der Vaticana illustrirt hat. Außer den drei prächtig gemalten Titelblättern (Tafel 35) und einer im gleichen Stil gehaltenen großen Fortuna mit dem Schicksalsrad (Inf. 7, 68 ff.) hinter dem sechsten Gesang des Inferno (Tafel 36) enthält dieser vortrefflich geschriebene und fast tadellos erhaltene Codex eine ganze Reihe leicht colorirter selbständiger Zeichnungen zum Inferno von überraschender Originalität. Im Purgatorio ist der für die Bilder im Text ausgesparte Raum freigeblieben. Im Paradiso finden sich zu den elf ersten Gesängen Skizzen, theils in Feder, theils in Blei, ein sehr achtungswerther Versuch mit gutgezeichneten frommen Gruppen, der aber auch an der Sprödigkeit dieser übersinnlichen Gegenstände scheiterte. Uns interessirt hier zunächst das Inferno. Da bringt er zum Beispiel zum vierten Gesang ganz naiv Einen, der vom Schlaf auffährt (Tafel 37):

Als rüttelt' Etwas mich gewaltsam wach, Inf. 4, 3.

zum sechsundzwanzigsten Gesang den Untergang des Ulysses und seiner Genossen (Tafel 37):

Fünfmal erwachte und fünfmal entschlief
Dort an des Mondes unterm Theil das Licht,
Seit unser Schiff so schwere Straße lief,

Als nebelfern ein Berg uns kam in Sicht,
So hochaufragend mit den mächt'gen Schroffen
Im Leben sah ich seines Gleichen nicht.

Wir jauchzten, doch zum Weh ward bald das Hoffen,
Als her vom fremden Strand mit wucht'gem Prallen
Ein Wirbelsturm des Schiffes Bug getroffen.

Läßt's dreimal kreisen mit den Wassern allen,
Beim vierten Mal das Heck nach oben steigen,
Abwärts den Bug, wie Jenem es gefallen;

Dann schloß sich über uns des Meeres Schweigen. Inf. 26, 130.

Zum dreißigsten Gesang gibt er eine merkwürdig lebendige Auffassung vom Wahnsinn des Athamas (Tafel 38):

Zu jener Zeit, als das Geschlecht von Theben
Der Juno wegen Semele verhaßt,
Wie sie zu mehren Malen kundgegeben,

Ward so von Wahnsinn Athamas erfaßt,
Daß er, als mit zwei Knaben kam gegangen
Sein Weib, auf beiden Armen gleiche Last,

Ausrief: «Die Netze spannet, laßt mich fangen
Die Löwin sammt der Brut auf ihrem Zug!»
Und die erbarmungslosen Fänge langen

Nach einem, dem Learch, und hoch im Flug
Schwang er ihn an den Fels, daß er zerschellte.
Sie sprang in's Meer, mit dem, den sie noch trug. Inf. 30, 1.

Und zu dem gleichen Gesang zeigt er uns Hecuba (Tafel 38):

gefangen, schmerzvergessen,
Als sie getödtet Polyxenen fand
Und Polydorus, den sie noch besessen,

In ihrem Jammer traf am Meeresstrand. Inf. 30, 16.

Auf diesem Bilde war im ersten Entwurf auch die Leiche der Polyxena gezeichnet, die dann mit einem Felsen übermalt wurde, jetzt aber im Umriß wieder durchschimmert. Das Bildchen hat in seiner rührenden Einfalt etwas vom Volkslied. Es klingt daraus wie das Lied von den zwei Königskindern.

Eine andere Illustration dieses Codex ist um deßwillen beachtenswerth, weil sie uns eine weitere Bestätigung der Wahrnehmung gibt, die wir bei dem neapolitanischen Codice Filippino gemacht haben, daß nämlich die Künstler sich im Widerspruch mit der Divina Commedia zuweilen an ältere malerische Vorbilder anschließen. Die Illustration der Schlemmer (Tafel 36) zeigt außer dem im sechsten Gesange erwähnten Cerberus[26] zwei Sünder am Tisch sitzend und mit Essen und Trinken beschäftigt. Dieser Zug findet sich nicht bei Dante, wohl aber auf dem Weltgerichtsbild in Pisa und auf dem des Fra Angelico in der Accademie von Florenz. Merkwürdig ist es, daß ihn auch Nardi auf seinem Bild in S. Maria novella verwendet, obwohl er sich sonst mit peinlicher Genauigkeit an Dante hält. Diese bezeichnende Beschäftigung war eben für die Künstler zu brauchbar, als daß sie wegen des Widerspruchs mit der Divina Commedia darauf hätten verzichten mögen. Das Beispiel beweist übrigens, wie unrichtig es ist, wegen eines einzigen Widerspruches den Zusammenhang zwischen Künstler und Dichter ohne Weiteres in Abrede stellen zu wollen.

Ein ebenso glänzender Vertreter dieser Richtung ist der Pracht-Codex der Marcus-Bibliothek in Venedig (Classe IX, Nr. 276) aus der zweiten Hälfte des vierzehnten Jahrhunderts. Zwar nicht so geistvoll prägnant wie der der Vaticana, sondern eher etwas weitschweifig, zeigt der Illustrator doch eine ehrliche Hingabe an seine Arbeit, eine große Vertrautheit mit dem Stoff der Dichtung und neben einer oft philiströsen Steifheit vielfach wieder eine Frische und Kraft des Ausdrucks, die mit ihrem naiven Realismus diese Bilder wirklich wie einen fernen Nachklang «Giottesker Schule» erscheinen läßt. Den gleichen Sinn für die Episode wie bei dem vaticanischen Codex finden wir in dem Bild von Athamas und Ino (Tafel 39), das auch in der Ausführung stark an jenen erinnert. Gute Beispiele für die Schwächen und die Vorzüge dieses Künstlers sind die Darstellungen der von Dante im Purgatorio geschauten Bilder der Hoffahrt (Ges. 12. — Tafel 40) und der Sanftmuth (Ges. 15. — Tafel 41). Da schildert er nach der Reihe den gefallenen Engel Lucifer und daneben den Briareus,

wie das Geschoß ihn fällte
Des Himmels und wie seine wucht'gen Glieder
Der Erde lasteten in Todeskälte. Purg. 12, 28.

Darunter Nimrod «am Fuß des großen Baus» mit einem kostbaren Ausdruck der babylonischen Rathlosigkeit und daneben wieder Niobe mit rührender Gewissenhaftigkeit

Zwischen der Kinder zweimal sieben Leichen. Purg. 12, 39.

Besser sind ihm die Visionen der Sanftmuth gelungen. Die Geschichte von Jesus im Tempel, in zwei Bilder zerlegt, wobei die Worte der Maria:

Schau her, es hat der Vater dein und ich
Mit Schmerzen dich gesucht, Purg. 15, 91.

ganz trefflich zum Ausdruck kommen. Darunter links das Urtheil des Pisistratus über den kühnen Verehrer seiner Tochter, auch eine gut componirte und naiv sprechende Scene, und zur Rechten die Steinigung des Stephanus, auf der die Art, wie die drei Momente des Aufraffens, Ausholens und Werfens auseinandergelegt sind, wirklich einen echt künstlerischen Sinn verräth. Ueberaus anmuthig ist schließlich die auch von Volkmann hervorgehobene Anrufung Apollos am Anfang des Paradiso:

O gütiger Apoll, gieß deinen Geist
Zum letzten Werk mir ein, wie's dein Begehr,
Eh den geliebten Lorbeer du verleihst. Par. 1, 13.

Der goldhaarige Heidengott hat sich ähnlich wie in dem obenerwähnten Codex der Magliabecchiana in einen blondlockigen Minnesänger verwandelt, der mit der Fiedel unter seinem Lorbeer-Baum sitzt und dem ihm zu Füßen knienden Dante Eins vorspielt. Glückliche Zeit, die so etwas wagen kann!

Dabei gehört dieser Codex zu den seltenen Ausnahmen, in denen die Illustration bis zum Ende durchgeführt ist. Ob die Bilder zum Paradiso von einem anderen Künstler herrühren, als die zu Inferno und Purgatorio, wie Volkmann meint (p. 23), lasse ich dahingestellt. Allerdings ist die Erfindung schwächer und die Ausführung roher und flüchtiger. Aber wir machen ja auch sonst die Beobachtung, daß beim Paradiso das Interesse des Künstlers nachläßt, und Einzelnes ist im Paradiso des Marcianischen Codex sehr anerkennenswerth, so im dritten Gesang die anmuthige Versammlung der Frauen, die ihr Gelübde nicht hielten, oder die sogar auffallend gut componirte Krönung Mariae im dreiundzwanzigsten Gesang, während andererseits auch die Bilder im Inferno und Purgatorio keineswegs alle auf der gleichen Höhe der Ausführung stehen, wie zum Beispiel Paolo und Francesca (Tafel 42) ganz mißglückt ist.

Man mag lächeln über viele dieser Bilder, aber die freie, souveräne Art, wie der Maler sich aus der Dichtung seinen Stoff wählt, ist der einzige Weg, auf dem eine wirklich künstlerische

Dante-Illuſtration zu Stande kommen kann, der einzige, auf dem der bildende Künſtler aus einer Dichtung wirklich Nutzen zu ziehen vermag. Leider ſind die Dante-Illuſtratoren auf dieſem Wege nicht fortgeſchritten. In dem Handwerksmäßigen ihrer Kunſt nehmen ſie Theil an der hohen Entwicklung, die die Buchmalerei nach und nach erreicht; dem geiſtigen Gehalt ihrer Bilder wiſſen ſie nichts zuzulegen. Ja, die ſelbſtändige Auffaſſung verſchwindet zuweilen völlig.

Ein bezeichnendes Beiſpiel, auf welche Abwege die Illuſtration gerathen konnte, liefert der zu Anfang des 15. Jahrhunderts geſchriebene Codex XIII C. 1 der National-Bibliothek in Neapel. Auf zwei zuſammengehörigen Folio-Seiten führt er den Triumph der Kirche vor (Purg. Geſ. 29. — Tafel 43 und 44). Die Ausführung iſt ganz vorzüglich. Namentlich bekunden die ausdrucksvollen Köpfe der vierundzwanzig Greiſe des alten und der ſieben des neuen Teſtaments (V. 83 und 133 ff.) eine künſtleriſche Begabung, wie ſie bei Buch-Illuſtrationen nicht gewöhnlich iſt. Aber die ganze Anordnung, die feſt an den Allegorien der Dichtung klebt, iſt von einer Trockenheit, die einen äſthetiſchen Genuß nicht aufkommen läßt, und gar die ſieben Leuchter mit all ihren Beiſchriften und Einſchriften ſind ſchon mehr zum Commentar als zur Illuſtration zu rechnen.

Aber auch bei den beſſeren Illuſtrationen der ſpäteren Zeit überwiegt mehr und mehr die einförmige Wiederholung der Hauptmomente. Von dieſem Mangel hält ſich ſelbſt der techniſch ſo vollendete reiche Bilderſchmuck des vielbewunderten Codex des Herzogs von Urbino in der Vaticana Nr. 365 (Tafel 35) nicht frei, nicht in ſeinen älteren Miniaturen, die wohl der Schule des Mantegna zuzutheilen ſind — man vergleiche z. B. auf Mantegnas Anbetung der Könige in den Uffizien (Tafel 45) nicht nur die Figuren, ſondern auch die Behandlung von Boden, Felſen, Himmel und Wolken —, und noch viel weniger in den gewiß mit Unrecht dem Giulio Clovio zugeſchriebenen der zweiten Hälfte, denen der Codex eigentlich ſeinen Ruf verdankt. Er liefert ſo recht den Beweis zu unſerem Satz, daß die größte Vollkommenheit in den Mitteln der Darſtellung den Dante-Illuſtrator nicht zum Ziele führt ohne ein wahrhaft äſthetiſches Verſtändniß der Dichtung.

In der Technik hat ſchon der erſte der beiden Künſtler eine ſehr hohe Stufe erſtiegen. Vor Allem ſeine wirkungsvolle Handhabung der Perſpective kommt ihm zu Statten, da ſie ihn zu einer überaus klaren, überſichtlichen Erzählung befähigt. Das Nackte iſt bei ihm in Zeichnung und Modellirung anatomiſch richtig, er iſt im Stande, in Geſicht und Geberde ſeeliſchen Ausdruck zu legen, und beſitzt ſogar das Geheimniß, der Landſchaft eine zur Situation paſſende Stimmung zu geben.

Von manchen Scenen mit einfacher Situation iſt ihm deßhalb die Wiedergabe ſehr gut gelungen. So ſind Francesca und Paolo (Tafel 42) trefflich in Haltung und Ausdruck, ſie weinend und redend, er weinend und ſchweigend, und auch in den Zügen des zuhörenden Dante ſpiegelt ſich gut die Erſchütterung des Mitleids. Ueberraſchend gut iſt der ſonſt gewöhnlich ſehr matte Lucifer (Tafel 47), bei dem namentlich auch der Contraſt der drei verſchiedenfarbigen

Gelichter und die ganz rothe Felswand als Hintergrund für die schwarze Geſtalt ſehr gut wirkt. Auch der Aufſtieg «aus der runden Kluſt» zu «der Erde lichter Weite» (Tafel 47) iſt ſehr ſtimmungsvoll, wobei dem Maler hingehen mag, daß er die Dichter nicht bei Sternen-Schein am Fuß des Fegfeuerberges, ſondern in die Tageshelle einer lieblichen weiten Hügellandſchaft herauskommen und zur Steigerung des Contraſtes die Beine des Lucifer bis über die Erdoberfläche aufragen läßt. Ebenſo wirkt die Binſengürtung am Schluß des erſten Geſanges des Purgatorio (Tafel 48) gut und ſtimmungsvoll mit ihrer einfachen Compoſition und mit ihrem weiten Blick über Strand und Meer. Sehr glücklich verwerthet er auch ſeine Kenntniß der Perſpective in der Klamm der Kuppler und Verführer (Tafel 46), um den unabſehbaren Strom dieſer Sünder zur Darſtellung zu bringen, oder in der Klamm der ſchlimmen Rathgeber, wo er die ſprechenden Flammen zu der Felsbrücke heraufſchweben läßt, um die ungeheuere Tiefe der Schlucht zu veranſchaulichen.

Dann aber pfropſt er wieder eine Fülle mühſeligen Details auf einem Bilde zuſammen, ſo beim dritten und beim achten Geſang des Inferno oder beim achten des Purgatorio, wo er die reinen Inhaltsverzeichniſſe gibt. Auch das in Perſpective und Beleuchtung vortreſſliche Bild zum zweiten Geſang des Purgatorio (Tafel 48) wirkt unruhig durch den dreifachen Gegenſtand der Darſtellung: im Hintergrund Dante und Virgil beim Herannahen des Engel-Fährmanns, in der Mitte eine Seelenſchaar dem Berg zuſtrebend und im Vordergrund die Begegnung mit Caſella und der rügende Cato. Manchmal verleitet ihn auch das Streben, möglichſt viel auf ſeinem Bild zu vereinigen, zu ganz widerſinnigen Zuſammenſtellungen, ſo, wenn er im fünfundzwanzigſten Geſang (Tafel 46) den Vanni Fucci, der die Feigen zeigt, mit Agnello Brunelleſchi, den die ſechsfüßige Schlange umklammert, und einem dritten Sünder nebeneinander bringt und Dante mit Virgil auf dem Grund der Klamm zu ihnen treten läßt, während in der Divina Commedia die Beiden von der Brücke aus zuhören — was allein auch die aus der Dichtung in das Bild herübergenommene aufhorchende Geberde Dantes (V. 45) wirklich motivirt — und ſich wohl hüten in die ſchlangen-erfüllte Schlucht herabzukommen.

Die Mehrzahl der Bilder dieſes Künſtlers hält ſich auf der großen ausgetretenen Straße der handwerksmäßigen Dante-Illuſtratoren. Er läßt ſich nicht durch die Gedanken der Dichtung zu ſelbſtändigem Schaffen anregen, ſondern haftet befangen an dem Wort des Dichters, und ſeine Kunſt wird ſchließlich zur trockenen Zeichenſchrift.

Noch ſchlimmer ſteht es freilich mit der zweiten wohl erſt im ſiebzehnten Jahrhundert illuſtrirten Hälfte dieſes Codex. Die Bilder ſind von einer wunderbaren handwerksmäßigen Fertigkeit und Formgewandtheit, zugleich aber auch von einer ſüßlichen Geiſt- und Herzloſigkeit, die wohl ausreicht, einen Porzellanteller hübſch zu decoriren, wie Volkmann treffend bemerkt, aber niemals im Stande iſt, auch nur den kleinſten Funken Dante'ſchen Geiſtes zu übermitteln.

In den Aeußerlichkeiten iſt auch dieſer Illuſtrator ziemlich genau. In dem Bild zu der Stelle des Purgatorio, wo Dante mit Beatrice zur Quelle Eunoe kommt (Tafel 50), iſt die Situation recht getreu wiedergegeben. Da ſieht man die Sonne, die glühender und fachtren Ganges fteigt. Purg. 33, 103.

Da ficht man die fieben Frauen, die anhalten

Am Rand noch in des bleichen Schattens Hut. Purg. 33, 109.

Und gewiffenhaft findet man die Stelle wiedergegeben:

Vor ihnen drangen, wie mir fchien, vereint
Tigris und Euphrates aus einer Quelle
Und fchieden zögernd wie der Freund vom Freund. Purg. 33, 112.

Aber trotz aller Genauigkeit wird unverfehens das irdifche Paradies eine Park-Anlage und Beatrice und die fieben Tugenden galante Schäferinnen, mit denen Dante und Statius promeniren.

Zu einem intereffanten Vergleich zwifchen den beiden Künftlern diefer Handfchrift bietet fich Gelegenheit, da der ältere zufälligerweife im Paradies noch außer der Reihe ein Bild gemalt hat, den Kranz der Theologen im Sonnenhimmel zum zehnten Gefang (Tafel 49), und fein Nachfolger genöthigt war nun beim elften Gefang den gleichen Gegenftand zu behandeln (Tafel 49). Da zeigt fich denn diefer in feiner ganzen conventionellen Hohlheit gegenüber dem biederen, markigen Ernft des Alten.

Bei der Mehrzahl der Bilder zum Paradifo hat fich übrigens der zweite Künftler darauf befchränkt, das faubergemalte Sternbild zu geben und darin mit winzigen, jeden Ausdrucks baren Figürchen den Inhalt des Gefangs anzudeuten. So malt er zu dem Himmel des Mars (Tafel 50) einen Stern, getheilt durch ein goldenes Kreuz, das von mikrofkopifch kleinen Geftalten von Kriegern erfüllt ift, während der eine Zacken des Sterns die vereinigten Zweige von Palme und Lorbeer trägt. Dabei begegnet dem Maler noch das Verfehen, daß er dies Bild fchon beim dreizehnten Gefange bringt, wo es gar nicht hingehört, und es dann beim vierzehnten zu wiederholen gezwungen ift. Es war nicht zu verwundern, daß fich diefer Virtuos bankerott erklären mußte, wo dem ehrlichen Künftler, feinem Vorgänger, die Kraft verfagte.

Der Urbinatifche Codex hat gezeigt, daß zwei Miniatoren von vollendeter Technik das Ziel einer muftergültigen Dante-Illuftration nicht erreicht haben. Daraus folgt aber noch nicht, daß diefe Technik zur Löfung der Aufgabe überhaupt nicht fähig ift. Es ift fehr wohl denkbar, daß der ältere Künftler des Urbinatifchen Codex unter der richtigen Leitung, etwa mit einem Rathgeber, wie er dem Künftler des Codex Nr. 1005 der Riccardiana zur Seite ftand, oder mit dem Verftändniß für den Dichter wie der Illuftrator des Codex Nr. 4776 der Vaticana oder Palch. I, 29 der Magliabecchiana, ganz Hervorragendes für die Dante-Illuftration geleiftet hätte. Daß aber Volkmann nicht Recht hat, wenn er (p. 8) die «discurfive Malerei» als die einzig «wahre und richtige Art der Darftellung für die göttliche Komödie» aufftellt, dafür fcheint mir gerade der Künftler den Beweis zu liefern, den Volkmann für feine Behauptung anruft: Sandro Botticelli.

Sicher fteht diefer Künftler in der erften Reihe der Dante-Illuftratoren. Seine 93 Blätter zur Divina Commedia im Berliner Kupferftich-Cabinet und im Sammelband der Regina di

Svezia im Vatican find unftreitig das umfangreichfte und künftlerifch bedeutendfte Illuftrations-Werk zu Dantes Dichtung, das aus der Renaiffance auf uns gekommen ift. Zudem erfcheint diefer finnig träumerifche Romantiker der Renaiffance mit feiner Märchen-Phantafie und feinem fpeculativen Geift, der fich in der Schule der Pollajuoli und Verrocchios einen gefunden Realismus angeeignet hatte, ohne feinen Idealismus einzubüßen, als der berufene Interpret des großen Dichters, mit dem er fo viele geiftigen Berührungspunkte befitzt.

Daß er es nur fehr unvollkommen geworden ift, fcheint mir hauptfächlich durch das discurfive Princip verfchuldet, das er im ausgedehnteften Maße anwendet. Wirklich auf der Höhe feiner Aufgabe fteht er faft nur da, wo er fich darauf befchränkt, eine einheitliche, in fich ge-fchloffene Scene darzuftellen, namentlich im Paradifo. Wo er dagegen die discurfive Methode wählt, wird ihm dies vielfach geradezu verhängnißvoll. Faft alle Vortheile, die ihm die vor-gefchrittene Kunft feiner Zeit und feine eigene künftlerifche Individualität bieten, gibt er damit aus der Hand, und man hat auf Schritt und Tritt das Gefühl des Bedauerns, wieviel Arbeit eines bedeutenden Künftlers hier erfolglos verwendet ift.

Namentlich feine Illuftrationen zum Inferno laffen dies fchmerzlich empfinden. Die Perga-ment-Folioblätter find da meift von oben bis unten mit einer wimmelnden Fülle von Geftalten bedeckt, bei denen von einer einheitlichen Gruppirung, von einer klaren Ueberficht, ja auch nur von einer Perfpective des Ganzen fchlechterdings nicht die Rede ift. Die Dichtung wird im wahren Sinne des Worts mit der Zeichenfeder nacherzählt. — Auch die Wahl diefes Ausdrucks-mittels halte ich im Gegenfatz zu Volkmann (p. 9) für keine glückliche. Wie gut gliedert fich zum Beifpiel das in Deckfarben ausgeführte Bild zum achtzehnten Gefang des Inferno durch die contraftirenden Farben im Vergleiche zu der verworrenen Federzeichnung des Waldes der Selbft-mörder. — Auf der einen Seite beginnt diefe Erzählung in Bildern und fchreitet nun, den Vor-gängen des Gefangs gewiffenhaft folgend, weiter über das ganze Folio hin bis zum anderen Ende, wo es ebenfo fchroff ohne jeden Abfchluß abbricht.

So gibt die Zeichnung zum neunten Gefang des Inferno folgende Scene:

Im Hintergrund links noch den Styx mit den Zornmüthigen, den Engel darüber hin-fliegend und die Seelen vor ihm unterduckend, rechts Phlegyas leer zurückfahrend;

links vorne am Ufer Dante und Virgil nicht weniger als viermal, nämlich:

Virgil betreten zu Dante zurückkehrend,
Virgil und Dante zu den Furien aufblickend,
Virgil die Augen Dantes zuhaltend,
Virgil Dante zum Niederknieen anhaltend;

in der Mitte den Thorthurm der Stadt Dis, oben auf den Zinnen die Furien und einen Teufel mit dem Medufenhaupt, in den Lucken Teufelsköpfe, im Thor Teufel, davor den Engel;

jenfeits des Thores vorn das Gräberfeld, Dante und Virgil eintretend, Dante und Virgil weiterfchreitend.

Auf manchen Blättern läßt er den Rand unbarmherzig die Gestalten durchschneiden, so beim fünfzehnten Gesang, wo man am oberen Rand verschiedene herrenlose Beine sieht, oder beim dreizehnten, wo im Blutstrom noch das Hintertheil des heimkehrenden Nessus sichtbar ist. Ja, das discursive Princip verleitet den Künstler sogar dazu, im zweiunddreißigsten Gesang Dante und später Ugolino mit doppeltem Kopfe zu zeichnen, um ihr Aufblicken (Inf. 32, 18 und 33, 1) anzudeuten. Und ebenso sucht er zu Paradiso 3, 19 darzustellen, wie Dante sich umwendet.

Die einzelnen Gruppen sind gut und ausdrucksvoll in ihren Bewegungen gezeichnet, manche Motive sind vortrefflich verwerthet, wie das Abwehren der Feuerflocken im sechzehnten Gesang oder die fliehenden und kauernden Sünder im Walde der Selbstmörder. Aber es sind Alles Nichts weiter als Actfiguren; kein einziger der Sünder ist individualisirt, nicht einmal ein Brunetto Latini oder Farinata; die Züge keines einzigen zeigen die Leidenschaft und den Schmerz, wovon sie besessen sein müssen; weder Dante noch Virgil spiegeln in ihren Zügen wirklich die Situation, in der sie sich befinden, und die Scenen, wie Geryon in der Leere schwimmt, wie sich Antaeus gleich der Carisenda bückt, und ähnliche haben kein Theilchen der Größe bewahrt, die sie beim Dichter auszeichnet. Die Kraft des Künstlers zersplittert sich eben in der mühseligen Ueberfülle von Einzelheiten, die ohne jede Abwägung einförmig und verworren nebeneinandergestellt sind.

Eine wirklich gute Composition hat Sandro Botticelli im Inferno nur bei einem Blatt erreicht, beim fünften Gesang, soweit sich dies nach der Buch-Illustration beurtheilen läßt, die, wie wir annehmen dürfen, dies Blatt, der Hauptsache nach wenigstens, wiedergibt. Es kommen zwei solcher Illustrationen in Betracht, der Stich in der Ausgabe von 1481 (Tafel 52) und der Holzschnitt in der Ausgabe von 1487 (Tafel 51). Volkmann (p. 33) nimmt an, daß von diesen zweien die zeitlich spätere Illustration die frühere als Vorlage benutzt habe. Ein Vergleich beider Darstellungen scheint mir zu einem widersprechenden Ergebniß zu führen. Der Stich von 1481, der mehr breit als lang ist, stellt Vieles übel verschoben und dadurch in seinen Motiven kaum verständlich dar, was sich in dem Schnitt von 1487, dessen Composition sich in der Längsachse von oben nach unten entwickelt, motivirt und motivirend sehr wohl an seinem Platze und wirkungsvoll zeigt. Wir dürfen daher den Holzschnitt wohl als die getreuere Wiedergabe der gemeinsamen Vorlage, der leider nicht auf uns gekommenen Zeichnung des Sandro Botticelli, ansprechen, während der Stich sich als ein Excerpt, und nicht gerade ein sehr glückliches, bekundet.

Dieser Holzschnitt gibt nun wirklich eine Composition von trefflicher Wirkung: sie ist einheitlich und fortschreitend und redet eine eindringliche Sprache, die ohne Commentar verständlich ist. Das Bild ist in zwei Stockwerke getheilt. Oben knieen, von Dante und Virgil betrachtet, Seelen vor Minos, der seines Richteramtes waltet, mit sprechendem Ausdruck der Verzweiflung und stürzen dann — wohlgemerkt, nicht von Teufeln, sondern von ihrer Verzweiflung getrieben — über Felsstufen in die Tiefe, eine gut empfundene Wiedergabe des Verses:

Bekennt und hört und wird hinabgezogen. Inf. 5, 15.

Gleichzeitig bilden diese Stürzenden einen sehr ungezwungenen Uebergang zu dem unteren Theil des Bildes, wo wir die beiden Dichter bei den Wollüstigen sehen. Unter den schwebenden Seelen dürfen wir das oberste Paar wohl auf Francesca und Paolo deuten. Das ist ein Funke echt Botticelli'schen Geistes. Ja, dieses innig verschlungene Einherschweben ist ein Gedanke, den wir auf einem seiner berühmtesten Bilder, der Geburt der Venus, in den beiden Windgöttern unverkennbar wiederfinden (Tafel 53).

Auch im Purgatorio leidet die Mehrzahl der Bilder an der gleichen befangenen Weitschweifigkeit. Ueberraschend ist es aber, wie hier gerade diejenigen Darstellungen, an denen den meisten anderen Illustratoren die Kraft versagt hat, Botticelli glücken: der Triumph der Kirche und, was sich daran anschließt, Purgatorio Gesang 29 bis 32, ist mit einer Kraft behandelt, daß die starre Allegorie überwunden und belebt erscheint, wie bei keinem Andern. Es war dies eben ein Gegenstand nach dem Herzen des mystischen speculativen Botticelli.

Ebenso heben sich die Darstellungen zur letzten Cantica vortheilhaft von dem Vorhergehenden ab. Botticelli hat sich hier auch auf wenige, größer ausgeführte Gestalten, meist nur Dante und Beatrice, beschränkt und dem innerlichen geistigen Charakter dieses Theils der Divina Commedia entsprechend das Schwergewicht auf den seelischen Ausdruck gelegt. So ist gleich das erste Bild, das den Aufflug Dantes und Beatricens aus den frühlingslichten Bäumen des irdischen Paradieses darstellt, ganz vortrefflich durch die mystische Begeisterung der beiden Gestalten. Ebenso ist das stürmische Aufwärtsstreben der Beiden in dem Bilde zu Paradiso Gesang 30 von glühender Phantasie. Aber trotzdem gelingt es ihm nicht, die Monotonie zu vermeiden, welche die beständige Wiederholung dieser beiden Gestalten im Gespräche nebeneinander nothwendiger Weise mit sich bringen muß. Der Inhalt dieser Gespräche umfaßt alle Höhen und Tiefen des mittelalterlichen Glaubens und Wissens, und dieser Manchfaltigkeit von Gedanken vermag eben die bildliche Darstellung mit ihren beschränkten Mitteln nur sehr unvollkommen zu folgen.

Auch diese Darstellungen Botticellis, welche unstreitig die künstlerisch werthvollsten der ganzen Reihe sind, leiden an dem Fehler aller, daß sie sich zu ängstlich an die Dichtung halten, Undarstellbares darzustellen versuchen, während eine Fülle echt künstlerischer Motive unbeachtet liegen bleibt. Solange der Künstler der Dichtung nur dienen will, wird er immer nur Unvollkommenes leisten; erst wenn er sie beherrschen lernt, souverän beherrschen, vermag er fruchtbringende Anregungen aus ihr zu schöpfen.

* * *

Auf die Buch-Illustration der Renaissance haben wir nicht näher einzugehen. Es wurde ihr von vornherein verhängnißvoll, daß sie auf Sandro Botticelli basirte, dessen Zeichnungen den ersten Ausgaben, zum Theil wenigstens, als Vorlagen dienten. Er hielt sie unentrinnbar in der am Worte klebenden erzählenden Darstellungsweise fest, und das ging so weit, daß selbst die kleinsten Holzschnitte noch mehrere Scenen in einem Bilde zusammenzudrängen suchten. Dabei konnte es nicht fehlen, daß die Holzſchneider, denen Dante fremd war, ihre Vorlagen mißverſtanden und oft ganz ſinnloſe Zeichnungen lieferten. So haben ſich in der Ausgabe des Bernardino Benali und Matthio da Parma von 1491 zum Beiſpiel die Geizigen und Verſchwender, die ihre Laſten «mit der Wucht der Bruſt vorwärtsſtoßen» ſollen (Inf. 7, 27), in Geſtalten verwandelt, die, froſchähnlich zuſammengekauert, ſich ruhig gegenüber liegen (Tafel 54). Das Paradies iſt zwar gerade in dieſer Ausgabe beſſer gelungen, da es jeweils neben der Scene im Himmel den irdiſchen Vorgang zur Darſtellung bringt, ſo zum ſiebzehnten Geſang (Tafel 54) Dante vor dem Thor Veronas, begrüßt von

> Des hoh'n Lombarden Huld, der auf der Leiter
> Im Wappenſchild den heil'gen Vogel führt. Par. 17, 71.

Aber dieſer Gedanke iſt, wie ſchon Volkmann (p. 14 und 34) bemerkt hat, den alten Miniaturen (Codex Palch. I, 29 der Magliabecchiana in Florenz) entnommen.

Trotz der Mängel der Buch-Illuſtration ſehen wir jedoch die eigenthümliche Erſcheinung, daß die ſpäter kommenden Miniatoren nun wieder bei den Holzſchneidern Anleihen machen. In dem Codex Plut. 40 Nr. 7 der Laurenziana, deſſen alte Federzeichnungen wir oben erwähnt haben, iſt die in's Stocken gerathene Illuſtration einfach mit etwas vergrößerten und colorirten Copien nach Benali weitergeführt. Man vergleiche zum Beiſpiel (Tafel 54) die Miniatur mit dem Holzſchnitt zu der Stelle:

> O Ihr, die Ihr in Eurem kleinen Kahn
> Begleitet habt, von Hörbegier entzündet,
> Mein Schiff, das ſingend ziehet ſeine Bahn,
>
> Kehrt um, daß Euren Strand Ihr wiederfindet. Par. 2, 1.

Auch in dem Codex der Turiner Univerſitäts-Bibliothek Nr. L. III, 17 aus dem fünfzehnten Jahrhundert, der das Inferno mit gegenüberſtehender franzöſiſcher Ueberſetzung enthält, zeigen die Federzeichnungen, die den ſechs erſten Geſängen außer dem zweiten vorgeſetzt ſind, unverkennbare Anklänge an die Holzſchnitte der erſten Ausgaben. So auf der Illuſtration zum fünften Geſang (Tafel 55) die ganze Doppel-Scene links vorn, mit Minos, und rechts die ſtürzenden und fliegenden Seelen. Dazwiſchen fallen aber auf dieſem Blatt die beiden Scenen von der Oberwelt auf: ganz im Hintergrund Francesca, ein Buch auf den Knieen, Paolo umarmend:

> Nicht weiter laſen wir zu jener Stunde, Inf. 5, 138.

und rechts im Mittelgrunde Beide am Boden, von Gianciottos Schwert durchbohrt (il modo ancor m'offende!):

> Liebe ließ uns zugleich vom Leben ſcheiden.
> Caïna harret Deß, der es uns nahm. Inf. 5, 106.

Der Zeichner hat beide Scenen offenbar aus dem Eigenen hinzugethan, linkiſch und roh, und doch ſind ſie wieder faſt das einzige Charakteriſtiſche unter all den verworrenen nichtsſagenden Gruppen aus dem Jenſeits.

Die alte Buch-Illuftration hat für die künftlerifche Durchdringung der Divina Commedia fo gut wie Nichts geleiftet.

* * *

Von Sandro Botticelli führt uns unfere Betrachtung von felbft zu Luca Signorelli zurück, der fich mit feinen Bildern aus dem Ideenkreis Dantes auch zeitlich an Jenen anfchließt, und in dem wir einen wichtigen Umfchwung in der künftlerifchen Verwerthung Dante'fcher Gedanken fich vollziehen fehen. Zum Theil haftet er noch ängftlich an der Dichtung; dann aber wieder tritt er frei und ebenbürtig dem Dichter gegenüber und fchöpft aus ihm nur die lebenskräftigen Motive zu unabhängigem künftlerifchem Schaffen.

Zu den Darftellungen der erften Art gehören zunächft fämmtliche Medaillonsbilder des Sockels, foweit fie aus der Divina Commedia ihren Gegenftand entlehnen. Es find elf Bilder, die in fortlaufender Reihe Scenen aus den elf erften Gefängen des Purgatorio wiedergeben.[27] Wahrhaft erftaunlich ift es, welche Fülle von Beziehungen auf Dante der Maler in jedem diefer kleinen Bildchen zufammengedrängt hat, und die Anwendung des discurfiven Princips, die hier ftattfindet, überbietet faft noch die Zeichnungen Botticellis. Die einzelnen Gruppen find, ebenfalls ähnlich wie bei Botticelli, von gutem Ausdruck. Zudem find die Mängel der discurfiven Malweife dadurch gemildert, daß die verfchiedenen auf demfelben Bild vereinigten Scenen in verfchiedene Gründe hintereinander gelegt und dabei doch durch eine richtige, einheitliche Perfpective zufammengehalten find. Aber der unruhige, zerfahrene Eindruck bleibt doch auch hier bei der Mehrzahl beftehen. Um fo auffallender ift diefe Compofitionsweife, wenn man mit diefen Medaillons die übrigen vergleicht, bei denen der Gegenftand einem anderen Dichter entnommen oder frei erfunden ift, und die faft alle eine treffliche, vollkommen einheitliche Compofition zeigen.

Welcher weitläufigen Erklärung bedarf es zum Beifpiel, um all die Motive nachzuweifen, die in das Bild zu Purgatorio Gefang 2 zufammengedrängt find (Tafel 56):

Im Vordergrund Dante und Virgil am Meeresftrand, nach dem außerhalb des Bildes gedachten Engel-Fährmann ausfpähend (Vers 10 ff.);

im Mittelgrund Dante, den Virgil auf's Knie niederdrückt (Vers 28), der Engel-Fährmann, der jetzt herangekommen ift (Vers 40), und dahinter die gelandeten Seelen, theils andächtig zum Engel zurückblickend (Vers 49), theils in lebhafter Bewegung (Vers 50), theils zögernd ftillftehend (Vers 52);

im Hintergrund endlich die Seelen, die den lebendigen Dante erftaunt umdrängen (Vers 67), zugleich aber auch Dante von Cafella umarmt (Vers 76) und Cato, der die fäumigen Seelen antreibt (Vers 120).[28]

Selbft wer Dante genau kennt, hat Mühe, fich in diefem Gewirre zurecht zu finden. Für den Unkundigen ift folche Bilderfchrift vollkommen unlesbar.

Wie anders dagegen das zu den gleichen Sockelbildern gehörige Medaillon Orpheus und Eurydice (Tafel 56). Zwar hat der Maler die Scene aus dem claffifchen Tartarus in die chriftliche Hölle verlegt. Aber wir bedürfen der Mythologie gar nicht. Das Bild trägt ſeine Erklärung in ſich: der Sänger, der das Weib den hölliſchen Mächten entführen will, und die Dämonen, die es wieder in ihre Gewalt zurückreißen.

> Was auch war zu beklagen für ſie, als daß ſie geliebt war?
> Scheidenden Gruß, den kaum ſein Ohr noch konnte vernehmen,
> Rief ſie ihm zu und wurde gerafft zu der vorigen Stätte.
>
> Ovid. Met. X, Vers 61. Ueberſetzung von Suchier.

Das iſt es, was wir deutlich in ſeiner ſtummen Sprache leſen.

Den gleichen kleinlichen unfreien Eindruck wie bei den Dante-Medaillons finden wir auch noch an einer Stelle im Weltgericht, auf der rechten Hälfte der Altarwand, auf der Seite der Ungerechten (Tafel 58). Schon äußerlich macht dieſe Seite einen ſchwächlichen Eindruck mit ihren vielen kleinen Figuren gegenüber den prachtvollen großen Geſtalten der Seligen und Engel, die auf der anderen Seite (Tafel 57) zu Gott emporſtreben. Und wenn man näher zuſieht, ſo iſt auch inhaltlich das Dargeſtellte nicht am Platz. Als Gegenſtück zum Aufſtreben der Seligen müßte hier der Sturz der Ungerechten angebracht ſein. Statt deſſen finden wir die getreue Wiedergabe des Dante'ſchen Höllen-Vorraumes mit den Sündern am Strande des Acheron, mit Charon und der Fahne der Feigherzigen, ganz nach dem dritten Geſang, wozu noch weiter vorn der Höllenrichter Minos mit den Schweif-Ringen tritt. Alles vollkommen in der Art der Miniaturen. Und fremd und unorganiſch ſteht das Bild in dem ſonſt ſo einheitlichen Cyklus.

Man wird faſt unwillkürlich zu der Annahme getrieben, daß der Maler für dies Bild ebenſo wie für die Dante-Medaillons thatſächlich Miniaturen zur Vorlage gehabt habe, an deren genaue Wiedergabe ihn vielleicht der Wille eines mehr gelehrten als kunſtverſtändigen Auftraggebers band. Und dieſe Ueberzeugung wird noch beſtärkt, wenn wir ſehen, wie ſehr Signorelli im Stande geweſen iſt, wahrhaft künſtleriſch in Dante'ſchem Geiſte zu empfinden.

Die grandioſeſte Idee, eigentlich die einzige, die Signorelli aus Dante geſchöpft hat, dabei aber diejenige, in der ſich eine ganze Fülle von Motiven birgt, iſt der Beginn der Vergeiſtigung der Höllenſtrafen, und zwar ſowohl in den Sündern als in den Teufeln.

Alle früheren Dante-Illuſtratoren halten noch an der mittelalterlichen, lediglich äußerlichen Auffaſſung des Teufels feſt und kommen in ihrem Beſtreben, die Schrecken des Böſen möglichſt draſtiſch zu ſchildern, zu Geſtalten, die, wie Burckhardt[29] ſagt, vor lauter Teufelhaftigkeit garnichts Dämoniſches haben, zu kindiſch fratzenhaften Ungeheuern, Zuſammenbildungen der verſchiedenſten Thierleiber, deren Geſichter keines ſeeliſchen Ausdrucks fähig ſind, die deßhalb auch nur äußerlich mit ihren Opfern in Beziehung treten, völlig kalt laſſen und höchſtens komiſch wirken. Noch der Miniator des Urbinatiſchen Codex und ſelbſt Sandro Botticelli, die zwar die Leiber ihrer Teufel ſchon theilweiſe menſchlich bilden, ſtecken doch noch tief in dieſer mittelalterlichen Vorſtellung. Es iſt der Teufel, wie die gedankenloſe Furcht ihn uns malt, der Teufel, der das Böſe will.

Demgegenüber läßt ſich aber auch einer denken, der das Gute ſchafft, der Vollſtrecker eines gerechten Spruchs, einer, dem wir nicht mehr entſetzt und fremd gegenüberſtehen, einer, dem wir den Haß gegen den Sünder, die grimmige Genugthuung über die Strafe nachempfinden. Es iſt nicht mehr der negative Teufel, ſondern der poſitive, nicht mehr der objective, ſondern der ſubjective.[30]

Scheinbar ſteht Dante allerdings noch in der mittelalterlichen Anſchauung. Sein Cerberus, Pluto, Minotaurus ſind durchaus nicht als die claſſiſchen Fabelweſen, ſondern als diaboliſche Ungeheuer zu denken, und gar die infernaliſche Zwiſchenkomödie der Grauſeſänge iſt ganz von mittelalterlichem Geiſte inſpirirt. Wenn wir aber näher zuſehen und unterſuchen, welcher Gedanke dem Inferno zu Grunde liegt, ſo finden wir doch den poſitiven Charakter der Hölle:

O Capaneus, die größte Strafe ſchafft

Dir dies, daß deine Hoffahrt nicht verglimme,
Und wenn vor Wuth nur deine Seele ſtöhnte,
Wär's vollgemeſſ'ne Pein ſchon deinem Grimme, Inf. 14, 63.

ruft Virgil dem titaniſchen Gottesläſterer zu. Der Sünder trägt alſo die Strafe in ſeinem eigenen Gewiſſen; die Qual ſeines Gewiſſens iſt ſeine Strafe, und der Teufel, der dieſem Strafgrundſatz entſprechend gedacht wird, wird eben eine Perſonification dieſer Seelenqual ſein müſſen. Er wird vor Allem menſchliche Züge tragen müſſen, die eines ſeeliſchen Ausdrucks fähig ſind, und in dem Wechſelſpiel von Sünder und Teufel muß die ganze Stufenleiter von wildem Grimm, grinſendem Hohn und dumpfer Verzweiflung zum Ausdruck kommen, womit eine verlorene Seele gegen ſich wüthet.

Aus dieſer Auffaſſung heraus ſind auch Signorellis Teufel entſtanden auf dem großen Bilde der Verdammten (Tafel 59).

Im Einzelnen werden ſich zu den darauf geſchilderten Scenen wenig Parallel-Stellen aus Dante nachweiſen laſſen. Am augenfälligſten iſt noch die Aehnlichkeit bei dem in der Mitte mit weitgeſpreiteten Flügeln daherfliegenden Teufel, der die ſchöne Sünderin rittlings aufgeladen hat, mit der Stelle bei Dante, wo er die Ankunft des luccheſiſchen Rathsverwandten bei den Grauſeſängen ſchildert. Einen zweiten Anklang an die gleiche Epiſode möchte ich in dem nach der linken Ecke hin köpflings niederſauſenden Verdammten finden. Es wäre wenigſtens eine wunderbar eindringliche Illuſtration zu dem in ſeiner Klangmalerei nicht wiederzugebenden

Laggiù il buttò (Ab ſchmiß er ihn), Inf. 21, 43.

wie der Luccheſe in den Pechbrei fliegt. Auch der von einem Teufel gegeißelte Sünder in der rechten Ecke erinnert an eine ſpeciell von Dante geſchilderte Strafart, an die Kuppler und Verführer, die von Teufeln mit der Karwatſche dahingetrieben werden.

Im Uebrigen iſt Signorelli jedenfalls ſeine eigenen Wege gegangen und hat ſich von Dante unabhängig gehalten. Was er von ihm genommen hat, das war die Grundidee des Inferno, der geiſtige Charakter der Höllenſtrafen, und wie jede echte Anregung hat ſie befruchtend weitergewirkt, den anregenden Gedanken selbst weiter entwickelt. Der Dichter selbst war nur modern im System seiner Höllenstrafen, während seine Teufel noch die alten mittelalterlichen Gestalten blieben: der Künstler modernisirte auch noch den Teufel, machte ihn zum Symbol, zum Spiegelbild der Seelenqual des Sünders.

Alle übrigen Bilder sind frei von Dante'schen Einflüssen. Die aller Erdenreste entkleideten Wonnen seines Paradieses geben schlechterdings keine Handhabe für eine künstlerische Darstellung, und so hat sich auch Signorellis Paradies einfach an die alte Auffassung gehalten, wie wir sie namentlich bei Fiesole finden: die Schaar der Auserwählten, die von Engeln gekrönt und unter himmlischem Saitenspiel und Rosenschauer aufwärts geleitet werden. Signorellis kraftvolle, derbe Individualität kommt nur darin zur Geltung, daß er seinen Seligen, die er übrigens alle nackt darstellt, durchweg eine vollsaftige sinnliche Schönheit und etwas Mächtiges, Heroisches in Gestalt und Haltung gibt. Die Auferstehung des Fleisches ist so sehr Gemeingut der christlichen Vorstellung, daß bei diesem Bild ein Hinweis auf den «Schall der himmlischen Posaunen», von dem auch Dante einmal spricht (Inf. 6, 95), nicht gerechtfertigt wäre. Und das Auftreten des Antichrist sowie das Ende der Dinge sind vollends Gegenstände, die außerhalb des Gebiets der Divina Commedia liegen.

Die verblüffende Lebenswahrheit und die hinreißende, rücksichtslose Wucht der Darstellung, der leidenschaftliche Grimm, die elementare Kraft, die aus diesen Bildern sprechen, sind ja alles Eigenschaften, die an Dante gemahnen. Aber sie beweisen nichts Anderes, als daß Signorelli Dante congenial war, eine ebensolche «alma sdegnosa», deren verhaltenes Feuer uns aus all seinen Geschöpfen entgegensprüht.

Hinter Signorelli muß ein sonderbares Weltgerichtsbild wenigstens erwähnt werden, das der aus guten Gründen wenig bekannte Maler Pietro da San Vito 1515 in der kleinen Feldkirche S. Giacomo e Filippo bei San Martino unweit Valvasone gemalt hat. Bei ihm findet sich ein unverkennbarer Anklang an Dante und zugleich an Signorelli. Im Hintergrund des Bildes ist der Fegfeuerberg mit Felsterrassen und mit lastentragenden und hingestreckten Sündern deutlich zu sehen. Aber diese Dante'sche Symbolik muthet Einen inmitten des grob gemeinverständlichen Paradiso und Inferno gar fremd an, und fast möchte ich glauben, daß der Maler im Vordergrund mit den im Feuer steckenden Seelen sein Purgatorio geben wollte und sich gar nicht klar wurde, daß er mit dem Berg im Hintergrund ein zweites zur Darstellung brachte. Freilich müßte man dann für den Fegfeuerberg eine besondere, fremde Vorlage annehmen. Doch dazu würde der eigenthümlich an Signorelli erinnernde Charakter, der gerade die Seelen auf dem Fegfeuerberg vor den übrigen Gestalten des Bildes vortheilhaft auszeichnet, sehr wohl passen.

Signorelli war der Erste, der die geistige Seite der Hölle erfaßte, der seinen Teufeln eine Seele gab: kein Wunder, daß er nicht sofort die höchste Vollendung des Ausdrucks für diesen Gedanken erreichte. Eine gewisse Aeußerlichkeit, eine plumpe Handgreiflichkeit empfinden wir noch sowohl in dem rohen Grimm dieser Henkersknechte der göttlichen Gerechtigkeit, als in den brutalen Leiden der Verdammten. In der Art, wie manche Teufel ihre Opfer anpacken, laſſen ſich ſogar noch Motive aus dem alten Marmor-Relief der Domfaçade wieder erkennen. Sein ungeheueres Verdienſt bleibt es aber immer, daß er den neuen Weg eingeſchlagen hat.

Weitergeſchritten auf dieſem Weg und bis an's Ziel der höchſten Vollendung gekommen iſt Michelangelo in ſeinem jüngſten Gericht der Siſtina (Tafel 60). Schon wenn man die beiden Compoſitionen ganz im Allgemeinen miteinander vergleicht, ergibt ſich ein höchſt bezeichnender Unterſchied. Bei Signorelli ſpielt ſich ſowohl bei den Seligen als bei den Verdammten die Haupthandlung auf feſtem Boden ab, und ſelbſt die Engel in der Luft ſtehen und ſitzen faſt ausnahmslos breitſpurig und ſolid auf dauerhaften Wolken. Bei Michelangelo haben nur die Schaaren der Heiligen zu beiden Seiten des Weltenrichters eine gewiſſe Stabilität, während die übrigen Theile des Bildes durch die in mächtigem Schwunge auf- und abwärts ſich bewegenden Schaaren der Seligen und Verdammten wunderbar belebt und gegliedert werden.

Auch innerlich iſt die Erdſchwere, die Signorelli noch zum Theil anhaftete, in dem Weltgericht der Siſtina vollkommen überwunden, und namentlich in der Darſtellung der Verdammten — auch bei Michelangelo der einzige Theil, in welchem Dante'ſche Einflüſſe ſich geltend machen — iſt das ſeeliſche Element in dem Verhältniß von Sünder zu Teufel grandios herausgearbeitet. Bei dem wilden Ringen und der dumpfen Verzweiflung der Verdammten, bei der ingrimmigen Wuth und dem fletſchenden Hohn der Teufel kommt uns kein Gedanke mehr an phyſiſche Schmerzen, es iſt die lautere tödtliche Gewiſſensangſt, die uns aus dieſer Hölle angrinſt.

Ueberdies iſt es Michelangelo gelungen, das, was bei Signorelli ſpröd und unorganiſch nebeneinanderſteht: einerſeits den Hauptgedanken, die Vollſtreckung der Verdammniß, und andererſeits die aus der Dante'ſchen Hölle entnommenen Einzelzüge, in ein organiſches Ganzes ſo ſehr zuſammenzuſchmelzen, daß die einzelnen Theile nicht mehr auseinanderzuhalten ſind. Die Einzelzüge dienen dazu, den Grundgedanken zu verdeutlichen, und der Grundgedanke dazu, die Einzelzüge ſymboliſch zu vertiefen. Es ließen ſich faſt alle Gruppen der Verdammten als Beiſpiele anführen.

Vor Allem ergreifend iſt der Sünder zunächſt der Gruppe der Poſaunenengel. Zwei Dämone halten ſeine Füße umklammert und ziehen ihn widerſtandslos, hoffnungslos wie Bleigewichte in die Tiefe:

Beſondre Schuld zieht ſie hinab zum Grunde. Inf. 6, 86.

Es gibt keine packendere Illuſtration zu dieſem Verſe.

Auch der «Teufel Charon» iſt nie gewaltiger dargeſtellt worden, wie er

mit dem düſtren Brande
Der Augen winkend, ſammelt ſeine Fracht. Inf. 3, 109.

Und dann dieſe Fracht ſelbſt! Die armen Seelen, die ſich nun unrettbar der Hölle verfallen ſehen:

30*

Gott, ihre Eltern und die Menschheit klagen
Sie lästernd an, den Ort, die Zeit, den Samen,
Der sie gezeugt, den Schooß, der sie getragen. Inf. 3, 103.

Es ist schwer zu sagen, ob die Worte oder die Gestalten den Gedanken großartiger ausdrücken. Sie decken sich vollkommen.

Ebenso ist es dem Dichter wunderbar nachempfunden, wie die Seelen eine nach der andern dem Nachen entschweben, halb widerstrebend, halb willenlos, von einer ihnen fremden und doch ihnen selbst innewohnenden Macht getrieben:

Wie wenn die Blätter eins um's andre facht
Im Herbst vom Aste flatternd niederfallen,
Bis vor ihm liegt des ganzen Kleides Pracht. Inf. 3, 112.

Und nun harret ihrer der grinsende Minos

Und schlingt um sich den Schweif in soviel Bogen,
So viele Stufen er hinab sie bannt. Inf. 5, 11.

Und von Teufeln wird die Schaar der Verdammten in Empfang genommen

und wird hinabgezogen. Inf. 5, 15.

Bei aller Kraft symbolischer Vertiefung besitzt aber Michelangelo ebenso wie Dante das Geheimniß, seinen Gestalten doch warmes Leben einzuhauchen, er gibt uns die schöne Leiblichkeit zugleich mit dem gewaltigen Gedanken, das concrete gegenwärtige Einzelwesen mit dem Charakter, der aller Orten und aller Zeiten wahr bleibt. Seine Gestalten sind vieldeutig, polysens wie die Dantes, und darum führen sie uns mit solcher Vollkommenheit vor Augen, was Jener in Worten gesagt hat.

Rechts unten in der Ecke des Bildes, wo Minos steht, da ist der Eingang zur Hölle des Michelangelo und des Dante. Wer da hinabsteigen könnte! Welch gewaltige Offenbarungen müßten wir dort finden, wo ein solcher Künstler einen solchen Dichter deutet. Und zu denken, daß die Welt einmal diese Offenbarungen besessen und durch ein unseliges Verhängniß unwiederbringlich verloren hat! Auf dem Meeresgrund bei Civitavecchia liegt Michelangelos Handexemplar der Divina Commedia, dessen breiten Rand der gottbegnadete Künstler über und über mit Gestalten aus der Dichtung bedeckt hatte.[31] Welchen Schatz zerfrißt da drunten das Salzwasser! Ich lebe in meinen Werken fort, pocht der Materialist: und ein stumpfsinniger Zufall kann dich auslöschen?

Wir wissen nicht, was auf dem Grunde des Meeres liegt, und wir können nicht sagen, wie Michelangelo den ungeheuren Stoff der Dichtung aufgefaßt und wie und ob er ihn bewältigt hat.

Noch zwei Marmorwerke besitzen wir von Michelangelo, die mit Dante in Beziehung stehen, die Figuren der Lea und Rachel zu beiden Seiten des Moses in S. Pietro in Vincoli in Rom. Offenbar sind sie inspirirt von Dantes Vision vor dem Eintritt in's irdische Paradies:

Ich schaut' ein Weib, das Huld und Jugend schmückte,
In meinem Traum, wie sich's in Wiesengründen
Erging und sang, indem es Blumen pflückte:

«Wer meinen Namen fragt, dem will ich künden,
Lea bin ich und reg' die Hände fein
Ohn' Unterlaß, mir einen Kranz zu winden.

Hier schmück' ich mich, am Spiegel mich zu freun;
Doch Schwester Rachel sitzet ohn Ermüden
Stets vor dem ihrigen Tag aus, Tag ein,

Sie freut der Glanz, der ihrem Aug beschieden,
Wie mich, die Hände mir zum Schmuck zu regen,
Sie macht das Schaun, das Handeln mich zufrieden.» Purg. 27. 97.

Aber wenn man auch zugeben muß, daß die Statuen genau der Charakterisirung in den Dante'schen Versen entsprechen, so haben doch diese Einzelgestalten des thätigen und des beschaulichen Lebens, losgelöst aus der duftigen Traumstimmung der Dichtung und in harter plastischer Wirklichkeit vor uns hingestellt, etwas Abstractes, Seelenloses, das uns, namentlich neben der gewaltigen Persönlichkeit des Moses, kühl und fremd anweht, und lassen keinen Schluß zu, wie Michelangelo im Uebrigen die Dante'schen Gestalten aufgefaßt haben mag.

Auf seinem jüngsten Gericht finden wir nach der Natur der Sache nur die eine Seite der Dante'schen Dichtung wieder, die Schilderung der Seelen im Jenseits. Daneben steht aber bei Dante vollkommen ebenbürtig die Welt des Diesseits, die sich mit ihren tausendfältigen Erscheinungen klar und scharf in dem Dichterauge spiegelt. Wir haben gesehen, daß sich einige alten Miniatoren (Riccardiana Nr. 1005, Vaticana Nr. 4776, Magliabecchiana I. 29) mit Verständniß dieser Seite zuwandten. Später wurde sie aber mehr außer Acht gelassen, und das Interesse concentrirte sich fast ausschließlich auf die Vorgänge im Jenseits. In Gestaltung dieses Jenseits hat Michelangelo mit seinem jüngsten Gericht einen Gipfel der Vollkommenheit erreicht, von dem es nur wieder abwärts gehen konnte. Und es wäre nun die Aufgabe der Künstler, die sich nach ihm mit Dante beschäftigten, gewesen, den bisher noch nicht erschlossenen Gebieten der Dante'schen Welt ihre Kraft zuzuwenden. Aber dazu hätte es einer liebevollen, stillen Vertiefung bedurft, die in der auf Michelangelo folgenden Zeit der Kunst fremd war. Wie bei ihren anderen Stoffen, so beschränkte sich diese Kunst auch Dante gegenüber darauf, mit dem aus der goldenen Zeit überkommenen Formenschatz zu wirthschaften, bis er eben verbraucht war.

Unter Michelangelos Epigonen sind namentlich zwei Künstler hervorzuheben, die sich mit Dante — und zwar beide um die gleiche Zeit, um's Jahr 1587 — beschäftigt haben, Federico Zuccaro und Hans van der Straet oder Giovanni Stradano, wie der Flamänder seinen Namen italianisirte. Von Ersterem besitzt die Sammlung der Handzeichnungen in den Uffizien ein vollständiges Illustrationswerk zu den drei Cantiken in 87 Blättern[32], von Letzterem die Laurenziana den nicht zu Ende geführten Versuch eines solchen.

Die Aufgabe, die sich Zuccaro gestellt hat, die schon hundertmal dargestellten herkömmlichen Scenen zum hundertundeinten Male darzustellen, löst er verhältnißmäßig gut. Er verleugnet zwar auch hier nicht das virtuosenhafte, renommistische Wesen, das ihm überall nachgeht. Aber er besitzt doch noch einen großen Zug, der ihn einigermaßen befähigt, dem Dichter nachzuempfinden. Er überrascht oft durch originelle, wenn auch barocke Auffassung und ist reich an phantastischen, geistreichen Einfällen. Dazu wird Architektur und Landschaft aufgeboten, um die Wirkung zu steigern, und manchmal mit ganz gutem Erfolg. So wird man dem Höllenthor im dritten Gesang des Inferno (Tafel 61) trotz seiner Sensenmänner und Geripp-Atlanten und dem ähnlich gestalteten Thor der Stadt Dis im achten Gesang eine gewisse dämonische Kraft nicht absprechen können, und die Höllenwindsbraut des fünften Gesanges (Tafel 62), die er aus einem furchtbaren Felsenmaule heraus blasen läßt, ist ein Zug, um den er die Dante-Illustration wirklich bereichert hat. Dann finden wir aber auch wieder, daß er sich durch sein technisches Können geradezu zu Geschmacklosigkeiten verleiten läßt, so, wenn er die siebenthorige Burg der tugendhaften Heiden (Inf. 4, 110) mit raffinirtem Detail als regelrechte Festung darstellt. Da, wo es sich um die der Renaissance vertrauten Stoffe handelt, gibt er natürlich wohl abgerundete und deutlich sprechende Compositionen, denen aber eine gewisse conventionelle Schulmäßigkeit anhaftet, so bei den Bildern der Demuth und des Hochmuths auf dem Sims der Hochmüthigen, zum Beispiel Verkündigung, David, Trajan (Purg. 10, 34 ff.) an der Wand, Sanherib, Cyrus, Holofernes (Purg. 12, 52 ff.) auf dem Boden des Simses (Tafel 63), und bei den ähnlichen, aber als Visionen gedachten Beispielen der Liebe (Purg. 13) und des Neides (Purg. 14), der Sanftmuth (Purg. 15) und des Zorns (Purg. 17). An jenen Stellen dagegen, wo die echte Frömmigkeit des Dichters sich in glühender Begeisterung aufschwingt, entfaltet Zuccaro einen unleidlichen, leeren Pomp. So bildet er den Siegeswagen im Triumph der Kirche mit großem Behagen als Paradestück eines jener Festzüge, die seine Zeit so liebte (Tafel 64), und sein Schlußbild der Himmelsrose ist nichts Anderes als das Kuppel-Gemälde einer Jesuiten-Kirche. Aber bei allem Mangel an wirklich Dante'schem Geist faßt er doch von seinem Standpunkte die Aufgabe klar und sicher auf und führt diese Auffassung dann mit Verständniß und Energie durch bis zum Ende.[33]

Ungleich schwächer ist Johannes Stradanus. Dem Plane nach hat sein Unternehmen viel Aehnlichkeit mit dem Zuccaros. Aber die Ausführung zeigt, daß dem Flamänder trotz der vorgehefteten Uebersichtstabellen über die Eintheilung des Inferno, die Zeit der Wanderung und Aehnliches die Divina Commedia innerlich verschlossen war und daß er dem Riesenwerk des italiänischen Dichters rathlos gegenüberstand. Plump und poesielos in der Erfindung und roh und philiströs in der Ausführung, sind seine Bilder ein trauriges Zeichen künstlerischer Armseligkeit, die sich an eine große Aufgabe wagt. Nur zwei Blätter machen, in der Anlage wenigstens, eine vortheilhafte Ausnahme: die Episode des Ugolino, bei der es ein guter Einfall ist, im oberen Theil die Scenen im Hungerthurm als eine Art Vision anzubringen und die ähnlich componirte Stelle vom Bruder Alberigo mit dem Obſt im Garten voll Verderben. Inf. 33, 119.

Doch in der Ausführung ſind auch dieſe vollkommen unzulänglich. Offenbar hat van der Straet im Lauf ſeiner Arbeit ſeine Unfähigkeit eingeſehen. Denn im Anfang des Purgatorio gibt er ſein Unternehmen auf. Und er hat ſehr wohl daran gethan.[34]

Mit einem einzelnen Bilde gehört auch Aleſſandro Allori hierher, der auf ſeinem Chriſtus in Limbus[35] ausgeſprochen Dante'ſche Züge angebracht hat. Aber dieſer Charon und Minotaurus, dieſe pfeilbewehrten Centauren und die von der Fahne geführten Feigherzigen dienen ihm nur als Decoration, als Hintergrund, um die Stätte anzudeuten, an der ſich die im Vordergrund geſchilderte Scene zwiſchen Chriſtus und den Seelen der Erzväter abſpielt, und in Folge deſſen iſt ihr Ausdruck noch um einen Grad nichtsſagender, als dies ſonſt ſchon bei dieſem ſtets conventionellen Maler der Fall zu ſein pflegt.

Noch weit minderwerthiger iſt Bernardo Poccetti in ſeiner von Callot in Kupfer geſtochenen Darſtellung des Jenſeits. In ſeiner redſeligen Widmung verſichert der Künſtler zwar, daß er ſich ganz beſonders an Dantes Dichtung gehalten habe. Aber thatſächlich findet ſich weder im Ganzen noch im Einzelnen irgend welche Beziehung zu Dante. Die Hölle iſt als Berg gebildet, wie Dantes Purgatorio; auf dem Gipfel ſitzt Lucifer, nicht dreiköpfig, ſondern mit einem Kopf, und zerkaut ein Sünderbein; auf den Treppenabſätzen ſind die Sünder untergebracht, und weder ihre Vertheilung noch ihre Strafen bieten Anklänge an Dante. Die Ketzer zum Beiſpiel verbrennen ihre Schriften, die Schlemmer bekommen eingeſchüttet und übergeben ſich, die Wollüſtigen ſind von Schlangen umwunden.

Ebenſo ungerechtfertigt iſt die Prätenſion, die Pagni auf ſeinem jüngſten Gericht in S. Andrea in Mantua mit der Dante'ſchen Ueberſchrift über der Höllenpforte erhebt. «Lasciate ogni speranza» iſt die einzige Reminiscenz an Dante, die das Bild enthält. Das Jenſeits des Pagni zeigt die alleralltäglichſte Auffaſſung, abgeſehen von verſchiedenen handgreiflichen Entlehnungen aus dem Weltgericht in der Siſtina, mit denen er aber ſo barbariſch verfährt, daß er zum Beiſpiel eine Gruppe aufwärtsſchwebender Seelen aus Michelangelos Bild friſchweg als niederſtürzende Verdammte verwendet.

Poccetti und Pagni mußten hier nur deßhalb erwähnt werden, um zu conſtatiren, daß ſie thatſächlich nicht hierher gehören.

Die echte Kunſt war ſchlafen gegangen, die Kunſt, die es ernſt nimmt mit ihrer Aufgabe, und die Afterkunſt, die an ihrer Stelle ſich breit machte, hatte auch kein Verſtändniß mehr für Dante.

* * *

Erſt wie die Kunſt zu Ende des vorigen Jahrhunderts ſich wieder auf ſich zu beſinnen begann, wendete ſie ſich auch zu Dante zurück, und ſeitdem hat ſie nicht aufgehört, immer wieder und wieder ihre Kräfte an ihm zu verſuchen. Die Divina Commedia hatte aber inzwiſchen ihren Siegeszug durch die ganze Welt der Gebildeten angetreten, und ſo ſehen wir nach und nach Künſtler der verſchiedenſten Völker durch das Gedicht zum Schaffen angeregt. Wenn wir auf diese Schöpfungen unsere Betrachtung ausdehnen, so greifen wir allerdings über die Grenzen Italiens hinaus. Wir wollen aber auch nicht auf sämmtliche modernen Einzel-Darstellungen und Bilder-Serien eingehen, die sich mit Dante beschäftigen, sondern nur in großen Zügen einen Ueberblick derjenigen Werke zu gewinnen suchen, die für die Fortbildung der Dante-Illustration von principieller Bedeutung sind und deßhalb auch klarer hervortreten lassen, worin unsere alten italiänischen Meister bei der künstlerischen Gestaltung der Divina Commedia geirrt haben und worin sie auf dem rechten Wege waren.

Am Eingang der Reihe dieser modernen Dante-Illustratoren steht der Engländer John Flaxman, der in der schlichten Umrißzeichnung, die er bei seinen Bildern zu Homer mit so gutem Erfolg angewandt hatte, auch die Divina Commedia wiederzugeben versuchte (1793). Aber schon in der Wahl dieses Ausdrucksmittels verrieth er, wie wenig er Dante verstand. Diese absichtlich einfache Darstellungsweise, die die gehaltene klare Schönheit der homerischen Gestalten mit der linkischen Anmuth antiker Vasen-Gemälde so glücklich wiedergibt, ist völlig außer Stande, dem herben, leidenschaftlichen, rücksichtslos wahrhaftigen, mystisch geheimnißvollen Dichter gerecht zu werden.

Wenige Jahre später tritt auch der erste deutsche Künstler an Dante heran, Carstens mit seiner Darstellung des fünften Gesangs der Hölle (1796). Für ihn, dessen ganze Seele von der Sonne Griechenlands erfüllt war, mußte es noch schwerer werden, sich auf Dantes Dunst- und Nebelwegen zurecht zu finden. Zwar zeugt es von Verständniß für das Wesen Dantes, daß Carstens ihm gegenüber von seinem classicistischen Stile abzugehen versuchte. Aber wenn ihm auch verstandesmäßig klar war, worin der Charakter der Dante'schen Dichtung bestand, so fehlte ihm doch jedes künstlerische Organ, diese Reflexion in ein lebendiges Werk umzusetzen. Bezeichnend ist es, daß er es sich nicht hat nehmen lassen, im Hintergrund noch den Limbus der tugendhaften Heiden anzudeuten, deren Gruppen ihm natürlich am besten gelungen sind. Auch die nackte Gestalt vornen links, die vor dem Abgrunde zurückbebt — eine mißverständliche Auffassung von Inferno 5, 34 — ist ganz ausdrucksvoll. Alles Andere ist mißrathen. Die höllische Gerichtsscene im Hintergrund zur Rechten, ein Sünder, halb Falstaff, halb Silen, von faunenhaften Teufeln vor Minos geführt, der zwischen Midas und Moses die Mitte hält, wirkt grell unharmonisch. Der Knäul von fliegenden, größtentheils nackten Seelen, der den ganzen Mittelgrund füllt, ist in seiner gesuchten Verworrenheit unverständlich. Dido und Cleopatra sind zwar gut kenntlich gemacht, befremden aber durch ihre conventionellen und hier ganz schlecht angebrachten Posen mit Scheiterhaufen und Natter, und Paolo und Francesca, die im Vordergrund in Rittercostüm einherschweben, wirken geradezu komisch in ihrer Opernhaftigkeit. Es war Carstens eben unmöglich, seine künstlerische Natur zu verleugnen, und als er es doch thun wollte, hörte er auf Künstler zu sein.

Auch Carstens' Jünger, Genelli, wurde von der Divina Commedia angezogen und zwar nachhaltiger als Jener. Er schuf eine ganze Folge von 36 Blättern (1840—46), zu denen er sich den Stoff aus allen drei Cantiken nahm. Die kühne temperamentvolle Kraft, die er vor Carſtens voraus hat, läßt ihn zur Löſung der Aufgabe bei Weitem befähigter erſcheinen, und es iſt nicht zu leugnen, daß ein großer Zug durch dieſe Compoſitionen geht. Aber doch iſt auch Genelli zu ſehr in ſeinem helleniſirenden Schönheitstraum befangen, als daß er mit dem mittelalterlichen Romantiker wahrhaft hätte Fühlung gewinnen können.

Aeußerlich in die gleiche Gruppe gehört der Italiäner Pinelli, der 1824—26 eine lange Reihe von 144 Illuſtrationen zur Divina Commedia geliefert hat. Doch ſteht er künſtleriſch weit unter Flaxman und Genelli. An Stelle wahrer Leidenſchaft tritt bei ihm oft ein unechtes geſpreiztes Pathos, das an die Caricatur ſtreift, ſo Gianciotto in der Francesca-Scene oder Ugolinos Gefangennahme, und manchmal begegnen ihm auch empfindliche Mißverſtändniſſe, ſo wenn er bei den Verſchwendern und Geizigen immer zwei Sünder von der entgegengeſetzten Seite denſelben Felsblock ſtemmen läßt, den ſie alſo gewiß nicht vom Fleck bekommen.

Alle die bisher genannten Künſtler betonen, ihrer claſſiciſtiſchen Richtung entſprechend, einſeitig das zeichneriſche Element, den Umriß, und beſchränken ſich auf eine möglichſt einfache Darſtellung der Hauptſcenen des Dante'ſchen Jenſeits, wodurch ſie zuweilen an die primitiven Federzeichnungen der alten Codices erinnern. Zum Theil ſind die Geſtalten ganz ausdrucksvoll, die Gruppirungen ganz wirkſam. Aber im Allgemeinen macht doch dieſe Loslöſung von allem mildernden und vermittelnden oder ſchmückenden und belebenden Beiwerk, daß die Vorgänge brutal und maßlos oder daß ſie nüchtern und ſchwächlich wirken.

Die Reaction gegen dieſen Claſſicismus trug auch für die Dante-Illuſtration ihre Früchte. Einer der Hauptbahnbrecher eines geſunden Realismus, der auch der Farbe wieder zu ihrem Rechte verhalf, der Franzoſe Delacroix, ſchuf 1822 in ſeiner Dante-Barke ein Werk, das als ein höchſt bedeutſames Glied in der Entwickelung der Dante-Illuſtration ſich darſtellt. Delacroix gibt auf ſeinem Bilde den Moment, wo Dante und Virgil im Kahne des Phlegyas über den Sumpf der Zornmüthigen der Stadt des Dis zufahren:

Kaum ſtand ich mit dem Führer in dem Kahn,
Zog ſchon dahin des alten Kieles Pflug,
Die Fluth mehr furchend, als er ſonſt gethan.

Wie er den todten Pfuhl entlang uns trug,
Stellt ſich mir Einer dar voll Schlamm und ſpricht:
«Wer iſt's, der naht, eh ſeine Stunde ſchlug?»

«Ich komme, ſprach ich, doch ich bleibe nicht.
Doch wer biſt du, der ſo entſtellt ſich weiſt?»
«Schau Einen, dem das Herz vor Weinen bricht»,

Verſetzt' er und ich ſprach: «Verruchter Geiſt!
Das Weinen und die Trauer laß bei Seite;
Ich kenne dich, wie ſchmutzig du auch ſeiſt».

Da reckt er nach dem Kahn die Hände beide,
Ihn ſtieß der Meiſter weg, dem's nicht entgangen
Und rief: «Hinweg da zu der andern Meute!» Inf. 8, 28.

Die Gruppe der Dichter und die hölliſchen Geſtalten ſind grandios componirt und von einem Ausdruck, der keines Commentars bedarf. Aber ſie ſollen nicht mehr allein wirken; ſie ſind in der ihnen gebührenden Umgebung geſchaut. Der dunkle Nachen treibt über den fahlen Pfuhl dahin, aus dem ſich die weißen Leiber der Verdammten emporringen, die Feuerſtadt wirft aus dem Hintergrund ihren düſteren Schein herüber, und über dem Ganzen laſtet der ſchwere Dunſt der Hölle. Durch die realiſtiſche Behandlung des Schauplatzes erhält die Scene eine ergreiſende Lebenswahrheit. Zugleich aber wird gerade durch die ſtimmungsvolle Umgebung der grauſige Eindruck des Vorgangs in einer Weiſe gedämpſt, daß eine rein harmoniſche Wirkung übrig bleibt. Leider hat ſich Delacroix nur zu dieſem einen Bild den Stoff aus der Divina Commedia geholt.

Nach ähnlichen Geſichtspunkten, wenn auch bei Weitem nicht mit dem gleichen künſtleriſchen Vermögen und — Gewiſſen hat ein anderer Franzoſe ſich mit Dante beſchäftigt, der fruchtbare Doré, der 1861 eine bilderreiche Illuſtration zu den drei Cantiken geliefert hat. Auch er hat es auf den Geſammteindruck abgeſehen, zu dem er Schauplatz und Handelnde, Vordergrund und unermeßliche Räume, Einzelfiguren und unabſehbare, wimmelnde Schwärme zuſammenwirken läßt. Seine Darſtellungsweiſe hat auf den erſten Blick etwas ungemein Beſtechendes. Wenn wir uns aber die blendenden Bilder des Franzoſen näher betrachten, ſo wird unſere Bewunderung doch ſehr bald gedämpſt. Es geht etwas Renommiſtiſches, Virtuoſenhaftes durch ſeine Darſtellungen, ähnlich wie bei Zuccaro, und manchmal thut er ſogar dem Effecte zu lieb der Treue gegen den Dichter Gewalt an, ſo wenn er die Klamm der ſchlimmen Rathgeber, die Dante ſo anſchaulich mit einem von Leuchtkäfern wimmelnden Thalgrund vergleicht (Inf. 26, 25), ganz erfüllt von qualmenden Flammen darſtellt, die die Schatten der oberhalb ſtehenden Dichter rieſenhaft an der Felswand emporwerfen, oder wenn er (Purg. 3, 58) die Seelen der im Banne Geſtorbenen im Hintergrund oben auf einer hohen Felswand erſcheinen läßt, während ſie bei Dante jedenfalls auf gleichem Boden mit den Dichtern herankommen. Immerhin hat Doré mit ſeiner Darſtellungsweiſe ein Genre gewählt, das von keinem Dante-Illuſtrator außer Acht gelaſſen werden darf. Er muß gleich dem Dichter die gewaltigen Enſembleſcenen, wenn ich ſo ſagen darf, mit einem Blick aufzufaſſen, ſie in großen Zügen auf einem einzigen Bilde vorzuführen verſtehen. Nur iſt das allein nicht Alles, ſondern eine einzelne Seite ſeiner vielſeitigen Aufgabe.

In einem gewiſſen Gegenſatze zu Doré ſteht, wie das ſchon Scartazzini vor längerer Zeit treffend hervorgehoben hat[16], ein ungefähr gleichzeitiger italiäniſcher Dante-Illuſtrator, Francesco Scaramuzza. Die große Prachtausgabe (die angeblich nur in vier Exemplaren hergeſtellt worden) iſt mir zwar nicht zu Geſicht gekommen. Ich kenne nur die aus dieſen 243 Federzeichnungen getroffene kleine Auswahl der Höpli'ſchen Dante-Gallerie ſowie ſeine der Divina Commedia entnommenen Frescogemälde, mit denen er einen Saal der Biblioteca Palatina in Parma ausgemalt hat. Aber diese Proben genügen, um sich ein Urtheil über ihn zu bilden. Scaramuzza vermeidet mehr die Ensemble-Scenen, mit denen Doré zu wirken liebt, und legt wieder mehr Gewicht auf die Darstellung umschränkter Gruppen und Vorgänge. Mag sein, daß er nicht in gleichem Maße wie Doré es versteht, Massen und Räume zu beherrschen. Denn manche Stellen, die diese Ausdrucksmittel im Bilde fordern, wie die Höllenwindsbraut, die Fahrt auf Geryon oder im Paradiso das aus Seelen gebildete Kreuz oder der ebenso beschaffene Adler sind ihm — wohl gerade aus diesem Grunde — nicht geglückt. Vielleicht hat ihn auch sein ernstes tiefes Verständniß der Dichtung bestimmt, mehr den Einzelscenen den Vorzug zu geben. Jedenfalls leistet er darin Hervorragendes, und seine Vertrautheit mit Dante kommt gerade bei diesen Blättern glänzend zur Geltung. Bei Charon, vor dem sich die Verdammten in das Schiff drängen, bei den Heiden des Limbus «still ernsten Blickes» und «mit erhabener Würde in den Minen», bei Paolo und Francesca in ihrer rührenden Umarmung, bei den Dieben, die ihre Gestalt tauschen, bei Ugolino, der sich vor Schmerz in beide Hände beißt, und bei so vielen Anderen hat man die Empfindung, daß die ganze Stelle der Dichtung, die der Künstler wiedergeben wollte, bis in die Einzelheiten von Worten und Wendungen ihm gegenwärtig war. In Widersprüche mit der Dichtung, wie zu solchen Doré durch seine von keiner sehr genauen Kenntniß Dantes controlirte Phantasie so oft verleitet wird, verfällt Scaramuzza nirgends.

Man möchte im Ganzen dem Franzosen etwas von der Gewissenhaftigkeit und dem Dante-Verständniß des Italiäners, aber auch dem Italiäner etwas von der Phantasie und Verwegenheit des Franzosen wünschen. Beiden gemeinsam ist die auf Delacroix zurückgehende Betonung des malerischen Elements. Namentlich verstehen es Beide vortrefflich mit dem Contrast von aufblitzendem, blendendem Licht und geheimnißvollen Schatten zu wirken, was der Darstellung dieser an Wundern so reichen Welten wesentlich zu Statten kommt.

Hier ist noch ein deutscher Dante-Illustrator zu nennen, der eine gewisse Verwandtschaft mit Scaramuzza hat, Carl Vogel von Vogelstein.[37] In der Accademie von Florenz befindet sich ein Oelbild von ihm aus dem Jahr 1844, das Dante inmitten der hauptsächlichsten Scenen aus der Divina Commedia darstellt. Das Bild ist von Dante-Kennern außerordentlich gelobt worden. Denn Vogelstein theilt mit Scaramuzza das tiefgehende Verständniß für die Dichtung, und an Gewissenhaftigkeit der Wiedergabe übertrifft er ihn noch. Und es gewährt einen eigenen Genuß, den Intentionen des Malers nachzugehen und zu sehen, wie planvoll er sein Bild componirt hat und mit wieviel Liebe er bestrebt war, alle Scenen möglichst beziehungsreich zu gestalten. Bei Kunstverständigen dürfte das Bild weniger Beifall finden. Die Gewissenhaftigkeit, durch die wir schon bei Scaramuzza die Freiheit des künstlerischen Schaffens beeinträchtigt gesehen haben, wird bei Vogelstein zur Befangenheit, die seinen Bildern den Charakter des Nüchternen, Trockenen gibt, und verleitet ihn zu dem alten Fehler der Dante-Illustratoren, zuviel in einer Scene zusammendrängen zu wollen. Doch es mag sein, daß die Grundanlage des Bildes die Hauptschuld an diesen Mängeln trägt. Es ist eine jener conventionellen Compositionen, wie wir sie von vielen Dichtern und Dichtungen haben und wie sie Vogelstein selbst noch zu Virgils Aeneis und zu Goethes Faust[18] geliefert hat. Für die Dante-Bilder dieser Gattung ist das Bild des Domenico di Michelino im Dome zu Florenz der Urahne. Die Absicht des Malers ist hier in erster Reihe, Dante darzustellen, und die Gestalten der Dichtung haben nur den Hintergrund, den Rahmen abzugeben für die Gestalt des Dichters. Und dieser decorative Zweck rechtfertigt oder entschuldigt wenigstens eine etwas nüchternere Behandlung der einzelnen Scenen und bringt es auch mit sich, daß sich der Künstler auf die Hauptmomente der Divina Commedia beschränkt und diese möglichst prägnant faßt.

Es kann deßhalb auf Grund dieses einen Bildes kein abschließendes Urtheil über Vogelstein gefällt werden, und zwar um so weniger, als nach Angabe von Witte und Scartazzini noch ein anderes Werk des Künstlers — leider jetzt unzugänglich — vorhanden ist, in dem er offenbar Alles niedergelegt hat, was er mit seinem Zeichenstift über den ihm so vertrauten Dichter zu sagen hatte. «Als Hand-Exemplar des Dante'schen Gedichtes, so erzählt Scartazzini, gebrauchte Vogel von Vogelstein die vierbändige römische Quart-Ausgabe von 1815—1817 mit dem Commentar von Lombardi und hatte das Exemplar mit starkem Schreib- und Zeichenpapier durchschießen lassen. Das Schreibpapier diente zur Eintragung von Bemerkungen auslegender Art, das Zeichenpapier zu künstlerischen Zwecken. Die Zahl der Handzeichnungen» — man denkt unwillkürlich an den Dante Michelangelos — «theils mit Bleistift, theils mit der Feder, theils in Tusch, theils in Farben ausgeführt, war auf 96 angewachsen, 60 zum Infernum, 20 zum Purgatorium und 16 zum Paradies gehörend.» Und Witte kannte von ihm «eine Reihe von Compositionen zur Göttlichen Komödie, in denen je einer Scene des Gedichtes auf demselben Blatte das Gleichniß beigefügt» war, und rühmt von ihm, er sei, «unermüdlich gewesen in immer neuen Combinationen von Scenen und Gleichnissen». In diesen Illustrationen, die der unmittelbarsten Inspiration durch den Dichter ihre Entstehung verdanken, gerade wie ein Theil der ältesten Miniaturen, mag sich Vogelstein ganz anders geben als auf jenem Paradebild, und sehr beachtenswerth ist jedenfalls die Thatsache, daß er dem dankbaren Gebiete der seit jenen frühen vereinzelten Versuchen vollständig vernachlässigten Gleichnisse seine Aufmerksamkeit zugewendet hat. Doch inwieweit diese Vermuthung zutrifft, entzieht sich, wie gesagt, zur Zeit leider der Beurtheilung.[19]

Eine Auswahl endlich der verschiedensten Kunstrichtungen und -epochen unseres Jahrhunderts bietet die Sammlung deutscher Dante-Illustrationen, die Baron von Locella aus dem Nachlasse des Königs von Sachsen veröffentlicht hat.[40] Zwar ist es ein Buch der Enttäuschungen. Es sind viele glänzende Namen in der Sammlung vertreten, Namen von tiefsinnigen hochstrebenden Künstlern. Viele Blätter sind als Bilder meisterhaft componirt, und noch mehr enthalten wenigstens Einzelheiten von großer Schönheit. Aber trotzdem legen wir Blatt um Blatt mit der Empfindung aus der Hand, daß es dem Künstler nicht gelungen ist, den Dichter wirklich sich anzueignen, eine wirklich fruchtbare Verbindung mit ihm einzugehen. Entweder überwiegt vollkommen die Eigenart des Malers, wie zum Beispiel bei Preller, der Dante, die drei Thiere und Virgil einfach in eine seiner bekannten heroischen Landschaften hineinstellt, oder bei Lessing, dessen Gruppe der Saumseligen im Purgatorio ebensogut der Hussitenpredigt wie Dante zuhören könnte. Oder aber sie ordnen sich befangen der Dichtung unter und wählen zum Gegenstand ihrer Darstellung undarstellbare Allegorien wie Führich in seiner blumigen Wiese der Fürsten mit den Engeln und dem Drachen, oder Karl Müller mit dem Reigentanz Petri, von dem Dante selbst sagt:

Und rings um Beatricen dreimal flicht
Den Reih'n er, und es klang sein Sang so hehr,
Daß der Erinnrung es am Wort gebricht.

Drum überspring ich es und schreib's nicht her,
Denn unser Geist besitzt für solche Tiefen
Zu grelle Farben und das Wort noch mehr. Par. 24, 22.

An dem letzteren Bilde erscheint es überdies eine befremdende Unselbständigkeit, wie getreu der Kopf Dantes aus Rafaels Disputa herübergenommen ist. Ja sogar der gewaltige Cornelius scheint unter dem Drucke des übermächtigen Dichter-Genius unfrei zu werden. Wohl ist sein Entwurf zum Deckenbild des Casino Massimi zur Freude aller Dante-Kenner planvoll durchdacht und componirt, und auch die Vertreter der verschiedenen Himmelssphären sind trefflich charakterisirt, wie es von einem Cornelius nicht anders zu erwarten ist. Aber was er in seinen mathematisch eingeteilten Feldern wiedergibt, ist doch mehr das scholastische System der Divina Commedia als ihr lebendiges Leben.

Nur ein einziges Blatt ist in der Sammlung, auf das das Gesagte keine Anwendung findet, ein Blatt, das man vielmehr das Muster einer Dante-Illustration nennen kann und das wir deßhalb hier noch eingehender betrachten wollen. Das Blatt stammt von Alfred Rethel, jenem gottbegnadeten und doch so unglücklichen Künstler, der das tragische Schicksal hatte, daß die dämonische Gewalt seines Geistes, zu wuchtig für die schwache Materie, ihn von der Sonnenhöhe seiner Kunst in die Nacht des Wahnsinns stürzte. Rethel ist wie geschaffen zu einem Interpreten Dantes. Wie Dante ist auch Rethel in seinen Schöpfungen vieldeutig im höchsten Sinne des Worts. Jeder Strich, sozusagen, den er zeichnet, hat seine volle Berechtigung in der greifbaren Wirklichkeit und zu gleicher Zeit seine sinnige Bedeutung für die Vertiefung des Gedankens, der dem Bild zu Grunde liegt.

Nehmen wir zum Beispiel seine zwei Holzschnitt-Blätter «Der Tod als Freund» und «Der Tod als Erwürger» (Tafel 65 und 66). Von welch wunderbarem Realismus ist auf dem ersten Blatt das Stübchen des alten Thürmers, in dem der Tod milde Einkehr hält, um den müden Mann für immer abzulösen, und wie beredt erzählt doch der einfache Hausrath, das Thürmerhorn und der Schlüsselbund und die Bibel und das Crucifix und Brod und Krug von dem engen Kreise, in dem das Leben da droben hingerollt ist. Wie ist es der Natur abgelauscht, wie der

Todte im Lehnstuhl dasitzt, in sich zusammengesunken, die Glieder gelöst und nur nach dem Gesetz der Schwere in ihrer Lage verharrend und die Züge welk und leblos und starr, und doch, wie rührend reden diese Züge von den Stürmen und Kämpfen und Leiden des Lebens und die Glieder von der tiefen erquickenden Ruhe nach einem mühseligen langen Arbeitstag. Wie selbstverständlich ragt hinter der Fensterbrüstung die gothische Fiale auf und links durch die Thüröffnung sichtbar der Wasserspeier in den Luftraum hinaus, und doch, wie wunderbar wirkt dies einfache Detail, um uns die schwindelnde Höhe des Thürmerstübchens zu vergegenwärtigen. Wie einfach und selbstverständlich, mit wenig Strichen gezeichnet, ist der Ausblick in die Abendlandschaft, am Himmel die ziehenden Vögel und auf der Fensterbrüstung die Schwalbe, deren Zwitschern man zu hören glaubt. Und doch wie wunderbar bedeutsam sind all diese schlichten Züge: der sonnige Feierabend, der des Müden wartet, unsre Sehnsucht, die mit gebreiteten Schwingen diesem Frieden zustrebt, die freigewordene Seele, die sich eben hinausschwingen will, dieser Sehnsucht folgend. Und auf dem anderen Bild, wie lebenswahr sind die bei der wirren Flucht verschobenen prächtigen Draperien gezeichnet und die bretternen Estraden, die darunter zum Vorschein kommen, wie lebenswahr die von üppiger Kraft noch strotzenden Leiber der von der Krankheit blitzartig Hingeschmetterten, wie grauenhaft lebenswahr die über ihren entstellten Zügen verschobenen Masken. Und wie beredt predigen doch all diese Züge das eitle hoffärtige Schein-Leben, in das der Tod als Erwürger tritt. Und diese Beispiele ließen sich noch in's Unendliche vermehren. Nur noch Eins. Selbst wenn man ganz von Einzelheiten absieht und die Bilder nur nach ihrer Vertheilung von Licht und Schatten auf sich wirken läßt, auch da fehlt nicht die tiefsinnige Vieldeutigkeit. Auf dem Tod als Freund ist das ganze Bild als fast lichtloser Vordergrund gehalten. Nur in der Mitte öffnet sich der Ausblick in die klare Weite der Abendlandschaft. Und dieser Abendsonnenschein ist gleichsam der Brennpunkt für das ganze Licht des Bildes, wie er der Gipfel in der Gedankenreihe ist, die das Bild anregt. Freund Tod, der milde Schiedsmann alles Elends, steht seitwärts fast unbeachtet im Schatten des Vordergrundes. Beim Erwürger dagegen ist das ganze Bild als heller, mit grellem falschem Lampenlicht beleuchteter Hintergrund gehalten, und dahinein ragt mit hartem Schatten ganz allein im Vordergrund, als grausiger Störer des Glanzes und als Mittelpunkt, aber nicht als einer, auf den Alles zustrebt, sondern als einer, von dem Alles zurückweicht, der Erwürger Tod.

Diesen gleichen Vorzug Rethels, seine Macht, Alles, was er mit seinem Zauberstab berührt, in Gold zu verwandeln, die Fülle von realistischen Einzelheiten, die sich ihm scheinbar ungesucht bieten und zu einer lebendigen anschaulichen Erzählung des äußeren Herganges zusammenfügen, zu ebensoviel Symbolen zu vertiefen, die den geistigen Gehalt des Bildes beredt und erschöpfend aussprechen, finden wir in seiner Dante-Illustration (Tafel 67). Rethel hat sich als Gegenstand die herrliche Stelle im dritten Gesang des Purgatorio gewählt, wo der Hohenstause Manfred von seinem Tod und Begräbniß erzählt. Aber er stellt bezeichnender Weise nicht das Zusammentreffen Manfreds mit Dante dar, wie es so viele andere Dante-Illustratoren gethan haben, sondern er greift frisch und keck in die Wirklichkeit und erzählt uns, wie Manfred droben am Brückenkopf von Benevent begraben wurde

Dort unter des gewalt'gen Males Hut. Purg. 3, 129.

Ganz vorn in dem im Uferrand gehöhlten Grabe liegt der Hohenstaufenheld so, wie ihn Dante schildert:

Blond war er, schön, ein Bild der Ritterschaft,
Doch einen Hieb sah ich die Brau ihm theilen
. . . .
Und wies die Brust von einem Streich durchklafft. Purg. 3, 107.

Neben ihm im Grabe lehnt sein mächtiger Schild, der das Wappen der Hohenstaufen zeigt, von einem gewaltigen Hieb gebrochen. Dieser Schild erzählt uns von dem Heldenkampf, in dem sein Eigner gefallen, und er kündet uns, daß es vorbei ist mit der Herrlichkeit der Hohenstaufen, ein echt Rethel'scher Zug. Unübertrefflich sind auch Manfreds ritterliche Gegner wiedergegeben, die mit ihren ungefügen Eisenfäusten die Feldsteine auf den Leib des Gefallenen decken und in deren ehrfürchtiger Sorgsamkeit eine so ergreifende Huldigung für den edlen Besiegten liegt. In den zwei Priestern, die mit «verlöschten Leuchten» abgewandten Blicks von dieser That echt christlicher Barmherzigkeit sich wegstehlen, liegt die ganze tückische Verbissenheit der Klerisei, die dem herrlichen Stamm der Schwabenkaiser bis über's Grab hinaus die Feindschaft bewahrt hat. Und groß und kalt, fast unpersönlich wie das Verhängniß, ragt im Hintergrund die Gestalt des finsteren Anjou, dem der strahlendste der Sonnen-Söhne erlegen ist.

Es ist ein Bild, das seinen tiefsten Gehalt aus Dante schöpft, sich auf's Treueste an Dante anschließt und doch keines Commentars bedarf, ein in sich abgeschlossenes selbständiges freies Kunstwerk, das seine Einheit völlig wahrt und doch unendlich reich ist, weil es eben einen malerisch fruchtbaren Moment der Dichtung zu fassen verstanden hat.

* * *

Wir müssen auf Signorellis und Michelangelos Weltgerichtsbilder zurückgehen, wenn wir dem Rethel'schen Manfred in seiner Bedeutung für Dante den richtigen Platz anweisen wollen. Signorelli und Michelangelo haben das Geheimniß gefunden, die Gestalten des Dante'schen Jenseits zu beleben und gleichzeitig zu durchgeistigen, sie äußerlich von der Dichtung frei zu machen, um sie in ihrem inneren Wesen dem Dichter nur um so näher zu bringen. Rethel hat das Gleiche für die Oberwelt Dantes geleistet. Oder vielmehr, er hätte es leisten können. Denn leider haben wir nur die eine köstliche Probe seines Vermögens. Aber die Richtung, die sich in diesem Bilde verkörpert, ist es, die neben Signorelli und Michelangelo gepflegt werden müßte. So allein ließe sich eine Illustration der Divina Commedia von selbständigem Daseinsrecht schaffen, so würde sie aber auch reich gesegnet sein und endlich einmal die unerschöpfliche Fülle von Motiven für die Kunst nutzbar machen, die Dante in seinem ewigen Gedicht aufgehäuft hat.

Es ist gerade, als ob bisher die Illustratoren mit Blindheit geschlagen gewesen wären. In jeder ästhetischen Würdigung Dantes wird auf die plastische Kraft seiner Darstellung, auf die malerifche Anfchaulichkeit feiner Bilder hingewiefen. Sobald aber ein Künftler an ihn herantritt, fo legt fich's wie ein Zwang auf ihn, und er fchildert immer wieder die Haupt- und Staats-Actionen der Divina Commedia, unbekümmert, ob fie darftellbar find oder nicht, und fchreitet in fteifer Gewiffenhaftigkeit gefühllos hinweg über die unzähligen Keime zu echten Kunftwerken, die allenthalben ausgeftreut find. Freilich, fo bequem und eben wie die alte Straße wäre die neue nicht. Bergauf und -ab und kreuz und quer würde fie führen, und vor Allem müßte der Künftler fich gut auskennen auf feinem Gebiet, um die Plätze auch zu finden, wo Etwas für ihn wächft. Fingerzeige, wo zu fuchen wäre, geben die alten Handfchriften, von denen ich oben fprach (Riccardiana Nr. 1005, Magliabecchiana Palch. I. 29, Vaticana Nr. 4776, Marciana Claffe IX. Nr. 276), welche die Gegenftände zu ihren Miniaturen ebenfowohl dem Diesfeits als dem Jenfeits und ebenfowohl der vom Dichter fingirten Wirklichkeit als feinen zur Verdeutlichung diefer Wirklichkeit herbeigezogenen Bildern entnommen haben. Volkmann (p. 24 und 26—28) verwirft die Wahl folcher Gegenftände, weil fie nur unbedeutendes Beiwerk feien. Aber unbedeutend ift bei Dante Nichts, was er behandelt, und ich möchte fogar die von den Dante-Götzendienern jedenfalls als ketzerifch gebrandmarkte Behauptung aufftellen, daß fich bei Dante vielfach gerade in diefem Beiwerk, in den Epifoden und in den Vergleichen aus der Oberwelt die echte Poefie zufammendrängt, die an Hauptftellen vor urfprünglich wohl vollauf gerechtfertigten, für uns aber zweifellos veralteten Intereffen anderer Art hat zurücktreten müffen.

Ich verlange gar nicht, daß der Künftler der Darftellung des Jenfeits aus dem Wege gehen foll. Es bietet Stoff zu Bildern der gewaltigften Art. Nur muß er nicht in der unfruchtbaren Allegorie gefucht werden, fondern da, wo er wirklich vorhanden ift. Signorelli und Michelangelo weifen den Weg, und auch hier ift noch mancher Schatz ungehoben. Ich erinnere nur an die Fahrt auf dem Rücken des Geryon oder an Antaeus-Carifenda, zwei Stellen, an denen zwar fchon mancher Maler fich verfucht hat, aber ohne daß es einem einzigen geglückt wäre, das phantaftifche Gefühl des Schwindels wiederzugeben, das bei den Worten der Dichtung uns wie ein böfer Traum anpackt. Daneben muß aber auch die Dante'fche Oberwelt zu ihrem Recht kommen. Francesca da Rimini, Ugolino, vielleicht noch Buonconte von Montefeltro im fünften Gefang des Purgatorio, das find die einzigen Gegenftände, bei denen bisher der normale Dante-Illuftrator fich erlaubt hat, auf die Oberwelt heraufzufteigen. Aber würde es ein Farinata weniger verdienen uns vorgeführt zu werden in der Schlacht bei Montaperti, wo der Ghibellinen

Schwerter alfo furchtbar mähten,
. . . . Daß roth davon der Arbia Fluth, Inf. 10, 85.

oder im Kriegsrath von Empoli, wo er allein es war

dort, wo die Genoffen
Einftimmig auf der Stadt Vernichtung drangen,
Der für fie eingetreten kühn entfchloffen. Inf. 10, 91

Oder Peter von Vinea, der Bismarck der Hohenstaufen, der sein Ende so ergreifend erzählt:

Die Metze, welche von der Kaiserpfalz
Die buhlerischen Augen nie verwandte,
Der Höfe Schmach, der Urgrund des Verfalls,

Entfachte Aller Haß zu lichtem Brande
Und legt' in Asche selbst des Kaisers Huld,
Daß Ruhmes Tag in Trübsals Nacht sich wandte. Inf. 13, 64.

Oder der sagenhafte Wahrsager Aruns, der in den Bergen von Luni

Einst hauste in der weißen Marmor-Welt.
Dort schweifte schrankenlos auf Meer und Küste
Sein Blick und schrankenlos zum Sternenzelt. Inf. 20, 49.

Oder Maroello Malaspina, «das Wetter aus dem Magra-Thal», das so finster über Pistoja hereinzieht.

Oder des vermessenen Ulysses Ende, oder noch besser der entscheidende Moment vorher, bei der Ausfahrt aus dem Mittelländischen Meer in den Ocean:

Wo des Herakles Markensteine sagen:
Wir stehen, daß der Mensch nicht weiter dränge,

und wo Ulysses seine wetterharten Gefährten anredet:

O Brüder, sprach ich, die ihr euch zum West
Durch tausend Fährlichkeiten durchgefunden,
Nützt dieser Abendwache kleinen Rest,

Der eurer Sinnenkraft noch nicht entschwunden,
Den Theil der Welt, wo keine Menschen leben,
Die Sonne überholend zu erkunden.

Des Samens denkt, der Dasein euch gegeben:
Geschaffen seid ihr nicht zum Wiederkäuen,
Nein, Wissenschaft und Tugend zu erstreben.

Dann heißt es weiter:

So ungestüm macht' ich mir die Getreuen
Durch meinen kurzen Spruch zur Fahrt entbrannt,
Es wär umsonst gewesen zu bereuen. Inf. 26, 112.

Welch fruchtbarer Keim zu einem Bilde: die Gewalt des kurzen Spruches in seiner Wirkung auf die Hörer zu zeigen.

Oder der düstre Mosca de' Lamberti, wie er das geheimnißvolle, folgenschwere Todesurtheil über den ungetreuen schönen Buondelmonte spricht:

Zu End' führt nur Beginnen, Inf. 28, 107.

oder auch der Vollzug dieses Urtheils: wie am sonnigen Ostermorgen der hoffährtig daherprangende Bräutigam

an jenem morschen Stein,
Der von der Brücke dräut, Par. 16, 145.

von den Sippen seiner verlassenen Verlobten niedergeworfen wird.

Oder Bruder Alberigo,

Der mit dem Obſt im Garten voll Verderben, Inf. 33, 119.

der ſein Opfer zu ſich in den Garten zu Gaſte lädt und beim Nachtiſch niederſtoßen läßt. — Stradano hat dieſes Motiv herausgefunden, aber nicht wirkſam zu verwerthen gewußt.

Oder die beiden humorvollen Geſtalten unter den Büßern:

Der phlegmatiſche Muſikus und Inſtrumentenmacher Belacqua von Florenz, den Dante auf der Vorſtufe des Fegfeuerberges findet:

Sein träges Weſen und ſein kurzes Fragen
Bewegten mir den Mund zum Lächeln leiſe.
«Belacqua, ſprach ich, nicht mehr darf ich klagen

Um dich. Doch ſprich, was ſolches Raſten heiße
Grad hier? Harrſt du auf Einen, der dich führe?
Nahmſt du nur wieder auf die alte Weiſe?»

Drauf er: «O Freund, was hilft's, wenn ich mich rühre?
Mich ließe doch noch nicht zur Buße gehen
Der Vogel Gottes droben an der Thüre.» Purg. 4, 121.

Ueber den Verſen liegt noch der Widerſchein davon, wie luſtig es einſt in Belacquas Werkſtatt zugegangen ſein mag, wenn ihm Dante beim Guitarren-Schnitzen zuſah. — Dort und nicht auf dem Fegſeuerberg hätte ihn C. F. Leſſing darſtellen ſollen.

Und ſein Pendant, der trinkbare Meſſer Marcheſe,

der auf Erden
Zu Forli weidlich trank mit mindrem Brande
Und dabei dennoch niemals ſatt konnt werden, Purg. 24, 31.

und der dem Rodenſteiner ſchon den großen Gedanken vorgedacht hat:

Man ſpricht vom vielen Trinken ſtets,
Doch nie vom vielen Durſte.«

Warum hat noch Niemand den fünften Geſang des Purgatorio beſſer ausgebeutet, der ſo reich iſt an lebendigen Motiven:

Die wilde Mordſcene, wie Jacopo del Caſſero den Meuchelmördern des Eſte erliegt.

Buonconte von Monteſeltro, wie er auf der Flucht am Ufer des Archiano verblutet, oder wie in der Wetternacht die Bergſtröme mit Leichen gehen; nicht aber, wie ſich Engel und Teufel um ſeine Seele ſtreiten, oder ſein Leib allegoriſchen Fluß-Göttern überantwortet wird.

Vor Allem aber die Geſtalt der Pia, für die Dante ſo wunderſame Verſe findet. Wer war ſie? Niemand weiß es. Wie iſt ſie geſtorben? Was war ihre Schuld? Niemand kann beſtimmte Antwort geben. Ja nicht einmal über den Wortſinn der Verſe läßt ſich volle Klarheit erlangen. Und doch, ein ganzes Schickſal weht Einen an aus dem Halbdutzend Zeilen, eine Welt voll weicher ſchüchterner Menſchenliebe, voll bitteren Unglimpfs, verzweifelten Wehs, voll verhaltener, ſcheuer, verkannter, mißhandelter und doch über Leid und Tod hinaus ſieghafter Liebe. Mit ein paar Strichen ist das Bild gezeichnet, aber ergreifend steht es vor uns mit dem süßen, verhärmten, resignirten und doch so sehnsüchtigen kleinen Gesicht, wie ein Traum des Sandro Botticelli. Wo hat Dante diese Züge der Natur abgelauscht? — Er weiß es.

Doch weiter in unsrer Bilder-Ernte:

Pias Gegenbild, auch eine Sienesin, die trotzige Sapia, wie steht sie voller Leben auf ihrem Thurme, mit frohlockendem Blick der «Hetzjagd» folgend, in der die Schaaren ihrer Landsleute über das Feld von Colle zersprengt werden.

Oder die beiden stolzen Bettler, der mächtige Provenzan Salvani von Siena, der auf dem Marktplatze seiner Vaterstadt das Lösegeld für den Freund zusammenbettelt, und Romeo, der biedere Seckelmeister des Grafen Raimund Berlinghieri, der am Abend seines treuen Lebens durch Undank dahin getrieben wird,

Daß er sein Brod sich bettelt Krum' um Krume, Par. 6, 141.

zwei Typen, in deren Schilderung Dante die ganze selbstdurchgekostete Herbe des Heischens hineinlegt.

Und endlich Dante selbst, arm und stolz und verbittert in der Verbannung, wie er sich in der Weisfagung seines Ahnherrn schaut:

Erfahren wirst du auch an deinem Theil,
Wie sehr das Brod der Fremde schmeckt nach Salz
Und wie die fremden Stiegen mühsam steil. Par. 17, 58.

Stellt Dante nicht all diese Gestalten leibhaft vor uns hin?

Warum sind ferner bis jetzt so wenige von den Goldkörnern der köstlichen Vergleiche und Bilder für die Kunst ausgemünzt worden, die Dante aus allen Natur-Reichen, aus allen Lebensverhältnissen gesammelt und mit vollen Händen über seine Dichtung ausgestreut hat?[12]

Er schildert mit schmetternder Wucht den Sturm, der

Auf Wälder niederfährt und ohne Halten

Knickt, bricht und mit sich führt den Ast der Eichen:
Staubwirbelnd kommt er stolz einhergezogen,
Daß Hirt und Herde flüchtig vor ihm weichen; Inf. 9, 69.

mit ein paar kurzen, aber unendlich malerischen Worten den schweren Schneefall im Hochgebirg:

Wie in den Alpen Schnee an stillen Tagen; Inf. 14, 30.

mit eigenthümlichem heimlichem Reiz das Wimmeln der Leuchtkäfer im feuchten Wiesengrund:

Gleich wie der Bauer ruh'nd am Bergeshang
Zur Zeit, wenn sie, die Licht dem Weltall spendet,
Ihr Antlitz uns verhüllet minder lang,

Wann Schnak' ihr Spiel beginnt und Mück' es endet,
Glühwürmchen schaut im Thal, wo er am Tag
Wohl herbstet oder seine Scholle wendet; Inf. 26, 25.

mit Humor und liebevollem Verständniß die Schafe, die aus dem Pferche trotten:

Wie aus dem Pferche kommt die Lämmerheerde,
Erst eins, dann zwei, dann drei, und alle stehen
Die andren schüchtern, Blick und Maul zur Erde,

Und alle thun, was sie vom ersten sehen,
Und bleibt es stehn, so drängen sie heran
Einfältig still und ohne zu verstehen; Purg. 3, 79.

die Hunde, wie sie sich

Sommers jücken
Mit Schnautz und Pfote, wenn der Biß sie sticht
Von Flöhen oder Bremsen oder Mücken; Inf. 17, 49.

die Frösche, die sich

fort durch's Wasser stehlen
Und jeder kauernd sich an's Ufer setzt,
Wenn Feindin Schlange naht, Inf. 9, 76.

oder die

quacken längs der Bucht,
Das Maul nur sichtbar, wenn im Erntefleiße
Die Bäurin öfters träumt von reifer Frucht. Inf. 32, 31.

Mit einem feinen, überlegenen Spotte führt er menschliche Schwächen aller Art vor. So den fragwürdigen Eifer des Pferdeburschen, der sich nur dann mit Striegeln eilt,

wenn sein der Herr schon harrt

oder wenn er selber

in sein Bett begehrt; Inf. 29, 76.

die kleinmüthigen Sorgen des Bauern im unbeständigen Frühjahr:

Wenn Reif mit Farben, die nur kurz von Dauer
Auf's Gras das Bild des weißen Bruders haucht,

Erhebt in Futtersorgen sich der Bauer,
Blickt aus und schaut, soweit das Auge reicht,
Das Feld bedeckt mit einem weißen Schauer;

Die Hüfte schlägt er sich, geht heim und schleicht
Rathlos umher mit kläglicher Geberde,
Dann späht er wieder aus, da wird's ihm leicht,

Wenn er auf's Neu das Angesicht der Erde
Durchaus verändert schaut in wenig Stunden,
Nimmt seinen Stab und treibt in's Feld die Heerde; Inf. 24, 5.

oder das Verhalten der Glücksspieler und ihrer Genossen bei den Wechselfällen des Spiels:

Wenn zwei das Spiel der Würfel abgeschlossen
Bleibt, wer verliert, zurück, des Kummers Beute
Und wiederholt die Würf' und lernt verdrossen.

Mit dem Gewinner zieht die ganze Meute:
Der geht voran und Der geht hinterdrein,
Und Der macht sich bemerklich von der Seite.

Er schreitet zu und höret hin zum Schein.
Weß Hand er drückt, der läßt von dem Gedränge,
Und so weiß er vom Schwarm sich zu befrei'n. Purg. 6, 1.

Mit drastischem Humor, der schon wieder in Zorn umschlägt, zeichnet er das Bild des üppigen Cardinals:

Jetzt brauchet rechts und links ein Widerlager
Der neue Hirt und Einen, der ihn leitet,
So schwer ist er, und einen Schleppen-Trager.

Sein Mantel deckt den Hengst, darauf er reitet,
Sodaß zwei Thiere unter einem Felle.
O der Langmüthigkeit, die all das leidet! Par. 21, 130.

Dann aber auch wieder schildert er mit der Waffenfreude des Veteranen von Campaldino den stolzen Anblick,

Wie vor die Reihen manchmal galoppirt
Ein Reiter, wenn zum Angriff wird geritten,
Und sich des ersten Einbruchs Ehre kürt; Purg. 24, 94.

und mit dramatischer Kraft das selbstlose Heldenthum des Weibes:

wie die Mutter ohne lang Besinnen,
Vom Prasseln aufgeschreckt und Feuerschein,

Den Sohn erfaßt und flieht und strebt von hinnen
So schnell — denn nur dem Kinde gilt ihr Denken —,
Daß sie nicht einmal überwirft ihr Linnen. Inf. 23, 38.

Mit warmer Innigkeit malt er den wohligen Frieden des Hauses:

Die Eine an der Wieg' ihr Wesen trieb
Und braucht' ihr Kindlein lullend jenes Reden,
Das jungen Eltern klingt so hold und lieb;

Die Andre, spinnend ihres Flachses Fäden,
Wußt mit den Ihren alte Mähr zu raunen
Von Fiesole und Rom und Trojas Fehden. Par. 15. 121.

Und mit wunderbarer Lyrik überhaucht er die Abendstimmung des landfremden Mannes:

Die Stunde war's, wo Sehnsucht leis durchzieht
Die Brust des Seemanns und sein Herz erweicht
Am Tag, da er von seinen Lieben schied,

Und wo Heimweh zum ersten Mal beschleicht
Den Pilgrim, hört er's in der Ferne läuten,
Als klag' es ob dem Tage, der erbleicht. Purg. 8, 1.

Und so ließe sich noch lange lange fortfahren mit der Aufzählung künstlerischer Motive aus der Divina Commedia. Sie ist unerschöpflich.

Und all das Beiwerk ſoll in Bilder verwandelt werden?

Ja, ich ſehe nicht ein, warum das blühende lebendige Fleiſch weniger Berechtigung hätte vom Künſtler berückſichtigt zu werden als das Knochengerüſte. Sache des Künſtlers iſt es dann, jedem Motiv ſeinen rechten Platz anzuweiſen, das eine als geſchloſſenes Bild zu geſtalten, das andre in einer bedeutungsvollen Initiale, einer ſinnigen Schlußvignette, einer graziöſen Rahmen-Arabeske ausblühen zu laſſen. Was Menzel für die Werke Friedrichs des Großen geleiſtet hat, das wäre die Aufgabe des Dante-Illuſtrators, der noch kommen muß, gegenüber der Divina Commedia, und wenn die Löſung gelänge, ſo müßte die Geſammtheit dieſer Bilder nicht nur die drei Reiche des Dante'ſchen Jenſeits uns vergegenwärtigen, ſondern uns ein allſeitiges, lebenswahres, tiefſinniges Bild der ganzen Dante'ſchen Welt geben, eben das, was die Dichtung ſelbſt thut und worin gerade das Geheimniß ihres unvergänglichen Lebens beſteht.

Anmerkungen.

Rom.

1 BOCCACCIO, *Vita*, p. 54.

2 SCARTAZZINI, *D. in Germ.* II, p. 341 ff.; *D. Handb.*, p. 100 ff. — BARTOLI V, p. 121 ff. — Ebenda im Anhang, p. 337 ff. PASQUALE PAPA, *L'ambasceria di D. Alighieri a Bonifazio VIII.* — NICOLA ZINGARELLI, *Dante e Roma.* Rom 1895, p. 12 ff. — cf. dagegen DEL LUNGO, *Dino Comp.* II, p. 511 und M. BARBI in *Bullettino della Soc. D. N. S.* I, p. 8 und II, p. 14 f.

3 cf. *Giornale Dantesco* III, p. 378.

4 NICOLA ZINGARELLI l. c., p. 14.

5 ALFRED VON REUMONT, *Rom in Dantes Zeit*, im *D. Jahrb.* III, p. 397. — GREGOROVIUS V, p. 536 und 630.

6 *D. Handb.*, p. 382 ff.

7 BARTOLI V, p. 214 f. — Verfehlt fcheint mir die Unterfcheidung, die RICCI p. 114 macht, zwifchen der Befchreibung eines dauernden Zuftandes und der eines «fenomeno vivo e spiritale della natura». Die Bilder von San Leo, Pola und «Monte Barco» könne Dante auf Grund von Hörenfagen gebraucht haben; den Wolkenzug über der Carifenda oder das Waldesraufchen in der Pineta von Chiaffi müffe er felbft wahrgenommen haben, um es fchildern zu können. Aber es ift doch nicht erfichtlich, warum es der menfchlichen Phantafie leichter fallen follte, fich das Ausfehen eines von Sarkophagen bedeckten Gefildes oder Bergformationen von einem ganz befonderen Charakter vorzuftellen als die optifche Täufchung des fich neigenden Thurmes oder die Wirkung des Windes in den Wipfelkronen eines Pinien-Hochwalds. Und wie ift es dann mit Bildern wie der Wafferfall von San Benedetto? ift das eine Oertlichkeit oder ein Phänomen? RICCI kennt den Pininenwald von Chiaffi genau, und diefe genaue Kenntniß gibt ihm die — gewiß richtige — Ueberzeugung, daß Dante den Wald auf Grund eigener Anfchauung gefchildert hat. So wird fich aber auch an allen anderen Stellen nur von Fall zu Fall entfcheiden laffen, und das Hauptgewicht in die Wagfchale legt der Augenfchein.

8 cf. NICOLA ZINGARELLI l. c., p. 17. Die vorftehenden Ausführungen waren fchon niedergefchrieben, als mir Zingarellis Schrift zu Geficht kam, und gerade hier hat es mich befonders gefreut, in der Auffaffung eines italiänifchen Dantiften die meinige wiederzufinden.

9 CROWE u. CAVALCASELLE I, p. 213.

10 VILLANI VIII, cp. 64. — GREGOROVIUS V, p. 570.

11 Von mir befprochen im *Giornale D.* II, p. 154.

12 GREGOROVIUS V, p. 627. — REUMONT l. c., p. 388 ff.

13 GREGOROVIUS II, p. 156.

14 REUMONT l. c., p. 388.

15 GREGOROVIUS VI, p. 690. — VILLANI VIII, cp. 70.

16 *Vita nuova* ed. C. WITTE, Leipzig 1876, p. 47. — SCARTAZZINI, *D. Handb.*, p. 376.

17 VILLANI VIII, cp. 36.

Florenz.

1 E. FRULLANI und G. GARGANI, *Della casa di Dante, relazione*, Florenz 1865, und *La casa di Dante Alighieri in Firenze*, Florenz 1869. — L. PASSERINI, *Della famiglia di Dante*, in *Dante e il suo secolo*, p. 59. — WITTE, *D. F.* II, p. 4.

2 WITTE, *D. F.* II, p. 14.

3 FRATICELLI, *Vita*, p. 98. — WITTE, *D. F.* II, p. 17 f.

4 BOCCACCIO, *Com.* I, p. 224.

5 WITTE, *D. F.* II, p. 17 f.

6 *Vita*, p. 109.

7 BOCCACCIO, *Vita* ed. MILANESI, p. 14 ff.; desgl. die kürzere Fassung bei CIARDETTI V, p. 11.

8 *Vita* ed. MILANESI, p. 19 und CIARDETTI V, p. 12. — Ueber die ganze Frage cf. WITTE, *D. F.* II, p. 48 ff. und SCARTAZZINI, *D. in Germ.* I, p. 263 ff.; II, p. 281 ff. und *D. Handb.*, p. 74 ff.

9 Zur 10. Strophe des III. Gesangs.

10 SCARTAZZINI, *D. Handb.*, p. 77.

11 DEL LUNGO, *Dino Comp.* II, p. 610 ff. und *Dante ne' tempi di Dante*, p. 435.

12 Chi udisse tossir la mal fatata
Moglie di Bicci vocato Forese,
Potrebbe dir che la fosse vernata
Ove si fa 'l cristallo in quel paese.
Di mezzo agosto la trovi infreddata;
Or sappi che de' far d'ogni altro mese!
E non le val perchè dorma calzata
Merzè del copertoio ch'ha cortonese.
La tosse, il freddo e l'altra mala voglia
Non le addivien per omor ch'abbia vecchi,
Ma per difetto ch'ella sente al nido.
Piange la madre, ch'ha più d'una doglia,
Dicendo: Lassa, che per fichi secchi
Messa l'avre' in casa il conte Guido!

DEL LUNGO, *Dante ne' tempi di Dante*, p. 442.

13 DEL LUNGO, *Dino Comp.* II, p. 613, Anm.

14 FRULLANI und GARGANI, *Della casa di Dante*, p. 38 ff. — WITTE, *D. F.* II, p. 61. — SCARTAZZINI, *D. Handb.*, p. 95.

15 VILLANI I, cp. 38 und IV, cp. 5 und 6.

16 VILLANI I, cp. 38.

17 VILLANI I, cp. 42 und 60. — cf. auch Ottimo Commento zu Inf. 13, 144.

18 VILLANI II, cp. 1 und III, cp. 1.

19 VILLANI V, cp. 38.

20 PHILALETHES III, p. 236. — GIUNIO CARBONE, *Della costituzione topografica di Firenze* in *D. e il suo sec.*, p. 499.

21 VILLANI XI, cp. 1.

22 VILLANI IV, cp. 35.

23 PHILALETHES, Anm. zu Paradies 16, 144.

24 BURCKHARDT, *Cicerone* II, p. 29.

25 BENVENUTO RAMBALDI II, p. 35.

26 IV, cp. 30.

27 MATTEO VILLANI, *Cronica* XI, cp. 30. — cf. auch G. O. CORAZZINI, *per le Nozze Modena-Roselli Tedesco*, Florenz 1894. Darnach wurden im Jahr 1406, als Pisa in die Gewalt von Florenz gerieth, an den beiden Säulen zwei gemalte offene Augen mit dem Spruch angeheftet:
Occhi traditi sono ralluminati,
Però ringratia Dio, tu che gli guati.
(*Bullettino della Soc. D.* N. S. I, p. 157.)

28 VILLANI VI, cp. 26. — BENVENUTO RAMBALDI III, p. 345.

29 FRANCO SACCHETTI, *Novelle*, Mailand 1888, Nr. 196.

30 VASARI, *Vite* I, p. 304.

31 CROWE und CAVALCASELLE I, p. 215 ff. zum Theil veraltet, in der Hauptsache aber doch treffend. — BURCKHARDT, *Cicerone* II, p. 528.

32 Giottos Weltgerichtsbild werden wir in anderem Zusammenhang zu betrachten haben, cf. p. 210.

Arno-Lauf und Casentino-Thal.

1 AMPÈRE, p. 59. — BENI, *Guida illustrata del Casentino*, Florenz 1889, p. 186. Auch die von BENI citirte Stelle aus dem *Convito* IV, cp. 11, Ciardetti IV, p. 600, ändert daran nichts. Denn Dante spricht dort nur von den Abhängen der Falterona, wo er einen alten Silberschatz habe ausgraben sehen, und mir ist gar nicht unwahrscheinlich, daß der Fundort in der Nähe der von BENI, p. 171 erwähnten «Buca del tesoro» zu suchen ist, wo auch 1838 der reiche Bronce-Schatz zu Tage gefördert wurde, also beträchtlich unterhalb des Gipfels.

2 cf. zum Folgenden LORENZO N. PARETO, *Cenni, geologici intorno alla Div. Com.* in *Dante e il suo sec.*, p. 566 ff. und REPETTI unter «Arno».

3 SCARTAZZINI, *Comm.* zu Purg. 14, 53.

4 BARTOLI V, p. 91 ff.

5 *Vita di Dante*, Ciardetti, p. 50, 51 und 53.

6 *D. Handb.*, p. 62 ff.

7 VILLANI VII, cp. 130.

8 BENI l. c., p. 139.

9 AMMIRATO, *Hist. Fiorent.* I, p. 418. — SCHEFFER-

Boichorst, *Aus Dantes Verbannung*, p. 29. — Troya, *Veltro di D.*, p. 32 und *Veltro de' Gh.*, p. 136.

10 Beni l. c., p. 140, 206 ff.

11 Landino bezeichnet die Conſuma-Straße nach dieſem mehr thalwärts an ihr gelegenen Ort wohl deß-halb, weil er ſelbſt dort durch die Freigebigkeit der Signorie von Florenz begütert war, cf. Beni l. c., p. 220.

12 Auch ſonſt in Italien, z. B. im Thal des Chienti auf dem Weg nach Urbisaglia.

13 «Indulgenza» als volksthümliche Motivirung des Stein-Legens erwähnt auch Beni l. c., p. 206, aber ohne eine Deutung des Wortes zu verſuchen.

14 Philalethes I, p. 246.

15 VI, cp. 54.

16 Witte, *D. F.* II, p. 194 ff.

17 Witte *D. F.* II, p. 195, 196, 206. — Troya, *Veltro di D.*, p. 123 f.

18 cf. p. 30 f.

19 Witte, *D. F.* I, p. 486 und II, p. 195.

20 Bartoli V, p. 229 ff. — Scartazzini, *D. Handb.*, p. 346.

21 Witte, *D. F.* I, p. 475 ff. — Del Lungo, *Dino Comp.* II, p. 585 ff. — Bartoli V, p. 141 ff. — Scartazzini, *D. Handb.*, p. 346 ff.

22 Ciardetti V, p. 57. — Del Lungo, *Dino Comp.* II, p. 595.

23 Bartoli V, p. 147. — Scartazzini, *D. Handb.*, p. 116.

24 Witte, *D. F.* II, p. 214.

25 Witte, *D. F.* II, p. 215.

26 Fraticelli, *Comm.* zu Inf. 30, 78. — Beni l. c., p. 207.

27 *Vita*, p. 24.

28 Repetti IV, p. 665.

29 cf. p. 82.

30 Witte, *D. F.* II, p. 234. — Die von Sacchetti, *Novelle* 179, erzählte ſcharfe Abfertigung, die Manenteſſa ihrer Baſe Gherardesca von Battifolle ertheilt, hat auch den Tod ihres Vaters zum Gegenſtand.

31 Villani VII, cp. 130. — Dino Compagni I, cp. 8. — Auch für den weiteren Verlauf des Kampfes ſind die beiden Chroniken zu vergleichen.

32 Del Lungo, *D. ne' tempi di D.*, p. 133.

33 Man muß zu Ehren der italiäniſchen Regierung ſagen, daß ſie dieſen alten Kloſter-Schatz von Camaldoli ſorgſam hütet. Die Bewirthſchaftung des Waldes wird in der gleichen rationellen, weitſichtigen Weiſe ſorbetrieben wie zur Zeit der Mönche, und es hat zu dieſem Zweck eine Forſtbehörde in Camaldoli ihren Sitz erhalten. Aber wenn man den Segen der Wälder ſo klar vor Augen hat, drängt ſich Einem immer wieder die Frage auf: Warum ſucht die Regierung nicht um jeden Preis auch den anderen Gegenden dieſen Segen zu Theil werden zu laſſen? Warum läßt ſie Jahr für Jahr die furchtbaren Waſſer-Kataſtrophen über das Land ergehen, die immer wieder alle Theile Italiens heimſuchen, die Ackererde wegführen, die Brücken zerſtören, die Fluß-Läufe verſchütten und verſchlämmen und ſie aus ſegensreichen Verkehrs-Adern mehr und mehr in troſtloſe weite Geröll-Felder und Sandbänke verwandeln, die in der Regenzeit das Land erſäufen und in der trockenen es verdurſten laſſen? Warum duldet ſie das mit einer wahrhaft türkiſchen Reſignation, ſtatt die unermeßlichen Summen, die bei den Hochwaſſern alljährlich vernichtet werden, in dem Werk einer umfaſſenden Aufforſtung in der denkbar fruchtbringendſten Weiſe anzulegen? Die Oeſtreicher haben es thatkräftig unternommen, den öden Karſt in Wald zu verwandeln, und ihr guter Erfolg zeigt wieder einmal, was die Energie des Menſchengeiſtes vermag. Prächtige Tannen-Beſtände beginnen ſich auszubreiten, wo bisher die eiſige Bora über kahle Kalkfelſen fegte, und geben dem Lande Waſſer und den Bewohnern Arbeit. Und was man der ſpröden, wilden Natur des Karſt abringen konnte, das ſollte der milde, gütige Himmel Italiens verſagen?

34 Beni l. c., p. 351.

35 Buti zu Inf. 16, 106 und Purg. 30, 42.

Piſa, Lucca, Piſtoja.

1 Die nächſte Nachbarſtadt von Florenz, Prato, iſt hier nicht zu nennen. Die Stelle Inf. 26, 9, wo Prato in erſter Reihe derer genannt iſt, die über Florenz Unheil hereinflehen — die einzige Stelle, an der wir Prato in der Div. Com. genannt finden —, wird mit größter Wahrſcheinlichkeit nicht auf die Stadt ſelbſt, ſondern auf den Cardinal Niccolò von Prato gedeutet, der 1304 als Legat Benedicts XI. nach dem Scheitern ſeiner Vermittlungsverſuche zwiſchen Florenz und den vertriebenen Weißen bei ſeiner Abreiſe die Stadt in Bann that und

die schweren Unglücksfälle, die noch im gleichen Jahr Florenz heimsuchten, als eine Wirkung seines Fluches aufweisen konnte. Aber wenn man die Worte auch von Prato selbst verstehen wollte, so enthalten sie doch nichts, was auf nähere Beziehungen Dantes zu dieser Stadt schließen ließe, die auch weder an Größe noch an politischer Bedeutung mit den drei Anderen in die Reihe zu treten vermocht hätte.

2 *Fragmenta Historiae Pisanae*, MURATORI XXIV, p. 653 ff. — VILLANI VII, cp. 136.

3 V, p. 93 ff. — BARTOLIS Ansicht wird gut widerlegt von SCARTAZZINI, *D. Handb.*, p. 70. Dagegen scheint mir SCARTAZZINI der offenbar irrigen Notiz des FRANCESCO DA BUTI zu viel Ehre anzuthun, indem er sie selbst in seinem kleinen Commentar in extenso abdruckt. FRANCESCO spricht von der Einnahme Capronas durch die Pisaner im Frühjahr 1289. Da Dante damals aber noch nicht verbannt war, konnte er dabei auch nicht zugegen sein, und demnach ist diese Einnahme auch nicht diejenige, auf die er im Inferno anspielt.

4 cf. *Fragmenta Historiae Pisanae* l. c., namentlich p. 657, wo die Verbannten von Pisa, «li sciti di Pisa», in dem Heere vor Caprona ausdrücklich genannt sind.

5 *Fragmenta Historiae Pisanae* l. c., p. 654 und 666. — DEL LUNGO, *Dante ne' tempi di Dante*, p. 286 ff. und 314.

6 TROYA, *Veltro di D.*, p. 32.

7 *Fragmenta Historiae Pisanae* l. c., p. 657 und 662.

8 p. 10.

9 SFORZA, *Dante e i Pisani*, Pisa 1873, p. 110 und 178.

10 FRANCESCO DA BUTI, JACOPO DELLA LANA, BENVENUTO RAMBALDI, OTTIMO COM. u. ANONIMO FIORENTINO.

11 Am ausführlichsten und fast novellenartig in der aus dem Anfang des 16. Jahrhunderts stammenden *Pisanischen Chronik* des MARANGONE in TARTINI, *Rer. ital. Script.* I, p. 582 ff. Aber auch in dem *Poema «caliginosum» de Proeliis Tusciae*, das der gute Bruder RAYNER um 1333 zusammengeschrieben hat, lassen sich aus all dem Bombast die Hauptzüge der Tradition mit Bestimmtheit herauslesen. MURATORI XI, p. 299.

12 MURATORI IX, p. 932.

13 PHILALETHES übersetzt hier «einen gefangenen Guelphen». Der Text bei MURATORI lautet aber «unum carceratum Guelphum nomine de illis Guelphis comitibus natum etc. etc.». Auch in den *Proeliis Tusciae* wird der Knabe «Guelfus» genannt. TROYA, *Veltro di D.*, p. 28, nimmt an, es sei Guelfuccio III. gewesen, das Kind Heinrichs, eines Sohnes Guelfos II., des ältesten Sohnes Ugolinos.

14 GREGOROVIUS VI, p. 88.

15 *Par.* 30, 133.

16 Meist wird gegen BENVENUTO RAMBALDI hier die Autorität des FRANCESCO DA BUTI in's Feld geführt. Aus der Nähe Pisas stammend und in Pisa lehrend sollte er allerdings über pisanische Verhältnisse am genauesten unterrichtet sein. Aber wie sehr auch er gerade in solchen Fragen irren kann, zeigt die unglaubliche Verwirrung, die er in seiner Notiz über Caprona anrichtet.

17 *Fragmenta Historiae Pisanae* l. c., p. 650.

18 MINUTOLI, *Gentucca e gli altri Lucchesi nominati nella Div. Com.* in *Dante e il suo sec.*, p. 209.

19 BUTI und OTTIMO COMMENTO.

20 MINUTOLI l. c., p. 212. — ALBERTINI MUSSATI *de Gestis Italicorum*, MURATORI X, p. 595 und *Cronica di Pisa*, MURATORI XV, p. 987.

21 cf. P. G. BERTHIER, *Com.*, Freiburg (Schweiz) 1894.

22 BENVENUTO RAMBALDI II, p. 105 f. — AMPÈRE, p. 28.

23 *Inf.* 30, 74 und vielleicht 13, 143.

24 Das Santo Volto zeigen die lucchesischen Münzen schon in der Zeit Ottos I. Dieser Kaiser hat der Stadt Lucca das Münzrecht verliehen. Darum trägt die Rückseite der Münze die Umschrift Otto Rex und in der Mitte das Monogramm Ottos (zwei verbundene T in dem Reif, der das O darstellt). Auf die Vorderseite setzten die Lucchesen ihr Stadtheiligthum, den Christuskopf en face mit der Umschrift: S. VVLT DE LVCA, um ihre municipale Unabhängigkeit dem Kaiser gegenüber zum Ausdruck zu bringen. Um die Mitte des 13. Jahrhunderts beginnt dann Lucca den Goldgulden zu schlagen, ähnlich dem florentinischen. Da sich aber die Zeiten geändert haben, trägt er keinen Kaiser-Namen. Die Vorderseite zeigt das Santo Volto in dreiviertel Ansicht, die Rückseite den heiligen Martin, den Heiligen des Doms von Lucca. — cf. DOMENICO MASSAGLI, *Storia della Zecca e delle Monete Lucchesi.* Lucca 1870. — FIORITI, *De Vultu Sancto et moneta lucensi.* Manuscript von 1754 im *Staats-Archiv* von Lucca.

25 BERTHIER l. c., p. 330.

26 REPETTI V, p. 271.

27 Selbst WITTE vertritt in seinem *Comm.* diese Ansicht.

28 MINUTOLI l. c., p. 226 ff.

29 Auf sie weisen auch die Angaben zweier unbenannter alten Commentatoren, die MINUTOLI in Handschriften der *Laurenziana* und *Magliabecchiana* ermittelt hat, l. c., p. 230.

30 ENRICO RIDOLFI, *Guida di Lucca*, Lucca 1877, p. 149.

31 WEGELE, p. 222 und 233. — SCARTAZZINI, *D. Handb.*, p. 150 und 157. — BARTOLI V, 254 ff. rückt auch hier den Zweifel in den Vordergrund und gibt nur widerwillig zu, daß die Jahre 1314—15—16 die größte Wahrscheinlichkeit für sich haben. Ein stricter Beweis liegt ja allerdings nicht vor. Aber daß eine solche Fülle von Wahrscheinlichkeitsgründen gerade für diese Zeit spricht, ist auch eine wissenschaftliche Thatsache, die respectirt sein will und die durch allzukühnes Zweifeln nicht wieder verwischt werden soll.

32 VILLANI I, cp. 32.

33 VILLANI VIII, cp. 37. — PHILALETHES I, p. 37.

34 *Istorie Pistolesi*, MURATORI XI, p. 367 ff. — BENVENUTO RAMBALDI schreibt die That dem Focaccia, Sohn des Bertacca Cancellieri, zu, den wir im Inferno bei den Verwandten-Mördern finden (Inf. 32, 63), doch mit Unrecht. Den Focaccia versetzt Dante in das Eis des Cocytus, weil er seinen Vetter Detto di M. Sinibaldo von den schwarzen Cancellieri ermordet hat (*Ist. P.*, p. 371), während die unmenschliche Vergeltung mit der abgehauenen Hand einem Sohn des Gualfredi Cancellieri zur Last fällt.

35 REPETTI IV, p. 434.

36 FRANCESCO DA BUTI, BENVENUTO RAMBALDI, JACOPO DELLA LANA, LANDINO. — Die alte Erzählung, auf die PELEO BACCI (*D. e Vanni Fucci*, Pistoja 1892, p. 31) neuerdings wieder aufmerksam gemacht hat, Dante sei nach 1300 mit Vanni Fucci in Verona oder Modena zusammengetroffen und habe von ihm eine Maulschelle erhalten, wird schon durch die Erwägung hinfällig, daß ihn Dante dann im Jahr 1300 noch nicht in der Hölle treffen könnte. BACCI (p. 29) irrt mit der Annahme, daß dies in Dantes Hölle wohl möglich sei. Dante trifft die Seele keines Sünders, der noch lebt, außer in der Ptolemaea, und für diese Abtheilung ist die Ausnahme, das «Vorrecht» besonders statuirt (Inf. 33, 124).

37 Buch I, cp. 13 und 17.

38 *De vulgari eloquentia*, Buch II, cp. 2.

39 Tutto ch'altrui aggrada a me disgrada,
Et èmmi a noia e'n dispiacere il mondo.
Or dunque che ti piace? J' ti rispondo:
Quando l'un l'altro ispessamente agghiada.
E piacemi veder colpo di spada
Altrui nel viso, e nave andare a fondo;
E piacerebbemi un Neron secondo,
E ch'ogni bella donna fosse lada.
Molto mi spiace allegrezza e sollazzo,
E sol malinconia m'aggrada forte,
E tutto dì vorrei seguire un pazzo;
E far mi piaceria di pianto corte,
E tutti quelli ammazzar ch'io ammazzo
Nel fier pensier, là dove io trovo morte.

BARTOLI IV, p. 124.

40 SCHEFFER-BOICHORST, *Aus Dantes Verbannung*, p. 20.

41 Es ist dasselbe Bild wie zu Beginn des *Purgatorio:*
Um beßre Fluth zu furchen, hebt nunmehr
Das Schifflein meines Geists die Segelschwingen,

und im 2. Ges. *Paradiso:*
O ihr, die ihr in eurem kleinen Kahn
Begleitet habt, von Hörbegier entzündet,
Mein Schiff, das singend ziehet seine Bahn,
Kehrt um, daß euren Strand ihr wiederfindet.

42 Jo mi credea del tutto esser partito
Da queste vostre rime, Messer Cino;
Chè si conviene omai altro cammino
Alla mia nave, già lunge dal lito.
Ma perch' i' ho di voi più volte udito,
Che pigliar vi lasciate ad ogni uncino,
Piacemi di prestare un pocolino
A questa penna lo stancato dito.
Chi s'innamora, siccome voi fate,
Ed ad ogni piacer si lega e scioglie,
Mostra ch'Amor leggiermente il saetti.
Se'l vostro cor si piega in tante voglie,
Per Dio vi priego che voi'l correggiate
Si che s'accordi i fatti a' dolci detti.

D. ALIGHIERI, *Lyrische Gedichte* ed. Carl Krafft, Regensburg 1859, p. 284.

43 BURCKHARDT, *Cicerone* II, p. 333.

44 Der Hauptsache nach habe ich diese Untersuchung schon im *Giornale Dantesco* 1894, II, p. 390 veröffentlicht. cf. auch hier schon Anmerkung 66.

45 «posto sotto il castel di Fucecchio». — Ihm folgen WITTE und L. G. BLANC, *Vocabolario Dantesco.*

46 So BR. BIANCHI, FRATICELLI, CASINI. — SCARTAZZINI, der in seinem *Leipziger Commentar* auch dieser Ansicht beigetreten war, verzichtet in seinem *kleinen Comm.* die Lage des Campo Piceno zu bestimmen.

47 Bezeugt von TIGRI, *Pistoja e il suo territorio*, p. 352.

48 So BR. BIANCHI, FRATICELLI, SCARTAZZINI *(Leipziger Comm.).*

49 Nur bei SCARTAZZINI findet es sich klar ausgesprochen. Aber auch er verfolgt diesen Punkt nicht weiter.

50 MURATORI XI, p. 379 ff. — cf. auch *Annales* PTOLOMAEI LUCENSIS, ebenda p. 1305.

51 Schon dieſer Ausdruck beweiſt, mit wie geringer Vorſicht die Anmerkung geſchrieben iſt. WITTE hat ſich offenbar nur durch den Sinn des Namens Serravalle (Thal-Sperre) verleiten laſſen, von einer Thalenge zu reden, während thatſächlich das Caſtell, wie erwähnt, nicht im Thal, ſondern auf einem Bergſattel liegt und die Paß-höhe einnimmt.

52 Aehnlich STAFFETTI, *I Malaspina ricordati da Dante*, im Anhang zu BARTOLI VI, p. 283.

53 MURATORI XI, p. 391.

54 VIII, cp. 51 und 82. — cf. auch DINO COMPAGNI II, cp. 27 und III, cp. 14 und 15.

55 MURATORI XIX, p. 1023 ff.

56 I, cp. 30—32.

57 cp. 32 «di là ove è oggi la città di Pistoja nel luogo detto campo Piceno cioè disotto ove è oggi il castello di Fucecchio». — Statt «Fucecchio» leſen Andere «Piteccio» (z. B. *Biblioteca Classica Italiana*, Trieſt 1857) und dieſer Lesart wird neuerdings der Vorzug gegeben. Daß aber auch viele Handſchriften «Fucecchio» geleſen haben, beweiſt am beſten der Umſtand, daß MURATORI XIII ſich für dieſe Lesart entſcheidet und «Piteccchio» nur als Variante gibt (cf. namentlich auch deſſen Vorrede über die benutzten Handſchriften, p. 4). Uns intereſſirt hier ſpeciell die Lesart «Fucecchio», weil auf ſie offenbar die irrthümliche Notiz des VELLUTELLO zurückzuführen iſt. Die Lesart «Piteccio» mag die beſſere ſein, VELLUTELLO hat jedenfalls die Lesart «Fucecchio» vor Augen gehabt. Das hat mein Kritiker im *Bullettino della Società Dantesca Italiana* II, p. 79 überſehen, als er es rügen zu ſollen glaubte, daß ich nur von der Lesart «Fucecchio» ſpreche. Unſere Hauptfrage nach dem Campo Piceno bleibt übrigens hierbei vollkommen unberührt.

58 cp. 30, am Ende «siccome racconta ordinatamente Salustio» und cp. 32 «e chi questa istoria più appieno vuole trovare, legga il libro di Salustio detto Catilinario».

59 *Bellum Catilinae*, cp. 57. «Reliquos Catilina per montis asperos magnis itineribus in agrum Pistoriensem abducit eo consilio, uti per tramites occulte perfugeret in Galliam Transalpinam. At Q. Metellus Celer cum tribus legionibus in agro Piceno praesidebat, ex difficultate rerum eadem illa existumans, quae supra diximus Catilinam agitare. Igitur ubi iter eius ex perfugis cognovit, castra propere movit ac sub ipsis radicibus montium consedit, qua illi descensus erat in Galliam properanti. Neque tamen Antonius procul aberat, utpote qui magno exercitu locis aequioribus expedito in fuga sequeretur.»

60 SALLUST, *Bell. Catilinae*, cp. 30.

61 cp. 3, «hoc dilectu, quem in agro Piceno et Gallico Q. Metellus habuit».

62 So ſchildert auch MOMMSEN den Hergang. *Römiſche Geſchichte* III, p. 179.

63 Auch in unſerem heutigen Text wird bei dem ſchwer zu erklärenden «expedito» oder «expeditos» in dem letzten Satz unſerer Stelle eine Lücke angenommen. R. JACOBS, *Sallust-Commentar*.

64 Etwa im Zuſammenhang mit dem «sub ipsis radicibus montium».

65 Man iſt verſucht, an einen Lehrer, etwa Brunetto Latini, zu denken. cf. CARLO CIPOLLA, *Di alcuni luoghi autobiografici nella Div. Com.*, p. 18. — Daß Salluſt an dem Mißverſtändniß Schuld iſt, dafür ſpricht auch FRANCESCO DA BUTI, der in ſeinem Commentar hart an die richtige Löſung ſtreiſt, dann aber doch Dantes Fehler nachmacht, wenn er zu unſrer Stelle bemerkt: «Questo campo è nella Marca, o ancor è in quello di Pistoja, del quale fa menzione Sallustio, quando tratta della congiura e battaglia di Catellina». Und ähnlich BENVENUTO RAMBALDI und der *Codice Cassinese*.

66 Die gleiche Frage hat ungefähr gleichzeitig NICOLÒ DE' CLARICINI DORNPACHER behandelt in ſeiner Schriſt: *A che fatto alluse Dante nei versi 142—51, del Canto XXIV dell' inferno*, Padua 1894. In ihrem negativen Theil gelangt dieſe Arbeit zu dem gleichen Ergebniß wie ich. Im poſitiven Theil vertritt ſie dagegen die Anſicht, daß Dante das Treffen bei der Einnahme von Larciano vor Augen habe und daß möglicher Weiſe ſich bei Larciano eine Oertlichkeit «Campo del Piano» befunden habe. (Or bene, è impossibile che la località, ove si combattè presso Larciano la terribile battaglia Lucchese-Pistoiese, si denominasse Campo del Piano? Il castello di Larciano è su di un colle, e la battaglia avvenne nella sottostante pianura in un luogo, che per conseguenza poteva benissimo essere chiamato campo del Piano, p. 20 f.) Und darnach ſchlägt der Verfaſſer vor, den Text zu ändern:

Sopra Campo del pian fia combattuto.

Aber das Gefecht bei Larciano, wenn auch heftig, war durchaus keine Entſcheidungsſchlacht (*Istorie Pistolesi* MURATORI XI, p. 385), und die Wort-Erklärung Piceno = Piano ſteht vollſtändig in der Luft.

In einer Beſprechung der Arbeit CLARICINI-DORNPACHERS im *Giornale Dantesco* III, p. 346, thut F. RONCHETTI auch meines Aufsatzes Erwähnung und schließt: «L'essenziale è che non si vada più in cerca di alcuna particolare azione campale, che sia propriamente accaduta in un luogo denominato Campo piceno. Questo risultato crederei, se non m'inganno, potersi già fin d'ora ritenere acquisito; e rimarebbe solo a ulteriori studi e più minute indagini locali di giungere a quella conclusione concreta e positiva, alla quale gli egregi Dornpacher e Bassermann avranno sempre il merito di avere pei primi aperta la strada.»

Dazu habe ich zweierlei zu bemerken:

1. daß das «concrete» und «positive» Ergebniß nicht mehr gesucht zu werden braucht, sondern mit der von mir nachgewiesenen Stelle aus Sallust schon vollständig gegeben ist, und

2. daß diese Lösung von mir allein gefunden worden ist, während DORNPACHER mit seiner Hypothese vom Campo del Piano gerade wieder in den Fehler aller Früheren, in ein fruchtloses Suchen nach einer bestimmten Oertlichkeit außerhalb Pistojas, zurückfällt.

Apenninen-Päſſe und Romagna.

1 REPETTI III, p. 45 ff. — Darnach gestaltet sich der Stammbaum der Grafen, soweit er für uns in Betracht kommt, folgendermaßen:

- Alberto I., testirt 1250
  - Napoleone, Herr von Cerbaja, getödtet von Alessandro
    - Orso, getödtet von Alberto II.
      - Aghinolfo
        - Niccolao
  - Guglielmo
  - Alessandro, Herr von Vernio u. Mangona, getödtet von Napoleone
    - Nerone
      - Margarita, verm. mit Benuccio Salimbeni
      - Spinello, Bastard
    - Alberto II., getödtet von Spinello

2 VILLANI VI, cp. 69. — Das Testament existirt noch im Staatsarchiv zu Siena, cf. *Giornale Dantesco* I, p. 32.

3 VILLANI IX, cp. 311.

4 VILLANI XI, cp. 117 und 118.

5 MATTEO VILLANI X, cp. 52. — REPETTI I, p. 652.

6 REPETTI V, p. 718 und I, p. 342.

7 cf. CIAN VITTORIO, *Briciole dantesche* in *Rassegna bibliografica della letteratura italiana* II, 6—7. (*Giornale Dantesco* III, p. 133.) — Erwähnt sei noch, daß auch bei officiellen Gelegenheiten dem Uccellatojo die Bedeutung als eine Art Grenze des florentiner Weichbildes beigelegt wurde. 1452 wurde dort Kaiser Friedrich III. auf seinem Römerzug vom Erzbischof mit der Geistlichkeit und achtzig Edlen von Florenz feierlich eingeholt. cf. REPETTI V, p. 225.

8 REPETTI II, p. 399 und 414; V, p. 62 f. — DEL LUNGO, *Dino Comp.* II, p. 562 ff. — Das Datum ist zwar heute auf der Urkunde völlig zerstört. Doch zu REPETTIS Zeiten war noch der 8. Juni zu lesen, und die Jahreszahl konnte aus einem auf uns gekommenen florentinischen Contumacial-Urtheil gegen die Aufständischen, das auf jene Zusammenkunft in San Godenzo Bezug nimmt, wieder hergestellt werden.

9 VILLANI VIII, cp. 52.

10 REPETTI I, p. 73.

11 Die Benennung dieser Zuflüsse ist schwankend. Die von mir gebrauchten Namen sind der Generalstabskarte (1:75000) entnommen. REPETTI III, p. 592 f. läßt den Montone aus dem Zusammenfluß von Acquacheta, Rio-Destro (Rio Caprile) und Troncalosso (Torrente dell' Ossa) entstehen, während er keinen Zufluß erwähnt, der von der Quelle an den Namen Montone trüge. POMPEO NADIANI, *Interpretazione dei versi di Dante sul fiume Montone*, Mailand 1894, dagegen legt großen Nachdruck auf die Behauptung, daß der Montone seinen Namen von seinem Ursprung am Muraglione trage (p. 3 und 4), läßt sich aber dann später (p. 33) doch auch die Wendung entschlüpfen, daß der Montone erst vom Zusammenfluß mit Acquacheta und Rio-Destro eigentlich beginne.

12 Auffallender Weise verfällt auch LORENZO N. PARETO in seinen *Cenni geologici intorno alla Div. Com.* (*Dante e il suo sec.*, p. 565) in diesen Irrthum.

13 cf. SPRUNER-MENKE, *Histor. Handatlas*, Gotha 1880, Karte Nr. 24.

14 REPETTI I, p. 6.

15 NADIANI l. c., p. 49 und 50.

16 NADIANI l. c., p. 15 gibt die Höhe des Falls auf etwa 70 Meter an.

17 NADIANI l. c., p. 16.

18 Das gleiche bestätigt NADIANI l. c, p. 15.

19 NADIANI l. c., 13 und 14.

20 So auch NADIANI l. c., p. 52 und 54, wenn die von ihm dort erwähnten «ruine» die gleichen sind, die

ich meine, obwohl mir das durch den Umſtand wieder zweifelhaft wird, daß er die Anlage «sehr klein» nennt.

21 cf. p. 41.

22 Repetti I, p. 73.

23 Repetti II, p. 40.

24 Witte, *D. F.* II, p. 234 f.

25 Nadiani, p. 5 ff.

26 Daß es Ampère ebenſo ergangen, läßt ſich aus all ſeiner Bewunderung durchfühlen, p. 119.

27 cf. zu der ganzen Stelle Lorenzo N. Pareto, *Cenni geologici intorno alla Div. Com.* in *D. e il suo sec.*, p. 553 ff.

28 Gregorovius III, p. 327.

29 l. c., p. 554. — cf. auch Bartoli VI², p. 230, Anm. 1.

30 Ob Dante dieſen Punkt mit «Cacume» meint, wie es Benvenuto Rambaldi erklärt [hoc dicit, quia in ista summitate est una pars in extremo eminens et altior] oder ob er den ganzen abgeplatteten Gipfel mit dem Wort bezeichnen will, laſſe ich dahingeſtellt. Jedenfalls fehlt der ſchon von Benvenuto verworfenen Annahme, daß unter «Cacume» der Name eines beſonderen anderen Berges zu verſtehen ſei, jede feſte Grundlage.

31 *Memoriale Potestatum Regiensium*, Muratori VIII, p. 1144 f.

32 Es iſt demnach ein Irrthum, wenn Loria, *L'Italia nella Div. Com.*, Florenz 1872, p. 511, von einem «villaggio» Bismantova ſpricht, das auf dem gleichnamigen Berge gelegen ſei.

33 Muratori XXII, p. 151.

34 Fraticelli, *Vita*, p. 174.

35 «Salſe» wird als gleichbedeutend mit «Salita» (Anſtieg) erklärt. cf. Del Lungo, *D. ne' tempi di D.* p. 243, Anm.

36 Noch heute trifft vollſtändig zu, was P. Costa im Anhang zu ſeinem *Commentar*, p. 324, über die Salſe berichtet hat.

37 Del Lungo l. c., p. 235 ff. und 417.

38 «O singular dolcezza del sangue bolognese!» ruft Boccaccio aus, als Madonna Beatrice ihren Lodovico zu erhören bereit iſt (*Dec.* VII, 7), «quanto se' tu sempre stata da commendare in così fatti casi! mai di lagrime nè di sospir fosti vaga, e continuamente a' prieghi pieghevole e agli amorosi desiderii arrendevol fosti: se io avessi degne lode da commendarti, mai sazia non se ne vedrebbe la voce mia.»

39 Raumer VI, p. 343, 353 ff.

40 Der Sinn der Stelle ſcheint mir trotz Ricci, p. 123 ff., nicht genügend klargeſtellt, um ſie unter den Belegen für Dantes Vertrautheit mit den ravennatiſchen Verhältniſſen anführen zu können. — In den alten Fresken von S. Maria in Porto erwähnt Ricci auch noch (p. 286 ff.) ein angebliches zeitgenöſſiſches Dante-Bildniß. Doch iſt die Aehnlichkeit mit den traditionellen Zügen zu gering, als daß ſich bei dem Mangel aller anderen Anhaltspunkte auf ſie allein die Vermuthung ſtützen ließe.

41 *Dec.* V, 8. — Landau, *Quellen des Dekameron*, Stuttgart 1884, p. 284.

42 cf. p. 196.

43 *D. Handb.*, p. 431. — Aehnlich Ricci, p. 131 ff.

44 Es iſt gar kein Grund, Boccaccio nur um deßwillen hier für unglaubwürdig zu halten, weil ſein Bericht über Francesca «einen etwas novellenartigen Charakter» hat (Philalethes). Er konnte über ravennatiſche Verhältniſſe ſehr gut Beſcheid wiſſen (cf. *Vita*, p. 62, und *Comm.*, p. 104), und wie weit er davon entfernt iſt, die von ihm ermittelte Wahrheit einem ſchönen Effect zu opfern, geht gerade aus ſeinem Bericht über Francesca klar hervor. Die Dante'ſchen Verſe ſetzen ein ſträfliches Verhältniß zwiſchen Paolo und Francesca ohne weiteres voraus, und für den Novellendichter wäre daher Nichts naheliegender geweſen, als die Liebenden in ihrer Sünde Maienblüthe von der Rache ereilt werden zu laſſen. Statt deſſen ſetzt Boccaccio ganz trocken und ehrlich auseinander, über eine eigentliche Schuld der Beiden habe er Nichts in Erfahrung bringen können, außer dem, was Dante ſchreibe; die Möglichkeit liege ja vor, aber er glaube, daß auch die Worte des Dichters nichts Anderes ſeien als eine auf die Wahrſcheinlichkeit gegründete Fiction. Was Boccaccio über Francesca berichtet, hat er ſicher ſo in Ravenna erzählen hören. Und nur darauf kommt es an und nicht auf das, was wirklich geſchehen iſt. Denn nicht der wahre Sachverhalt, ſondern nur die Mähre davon war es ja auch, was Dante den Stoff zu ſeiner Dichtung geliefert hat.

45 *D. Handb.*, p. 185; *D. in Germ.* II, p. 285 ff.

46 *Vita*, p. 56.

47 Se io avessi le bionde treccie prese,
Che fatte son per me scudiscio e ferza,
Pigliandole anzi terza
Con esse passerei vespro e le squille;
E non sarei pietoso nè cortese;
Anzi farei com' orso quando scherza.
E s'Amor me ne sferza,
Io mi vendicherei di più di mille;
E i suoi begli occhi, ond'escon le faville,
Che m'infiammano il cor ch'io porto anciso,

Guarderei presso e fiso,
Per vendicar lo fuggir che mi face;
E poi le renderei con amor pace.

D. AL., *Lyrische Gedichte*, ed. CARL KRAFFT, p. 142.

48 cf. zu dem Folgenden WITTE, *D. F.* II, p. 32 ff.; SCARTAZZINI, *D. Handb.*, p. 163 ff., und insbesondere die peinlich genaue Darstellung bei RICCI, Parte III und IV.

49 BOCCACCIO, *Vita*, p. 28.

50 BOCCACCIO, *Vita*, p. 66 f., und RICCI, p. 187 ff., der BOCCACCIOS Angaben glänzend rechtfertigt.

51 ALESSANDRO CAPPI, *Dante in Ravenna* in *D. e il suo sec.*, p. 833.

52 WELCKER, *Der Schädel Dantes* in *D. Jahrb.* I, p. 36.

53 *D. Handb.*, p. 169.

Mark Ancona und Umbrien.

1 DEL LUNGO, *D. ne' tempi di D.*, p. 432. — VILLANI VII, cp. 119.

2 Der gleiche Brauch findet sich in dem eine Viertelstunde weiter gegen Cattolica zu gelegenen Castello di Mezzo. Doch beziehen sich die dortigen Weihgeschenke nicht so ausschließlich auf Errettung aus Seenoth. Neben Schiffsmodellen sieht man dort auch Krücken, Lumpen, Stellmesser und Pistolen. Auch geht das wunderthätige Christus-Bild, dem dort die Gelübde gelten und das einst in einer Kiste auf dem Meer angeschwommen sein soll, nach dem Charakter seiner Holz-Sculptur sicher nicht auf Dantes Zeit zurück.

3 Dies bestätigt auch eine von CASINI, *Comm.* angeführte Urkunde vom Jahr 1297.

4 XXXIX, cp. 44.

5 II, cp. 16, MURATORI I, p. 288.

6 cf. den Wortlaut der Inschrift bei FRATICELLI, *Vita*, p. 219, der aber in seiner Uebersetzung (ebensowenig wie AMPÈRE, p. 93) dem Comparativ *verius* Rechnung trägt.

7 FRATICELLI l. c., p. 218.

8 V, p. 272 f.

9 *Kleiner Comm.* zu Par. 21, 119.

10 cf. p. 92.

11 V, p. 267.

12 Ein böses Mißverständniß begegnet hier AMPÈRE, p. 74 f, indem er den Subasio mit dem «Colle eletto del beato Ubaldo» zusammenwirft und wiederholt von einem Berg Ubaldo bei Perugia spricht.

13 Die Anspielung auf Gualdo und Nocera ist von Vielen politisch verstanden worden. Doch fügt sich die geographische Deutung bei weitem natürlicher in den ganzen Zusammenhang der Stelle.

14 BURCKHARDT, *Cicerone* II, p. 49.

15 ADOLPH HELFFERICH, *Die christliche Mystik*, Gotha 1842, I, p. 410. — M. A. F. OZANAM, *Dante et la philosophie catholique*, Paris 1845, 221. — HENRY THODE, *Franz von Assisi*, Berlin 1885, p. 383 f.

16 cf. THODE l. c., p. 192 und 361.

17 BURCKHARDT irrt mit seiner Annahme (*Cicerone* II, p. 541), daß Giotto von Dante zu dieser Darstellung verführt worden sei. Thatsächlich gehen nur Beide auf die gleiche Quelle, die franciscanische Tradition, zurück. cf. PHILALETHES III, p. 151 f. — THODE l. c., p. 482 f.

18 BURCKHARDT, *Gesch. der Ren.*, p. 28 f.; *Cultur der Ren.* II, p. 199 ff.; *Cicerone* II, p. 528 f.

Süd-Italien.

1 RAUMER IV, p. 313 f.

2 cf. ebenda, p. 367.

3 Cav. ALMERICO MEOMARTINI, *La battaglia di Benevento tra Manfredi e Carlo d'Angiò*. Benevento 1895. Ich will nicht verfehlen, auch an dieser Stelle Herrn MEOMARTINI, der mir bei meinem Besuch Benevents seine reichen Kenntnisse auf dem Gebiet der Local-Geschichte auf das Zuvorkommendste zur Verfügung stellte, meinen wärmsten Dank zu sagen.

4 SABA MALASPINA III, cp. 13 in MURATORI VIII, p. 830.

5 MEOMARTINI l. c., p. 24 f.

6 Anderer Deutungen nicht zu gedenken cf. SCARTAZZINI zu Purg. 3, 131 und Par. 8, 63.

7 cf. G. GABRIELLI, *Castel Trosino e le sue acque minerali* in *L'Eco del Tronto*, 17. Juli 1870.

8 *Genealogiae* JOANNIS BOCCATII etc. etc., Venedig 1511, p. 156.

9 Abgedruckt bei CARMINE GALANTI, *Lettere su Dante Alighieri, II. serie*, Ripatransone 1882, p. 25—27. — Dagegen habe ich die Angabe RAUMERS IV, p. 324 und

WITTES, daß ſich bis auf den heutigen Tag die Sage vom König Manfred am Caſtellano erhalten habe, nicht beſtätigt gefunden. Auch Herrn Bibliothekar GABRIELLI, der in Ascoli wohnt und durch ſeine Studien vorzugsweiſe legitimirt iſt, ſich zur Sache zu äußern, war Nichts von einer ſolchen Sage bekannt. Vielleicht hat das Vorhandenſein eines, wohl longobardiſchen, Gräberfelds an dem Berghang neben Caſtel Troſino, deſſen reiche Ausbeute jetzt im Thermen-Muſeum in Rom zu ſehen iſt, zu einem Mißverſtändniß Anlaß gegeben. FRANCESCO CAPECELATRO, *Storia di Napoli*, I. Bd., p. 114 berichtet dagegen dieſe Sage von dem Flüßchen Marino, das unterhalb Ascoli in den Tronto fällt. Doch iſt dieſer nicht der Grenzfluß, und außerdem iſt nicht für ihn, ſondern für den alten Suinus der Name Verde nachgewieſen. Suinus iſt aber = Caſtellano.

10 CASTELLI, *Cecco d'Ascoli*, Bologna 1892, p. 176.

11 So PETRUS ALLEGHERII, der nur bei der zweiten Stelle Verde = Garigliano ſetzt, dagegen — was SCARTAZZINI hervorzuheben unterlaſſen hat — bei der erſten Stelle ausdrücklich bemerkt «flumen Verdi quod confinat Apulia a Marcha» und ähnlich L. G. BLANC, der in ſeinem *Vocabolario Dantesco* am Schluß der Abhandlung unter dem Titel «Verde» zu dem Ergebniß gelangt, daß er «wenigſtens» für die zweite Stelle vollſtändig überzeugt ſei, daß Dante den Garigliano gemeint habe.

12 CARMINE GALANTI l. c., p. 29.

13 VIVIANI IIb, p. 56.

14 cf. p. 84 ff.

15 VIRGIL, *Aeneis* III, 421 und 557. — OVID, *Metam.* VII, 63; XIII, 730.

16 J. ROTH, *Der Veſuv und die Umgebung von Neapel*, Berlin 1857, p. 7 ff.

17 POCHHAMMER hat im *Giornale Dantesco* 1896 III, p. 352 ff. die Vermuthung aufgeſtellt, daß der Veſuv dem Dichter als Modell zum Fegfeuerberg gedient habe. Die Hypotheſe hat auf den erſten Blick etwas Beſtechendes. Doch überzeugt die Beweisführung nicht. Vor Allem erſcheint es höchſt unſicher, ob wir heute überhaupt noch die Bergform vor uns haben, die Dante geſehen hat. Die furchtbaren Ausbrüche, die ſeit dem Mittelalter aufeinander folgten, mögen im Ausſehen des Veſuv Manches verändert haben, und wenn POCHHAMMER daran die Vermuthung knüpft, der Veſuv habe im Jahrhundert Dantes — forse! — eine noch beſſer zum Vorbild des Reinigungsberges geeignete Geſtalt gehabt (p. 356), ſo kann man dieſe Vermuthung mit dem gleichen Recht in ihr Gegentheil verkehren. Die angebliche Parallele, daß auch der Veſuv am Meeresſtrand von demüthigen Pflanzen umſäumt ſei, bleibt, abgeſehen davon, daß ſie Nichts beweiſen würde, ſelbſt unbewieſen, und die andere zwiſchen dem Feuerring auf dem letzten Sims des Fegfeuerberges und dem Feuerſpeien des Veſuv wird dadurch hinfällig, daß eben der Veſuv zu Dantes Zeit überhaupt kein Feuer geſpieen hat.

18 cf. BENVENUTO RAMBALDI. — Ueber die Frage der Identität des Grabmals DOMENICO COMPARETTI, *Virgilio nel medio evo*, Florenz 1896, II, p. 50 ff.

19 *Dialogorum*, Cöln 1610, Lib. II, cp. 8.

20 *Lettera ad Angelio Sidicino*, CIARDETTI V, p. 182.

21 Ich erinnere nur an die 1865 erfolgte treffliche Ausgabe des berühmten Caſſinenſiſchen Dante-Codex. Auch eine kunſtgewerbliche Verwerthung der alten Handſchriften wird jetzt durchgeführt, indem aus dem Formenreichthum ihrer Miniaturen z. Zt. eine ganze Sammlung köſtlicher Muſtervorlagen zuſammengeſtellt wird.

22 GIOV. BOTTARI, *Lettera di un accademico della Crusca*, CIARDETTI V, p. 148. — COSTANZI, ebenda p. 163. — *La visione del monaco Alberico*, ebenda p. 281.

23 I, cp. 3, CIARDETTI IV, p. 439.

Via Caſſia und Via Aurelia.

1 cf. ROCCO MURARI, *È lì, ma cela lui l'esser profondo*, Reggio Emilia 1895.

2 In verſchiedenen Faſſungen überliefert. In *Chronicon* FRATRIS FRANCISCI PIPINI IV, cp. 21, wird auch das Aal-Recept mitgetheilt: Nutriri quidem faciebat eas in lacte et submergi in vino. MURATORI IX, p. 726.

3 VILLANI VII, cp. 57.

4 cf. das Gedicht von WILHELM MÜLLER. — PHILALETHES hat gewiß recht, wenn er ſagt, «vernaccia» bezeichne mehr eine beſondere Qualität und Bereitungsart als einen beſonderen Standort des Weines. «Vernaccia» ſcheint mir einfach der Wein, der ſchon überwintert hat (verno, vernare), alſo alter, abgelagerter Wein, vom gleichen Stamm wie unſer «Firn». Firn-Schnee, Firne-Wein.

5 Auch *Chronicon* F. FRANCISCI PIPINI IV, cp. 40, l. c. p. 736 erwähnt Malta «in lacu Sanctae Christinae» (der Ortsheiligen von Bolsena) als Gefängniß, in dem Bonifaz VIII. den Abt von Monte Cassino wegen der Flucht des ihm anvertrauten Cölestin sterben ließ. Aus ihm ist Benvenuto Rambaldis Notiz V, p. 11, zum Theil wörtlich entnommen (paucis diebus in pane tribulationis et aqua amaritudinis supervixit afflictus).

6 PROCOP, *Bell. Goth.* I, cp. 4, MURATORI I, p. 250.

7 cf. p. 104.

8 TACITUS, Annalen I, cp. 79.

9 REPETTI I, p. 684 ff. und 713 ff.

10 VILLANI VII, cp. 129.

11 BOCCACCIO, *Vita*, p. 39 f.

12 PAPANTI, *D. secondo la tradizioni e i novellatori*, p. 28, Note 5.

13 Dieser Zug spricht sowohl dafür, daß die Specerei-Händler thatsächlich sich auch mit Buchhandel befaßten, als auch dafür, daß gerade Dantes Vorliebe für Bücher ihn bestimmte, sich in die Zunft der Aerzte und Specerei-Händler aufnehmen zu lassen. SCARTAZZINI, *D. Handb.*, p. 83. — BARTOLI V, p. 112.

14 AQUARONE, *Dante in Siena*, Città di Castello 1889, p. 55 ff. — AMPÈRE, p. 66.

15 *Cicerone* II, p. 547 f. — cf. auch CROWE und CAVALCASELLE II, p. 205—211.

16 TOMMASI, *Istorie di Siena* I, p. 53 f. und 169 ff. — GIGLI, *Diario Sanese*, Siena 1854, II, p. 28. — AQUARONE l. c., p. 58 ff. ist bestrebt dem Suchen der Sienesen nach dem unterirdischen Wasserlauf den Charakter der Schildbürgerei zu nehmen. Mit wieviel Recht, wird heute schwer zu entscheiden sein. Im *Staatsarchiv* von Siena ist eine Urkunde erhalten, wonach noch am 5. August 1295 im Consiglio generale Berathung gepflogen wurde betreffs Auffuchung des Wassers der Diana.

Dieses Archiv bietet auch sonst ein ungemein werthvolles Material zur Erklärung der Divina Commedia, eine Reihe zeitgenössischer Urkunden, wie Quittungen, Kaufacte, Schenkungen, Strafverfügungen, Rathsprotokolle, die uns Gestalten und Ereignisse der Divina Commedia in der greifbaren Werktags-Wirklichkeit vorführen und uns gleichsam die Gegenprobe liefern sowohl zu den Worten des Dichters als auch zu den Bemerkungen seiner Ausleger. Ihre Nutzbarmachung für Dante, die über den Rahmen der gegenwärtigen Arbeit weit hinausgeht, wird allerdings noch viele Mühe erfordern, aber sicherlich auch die reichsten Früchte tragen. cf. MAZZI, *Documenti senesi intorno a persone o ad avvenimenti ricordati da D. Al.* im *Giorn. D.* I, p. 31.

17 MURATORI XV, p. 44.

18 ANDREA DEI, *Cronica sanese* zum Jahr 1302, MURATORI XV, p. 44.

19 MATTEO VILLANI, *Cronica* VI, cp. 47, 48, 61; VII, cp. 32, 62, 63; VIII, cp. 11, 37.

20 Wie wenig Talamone den Florentinern für den Hafen von Pisa Ersatz bot, cf. NERI DI DONATO, *Cronica sanese*, MURATORI XV, p. 170, wo es unter dem Jahr 1361 von den florentinischen caporali dell' Arte della Lana heißt: Erano tutti disfatti, perochè l'Arte della Lana non lavorava per non avere più el Porto di Pisa.

21 AQUARONE l. c., p. 31 ff.

22 VILLANI VII, cp. 119.

23 VILLANI VI, cp. 80.

24 AMPÈRE, p. 67 und AQUARONE l. c., p. 110 f. glauben wieder Provenzano gegen Dante in Schutz nehmen zu müssen.

25 VILLANI VII, cp. 31.

26 VILLANI l. c. — AQUARONE l. c., p. 119.

27 Diese wunderbare Quelle wird mit einem Saugloch, der Ingolla, in Verbindung gebracht, das sich etwa zwei Stunden südlich von Colle bei Quartaja im freien Felde befindet. Das Terrain senkt sich von allen Seiten nach dieser brunnenartigen Kluft, die sich bei Regen oft bis an den Rand füllt, aber das Wasser immer sehr rasch versinken läßt. cf. REPETTI I, p. 757. Wenn die Sienesen solche geheimnißvollen Wasserläufe in unmittelbarer Nähe sahen, so ist es ihnen am Ende nicht so schwer zu verargen, wenn sie der Sage von ihrer Diana Glauben schenkten.

28 BENVENUTO RAMBALDI III, p. 366 und 368. — AQUARONE l. c., p. 124 f.

29 AQUARONE l. c., p. 120 f.

30 Nicht 12, wie AQUARONE l. c., p. 68, angibt.

31 Vortrefflich erhaltene Beispiele der bei Monteriggione angewandten Befestigungsweise bieten die beiden allerdings in der Ebene gelegenen, 1218 und 1220 angelegten Trutz-Vesten Castelfranco und Cittadella, zwischen Treviso und Vicenza.

32 SCARTAZZINI, *Proleg.*, p. 54 f.; *D. Handb.*, p. 85 ff.

33 G. BIAGI und G. L. PASSERINI, *Codice Diplomatico Dantesco*, Rom 1895, p. 1 ff.

34 Neuerdings ist dort die Anlage einer Wasserleitung beendet, an die große Hoffnungen auf Besserung der Gesundheitsverhältnisse geknüpft werden.

35 GIGLI l. c. II, p. 733 f. — REPETTI V, p. 143 ff.; VI, p. 55 ff. — AQUARONE l. c., p. 96 ff. — cf. auch ANDREA DEI l. c. vom Jahr 1227 an und MALAVOLTI, *Historia di Siena,* Venedig 1599, p. 50 und passim.

36 BENVENUTO RAMBALDI III, p. 307.

37 Doch werden ſie in der *Chronik* des ANDREA DEI ohne Unterſchied alle als Grafen von Santa Fiora oder vielmehr Fiore bezeichnet.

38 ANDREA DEI l. c., p. 28. — Zu einem ſonderbaren Mißverſtändniß gelangt hier AQUARONE l. c., p. 103, indem er eine Notiz des A. DEI vom Jahr 1255 über den Tod eines — offenbar anderen — bei der Einnahme von Torniella umgekommenen Grafen Uberto auf unſeren Grafen bezieht, dagegen die ausführliche Notiz von 1259 vollſtändig ignorirt.

39 BENVENUTO RAMBALDI III, p. 307. — *Codice Caetano,* cit. bei CIARDETTI II, p. 240.

40 VILLANI II, cp. 21. — REPETTI iſt der Anſicht, die Familie ſei falſchen Urſprungs. Doch ſpricht die Erbfähigkeit der Frau entſchieden gegen dieſe Annahme, cf. AQUARONE l. c., p. 96. Der Stammbaum der Aldobrandeſchi geſtaltet ſich, ſoweit er für uns in Betracht kommt, nach REPETTI folgendermaßen:

Ildebrandino
teſtirt 1208

Ildebrandino | Bonifazio von Santa Fiora | Guglielmo von Soana | Ildebrandino minore | Gemma | Margherita

Bonifazio von Santa Fiora: Ildebrandino
Guglielmo von Soana: Umberto † 1259 | Ildebrandino il Rosso † 1281

Ildebrandino: Ildebrandino | Bonifazio | Enrico | Guido | Umberto
Ildebrandino il Rosso: Margherita

41 GREGOROVIUS V, 363, 395, 415, 437 ff., 479.

42 GREGOROVIUS V, 469 und 560.

43 TOMMASI l. c., p. 120 ff. — AQUARONE l. c, p. 76.

44 GIGLI l. c. I, p. 385. — AQUARONE l. c., p. 77 ff.

45 LISINI, *Nuovo documento della Pia de' Tolomei figlia di Buonincontro Guastelloni,* Siena 1893. cf. BARBI im *Bullettino della Soc. Dant.* I, p. 60.

46 GIGLI l. c., p. 383 ff. — REPETTI IV, p. 205; V, p. 412. — AQUARONE l. c., p. 72.

47 MALAVOLTI l. c. II, p. 54r. Die Thatſache wird von GIGLI l. c., p. 383, bezweifelt.

48 *Giornale storico degli Archivi toscani,* 1859, III, p. 30 ff.

49 Die Inſchrift, an der die beiden erſten Buchſtaben abgeplittert ſind, lautet: [H i] c jacet Bidoccius filius domine Margarite Comitisse Palatine et domini Nelli de Petra Pannocchiensium. Anno Domini M°CCC° indictione XIII die Kalendarum mai.

50 *Laurenziana* XL, 7. cf. M. BARBI im *Bullettino della Soc. Dant.* I, p. 62 f.

51 TOMMASI l. c., p. 120, 121, 138.

52 I, p. 384.

53 *Laurenziana* XL, 2. cf. BARBI l. c.

54 GREGOROVIUS V, p. 560.

Lunigiana.

1 REPETTI II, p. 686.

2 REPETTI III, p. 23.

3 SPRUNER und MENKE, *Hiſtor. Handatlas,* Gotha 1880, Blatt Nr. 25.

4 cf. REPETTI, die Artikel über Luni und Sarzana.

5 Aruns incoluit desertae moenia Lunae.

Pharsalia I, 586.

Andere leſen auch «Lucae».

6 REPETTI II, p. 941.

7 TROYA, *Veltro di D.,* p. 97 ff. — FRATICELLI, *Vita,* p. 346 ff. — SCHEFFER-BOICHORST, *Aus Dantes Verbannung,* p. 229. — WITTE, *D. F.* I, p. 49 und 481. — BARTOLI V, p. 189 ff. — SCARTAZZINI, *D. in Germ.* II, p. 308 ff.

8 FRATICELLI, *Vita,* p. 140, hat wegen der relativ günſtigen Lage von Sarzana Bedenken, darin den «infermo luogo» des VILLANI VIII, cp. 41, zu ſehen. Doch ſcheint das von ihm vorgeſchlagene Serezzano im Volterraniſchen Gebiet ſich noch weit weniger dafür zu eignen. cf. REPETTI zu den beiden Orten und DEL LUNGO, *Dino Comp.* II, p. 98, Anm. 26.

9 *Vita nuova,* cp. 3 und 24.

10 Nach VILLANI VIII, cp. 41, wäre die Verbannung

der Weißen nach Sarzana allerdings erst in den December 1300 zu setzen. Aber da DEL LUNGO, *Dino Comp.* II, p. 98, den 27. oder 28. August 1300 als den Todestag Guidos bestimmt nachgewiesen hat und es unbestritten ist, daß Guido alsbald nach seiner Rückkehr aus der Verbannung der Nachwirkung der Malaria erlegen ist, so ergibt sich, wenn wir die kurze Zeit, während der die Weißen in der Verbannung waren, zurückrechnen, als Zeitpunkt, wo diese Maßregel verfügt wurde, ganz ungezwungen die Amtsperiode vom 15. Juni bis 15. August, in der gerade Dante im Priorat war. cf. DEL LUNGO, *Dino Comp.* II, p. 506 ff.

11 VILLANI VIII, cp. 41. — DINO COMPAGNI I, cp. 20. — BOCCACCIO, *Decam.* VI, 9. — SACCHETTI, *Novelle*, Nr. 68. — DEL LUNGO, *Dino Comp.* Ia, p. 366 ff.

12 Se mia laude scusasse te sovente
Dove se' negligente,
Amico, assai ti laudo, un poco vaglie.
Come ' se' saggio, dico intra la gente,
Visto, pro' e valente;
E come sai di varco e di schermaglie;
E come assai scrittura sai a mente
Soffisimosamente;
E come corri e salti e ti travaglie.
Ciò ch'io dico vèr te, provo neente
Appo ben canoscente
Che nobeltate et arte insieme aguaglie.

DEL LUNGO l. c., p. 366.

13 Ueber Guido Cavalcantis Alter cf. DEL LUNGO, *Dino Comp.* Ib, p. 1097 ff.

14 GASPARY I, p. 102 ff., 209 ff., 230 ff.

15 Jede andere Deutung bricht der Terzine die Spitze ab, und was die Stelle an Bescheidenheit gewänne, würde sie an Schönheit einbüßen. Der Verfasser des Inferno mußte sich ja doch auch klar darüber sein, daß kein Anderer als er der Dichter der Zukunft war, und wenn er diese Ueberzeugung mit dem Zusatz «forse, vielleicht» ausspricht, so thut er Alles, was man von einem Dante an Bescheidenheit verlangen kann. Sonst könnte er am Ende aus Furcht vor dem Sims der Hochmüthigen in die Klamm der Heuchler gerathen.

16 Perch'io non spero di tornar giammai,
Ballatetta, in Toscana,
Va tu leggiera, e piana
Dritta alla Donna mia,
Che per sua cortesia
Ti farà molto onore.
Tu porterai novelle de' sospiri
Piene di doglia, e di molta paura:
Ma guarda, che persona non ti miri,
Che sia nimica di gentil natura;
Che certo per la mia disavventura
Tu saresti contesa,
Tanto da lei ripresa,
Che mi sarebbe angoscia;
Dopo la morte poscia
Pianto, e novel dolore.
Tu senti, Ballatetta, che la morte
Mi stringe sì, che vita m'abbandona;
E senti come'l cor si sbatte forte
Per quel, che ciascun spirito ragiona:
Tant' è distrutta già la mia persona,
Ch'i' non posso soffrire:
Se tu mi vuoi servire
Mena l'anima teco,
Molto di ciò ti preco,
Quando uscirà del core.

Rime di GUIDO CAVALCANTI ed. ANTONIO CICCIAPORCI, Florenz 1813, p. 26.

17 Guido, vorrei, che tu e Lappo ed io
Fossimo presi per incantamento
E messi in un vascel, ch'ad ogni vento
Per mare andasse a voler vostro e mio,
Sicchè fortuna od altro tempo rio
Non ci potesse dare impedimento;
Anzi, vivendo sempre in un talento,
Di stare insieme crescesse il disio;
E Monna Vanna, e Monna Bice poi,
Con quella in sul numero del trenta,
Con noi ponesse il buono incantatore;
E quivi ragionar sempre d'amore,
E ciascuna di lor fosse contenta,
Siccome io credo che sariamo noi.

D. AL., *Lyrische Gedichte* ed. CARL KRAFFT, p. 252. Der Dritte im Bunde, Lapo Gianni, war gleichfalls ein Dichter der neuen florentinischen Schule, der auch die beiden Anderen angehörten (cf. DANTE, *De vulg. eloqu.* I, 13. — BARTOLI IV, p. 233. — GASPARY I, p. 215), und dessen Geliebte wird mit der Zahl dreißig bezeichnet, da sie die dreißigste war in Dantes Verzeichniß der sechzig schönsten Florentinerinnen, von denen er in der *Vita nuova* (cp. 6) mit so naivem Ernst berichtet. Daß der Titel Monna nur den verheiratheten Frauen zukam, cf. DEL LUNGO, *Beatrice*, p. 101.

18 Dieſer Gegenſatz iſt Dante jedenfalls nicht verborgen geblieben, und er ſcheint ihm bei jenen dunkeln Worten der Div. Com. vorzuſchweben, wo Guidos Vater aus dem glühenden Sarge der Ketzer den Freund ſeines Sohnes fragt:

Wenn dich durch dieſe Weite
Des düſtern Kerkers lenkt des Geiſtes Macht,
Wo iſt mein Sohn? Warum nicht dir zur Seite?

und Dante ihm zur Antwort gibt:

Nicht durch mich ſelbſt hab' ich's vollbracht;
Ihm, der dort harret, danke ich mein Kommen.
Vielleicht hat Guido ſein gering gedacht.
Inf. 10, 58.

Denn Virgil iſt ja in der Div. Comm. nicht nur der claſſiſche Dichter, den ſich Dante zum Vorbild genommen, ſondern auch die Vernunft und zwar die im Dienſt der göttlichen Gnade (Beatricens) ſtehende Vernunft, und dieſem Führer hat ſich Dante demüthig anvertraut, während Guido ſich trotzig auf ſeines eigenen Geiſtes Macht verläßt. cf. D'Ovidio, *Propugnatore* 1870 und *Saggi critici*, Neapel 1879, p. 312. — Del Lungo, *Dino Comp.* II, 505; Ia, 372.

19 Dino Compagni I, cp. 20 und 22.

20 Staffetti, *I Malaspina ricordati da Dante*, im Anhang zu Bartoli VI², p. 272 f.

21 Staffetti l. c., p. 268.

22 Zwar auch ein Schloß des Spino fiorito nimmt die Ehre für ſich in Anſpruch, Dante beherbergt zu haben, das etwa anderthalb Stunden hinter Sarzana in den Bergen gelegene Fosdinovo, das einſt dem Spinetta Malaſpina, dem Parteigänger des Uguccione della Faggiola gehörte. In dem trefflich erhaltenen Schloß, das von der Familie ſehr pietätvoll immer mehr in ſeinem urſprünglichen Charakter reſtaurirt wird, zeigt man ein Zimmer, das Dante bewohnt haben ſoll. Doch, wann das geweſen ſei, läßt ſich nicht ſagen. Man könnte daran denken, daß Dante z. Zt. des Uguccione della Faggiola, etwa bei deſſen letztem Verſuch, ſeine Herrſchaft in Lucca und Piſa wieder herzuſtellen, 1317, nach Fosdinovo gekommen ſei. Denn das Caſtell liegt an der Hauptheerſtraße, die von Reggio, Mantua und Verona nach der Lunigiana führt. cf. Villani IX, cp. 84. Doch fehlen dafür jede Anhaltspunkte.

23 Benvenuto Rambaldi. — Staffetti l. c., p. 278.

24 Als ſolche iſt ſie unſtreitig zu bezeichnen; denn ſie liegt auf einem niederen Felſen, der in das Bett der Magra vorſpringt und das Städtchen Villafranca kaum überhöht. Der Ausdruck «rocca», den Repetti gebraucht, läßt eigentlich eher eine Höhenburg erwarten. Uebrigens iſt es ſchmerzlich zu ſehen, welcher Verwahrloſung der ſtolze Bau heute verfallen iſt. Und auch die angeblich ungeſunde Lage, die ihm den Namen «mal nido» eintrug (Branchi, *Sopra alcune particolarità della vita di Dante*, Florenz 1865), kann für dieſen Grad von ſchmutziger Verkommenheit nicht als Entſchuldigung dienen.

25 cf. über die Continuität der Ueberlieferung Fraticelli, *Vita*, p. 328 und 338.

26 Staffetti l. c., p. 288 f. — Fraticelli, *Vita*, p. 173 f.; Text der Urkunden ebenda, p. 197 und 199 ff.

27 Bei dem Worte «lacerata».

28 Auf dieſen Umſtand hat mich Herr Advocat A. Allmayer in Sarzana in dankenswerther Weiſe aufmerkſam gemacht.

29 Mittheilung des Herrn Allmayer.

30 Staffetti l. c., p. 302.

31 *Vita*, p. 59 ff.; *Comm.* II, p. 129 ff. — cf. auch die zweite Redaction der *Vita* bei Ciardetti V, p. 32 ff.

32 Gaspary I, p. 215 und 217.

33 Scartazzini, *D. Handb.*, p. 385.

34 *Vita*, p. 24.

35 cf. Witte, *D. F.* I, p. 479 ff. — Bartoli IV, p. 277 ff.; V, p. 186 f. — Scartazzini, *D. in Germ.* II, p. 290 ff.; *Proleg.*, p. 383 f.; *D. Handb.*, p. 348 f. — Die Frage der Echtheit und der Deutung des Briefes iſt unendlich ſchwierig und bis jetzt noch keineswegs entſchieden, und trotz der vielen Seltſamkeiten des Briefes ſpricht doch Manches in ihm für Dantes Autorſchaft.

36 Wie Staffetti l. c., p. 297 ff., treffend darthut.

37 Witte, *D. F.* I, p. 480. — Staffetti l. c., p. 283 f.

38 Staffetti l. c., p. 285. — Alb. Mussatus, *Historia Augusta*, Muratori X, p. 357.

39 Die Dedication des Purg. an Morocllo, von Boccaccio, *Vita*, p. 65 und bei Ciardetti V, p. 37 ſchon angezweifelt, iſt von Witte, *D. F.* I, p. 481, für Moroello von Giovagallo wenigſtens ausgeſchloſſen, ſteht aber auch für die übrigen Träger des Namens völlig in der Luft.

Ober-Italien.

1 Es ist deßhalb unrichtig, wenn PHILALETHES, BLANC, KOPISCH, BARTSCH und GILDEMEISTER hier «stürzen» übersetzen. Das liegt auch durchaus nicht in dem Wort «adimarsi». Es bezeichnet nur die Abwärtsbewegung, ohne Rücksicht auf den Grad der Schnelligkeit.

2 *Veltro d. Gb.*, p. 135 f.

3 OBERTO FOGLIETTA citirt bei PAPANTI, *D. secondo la trad. e i novel.*, p. 151 f.

4 cf. p. 86.

5 Diese Annahme, die TROYA, *Veltro d. D.*, p. 100, *Veltro d. Gb.*, p. 139, mit dem Brief des Frater Hilarius verbindet, ist von diesem keineswegs abhängig. BARTOLI V, p. 212, erhebt zwar auch hier wieder Zweifel. Wenn wir aber wissen, daß Dante nach Frankreich gegangen ist, und daß eine alte Heerstraße der Riviera entlang geführt hat, und wenn an dieser Straße Dante eine Reihe von Punkten nach dem Augenschein schildert, von allen übrigen nach Frankreich führenden Straßen aber völlig schweigt: so heißt es doch wirklich die Augen absichtlich schließen, wenn man darauf beharrt: «Wir wissen nicht, auf welchem Weg Dante nach Frankreich gegangen ist».

6 Das Beiwort «hold» (dolce), das Dante hinzufügt, kommt für uns nicht in Betracht, da es offenbar nur vom Standpunkt des sprechenden Schattens gemeint ist, der sich aus der Hölle nach der Oberwelt, dem «dolce mondo» (Inf. 6, 88), zurücksehnt. cf. BUTI.

7 Im Jahr 1309 bis auf den Grund zerstört durch Lambert von Polenta. *Annales forolivienses*, MURATORI XXII, p. 180; *Polyhistoria* FRATRIS BARTHOLOMAEI, MURATORI XXIV, p. 719. — Daraus, wie RICCI p. 12 thut, schließen zu wollen, daß die Stelle vor 1309 geschrieben sein müsse, scheint mir nicht gerechtfertigt. Im Gegentheil ließe sich eher annehmen, daß das kleine Castell gerade erst durch seine Belagerung und Zerstörung zu einer gewissen Berühmtheit gelangt sei. Das Dorf Bazeilles bei Sedan war unbekannt bis zum 1. September 1870, wo es im Kampfe zwischen Bayern und Franzosen in Flammen aufging.

8 Hier könnte man vielleicht im Zweifel sein. Dante sagt von Boethius:

Lo corpo ond'ella fu cacciata giace
Giuso in Ciel d'auro. Par. 10, 127.

Nun verhält sich thatsächlich die Sache so, daß in der uralten romanischen Backsteinkirche S. Pietro in Cielod'oro der ganze Chor krypta-artig vertieft ist, und daß dort die Gebeine des Boethius beigesetzt waren. Heutigen Tages sind sie im Dom zu Pavia aufbewahrt in einem kleinen, häßlich marmorirten Holzschreine und participiren nur am Kalender-Tag des Heiligen ebenso wie die Gebeine des hl. Epiphanias an dem reichen spätgothischen Baldachin-Grabe, das die übrige Zeit der hl. Augustin inne hat. Cield'oro wird gegenwärtig von Grund aus restaurirt, und wenn die Arbeit vollendet ist, soll auch der hl. Boethius wieder an seine alte Stätte verbracht werden. Nun könnte man wohl auf den Gedanken kommen, in dem «giuso» (drunten) eine Andeutung der krypta-artigen Grabstätte zu sehen. Aber da das gleiche Wort wenige Zeilen zuvor, V. 116 «giuso in carne», in dem allgemeinen Sinn «drunten auf Erden» im Gegensatz zum Himmel gebraucht ist, wage ich nicht, bei Ciel d'Auro dem Wort einen anderen Sinn beizulegen.

9 cf. LOMBARDI, *Comm.* (CIARDETTI III, p. 440 ff.) und SCARTAZZINI, *Comm.* — Nur ein Umstand macht Schwierigkeiten, daß nämlich der «heil'ge Vogel», der Kaiser-Adler, im Wappen der Scaliger angeblich erst erscheint, seitdem Alboin und Can Grande durch Heinrich VII. zu Reichsverwesern ernannt worden waren. Aber wenn man deßhalb auch von Bartolommeo abgehen wollte, so würde dadurch der Anachronismus aus Cacciaguidas Worten, die im Jahr 1300 gesprochen zu denken sind, doch nicht beseitigt werden. Man müßte dann eben annehmen, daß der sonst so wappenkundige und genaue Dante hier über dem späteren Scaliger-Wappen, das er bei Gan Grande sah, das frühere vergessen habe. Andrerseits wird von Pietro di Dante sowie von dem Postillator des Cassinensischen Codex geradezu behauptet, daß Bartolommeo den Adler auf der Leiter geführt habe. Ebenso scheint mir eine Stelle bei MUSSATUS, *Historia Augusta*, MURATORI X, p. 333, wenigstens dafür zu sprechen, daß die Scaliger schon vor Heinrichs VII. Ankunft den Reichsadler führten. Bei Aufzählung der zur Huldigung vor Heinrich erschienenen Abordnungen heißt es dort: Accessere, et Albuini, ac Canis della Scala Veronae Dominatorum viri solemnes legati, quos Aquilas, clypeumque Romani gestasse Imperii, servasseque constare ajebant personarum discriminibus, per quorum praedecessores, et in mortem itum fuerat». — Von den Scaligergräbern endlich führt der Albert zugeschriebene Sarkophag auf zwei

Wappen getrennt den Adler und die Leiter, der Bartolommeos nur die Leiter und erst der Alboins den Adler auf der Leiter.

10 IV, cp. 16.

11 SCARTAZZINI, *D. Handb.*, p. 121.

12 Von GUIDO PANCIROLIO, einem etwas jüngeren Geschichtschreiber von Reggio, der die Chronik des GAZATA noch unverstümmelt vor Augen hatte und aus ihr schöpfte. MURATORI XVIII, p. 2.

13 BARTOLI VI[1], p. 3 ff. — SCARTAZZINI, *D. Handb.*, p. 361.

14 cf. über die Frage des «Veltro» den Excurs in meiner Uebersetzung des Inferno, p. 20. — Gegenüber der Kritik, die mich zum Theil mißverstanden hat, sei hier nur noch einmal betont, daß ich den «Veltro» durchaus nicht mit dem Tartaren-Khan identificire. Der Angelpunkt meiner Deutung liegt in der auffallenden Verwandtschaft, die zwischen Dantes Versen vom «Veltro» und einer Stelle des VILLANI (V, cp. 29) besteht, und der Schriftsteller, auf den sich VILLANI dort beruft, MARCO POLO, gibt die Lösung. Die Untersuchung nimmt den gleichen Weg wie beim «Campo Piceno» (siehe oben p. 71 ff.), bei dem ebenfalls VILLANI an der Stelle, wo er des «Campo Piceno» gedenkt, auf einen Schriftsteller sich beruft, den SALLUST, der uns dann die Erklärung zu dem «Campo Piceno» Dantes an die Hand gibt, und das unzweifelhafte Resultat bei «Campo Piceno» spricht dafür, daß der Weg auch für den «Veltro» der richtige war, daß uns hier wie dort Villani die Quellen zu Dante vermittelt hat.

15 *De rebus memorandis*, Basileae 1496, Lib. II, Tract. III, cp. 46.

16 V, p. 292 f.

17 L. GAITER im *Archivio veneto*, 1879, p. 145 und im *Alighieri*, 1890, p. 345.

18 cf. LOMBARDI, *Comm.* (CIARDETTI). — VIVIANI. — WITTE, *Comm.* — PHILALETHES. — SCARTAZZINI, *Comm.* — BLANC zu «Pennino».

19 Es soll nicht verschwiegen werden, daß heute Monīga gesprochen wird, während der Vers bei Dante entschieden Mōnīca verlangt. Aber Dante betont auch Savena (Inf. 18, 61), während heute das Wort in Bologna Sàvĕna klingt.

20 cf. *Geographia* CL. PTOLEMAEI ed. Jos. MOLETIUS, Venedig 1562, Europae Tabula V, zu Liber II, Cap. 12, Raetiae situs. — Darnach ist die abweichende Behauptung bei CIARDETTI I, p. 429, daß die Alpes Pœnae des PTOLEMAEUS nur auf dem West-Ufer des Garda-Sees lägen, unrichtig.

21 JACOPO DELLA LANA, BENVENUTO RAMBALDI und der *Codice Bartoliniano* lesen so.

22 Alte mantuaner Münzen zeigen Virgil in der gleichen Auffassung. — cf. auch COMPARETTI, *Virgilio nel medio evo*, Florenz 1896, II, p. 148 und BURCKHARDT, *Cultur d. R.* I, p. 160 und 184.

23 ROLANDINI *Chronica*, MURATORI VIII, p. 173. — PLATINAE *Historia Mantuae*, MURATORI XX, p. 680 ff. — Sordello als Dichter und Schriftsteller von Dante gerühmt im *Trattato de vulgari eloquentia* I, cp. 15. — FAURIEL, *Dante et les origines de la langue et de la littérature italiennes*, Paris 1854, I, p. 504 ff., insbesondere p. 534, wo er sagt: «Mais il semble impossible que Dante n'ait pas eu quelque motif, si faible ou si indirect que l'on veuille le faire, d'associer l'idée de Sordello à ce passage de son poëme. Le motif reposera sur quelqu'un des traits oubliés de la vie du Mantouan». — SCARTAZZINI, *Comm.* Excurs zu Purgatorio 6. — BARTOLI, II, p. 16. — GASPARY I, p. 55.

24 cf. p. 191.

25 *Aeneis* X, 198.

26 Die meisten Erklärer bestreiten zwar, daß «alcuno» hier in dem Sinn des französischen «aucun» zu verstehen sei. Doch der Zusammenhang scheint mir die Verneinung schlechterdings zu verlangen. Die fragliche Zeile bezieht sich nicht auf den Bergsturz, sondern auf die Felswand, von der er niedergebrochen ist, und von dieser wird ausgesagt, sie sei so steil, daß sie dem Obenstehenden keinen Weg bieten würde, «darebbe», — wenn eben der Bergsturz nicht wäre. In «discosceso» den Begriff des «durch den Einsturz Wegsam-gewordenen» finden zu wollen, behält immer etwas Gewaltsames. Inf. 16, 103, wo Dante das Wort noch einmal braucht, heißt es auch nichts Anderes als «steil». «Alcuno» im Sinne von «aucun» verlangt dagegen auch die Stelle Inf. 3, 42, wo die Erklärung gleichfalls nur ausweicht, weil diese Deutung dem späteren italiänischen Sprachgebrauch zuwider ist. Dabei wird aber vergessen, daß Dante der Hauptschöpfer dieser Sprache war und daß es sehr wohl denkbar ist, daß er die «lingua del sì» hier aus dem Schatze einer ihrer Schwestern hat bereichern wollen, wenn das Geschenk später auch wieder verloren gegangen ist. cf. CIARDETTI zu Inf. 3, 42 und 12, 9 und L. G. BLANC, *Vocabolario Dantesco* zu «alcuno».

27 1309 sagt GIROLAMO DELLA CORTE, *Storia di Verona*,

p. 608, citirt bei Barozzi, *Accenni a cose Venete* in *D. e. il suo sec.*, p. 810;

1310 Jacopo Pindemonte, *Cronaca* m. s. citirt bei Ciardetti I, p. 257.

Es handelt ſich jedenfalls um den gleichen Bergſturz. Denn beide Chroniſten geben als Datum Samstag 20. Juni an.

28 Giacopo Tartarotti in Girolamo Tartarottis *Memorie antiche di Rovereto*, Venedig 1754, p. 74 f. und die dort citirten *Annali Fuldensi.*

29 Girolamo Tartarotti in einem ungedruckten *Comm. des Inf.* cf. Ciardetti I, p. 256.

30 Boccaccio lieſt «di là da Trento» ſtatt «di quà» und erklärt dem entſprechend «andando da Trento .... verso Tiralli».

Pietro di Dante verlegt den Bergſturz in eine Gegend, «quae dicitur Marcomodo», womit wohl ſchon Marco gemeint iſt.

Benvenuto Rambaldi ſagt ganz genau «Nota quod istud praecipitium vocatur hodie slavinum ab incolis et ibi est unum castellum quod vocatur Marcum» und Vellutello, den wir ſchon am Garda-See gut orientirt gefunden haben, beſtimmt die Lage des Bergſturzes «venendo da Trento a Verona di quà da Roverei da quattro in cinque miglia», was ebenfalls auf Marco zutrifft.

Francesco da Buti dagegen, der offenbar die Gegend nicht kennt, ſpricht von einem Monte Barco überdies mit dem Zuſatz «che è tra Trento e Trivigi»(!),

und Landino ſchreibt ihm nach «una rovina del monte Barco tra Trivigi e Trento».

Bereits Giacopo Tartarotti in Girolamo Tartarottis *Memorie antiche di Rovereto* hat conſtatirt, daß es in jener Gegend überhaupt keinen Monte Barco gibt und daß wohl eine Verwechslung mit Caſtel Barco (oder auch mit Marco, wie G. V. Vannetti meint, cf. Ciardetti I, 256) vorliegt. Gleichwohl ſtoßen wir auch bei zahlreichen neueren Commentatoren noch auf den Monte Barco, ja ſelbſt Barozzi, der ſich die *Cose Venete* zur ſpeciellen Aufgabe geſtellt hat, ſpricht von ihm, als ob er thatſächlich vorhanden wäre, und richtet dabei noch die Verwirrung an, daß er ihn dem Slavino di Marco entgegenſtellt und dieſen in die «Berner Klauſe» verlegt.

Telanis und Zottis Schriften über Dantes Aufenthalt in dieſen Gegenden waren mir nicht zugänglich.

31 Montes autem ruunt duplici de causa sine motu per ventos: quarum una est, quia radices eorum abraduntur aliqua de causa: et tandem quia fundamenta non habent, cadunt in toto vel in parte. Aliquando autem, eo quod multum elevantur, siccantur et in sublimi scinduntur: in quas fixuras ingredientes aquae currentes cum impetu dejiciunt partem scissam a reliqua parte montis: et cadit magna pars vel modica secundum proportionem scissurae illius: et hoc modo cecidit mons magnus in montibus qui sunt inter Tridentum et Veronam civitates, et cecidit in fluvium qui dicitur Athesis, et super ripam ejus oppressit villas et homines ad longitudinem trium vel quatuor leucarum.

B. Alberti Magni *Opera omnia* ed. *Borgnet*, Paris 1890, IV, p. 636.

32 Ruinosus autem motus causatur a duabus causis: aut enim fit ab aqua quae corrodit fundamenta superficiei terrae, aut fit ex igne terram subtus comburendo l. c., p. 635.

33 Dazu ſtimmt, was die vorerwähnten *Annali Fuldensi* über den Bergſturz vom Jahr 883 berichten: Mons quidam in Italiae partibus de loco suo motus, in Athesim fluvium cecidit, ejusque meatum interclusit. Hi autem, qui apud Veronam, et in contiguis locis ejusdem fluminis habitabant, tamdiu utilitate illius carebant, donec idem fluvius per eundem montem quasi cavernulas faciens, ad suum alveum rediret. Tartarotti l. c., p. 75.

34 Tartarotti l. c., p. 62, 71, 72. — Platinae *Historia Mantuae*, Muratori XX, p. 728.

35 V, p. 298 f.

36 Die angebliche Form «Carenzana» ſcheint ein Phantaſie-Gebilde zu ſein, cf. Dalla Vedova in *Dante e Padova*, p. 99.

37 l. c., p. 87.

38 «Tavola nuova della Marca Trivigiana» in der obengenannten *Geographia* Ptolemaei von Moletius.

39 Dabei wäre zu bedenken, daß in jener Zeit der Kindheit der italiäniſchen Sprache die geographiſchen Namen ihre Umbildung aus dem Lateiniſchen noch nicht vollendet hatten und in ihrer Form noch wenig feſtlagen (z. B. Eugubium, Agobbio, Gubbio), und dann konnte auch hier wieder vom Abſchreiber der ihm fremde Name mit dem bekannten des Herzogthums vertauſcht worden ſein. Der Vers lautet:

Anzi che Chiarentana il caldo senta.

Wenn wir für «Chiarentana» «Caldonazzo» einſetzen, ſo hätten wir die Silben «caldo» zweimal hintereinander, was den Abſchreiber ebenfalls ſtutzig gemacht haben könnte.

40 Bartoli V, p. 299.

41 cf. Raumer IV, p. 253.

42 Ich bin mit PHILALETHES III, p. 113 der Ansicht, daß die hier genannten Grenzen sich nicht mit denen der alten Mark Treviso decken. cf. SPRUNER-MENKE, *Histor. Atlas*, Tafel 23 und 24.

43 GIACOMO ZANELLA in *Dante e Padova*, p. 262 und 266. — SCARTAZZINI, *Comm.* — *Historia* CORTUSIORUM, MURATORI XII, p. 783. — ALBERTINI MUSSATI *Historia Augusta*, MURATORI X, p. 426, 441; *de Gestis Italicorum* ebenda, p. 577, 582. — Nach einer von GLORIA, *Disquisizione intorno al passo della D. C. «Ma tosto etc. etc.»* Padova 1869 und *Ulteriori considerazioni intorno alla terz. 16. del C. IX del Par.* Padova 1871, vertretenen Ansicht soll es sich hier überhaupt nicht um das Blutigfärben des Wassers handeln, sondern darum, daß die Paduaner für das Wasser, das ihnen die Vicentiner entzogen hatten, sich dadurch Ersatz geschaffen, daß sie oberhalb Paduas durch die Brentella einen Theil des Brenta-Wassers bei dem «Sumpfe» von Brusegana in das Bett der Bacchiglione leiteten. Die Deutung ist sehr bestechend. Doch mir scheint die entscheidende Erwägung ihr entgegenzustehen, daß Cunizza hier unstreitig ein schweres Unglück als Strafe «per esser al dover le genti crude» prophezeien will, während nach GLORIAS Deutung die Worte vielmehr nur die geschickte Abwendung eines Nachtheils verkünden würden.

44 *Chronicon* F. FRANCISCI PIPINI, MURATORI IX, p. 731. — FERRETI VICENTINI *Historia*, MURATORI IX, p. 1129. — *Historia* CORTUSIORUM, MURATORI XII, p. 783.

45 cf. p. 127 f.

46 *Chronicon Estense*, MURATORI XV, p. 375 f.

47 *Chronica parva Ferrariensis*, MURATORI VIII, p. 480, schreibt in einer Aufzählung alter Familien Ferraras: «In Parochia Sanctae Crucis Aldigerii de Fontana, qui nunc Fontanenses dicuntur»

und weiterhin

«In Parochia Sancti Laurentii fuere Fontanenses, qui ex Aldigeriis sunt exorti et de quibus proles defuit».

48 ARRIVABENE, *Il Secolo di Dante* im *Codice Bartoliniano* III¹, p. 243 f. — TROYA, *Veltro di D.*, p. 139. — GIUSEPPE DE LEVA, *Gli Estensi ricordati dall' Alighieri* in *D. e. Pad.*, p. 235 ff. — DEL LUNGO, *D. e gli Estensi* in *D. ne' tempi di D.*, p. 377 ff. und insbesondere 417.

49 *Chronica parva Ferrariensis* l. c., p. 486—488. — RICOBALDI FERRARIENSIS *compilatio chronologica*, MURATORI IX, p. 250 f.

50 ROLANDINI *Chronicon*, MURATORI VIII, p. 173. — SALVAGNINI, *Cunizza da Romano* etc. etc. in *D. e Pad.*, p. 437 f.

51 TROYA, *Veltro d. Gh.*, p. 294 ff.

52 *Giornale storico degli archivi toscani*, Bd. II, 1858, p. 292 ff.

53 cf. p. 75 ff. — Cavalcanti, Mangona, Cunizza, es ist eine merkwürdige Vereinigung von Namen aus dem Dante'schen Jenseits, die uns die beiden Urkunden bieten, und sie vergegenwärtigt uns, wie Dante aus dem vollen Leben, das ihn umgab, die Gestalten herausgriff, mit denen er sein Jenseits bevölkerte. Außerdem ist die Anwesenheit der erlauchten Frau im Vaterhaus von Dantes Jugendfreund von nicht zu unterschätzender Bedeutung für die Frage, ob Dantes Familie dem Adel oder den Bürgern beizuzählen sei.

54 TROYA, *Veltro d. Gh.*, p. 159. — BARTOLI VI², p. 147 f.

55 RAUMER III, p. 341; IV, p. 252. — GREGOROVIUS V, p. 313.

56 RAUMER IV, p. 260 f.

57 ROLANDINUS l. c., p. 193.

58 VI², p. 146.

59 cf. p. 178.

60 ROLANDINUS l. c., p. 214.

61 FRATICELLI, *Vita*, p. 197.

62 AMPÈRE, p. 149. — GAETANO DA RE, *Dantinus q. Alligerii* in *Giornale storico della lett. ital.*, Bd. 16, 1890, p. 334 ff. — SCARTAZZINI, *D. Handb.*, p. 131 ff.

63 p. 24.

64 III, p. 313.

65 cf. p. 210. — Die Folgerungen, die aus diesem Besuch auf die Zeit der Vollendung dieses Bilder-Cyklus gezogen werden (CROWE und CAVALCASELLE I, p. 226), gerathen natürlich mit der Beweiskraft der Urkunde von 1306 wieder in's Schwanken.

66 SALVAGNINI, *Jacopo da Sant' Andrea* in *D. e Padova*, p. 29 ff.

67 Das Wappen ist über dem Grabmal Enricos in der Sacristei von Madonna dell' Arena zu sehen, zeigt übrigens eine steigende Sau und nicht, wie P. BERTHIER in seinem illustrirten Commentar es darstellt, eine laufende oder stehende.

Daß der Wucherer aus dem Geschlecht der Scrovegni der Vater des Enrico gewesen sei und daß dieser zur Sühne für die Schuld seines Vaters eben seine fromme Stiftung gemacht habe, ist sehr ansprechend, aber nicht hinreichend erwiesen. SELVATICO in *D. e Pad.*, p. 107 ff.

68 cf. BARTOLI VI², p. 71 f.

69 *Gli argini della Brenta* in *D. e Pad.*, p. 77 ff. und p. 93, Note 26.

70 GIUSEPPE DE LEVA l. c., p. 244.

71 NICCOLÒ BAROZZI, *Accenni a cose venete* in *D. e il suo sec.*, p. 795.

72 Die Stelle Par. 19, 140, wo Dante von der venezianifchen Münze fpricht, die der König von Rascia fälfchte, kommt hier nicht in Betracht, da die von dem Serben verfchuldete Münzcalamität durch ganz Italien fich fühlbar machte und namentlich auch in Bologna im Jahr 1305 zu Prozeffen Anlaß gab. SCARTAZZINI, *Comm.* — N. BAROZZI l. c., p. 802 f.

73 RICCI, p. 145 ff.

Pola und die Julifchen Alpen.

1 cf. p. 166.

2 P. KANDLER in *Notizie storiche di Pola*, Parenzo 1876, p. 210.

3 ANTONIO BELLONO, *Vitae Patriarcharum Aquilejensium*, MURATORI XVI, p. 53.

4 WITTE, *D. F.* I, p. 136 f.

5 Ich gedenke hier mit dem aufrichtigften Dank des Herrn Gymnafialdirectors Dr. SWIDA, deffen liebenswürdige Führung mir es wefentlich erleichtert hat, mich über die einfchlägigen Verhältniffe zu orientiren.

6 ANDREAE DANDULI *Chronicon*, MURATORI XII, p. 281, 284, 317, 353, 446. — ANDREAE NAUGERII *Historia Veneta*, MURATORI XXIII, p. 971, 973, 980, 1058, 1059, 1065.

7 cf. KANDLER l. c., p. 202 ff.

8 KANDLER l. c.

9 KANDLER l. c.

10 KANDLER l. c.

11 cf. p. 161.

12 BUTI.

13 VELLUTELLO.

14 JACOPO DELLA LANA, PETRUS ALLEGHERII, ANONIMO FIORENTINO, BENVENUTO RAMBALDI, LANDINO etc.

15 PHILALETHES, der aber ebenfo wie WITTE und L. G. BLANC, *Vocabolario Dantesco*, «Frusta Gora» fchreibt.

16 cf. WITTE, *Comm.* und L. G. BLANC l. c.

17 W. P. VON ALBEN, *Adelsberg, feine Grotte und Umgebung*, Adelsberg 1893, p. 13, Anm.

18 *Fragmenta Historiae Forojuliensis*, MURATORI XXIV, p. 1201, 1204, 1205, 1209, 1219, 1221 (wo es ftatt 1303 jedenfalls 1313 heißen muß), 1222, 1228. — ANTONIO BELLONO l. c., p. 52. — ALBERTINI MUSSATI *Historia Augusta*, MURATORI X, p. 549; *de Gestis Italicorum* ebenda, p. 596 und 597. — *Historia* CORTUSIORUM, MURATORI XII, p. 786, 804.

19 cf. zu den angeführten Chroniken noch GIUSEPPE BIANCHI, *Del preteso soggiorno di Dante in Udine od in Tolmino durante il patriarcato di Pagano della Torre*, Udine 1844, p. 69. — Der unmittelbar nach Ottobono zum Patriarchen gewählte Castronus della Torre ftarb, ehe er fein Amt antreten konnte.

20 Arisperch ift foviel wie Aaresberg, fodaß der Ort alfo eigentlich Adlersberg heißen müßte, cf. ALBEN l. c., p. 5. — Auch das bei MUSSATUS l. c., p. 597 genannte Arisig ift offenbar nichts Anderes als Arisperch, wie ein Vergleich der entfprechenden Stelle des ANTONIO BELLONO und der *Fragm. Hist. Forojul.* ergibt.

21 *Historia* CORTUSIORUM l. c., p. 814, 818, 823.

22 *Historia* CORTUSIORUM l. c., p. 797. — MUSSATUS, *Hist. Aug.* l. c., p. 483.

23 TROYA, *Veltro d. D.*, p. 172.

24 cf. die in Anm. 18 angeführten Chroniken.

25 GIUSEPPE BIANCHI l. c. hat nachgewiefen, daß CANDIDO feine Commenti Aquilejesi zum Theil aus den Lebensbefchreibungen der Päpfte von PLATINA abgefchrieben und bei Vertreibung Dantes aus Florenz, wo PLATINA fagt, er fei nach Forumlivii (Forlì) gegangen, einfach eingefetzt hat Forum Julii (Friaul). Doch wenn CANDIDO auch die Form einem fremden Schriftfteller entlehnt hat, fo ift damit noch nicht gefagt, daß auch der von ihm berichtete Inhalt nicht fein eigen fei.

Insbefondere aber ift nicht anzunehmen, daß die Tradition von Tolmein durch diefe Entlehnung beeinflußt worden. BIANCHIS Vermuthung — und mehr als eine Vermuthung ift es nicht, wenn er fie auch in Form einer Behauptung kleidet —, daß die Tradition erft durch JACOPO VON VALVASONE entftanden fei, ift wenig einleuchtend. JACOPO berichtet fchon von ihr ausdrücklich, und wir haben keinen Grund ihm nicht zu glauben, wenn er fagt, daß er die Tradition in Tolmein lebendig gefunden habe. Die Notiz des Geschichtschreibers allein hätte auch — namentlich in solch analphabetischen Zeiten und Gegenden — sicher nicht die Kraft gehabt, einer bestimmten Oertlichkeit so fest einen Namen zu geben, wie es bei der Dante-Höhle der Fall ist.

Was BIANCHI gegen Pagano della Torre als Gastfreund Dantes sagt, ist richtig, spricht aber gerade zu Gunsten unseres Heinrichs von Görz.

26 cf. auch die Vorrede VIVIANIS zum *Codice Bartoliniano* und ebenda III[1], p. 752.

27 BIANCHI l. c. — BARTOLI V, p. 281. — Ob JACOPO DI VALVASONE etwas Bestimmtes gemeint hat, wenn er sagt, Oertlichkeiten der Div. Com. hätten große Aehnlichkeit mit denen von Tolmein, läßt sich natürlich nicht behaupten.

28 Die Stelle lautet CIARDETTI V, p. 133:

. . . . novisti forsan et ipse,
Traxerit ut juvenem Phaebus per celsa nivosi
Cyrrheos, mediosque sinus, tacitosque recessus
Naturae, caelique vias, terraeque, marisque,
Aonios fontes, Parnassi culmen, et antra
Julia, Parisios dudum, extremosque Britannos.

Zu Deutsch:

Vielleicht auch hörtest du selber,
Wie den Jüngling Apoll durch die Höhen des schneeigen Cyrrhes
Führte und mitten durch Buchten dahin und schweigende Oeden
Hehrer Natur und den Pfad des Himmels, des Meers und der Erde,
Zu dem Aonischen Quell, zu dem Kulm des Parnass und den Jul'schen
Höhlen, sogar nach Paris und hinauf zu den fernsten Britannen.

Entschieden falsch ist es, die «antra Julia», wie BIANCHI thut, mit dem darauffolgenden «Parisios» zusammenfassen zu wollen. Das ist grammaticalisch unmöglich. Der Accusativ «Parisios» kann in kein Abhängigkeitsverhältniß zu dem andern Accusativ, «antra Julia», treten. Er ist diesem vielmehr beigeordnet ebenso wie das darauffolgende «extremosque Britannos».

Orvieto.

1 cf. BATINES, *Bibliografia Dantesca* I, p. 331 ff. — AMPÈRE, p. 12 f., 40 ff., 77 f., 124 f., 151 f.

2 VASARI, *Vite* I, p. 316 ff. — BENVENUTO RAMBALDI III, p. 313.

3 TARTAROTTI, *Memorie antiche di Rovereto*, Venezia 1754, p. 74.

4 *Lettera* del P. A. DI COSTANZO, CIARDETTI V, p. 168.

5 VASARI, *Vite* I, p. 433.

6 cf. ROBERT VISCHER, *Luca Signorelli*, Leipzig 1879.

7 Durchaus ungerechtfertigt ist es, daß hier und bei anderen Weltgerichtsbildern diese Felsrahmen von der verschiedensten Form immer als «bolge» bezeichnet werden. Denn unter «bolge» versteht Dante nur die zehn schluchtartigen Thäler, Klammen, des achten Höllenkreises, die sich als ebensoviele Reifen um den ganzen Höllen-Trichter legen. Wenn man überhaupt Benennungen der Dante'schen Höllen-Topographie auf diese Felsschranken anwenden will, so wird man in den meisten Fällen, und immer sehr uneigentlich, nur von Höllen-Kreisen reden können.

8 Auf die Fresken dieser ziemlich abseits gelegenen Kirche hat schon Padre A. M. CORTINOVIS im Jahr 1798 aufmerksam gemacht (Bibl. S. Marco in Venedig. *Storia delle Prov. di Treviso e Friuli*, Nr. 693). — Die Front der alten Kirche ist vollständig mit Wohnräumen verbaut, unter denen hindurch ein 14 Schritt langer und 7 Schritt breiter Gang zunächst in eine dreischiffige Vorhalle (19/17 Schritt) führt, von der aus man erst in die ebenfalls dreischiffige Kirche gelangt. Die Fresken des Weltgerichts befinden sich in dem schmalen Zugang, links die Hölle, rechts das Paradies. Das Paradies, verhältnißmäßig gut erhalten, zeigt Christus Maria krönend von Engeln umgeben und zu beiden Seiten die üblichen Reihen von Heiligen und Seligen. Die Hölle ist schwer und offenbar absichtlich beschädigt. Von Lucifer sind noch schwache Umrisse des gehörnten dreifachen Kopfes erkennbar, der rechte Arm mit einem Sünder in der Faust sowie die großen Fledermausflügel. Links von Lucifer ist dargestellt, wie die Sünder von Teufeln zur Hölle befördert werden, rechts wohl der Vollzug der Höllenstrafen. Graue und

rothe Teufel mit Vogelklauen und Bocksfüßen. Gut erkennbar links eine Schaar von verzweifelt klagenden Seelen, sehr ausdrucksvoll. Hoch oben einige Teufel mit Sündern auf dem Rücken. Auf der rechten Seite ist kaum noch etwas zu unterscheiden. Doch scheint die Darstellung der Strafen die gleiche wie im Campo Santo von Pisa. Namentlich sind schlangenumwundene Sünder erkennbar. An Pisa erinnert auch eine dem Triumph des Todes verwandte Darstellung des Macarius und der drei Särge in der größeren Vorhalle, und auch der Zeit nach dürften diese Bilder denen des Campo Santo nahestehen.

9 Die Fresken in der Capelle rechts vom Chor, eingehend beschrieben von LUPATELLI, *La chiesa di S. Francesco e gli affreschi del secolo XIV nella cappella Paradisi* etc., Terni 1892. Nur ist der Verfasser allzu sanguinisch in der Annahme von Beziehungen zwischen den Fresken und der Divina Commedia. Gut dagegen UMBERTO COSMO in *Giornale Dantesco* III, p. 174 ff. Die Malerei ist herzlich gering, verräth aber in der Gruppirung der Figuren und in der Behandlung der Anatomie eine ziemlich späte Zeit. Jedenfalls ist die Jahreszahl, die den Schluß der Inschrift am unteren Rahmen des Paradiso bildet (m cccl, nicht eccl, wie COSMO liest, cf. auch CROWE und CAVALCASELLE II, p. 368), nicht entscheidend. Sie steht offenbar nicht in Beziehung zu den Fresken, die heute die Wände der Capelle bedecken, sondern zu einer früheren Ausmalung. Daß eine solche bestanden hat, ist an der Altarwand deutlich nachweisbar. Dort ist an dem Ornamentstreifen, der das Bogenfeld von dem Hauptbilde trennt, ein beträchtlicher Theil des Mörtels abgebröckelt, und dahinter kommen Theile, nach Form und Farbe, ganz giottesker Ornamente zum Vorschein, und ebenda ganz zur Rechten neben dem Gewölbansatz gleichfalls hinter dem Mörtel in ziemlich frischen Farben der Oberkopf (Augen, blondes Haar, Krone und Heiligenschein) einer überlebensgroßen Heiligen. Zu dieser ersten Malerei gehörte offenbar die Jahreszahl sammt der ganzen Inschrift. Diese sollte wohl bei der zweiten Ausmalung ausgespart werden, da sie die Eigenthümer der Capelle benennt. Aber der Tüncher, der den violetten Rahmen nachzog, hat die letzte Ziffer der Jahreszahl zugestrichen. BURCKHARDT, *Cicerone* II, p. 531 setzt die Entstehungszeit um 1400 an. Vielleicht darf man noch weiter heruntergehen und die Uebermalung mit dem von COSMO erwähnten Umbau der Kirche im Jahr 1445 in Zusammenhang bringen.

10 cf. Anmerkung 3. — Die Kirche ist noch vorhanden, wurde aber, wie mir der Pfarrer mittheilte, in demselben Jahr 1754, in dem TARTAROTTI schrieb, völlig umgebaut. Die Façade trägt die Inschrift: «Hujus aedis facies a solo excitata 1754». Sie sieht jetzt gegen Rovereto, während sie früher dem Ort zugekehrt war, und es ist deßhalb wohl keine Hoffnung mehr, daß das Bild noch einmal unter der Tünche zum Vorschein komme. — Eher ließe sich bei dem Kirchlein San Rocco am Nord-Ende von Volano ein günstiges Resultat erwarten. Dessen Inneres besitzt reichen Bilderschmuck mit der Jahreszahl 1491, und seine Außenwand zeigt im gleichen Stil die Gestalten des Weltenrichters und der Engel mit Posaunen und Spruchbändern (venite benedicti, surgite mortui, venite ad judicium) auf der oberen Hälfte der Wandfläche in einer Weise angeordnet und ausgespart, die vermuthen läßt, daß darunter die Schaaren der Seligen und Verdammten noch hinter der Tünche stecken.

11 cf. Anmerkung 4.

12 BURCKHARDT, *Cicerone* II, p. 529 f. — CROWE und CAVALCASELLE I, p. 215 und 226. — cf. auch Ober-Italien, Anm. 65.

13 VASARI, *Vite* I, p. 304 und 317. — BENVENUTO RAMBALDI III, p. 312.

14 VOLKMANN, p. 54. — CROWE und CAVALCASELLE I, p. 163. — BURCKHARDT, *Cicerone* II, p. 520.

15 VOLKMANN, p. 55.

16 BURCKHARDT, *Cicerone* II, p. 544.

17 Dem fürstlichen Besitzer, der in der liberalsten Weise die Nachbildung der Titelblätter dieses wichtigen Codex gestattete, bin ich zum wärmsten Dank verpflichtet.

Der Codex ist 1337 von «Sr. Francisus Sr. Nardi de barberino vallis pese curie summefontis» geschrieben, und die Vermuthung hat viel für sich, daß die ganze Reihe dieser Codices aus der gleichen Feder stammt und mit ihrer Vorlage bis nahe an den Urtext heranreicht. cf. TÄUBER, *I capostipiti dei manoscritti della divina commedia*, Winterthur 1889, p. 95 ff., der in diesem Ser Francesco geradezu jenen fleißigen Mann sieht, von dem erzählt wird, er habe mit hundert Dante-Abschriften die Aussteuer seiner Töchter bestritten, p. 108. — Nahe verwandt mit diesem Trivulzianischen Codex nach Schrift sowie nach Charakter und Reichthum der Titelblatt-Miniaturen ist der Codex Nr. 3285 der Palatina in Parma, führt aber weder Jahreszahl noch Namen des Schreibers.

18 p. 8 und p. 26.

19 cf. MIOLA, Propugnatore N. S. IV, p. 276 ff.

20 cf. *Codice Cassinese*, p. 582 ff.

21 Ob Dante felbft, wie VOLKMANN, p. 39, vermuthet, den Minotaurus ebenfo aufgefaßt hat, möchte ich bezweifeln. Seine Verfe find ebenfogut mit der antiken Vorftellung vereinbar, und der im Mittelalter vielgelefene HYGINUS (Fabulae, Jena 1872, p. 69) berichtet von Pafiphae ausdrücklich: «Minotaurum peperit capite bubulo parte inferiore humana». Von den alten Commentatoren fagt nur ANONIMO FIORENTINO I, p. 290: «era bue dalla cintola in giù e da indi in su uomo ferocissimo». Die meiften drücken fich zweifelhaft aus, und FRANCESCO DA BUTI I, p. 323 fagt beftimmt: «dalla parte di sopra era toro e da quella di sotto era uomo».

22 Eine gewiffe Verwandtfchaft mit diefen Miniaturen haben die von C. MOREL (Paris 1896) publicirten allerdings auf einer viel höheren Stufe ftehenden Illuftrationen des Parifer Codex mit dem Commentar des GUINIFORTO DELLI BARGIGI, aus deren Serie fich einige Blätter in die Stadtbibliothek von Imola verirrt haben. cf. E. LAMMA, *Del Commento all' Inferno di Guiniforte Barzizza*, in *Giorn. Dant.* III, p. 112 ff.

23 Befprochen von S. MORPURGO, *I Codici Riccardiani della Div. Com.*, Florenz 1893, p. 15 ff.

24 Der Umftand, daß dies Bild nicht vor dem Gefang fteht, zu dem es gehört, fondern als Initiale des folgenden (Inf. 33), deffen Hauptinhalt, Ugolino mit Ruggieri, daneben in der Initiale des Commentars zu fehen ift, hat fchon dazu verleitet, auch die Text-Initiale auf Ugolino deuten zu wollen, als Abfchließen des Hungerthurms. Doch bei näherer Betrachtung des Bildes kann über die Deutung auf Tebaldello kein Zweifel fein. Daß fich die Initiale eines Gefanges auf den Inhalt des vorhergehenden bezieht, findet fich auch fonft in diefem Codex, z. B. Purg. 15, Kain den Abel erfchlagend mit Bezug auf Purg. 14, 133:

Todtfchlagen wird mich Jeder, der mich findet.

25 In der Miniatur ift die herkömmliche Deutung der Stelle offenbar verfchoben. Die Hure, die man als die entartete Kirche zu deuten pflegt, ift hier durch die Lilien als Frankreich charakterifirt, und ihr Buhle, unter dem fonft der König von Frankreich verftanden wird, trägt hier die Abzeichen des Papftes.

26 Der Cerberus auf diefem Bild ift augenfcheinlich abfichtlich vollkommen zerkratzt, ein Schickfal, das der kindliche Sinn früherer Jahrhunderte dem Erzfeind des Oefteren in Miniaturen wie auch in Fresken bereitet hat, z. B. im Codex Gradenigo in der Biblioteca Gambalunga in Rimini und auf dem Weltgerichtsbild in S. Maria in Silvis in Sesto. cf. auch G. TRENTA, *L'inferno e gli altri affreschi del Camposanto di Pisa*, Pifa 1894, p. 48 und 54, der Belege aus dem Jahr 1372 beibringt über Bezahlung von Wächtern, die im Campo Santo beftellt waren, «ne pueri devastarent picturas», und aus dem Jahr 1379 für Reparaturen der «pinture femi vastate per pueros».

27 Bei VISCHER l. c., p. 300 ff. und F. X. KRAUS, *Luca Signorellis Illuftrationen zu Dantes Divina Commedia*, Freiburg i. B. 1892 find die Beziehungen zu den einzelnen Stellen der Div. Com. eingehend und im Ganzen richtig nachgewiefen. Einige Nachträge und Berichtigungen habe ich in meiner Kritik der KRAUS'fchen Publication in dem Literaturblatt für germanifche und romanifche Philologie 1892, Nr. 10 gegeben.

28 Man vergleiche dazu das entfprechende Bild aus dem Urbinatifchen Codex (Tafel 48), das faft die gleichen Scenen (außer der erften) nur in der umgekehrten Reihenfolge enthält. cf. VISCHER l. c., p. 303, Anm. 1. — Ich möchte auch hier noch einmal meiner Vermuthung Ausdruck geben, daß das räthfelhafte Gefäß in der Linken des Engels aus einem Mißverftändiß zu erklären ift. Der von Dante an diefer Stelle (Vers 41) für «Schiff» gebrauchte Ausdruck «vasello» bedeutet in erfter Reihe «Gefäß», und der Umftand, daß er in der Bedeutung «Schiff» felten vorkommt (derart, daß deffen Erklärung an anderer Stelle, Inf. 28, 79, fogar den Commentatoren Schwierigkeiten gemacht hat), konnte den Künftler oder den nach einer Skizze Signorellis arbeitenden Schüler irregeleitet haben.

29 *Cicerone* II, p. 543.

30 VISCHER l. c., p. 215 ff.

31 BOTTARI berichtet in feinen Noten zu VASARI (VI, p. 244) darüber folgendermaßen: Wie eifrig er (Michelangelo) fich mit ihm befchäftigte, würde man aus einem ihm gehörigen Dante-Exemplar erfehen. Es war eine der erften Ausgaben mit dem Commentar des Landino, in Folio, auf ftarkem Papier und mit einem Rand, der eine halbe Hand breit oder breiter war. Auf diefe Ränder hatte Bonarrotti mit der Feder alles das gezeichnet, was in Dantes Dichtung enthalten ift, unzählige nackte Geftalten, vortrefflich ausgeführt und in den wunderbarften Stellungen. Diefes Buch gelangte in den Befitz des Antonio Montauti .... Und da Montauti ein Bildhauer von großer Gefchicklichkeit war, fchätzte er diefes Buch fehr hoch. Da er aber eine Anftellung als leitender Architekt beim Bau von Sanct Peter gefunden hatte, mußte er feinen Wohnfitz hier in Rom nehmen und ließ deßhalb zu Schiff einen feiner

Schüler kommen, mit all seinen Marmor-Sachen und Bronzen und Studien und sonstigen Geräthschaften, indem er Florenz ganz aufgab. Mit ängstlicher Sorgfalt hatte er dieses Buch in den Kisten mit seinen Habseligkeiten unterbringen lassen. Aber das Fahrzeug mit der Fracht erlitt zwischen Livorno und Civitavecchia Schiffbruch, und dabei ging sein Junge und all seine Habe unter, und mit ihr hatte man den unersetzlichen Verlust des kostbaren Buches zu beklagen, das für sich allein genügt hätte, die Zierde der Bibliothek des größten Monarchen zu sein.

32 SCARTAZZINI, *Dante und die Kunst*, Beilage zur Allgemeinen Zeitung, 18. Januar 1892, gibt die Zahl der Zeichnungen auf 92 an, VOLKMANN, p. 46, jedenfalls aus einem Versehen, auf 22. Ich habe 87 Blätter gezählt; sie tragen die Nummern 3474—3561.

33 Die von LIPPMANN in seiner Publication der Zeichnungen von Sandro Botticelli zu Dantes Göttlicher Komödie behauptete Anlehnung Zuccaros an Botticelli wird von Volkmann, p. 46, mit Recht bestritten. Allerdings findet sich auch bei Zuccaro das discursive Princip, aber in viel weniger ausgedehntem Maße als bei Botticelli angewandt. Doch ist dies ja keine Botticelli ausschließlich zukommende Eigenheit. Und ebenso lassen sich auch die sonstigen Uebereinstimmungen ganz ungezwungen auf die Behandlung des gleichen Stoffes zurückführen.

34 Die Blätter des Stradano sind 1893 in Phototypie der GEBR. ALINARI in Florenz reproducirt worden. Doch habe ich keine Gelegenheit gehabt, die Publication kennen zu lernen. — Es wäre zu wünschen, daß auch die Zeichnungen des Zuccaro recht bald aus den Mappen der Uffizien eine ähnliche Auferstehung feierten.

35 Carton ehemals in der Accademia delle belle Arti, jetzt in den Uffizien Nr. 574 in Florenz, Ausführung in Oel im Palazzo Colonna in Rom.

36 Beilage zur Allg. Zeitung 1876, Nr. 201 und 1879, Nr. 294.

37 cf. SCARTAZZINI, *Dante in Germ.* I, p. 116 f.; II, p. 95 ff.; Allg. Zeitung 1876, Nr. 201, Beilage und 1892, Nr. 18, Beilage. — WITTE, *Die Thierwelt in Dantes Göttlicher Komödie* und *Nekrolog* in *D. Jahrb.* II, p. 199 und p. 407.

38 Gleichfalls in der Academie zu Florenz. Das Faust-Bild, das in der Mitte den Faust zeigt, dem der Erdgeist erscheint, und darumher einen Kranz von Faust-Scenen, trägt in Florenz die seltsame Unterschrift: «Mefistofele che apparisce a Göthe con diversi episodi del suo poema Faust».

39 Nach des Künstlers Tode kamen die Blätter, wie SCARTAZZINI mittheilt, an den Dante-Forscher Dr. HACKE VAN MIJNDEN in Amsterdam und sind jetzt in dessen Nachlaß vergraben. Es wäre im Interesse der Geschichte der Dante-Illustration lebhaft zu begrüßen, wenn dies Werk aus seiner unfruchtbaren Verborgenheit wieder an's Licht gezogen werden könnte.

40 Baron G. LOCELLA, *Dante in der Deutschen Kunst*, Dresden 1890.

41 BENVENUTO RAMBALDI erzählt von ihm, er habe seinen Mundschenk eines Tages gefragt, was die Leute von ihm sprächen, und als dieser schüchtern zur Antwort gegeben: «O Herr, sie sagen, daß Ihr nie was Andres thut als trinken», habe er lachend versetzt: «Und warum sagt Keiner, daß ich immer Durst habe?»

42 cf. WITTE, *Die Thierwelt in Dantes Göttlicher Komödie* in *D. Jahrb.* II, p. 199 ff. — BARTOLI VI[2], p. 227 ff.

Anhang.

Verzeichniß der abgekürzt angeführten Werke.

Ampère, Voyage Dantesque, citirt nach der deutschen Uebersetzung von Theodor Hell (Winkler) «Mein Weg in Dantes Fußtapfen», Dresden und Leipzig 1840.

Anonimo Fiorentino, Commentar ed. Pietro Fanfani, Bologna 1866—74.

Bartoli, Storia della letteratura italiana, Florenz 1878—89.

Benvenuto Rambaldi von Imola, Commentar, herausgegeben «sumptibus Guilielmi Warren Vernon curante Jacobo Philippo Lacaita», Florenz 1887.

Br. Bianchi, Commentar, Florenz 1868.

L. G. Blanc, Vocabolario Dantesco, Leipzig 1852.

Boccaccio, Commentar «preceduto dalla vita di Dante Allighieri scritta dal medesimo», ed. Gaetano Milanesi, Florenz 1863.

Bullettino della Società Dantesca Italiana, Florenz 1894—96.

Burckhardt, Cicerone, Leipzig 1884.

» Cultur der Renaissance in Italien, Leipzig 1885.

» Geschichte der Renaissance in Italien, Stuttgart 1878.

Buti, Francesco da, Commentar ed. Crescentino Giannini, Pisa 1858—62.

Casini, Commentar, Florenz 1895.

Ciardetti's Ausgabe, Florenz 1830—41, enthaltend Bd. 1—3 Commentar des P. Baldassarre Lombardi mit Zusätzen, Bd. 4—6 «Le opere minori di Dante» nebst Dante-Biographien von Boccaccio (die verkürzte Fassung), Leonardo Aretino und Anderem.

Codice Cassinese, herausgegeben von den Benedictiner-Mönchen von Monte Cassino, Monte Cassino 1865.

Costa, Commentar, Monza 1837.

Crowe und Cavalcaselle, Geschichte der italienischen Malerei, übersetzt von Dr. Max Jordan, Leipzig 1869—76.

Dante e il suo secolo, Florenz 1865.

Jahrbuch der Deutschen Dante-Gesellschaft, Leipzig 1867—77.

Del Lungo, Dino Compagni e la sua cronica, Florenz 1879—87.

» Dante ne' tempi di Dante, Bologna 1888.

Fraticelli, Commentar, Florenz 1892.

» Storia della vita di Dante Alighieri, Florenz 1861.

Gaspary, Geschichte der Italienischen Literatur, Straßburg 1885—88.

Giornale Dantesco, Venezia 1894—96.

Gregorovius, Geschichte der Stadt Rom im Mittelalter, Stuttgart 1886—96.

Lana, Jacopo della, Commentar ed. L. Scarabelli, Bologna 1866.

Landino, Christoforo, Commentar verbunden mit dem des Alessandro Vellutello, Venedig 1578.

Leonardo Aretino siehe Ciardetti.

Lombardi siehe Ciardetti.

Muratori, Rerum Italicarum Scriptores, Mailand 1723—51.

Ottimo Commento ed. Aleſſandro Torri, Piſa 1827—29.

Papanti, Dante secondo la tradizione e i novellatori, Livorno 1873.

Petrus Allegherii, Commentar, herausgegeben «consilio et sumtibus G. I. Bar. Vernon curante Vincentio Nannucci», Florenz 1846.

Philalethes, Ueberſetzung mit Commentar, Leipzig 1877.

Raumer, Geſchichte der Hohenſtaufen, Leipzig 1878.

Repetti, Dizionario geografico fisico storico della Toscana, Florenz 1833—46.

Ricci, L'ultimo riſugio di Dante Alighieri, Mailand 1891.

Scartazzini, Dante-Handbuch, Leipzig 1892.

» Dante in Germania, Mailand 1881—83.

» Großer Commentar, Leipzig 1874—90.

» Kleiner Commentar, Mailand 1896.

Scheffer-Boichorſt, Aus Dantes Verbannung, Straßburg 1882.

Troya, Del Veltro allegorico di Dante, Florenz 1826.

» Del Veltro allegorico de' Ghibellini, Neapel 1856.

Vaſari, Vite de più eccellenti pittori scultori ed architetti, Livorno 1767—72.

Vellutello ſiehe Landino.

Villani, Giovanni, Istorie Fiorentine, Mailand 1802—3 und Croniche di Giovanni, Matteo e Filippo Villani, Trieſt 1857.

Viviani, La Divina Commedia di Dante Alighieri giusta la lezione del codice Bartoliniano, Udine 1823—28.

Volkmann, Bildliche Darſtellungen zu Dantes Divina Commedia, Leipzig 1892.

Witte, Ueberſetzung mit Commentar, Berlin 1876.

» Dante-Forſchungen, Heilbronn 1879.

Verzeichniß der Abbildungen.

Berichtigungen und Nachträge.

Seite 49, Zeile 5 von unten statt Anmerkung 34: 35.

Seite 69, Zeile 9 und Seite 72, Zeile 9 und 10 von oben statt Velutello: Vellutello.

Seite 84, Zeile 5 von unten. Die Generalstabskarte 1 : 75000 — auf dem Marsche benutzte ich die Karte 1 : 500000 — nennt den Ort, wie ich nachträglich sehe, «Pietracuta». Bei Einheimischen glaubte ich «Pietra Cruda» zu verstehen. Der eine wie der andere Namen stimmt zu der Gestalt des Felsens.

Seite 84, Zeile 4 von unten statt Masoco: Massocco.

Seite 85 und 86 statt Castelnuovo: Castelnovo.

Seite 88, Zeile 10 von oben. Vor der alten Lesart Tribaldello verdient den Vorzug Tebaldello

Seite 100, Zeile 14 von oben statt Guida: Guido.

Seite 219, Zeile 5 von unten statt Tribaldello: Tebaldello.

Seite 223, Zeile 18 von oben hinter Anrufung Apollos einzufügen: (Tafel 39).

Index.

A.

B.

D.

H.

I.

K.

L.

N.

Q.

R.

S.

T.

U.

V.

W.

Z.

C. F. Winter'sche Buchdruckerei.

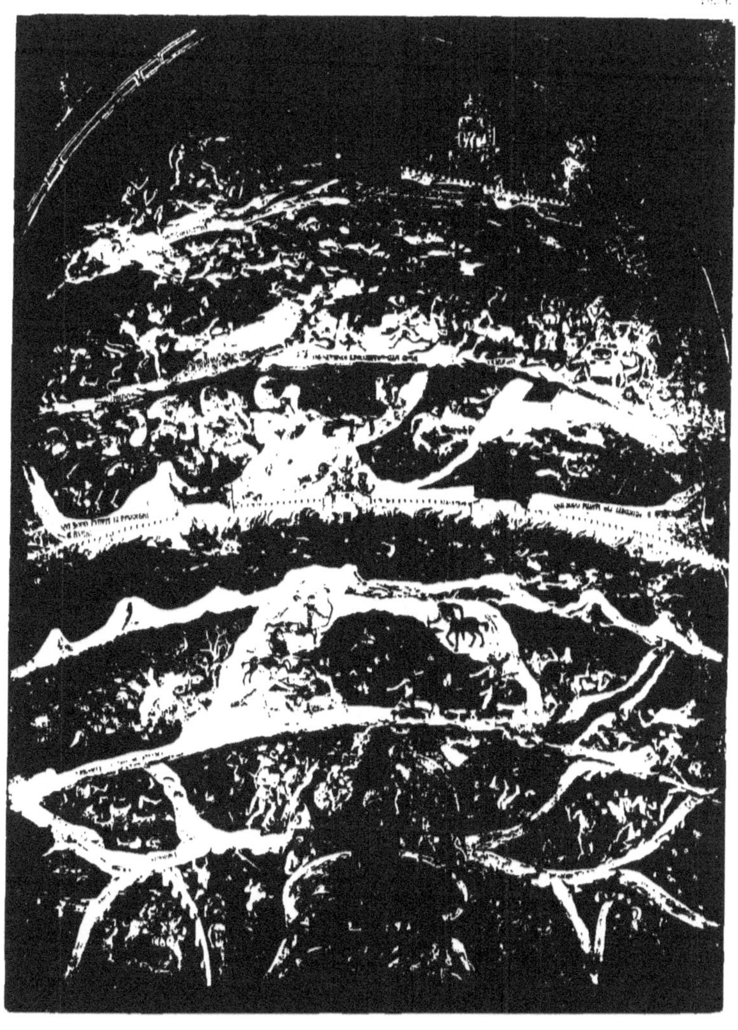

Nardo Orcagna. Hölle in S. Maria Novella zu Florenz.

Domenico di Michelino, Dante vor Florenz inmitten seiner drei Reiche. Dom von Florenz.

Fra Giovanni Angelico da Fiesole, Weltgericht in der Accademia delle belle arti in Florenz.

Tafel 3.

Detail aus dem Weltgericht der Kathedrale von Torcello.

Detail — Giottos Weltgericht in Madonna dell' Arena zu Padua

Detail aus dem Kuppel-Mosaik des Baptisteriums von Florenz.

Taf. 18.

Die Verdammten aus dem Relief des Weltgerichts von der Dom-Façade in Orvieto.

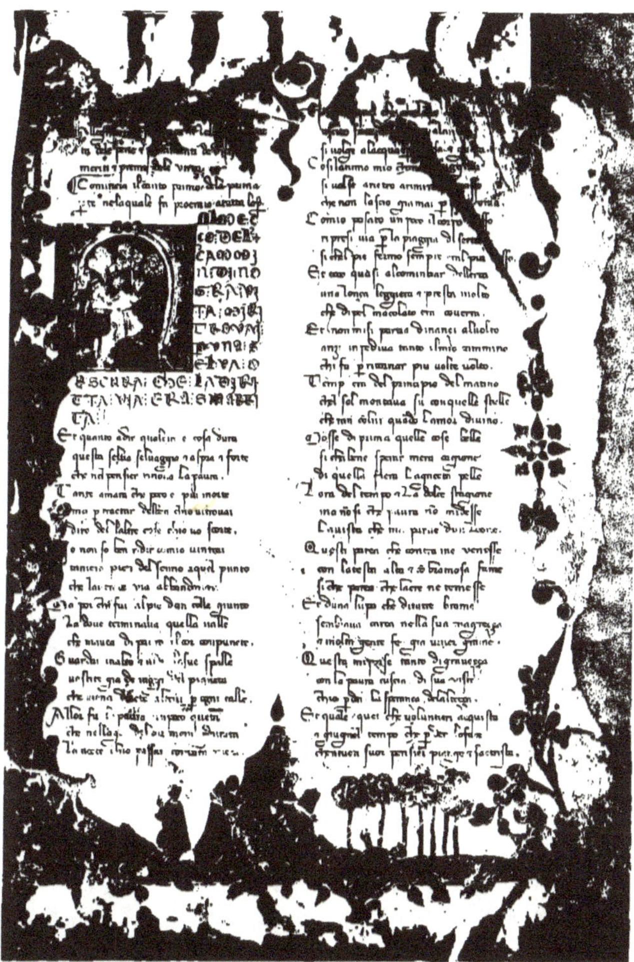

Codex No. 1080 der Trivulziana in Mailand, Inferno.

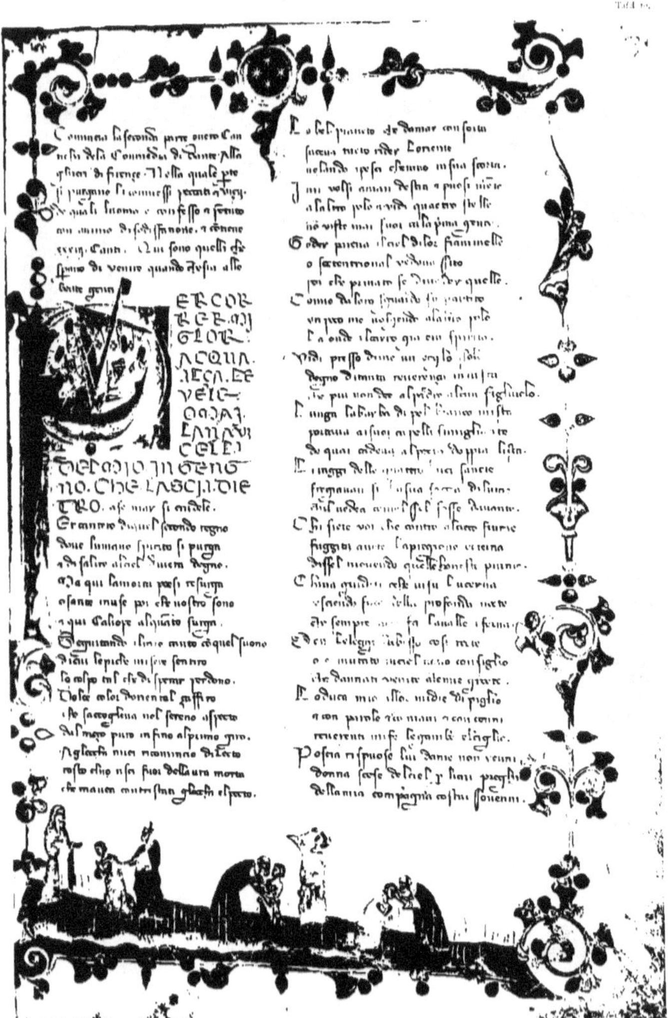

Codex No. 1080 der Trivulziana in Mailand, Purgatorio.

Codex No. 1080 der Trivulziana in Mailand, Paradiso.

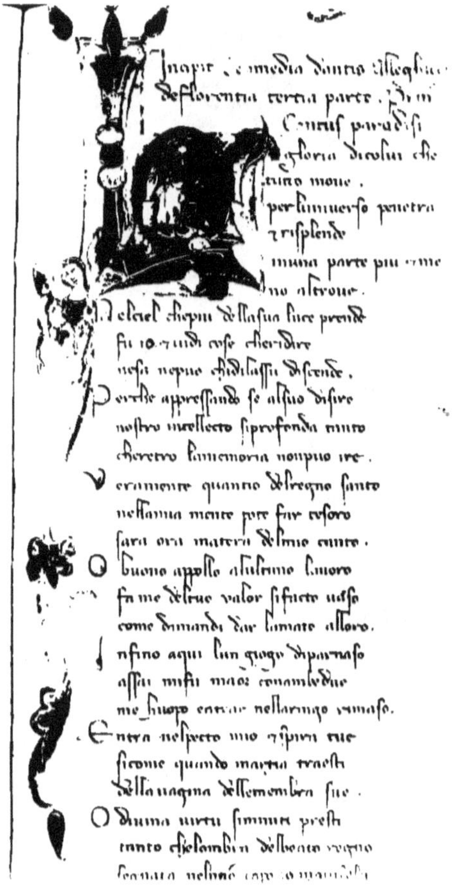
Incipit comedia dantis allegherii de florentia tertia parte. Primi
Cantus paradisi
La gloria di colui che
tutto move,
per l'universo penetra
e risplende
in una parte piu e meno altrove.
Del ciel che piu della sua luce prende
fu io e vidi cose che ridire
nesa nepuo chi dilassu discende.
Perche appressando se al suo disire
nostro intellecto si profonda tanto
che retro la memoria nonpuo ire.
Veramente quanto del regno santo
nella mia mente potei far tesoro
sara ora materia del mio canto.
O buono apollo alultimo lavoro
fa me del tuo valor sifacto vaso
come dimandi dar lamato alloro.
Infino aqui lun giogo diparnaso
assai mifu maor conambedue
me huopo entrar nellaringo rimaso.
Entra nelpetto mio espira tue
sicome quando marsia traesti
della vagina dellemembra sue.
O divina virtu simmiti presti
tanto chelombra delbeato regno
segnata nelmio capo io manifesti

Codex Plut. 40 No. 12 der Laurenziana in Florenz, Paradiso.

NEL MEÇÇ DEL
CAMIN DI
NOSTRA VITA
MI RITROVAI
PER UNA
SELVA SCURA
Che la diricta uia
era smarrita .
E quanto a dir qual era e cosa dura
esta selua seluaggia & aspra e forte
che nel pensier rinoua la paura .

Codex No. N VI. 11 der Universitäts-Bibliothek in Turin, Inferno.

Codex No. N VI. 11 der Universitäts-Bibliothek in Turin, Purgatorio.

Codex No. N VI. 11 der Univerſitäts-Bibliothek in Turin, Paradiso.

Carl Winter's Universitätsbuchhandlung, Heidelberg.

Nelle tenebre eterne incaldo engielo.
Et tu che se costi anima uiua
Partiti da cotesti che son morti
Et quando uide chio non mi partia
Disse per altra uia per altri porti
Verrai apiaggia non qui per passare
Piu lieue legno conuien che ti porti.

Caron

Codex Plut. 40 No. 7 der Laurenziana in Florenz. Inferno, Gef. 3, Charon.

Codex Plut. 40. No. 3 der Laurenziana in Florenz, Purgatorio.

Codex C. 3. No. 1266, dei Conventi, der Magliabecchiana in Florenz.

Inferno, Gef. 18. V. 86. Jason und Hypsipyle.

Codex XIII. C. 4 der Biblioteca Nazionale in Neapel.

Inferno, Ges. 22, V. 34. Der Navarese.

Codex XIII. C. 4 der Biblioteca Nazionale in Neapel.

Inferno, Gef. 30. Gianni Schicchi und Meister Adam.

Codex XIII. C. 4 der Biblioteca Nazionale in Neapel.

Inferno, Ges. 25, V. 70. Agnello Brunelleschi.

Diqua dila su plo sasso tetro
uidi demon cornuti con gran ferze
che li batteã crudelmente diretro
Ai come facean lor leuar le berze
a le prime pcosse gia nessuno
le seconde aspettaua ne le terze.
Mentre andaua gliocchi miei in uno
furo scontrati eio si tosto dissi
Gia ueder costui non son digiuno
Perchio affigurarlo i piedi affissi
el dolce duca mio si ristette
et assentio chalquanto indietro gissi
Quel frustato celar si credette
bassando il uiso ma poco li ualse
chio dissi tu che locchio a terra getti
Se le fazion che porti non son false
Venedico se tu caccia nemico
ma che ti mena a si pungenti salse
Ed elli a me mal uolentier lo dico
ma sforzami la tua chiara fauella
che mi fa souenir del mondo antico
I fui colui che la ghisola bella
condussi a far la uoglia del marchese
come che suoni la sconcia nouella

Codice Filippino der Oratoriana in Neapel.

Inferno, Ges. 18, V. 28. Die Kuppler und Verführer.

Codice Filippino der Oratoriana in Neapel.

Inferno, Gef. 12. Minotaurus.

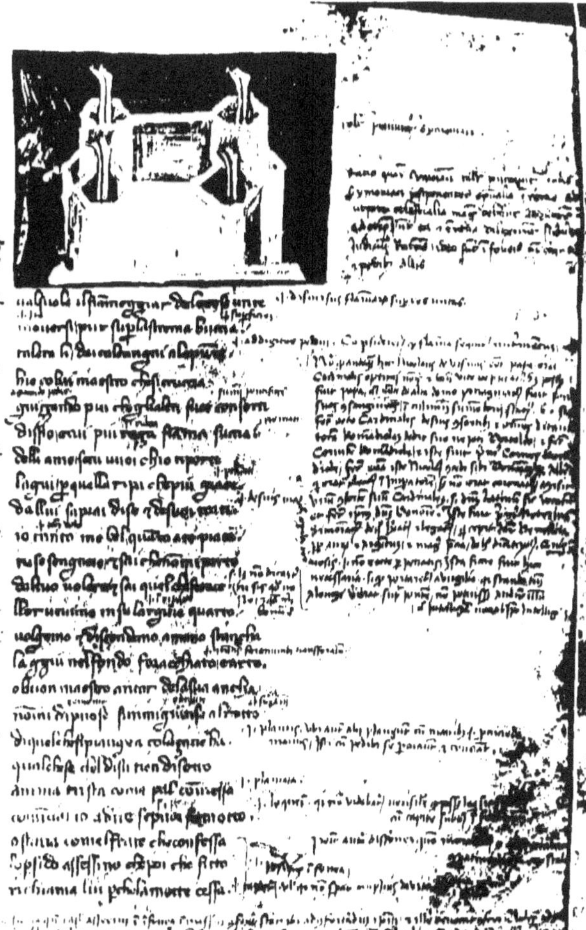

Codice Filippino der Oratoriana in Neapel

Inferno, Ges. 19, V. 16. Die Simoniten.

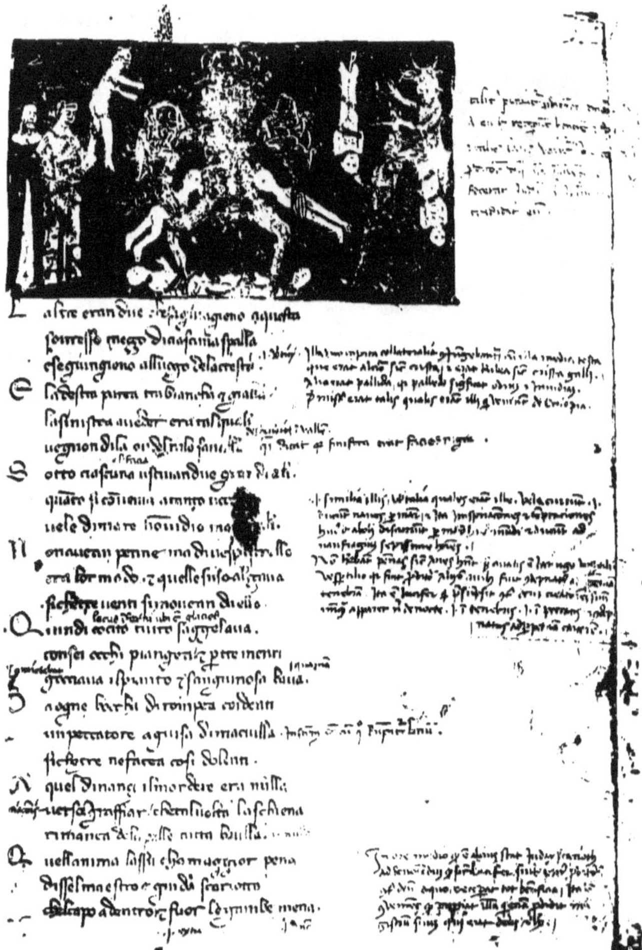

Codice Filippino der Oratoriana in Neapel.

Inferno, Ges. 34. Lucifer.

Codex No. 1102 der Angelica in Rom.

Inferno, Ges. 21, V. 88. Teufelsposse.

Inferno, Ges. 7, V. 26 Die Geizigen und Verschwender.

Codex No. 1005 der Riccardiana in Florenz

Inferno, Ges. 18. Die Kuppler und Verführer.

Codex No. 1005 der Riccardiana in Florenz. Inferno, Ges. 29. Die Falschmünzer.

·C·XXVII·

xxvij. capitolo. R.

Gia era in su la fiamma diritta e queta
per non dir più, e gia da noi sen gia
con la licenza del dolce poeta
quando un'altra che dietro a lei venia
ne fece volger gli occhi a la sua cima
per un confuso son che fuor n'uscia
Come 'l bue cicilian che mugghio prima
col pianto di colui e cio fo dritto
che l'avea temperato con sua lima
mugghiava con la voce dell'afflitto
si che con tutto ch'el fosse di rame
pure el parea dal dolor trafitto
cosi per non aver via ne forame
dal principio nel fuoco in suo linguagio

Codex No. 1005 der Riccardiana in Florenz. Inferno, Ges. 27. Guido von Montefeltro.

Codex No. 1005 der Riccardiana in Florenz.

Inferno, Ges. 32. Verrath von Faenza, und Ges. 33. Ugolino.

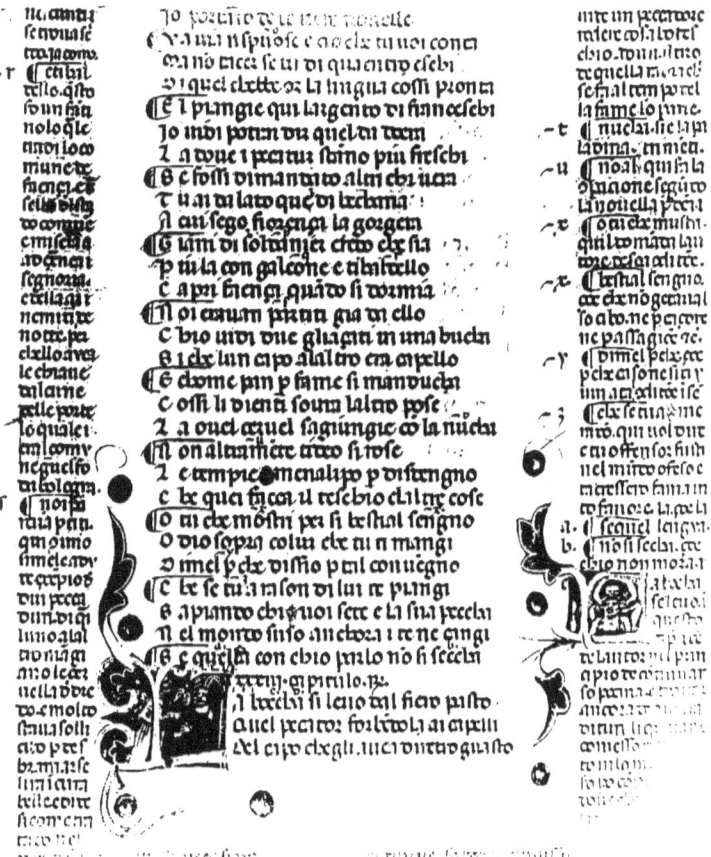

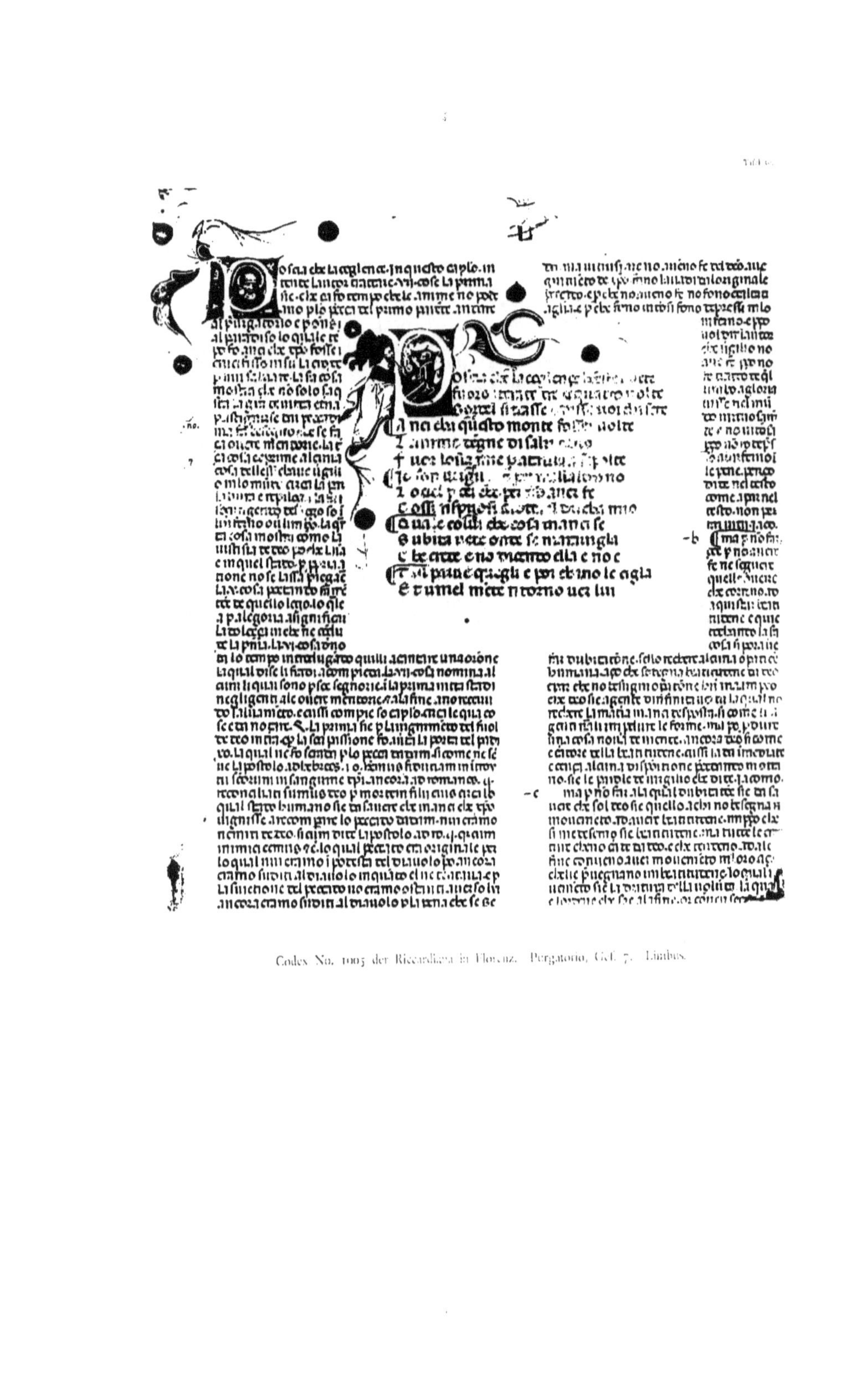

Codex No. 1005 der Riccardiana in Florenz. Purgatorio, Ges. 7. Limbus.

Che lla tua stanca mio pregar disagia
Col qual maturo cio che tu dicesti
Nepote o io di la ch a nome alagia
Buona da se pur che la nostra casa
Non faccia lei per exemplo malvagia
E questa sola di la me rimasa

Io .xx. capitolo.

Contra miglior voler voler mal pugna
Onde contra il piacer mio per piacerli
Trassi dell'acqua non sacia la spugna
Mossimi el duca mio si mosse pli
Luoghi spediti pur lungo la roccia
Come si va per muro stretto ai merli
Che la gente che fonde a goccia a goccia
Per gli occhi il mal che tutto il mondo occupa
Dall'altra parte in fuor troppo s'apprecia
Maladetta sie tu antica lupa
Che piu che tutte l'altre bestie ai preda
Per la tua fame sença fine cupa
O ciel nel cui girar par che si creda
Le condition di qua giu trasmutarsi
Quando verra per cui questa discenda
Noi andavam coi passi lenti e scarsi
Et io attento alombre ch io sentia
Pietosamente piangere e lagnarsi
Et per ventura udi dolce maria
Dinançi a noi chiamar cossi nel pianto
Come fa donna che in parturir sia
Et seguitar povera fosti tanto
Quanto veder si puo per quello ospitio
Dove sponesti il tuo portato santo
Seguentemente intesi o buom fabricio

Codex No. 1005 der Riccardiana in Florenz. Purgatorio, Ges. 20. Der Geiz.

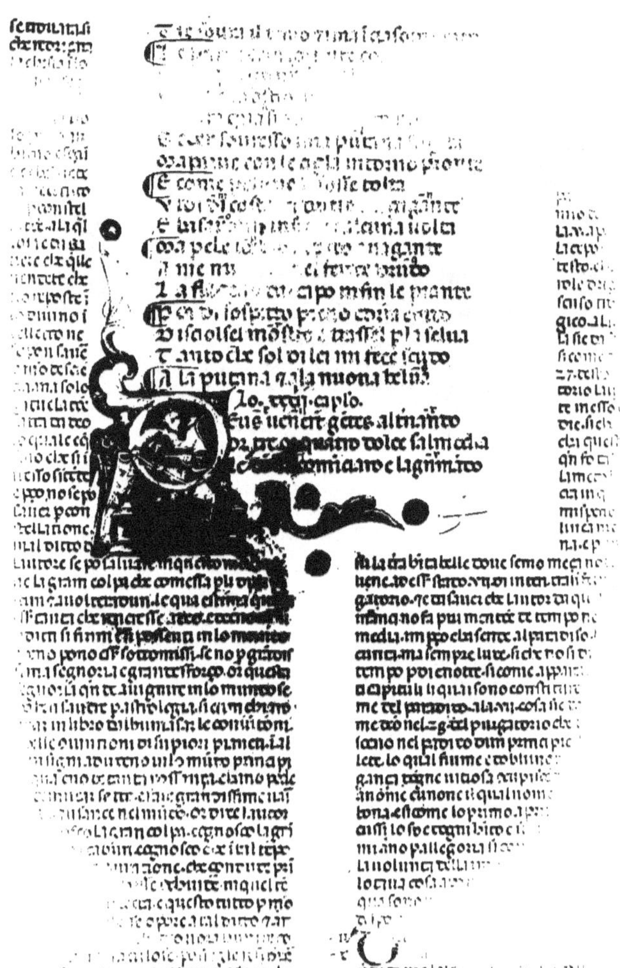

Codex No. 1005 der Riccardiana in Florenz. Purgatorio, Ges. 33, V. 43. Dux.

Qui comincia lo canto secondo

O giorno senandaua et laire bruno tollieua li animali che sono in terra dalle fatiche loro et io sol uno mapparechiaua ad

Si del camin et si della pietate | sostener la guerra
Che ritrarra la mente che non erra.
O muse o alto ingegno hor maiutate
O mente che scriuesti cio chio uidi
Qui si parra la tua nobilitate.

Codex Palch. I. 29 der Magliabecchiana in Florenz. Inferno, Gef. 2. Erste Hälfte.

Inferno, Ges. 2. Zweite Hälfte.

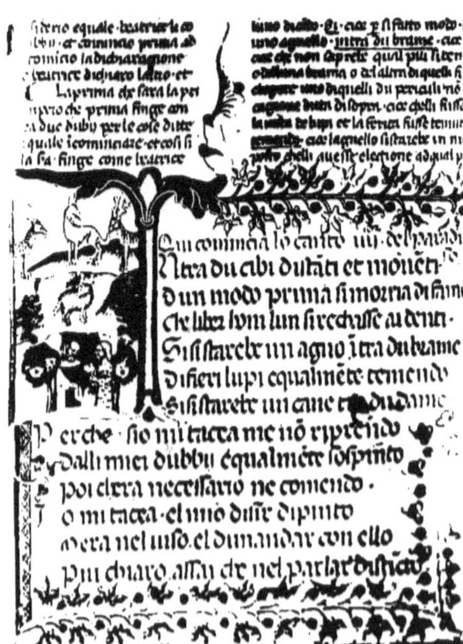

Paradiso, Ges. 4. Dreifaches Gleichniß.

Codex Palch. I. 29 der Magliabecchiana in Florenz.

Vaticana in Rom.

Codex No. 1776 der Vaticana in Rom.
Inferno, Ges. 6. Die Schlemmer.
Inferno, Ges. 7. Fortuna.

e la proza ire ingiu come altrui piacque.
Infin chel mar fu souranoi richiuso :~

Codex No. 4776 der Vaticana in Rom.

Inferno, Gef. 4, V. 1. Jähes Erwachen.

Inferno, Gef. 26, V. 137. Untergang des Ulyffes.

bolregno il Re fu casso.
isera e cattiua.
: Polisena morta.
doro in su la riua.
doro sa accorta.
utro si come cane.
ose la mente torta.

i anco
fiechè
i filglia
za pol
mito i
e Pria
toiato
le mor
sciato
pstui
sogno
i mac
ani i
zudne

Codex Claffe IX. No. 276 der Marciana in Venedig.

Paradifo, Gef. 1, V. 13. Anrufung Apollos.

Codex Classe IX. No. 276 der Marciana in Venedig. Purgatorio, Gef. 12. Beispiele der Hoffahrt

Codex Cattle IX. No. 276 der Marciana in Venedig. Purgatorio. Gef. 15. Beispiele der Sanftmuth.

Codex Claſſe IX. No. 276 der Marciana in Venedig.

Inferno, Geſ. 5. Paolo und Franceſca.

e caddi come corpo morto cade

Codex No. 365, Urbinati, der Vaticana in Rom.

Inferno, Geſ. 5. Paolo und Franceſca.

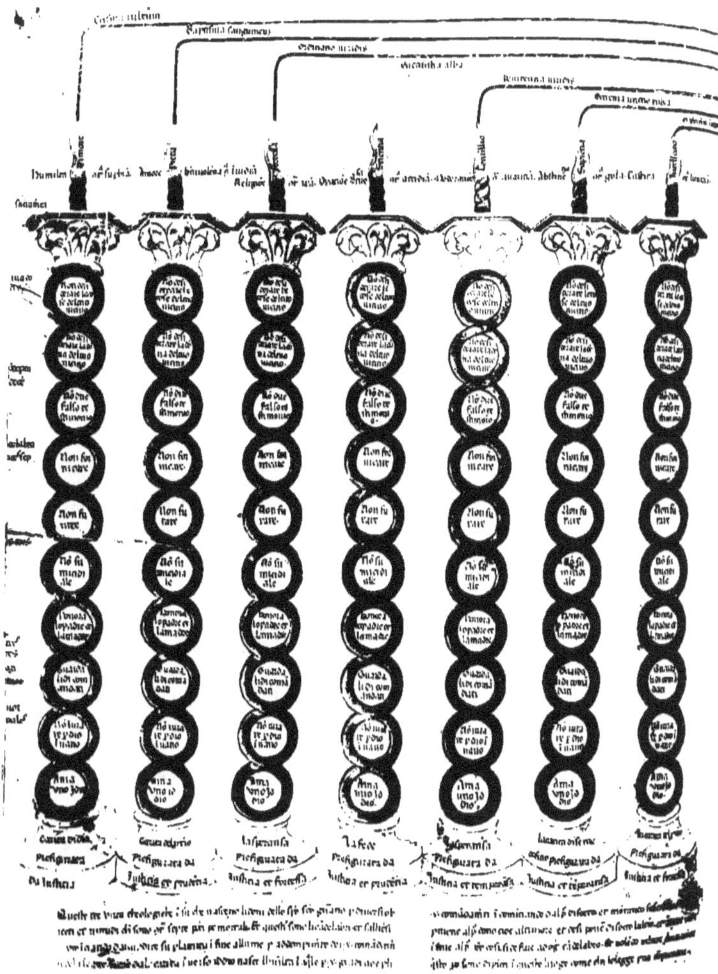

Codex XIII. C. 1 der Biblioteca Nazionale in Neapel.

Purgatorio, Ges. 29. Die sieben Leuchter.

Codex XIII. C. 1 der Biblioteca Nazionale in Neapel.

Purgatorio. Ges. 29. Triumph der Kirche.

Carl Winter's Universitätsbuchhandlung, Heidelberg

Andrea Mantegna, Anbetung der Könige, Uffizien in Florenz.

Codex No. 365, Urbinati, der Vaticana in Rom.

Inferno, Ges. 18. Die Kuppler und Verführer.

Codex No. 365, Urbinati, der Vaticana in Rom. Inferno, Ges. 34

Lucifer.

Aufstieg zur Oberwelt

Codex No. 365. Urbinati, der Vaticana in Rom.

Purgatorio, Ges. 1. Binsengürtung

Purgatorio, Ges. 2. Casella.

Codex No. 365. Urbinati, der Vaticana in Rom. Kranz der Theologen.

Paradiso, Gef. [illegible]

Paradiso, Gef. 11

Codex No. 365, Urbinati, der Vaticana in Rom.

Purgatorio, Gef. 33. Eunoe.

Paradiso, Gef. 13 (statt 14). Himmel des Mars.

INFERNO

Holzschnitt der brescianer Ausgabe von 1487. Inferno, Ges. 5.

Carl Winter's Universitätsbuchhandlung, Heidelberg.

Kupferstich der florentiner Ausgabe von 1481. Inferno, Ges. 5.

Sandro Botticelli, Geburt der Venus in den U[illegible] in Florenz

Miniatur des Codex Plut. 40. No. 7 der Laurenziana in Florenz. Paradiso, Ges. 2, V. 1.

Paradiso, Ges. 2, V. 1.

Inferno, Ges. 7, V. 27. Paradiso, Ges. 17, V. 70.

Holzschnitte nach der venezianischen Ausgabe des Bernardino Benali und Matthio da Parma von 1491.

insi du premier cerne a bas fus ma descente
Au dedans du second en samet de moindre place
Et plus a de douleur car plus point et tormente
Minos horriblement y brait tanse et menasse
En faisant lexamen des coulpes a lentree
Juge et ordonne ainsi que sa queue lembrasse

Codex L. III. 17 der Universitäts-Bibliothek in Turin. Inferno, Ges. 5

Luca Signorelli, Weltgericht im Dom zu Orvieto, Sockel-Bilder.

Orpheus und Eurydice. Ovid. Met. X.

Engel-Fährmann. Purgatorio, Ges. 2.

Carl Winter's Universitätsbuchhandlung, Heidelberg.

Luca Signorelli, Weltgericht im Dom zu Orvieto. Die Gerechten.

Carl Winter's Universitätsbuchhandlung, Heidelberg

Luca Signorelli, Weltgericht im Dom zu Orvieto. Die Ungerechten.

Carl Winter's Universitätsbuchhandlung, Heidelberg.

Luca Signorelli, Weltgericht im Dom zu Orvieto. Die Verdammten.

Michelangelo, Weltgericht in der Cappella Sistina in Rom.

Carl Winter's Universitätsbuchhandlung, Heidelberg

Tafel 71

Federico Zuccaro, M
in den H

LVSVRIOSI TORMENTATI
DA CRVDELISSO VENTO
CHE LI SBATENO PER VNO
OSCHVRO ET TENEBROSO
AERE

GVRATO SI SERIA, CHE SI DICESSE, AVE;
PERO CH'IVI ERA IMAGINATA QVELLA,
CH'AD APRIR L'ALTO AMOR VOLSE LA CHIAVE.

, Purgatorio, Gef. 10 und 12,
'lorenz.

Carl Winter's Universitätsbuchhandlung, Heidelberg.

DOPO LA TRETTA D'VN SOSPIRO AMARO
A PENA HEBBI LA VOCE, CHE RISPOSE;
ET LE LABBRA A FATICA LA FORMARO;
PIANGENDO DISSI; LE PRESENTE COSE
COL FALSO LOR PIACER VOLSER MIEI PASSI
TOSTO CHE'L VOSTRO VISO SI NASCOSE.

, Purgatorio, Ges. 29,
n in Florenz.

Carl Winter's Universitätsbuchhandlung, Heidelberg.

Alfred Rethel. Der Tod als Freund.

Carl Winter's Universitätsbuchhandlung, Heidelberg.

Alfred Rethel. Der Tod als Erwürger.

Carl Winter's Universitätsbuchhandlung, Heidelberg.

Tafel 6.

www.ingramcontent.com/pod-product-compliance
Lightning Source LLC
Chambersburg PA
CBHW032031220426
43664CB00006B/433

* 9 7 8 3 7 4 4 7 6 2 7 9 3 *